Theodor Schnitzler

DIE HEILIGEN IM JAHR DES HERRN

Theodor Schnitzler

DIE HEILIGEN IM JAHR DES HERRN

IHRE FESTE UND GEDENKTAGE

Herder
Freiburg · Basel · Wien

Zum Umschlagbild: Miniatur der Reichenauer Schule (um 1000). Bamberg, Staatliche Bibliothek. Ektachrom im Bildarchiv Herder.

Beim großen Taufritus und beim Ritus der Büßeraussöhnung am Gründonnerstag gab es eine Zeremonie der Eingeleitung in das Gotteshaus: Einer ging hinter dem anderen, einer faßte den anderen an! Eine heute verschollene Liturgie! Der mittelalterliche Buchmaler hat sie uns mit seinem Bild in Erinnerung gehalten. Zugleich hat er sie umgedeutet zur Eingeleitung der Heiligen in den Himmel. Später hat Fra Angelico einmal das gleiche Thema dargestellt.
In der Mitte befindet sich der Taufbrunnen. Da empfängt gerade einer die Taufe oder die Salbung von einer vielleicht als Petrus gedachten Gestalt. Links treten Bettlerfiguren in zerlumpten Gewändern heran. Rechts ziehen die Getauften ihren Weg. Sie haben die Kronen ihrer Gotteskinderwürde auf dem Kopf. In der geschwungenen Reihe erkennt man verschiedene Trachten: Ordensleute mit großer Tonsur, Priester und Diakone mit und ohne Bart in Meßgewändern, Weltliche in Beinkleidern und Stiefeln, Bischöfe mit langem Pallium. An der Spitze gehen drei Frauengestalten. Davor geht als erste eine Dame in etwas gebeugter Haltung. Sie trägt ein goldenes Gefäß mit Deckel. Ist es der Kelch mit den Verdiensten der Heiligen? Es wendet sich zu ihr eine grüngewandete Persönlichkeit. Da sie verschleiert ist und den Kreuzstab trägt, möchte man sie als Ecclesia deuten. Sie weist auf das Kreuz hin. Der Gekreuzigte trägt ein purpurnes Königsgewand und eine Krone. Er ist der königliche Hohepriester. Zu ihm als Ursprung wird der Schatz der Heiligen getragen. Die Prozession wird zur Opferprozession und zur Osterprozession.
Dabei kann der Kunstsachverständige die künstlerische und menschliche Meisterschaft des Bildes auf kleinem Raum bewundern, die Lebhaftigkeit des Gespräches, die Einteilung der Zonen: des Irdischen, des Himmelswolkenweges, das Jenseitige in Blau. Doch die theologische Sachverständigkeit und Feinheit weist auf einen Künstler hin, der zugleich Gottesgelehrter ist.

SECHSTE AUFLAGE
ALS SONDERAUSGABE

Imprimatur. – Coloniae, die 27 dec. 1978 – Ir.-Nr. 94658 I. 78
† Hubert Luthe, vicarius episcopalis

Herstellung: Freiburger Graphische Betriebe 1989
ISBN 3-451-21383-4

GELEITWORT
S. E. JOSEPH CARD. HÖFFNER

Die Neuordnung des Kalenders basiert auf zwei Grundsätzen:

1. Die Weltkirche soll in den Heiligen der einzelnen Nationen und Weltteile repräsentiert sein.
2. Die Ortskirche bzw. das Sprachgebiet soll die heimatlichen Heiligen jeder Region wiederfinden.

So kommt es, daß man neue Namen findet, die zunächst fremd erscheinen. Daraus ergibt sich die Aufgabe, diese Heiligen darzustellen und die religiösen Werte ihres Lebens und ihrer Persönlichkeit aufzuzeigen. Diesen Dienst erfüllen die hier vorliegenden Kurzbiographien. Dabei werden die altbekannten Heiligen, die neue Lebendigkeit gewinnen, nicht vergessen.

Unsere Zeit hat geradezu Heimweh nach den Heiligen, deren Wert seit der „Aufklärung“ oft genug in Frage gestellt worden ist. Auf das Heimweh antwortet dieses Heiligenbuch. Die Freunde Gottes, die im Meßbuch und Stundengebet der Weltkirche und des deutschen Sprachgebietes vorkommen, werden vorgestellt. Die Heiligen selbst sprechen in der zweiten Lesung des Stundengebetes. Wertvolle Zeilen aus ihren Briefen, goldene Kapitel aus ihren Schriften werden aufgeschlagen. Diese Eigenschöpfungen der Heiligen werden hier nunmehr ergänzt durch eine zuverlässige Kurzdarstellung ihres Lebens. Man hört nicht nur die Stimme, sondern erkennt auch den Sprecher. Dadurch wird die Liturgie wesentlich und notwendig ergänzt und vorbereitet.

Dem Dank des Verfassers an Herrn Professor Dr. Walter Nigg, den Künder der Heiligen, möchte ich mich als Vorsitzender der Deutschen Bischofskonferenz von Herzen anschließen.

† Joseph Card. Höffner

Hochverehrter, lieber Herr Professor Nigg!

Sie haben das historische Verdienst, der Christenheit in einzigartiger Fülle, Tiefe und Eindringlichkeit die Heiligen verkündet zu haben. „Die Heiligen kommen wieder!" Das ist nach langer rationalistischer Kühle gegenüber den Heiligen Ihr Lebenswerk.

Dieses Werk will auf Ihren Spuren wandeln. Es möchte den Tagen der Heiligen einen Vorspann vorausschicken mit der Angabe der Lebensdaten und der Andeutung ihrer geschichtlichen Aufgabe. Der gottesdienstlichen Feier und der persönlichen Vertrautheit mit den Heiligen soll hier gedient werden.

Ihnen dieses Heiligenbuch zu widmen ist ein Unterfangen, das man nur vorlaut nennen kann. Doch wage ich es als Form des Dankes. Dabei steht auch der hintergründige Wunsch, daß der Dank in der Liturgie zum Gedenken werde für den, der die Heiligen wiederentdeckt hat.

Gott segne Sie! Ihr *Theodor Schnitzler*

VORWORT

Während – so etwa soll Kardinal Wojtyła – Papst Johannes Paul II. bei der Fuldaer Bischofskonferenz im September 1978 gesagt haben – wir von Selbstverwirklichung sprechen, muß der Christ an Christusverwirklichung – Christusnachfolge denken.

In diesem Buch wird von der Christusnachfolge der „Freunde Gottes" erzählt. Christus nannte die Apostel und alle Heiligen seine Freunde. Wie großartig ist die Entdeckungsfahrt, auf der die Ähnlichkeit Christi bald aus diesem, bald aus jenem Heiligen herausleuchtet.

In den großen Lehrern der Kirche, in einem Athanasius oder Basilius erkennt man den lehrenden Herrn. In den heiligen Krankenpflegern Kamillus oder Johannes von Gott sieht man Christus über die Kranken gebeugt.

Die heiligen Freunde Christi sind ihrem Meister so ähnlich geworden, wie alternde Eheleute nach einer langen Ehe oft einander in ihren Gesichtszügen ähnlich werden. Man kann diese Freunde Gottes nur zeichnen, wenn man ihre Christusgleichförmigkeit sucht. Dabei erkennt man, daß sie auch unsere Freunde sind. Von der Freundschaft sagt das lateinische Sprichwort „Idem velle et idem nolle haec vera eadem amicitia est – Das gleiche wollen und ablehnen, heißt Freundschaft!" Man kann nicht jemandes Gesinnungsgefährte sein, den man nicht kennt. Darum muß man über „unsere Freunde" lesen und hören und schreiben und nachsinnen.

Das neue Kalendarium der römischen Liturgie ist zusammengefügt aus dem Kalender der Gesamtkirche und dem Zusatzkalender des Sprachgebietes, dem Regionalkalender. Hinzu kommt der bescheidenere Eigenkalender der jeweiligen Diözese. Der Gesamtkalender wurde so zusammengestellt, daß alle Gegenden der Weltkirche durch ihre Heiligen vertreten sind. So stehen unvermutet Namen und Gestalten vor uns auf, die uns bisher kaum bekannt waren. Wer kennt den Vertreter Ozeaniens, Petrus Chanel? Wer weiß etwas über die japanischen Märtyrer?

Der Regionalkalender stellt uns irgendwie bekannte, aber doch völlig unausgefüllte Namen vor. Wer war Hemma von Gurk? Wer war Gebhard von Konstanz? So haben wir Nachholbedarf, „unsere Freunde" und ihr Wollen kennenzulernen, um mit ihnen neue Freundschaft zu schließen.

Dieses Freundwerden mit den Heiligen möchten diese Seiten ermöglichen. Sie wollen sein wie der Totenzettel alter Zeit, der das Leben eines Verwandten, eines Weggenossen mit zuverlässigen Daten und liebevollen Angaben nachzeichnet. Sie wollen einer raschen porträtstarken Kohlezeichnung gleichen. Sie wollen beim Beten des Stundengebetes etwas von der Funktion der „Zweiten Nokturn", der vielgeschmähten und doch so inhaltreichen, übernehmen. Sie wollen dem Vertrauten des „Schott" über die Information hinaus eine Einübung in das Gedenken und die Feier des Tages bieten.

Mancherorts lebt noch die Ankündigung der Heiligen des folgenden Tages, die „Martyrologium" heißt. Genau das sollen diese Heiligenleben ergänzt und erweitert vorlegen. Oft möchte man vor der Lektüre einer großen Heiligenbiographie oder der Schrift eines Heiligen etwas über ihn lesen, eine Kurzinformation. Da wäre es durchaus denkbar, eine dieser Heiligenviten zu nehmen. Auch als zweite Lesung des Stundengebetes ist die Vita zu verwenden.

Oft möchte man bei einem der „Freunde" verweilen und mit ihm ins Gespräch kommen. Dazu bietet sich die „Porträtskizze" in diesem Buch als Gegenstand des Betrachtens an. Die Heiligen werden Freunde des psallierenden und feiernden Liturgen. Gleichen Ranges ist ihre Freundschaft zum Beter und Leser, der die „Gemeinschaft mit den Heiligen" meditierend sucht.

Berücksichtigt werden in diesem Bande die Heiligen, die in der hl. Messe und im Stundengebet innerhalb des deutschen Sprachgebietes von der liturgischen Feier erfaßt werden.

Unsere Heiligenviten schließen sich oftmals an die enzyklopädische Darstellung im Lexikon für Theologie und Kirche an. Hier haben meist die besten Kenner der Heiligen- und Kirchengeschichte zuverlässige Jahreszahlen und Lebensdaten zur Verfügung gestellt. Wir sind ihnen dankbar dafür. Die Legenden wurden nicht ausgeschlossen, sondern aufgeschlüsselt. Die neuen Erkenntnisse, die zur Geschichtwerdung einer bisher für legendär gescholtenen Heiligengestalt führten, wurden gern weitergegeben. Auch bei der Heiligenlesung soll man „Ach so!" rufen dürfen. Die Tabellen mit dem Aufweis verschiedener Querverbindungen wollen ebenfalls dieses Staunen vermitteln.

Wie die Schranken der Nationalitäten durch Freundschaften abgebaut werden, so sollen die Freundschaften mit den Freunden Gottes die Schranken des Ewigen öffnen.

Am Fest Allerheiligen 1978 *Theodor Schnitzler*

NOVEMBER

30.

HL. ANDREAS

Apostel

Fest

In den meisten alten Missalien und Brevieren eröffnet der heilige Andreas das Sanctorale, das Jahr der Heiligen. Sein Hymnus zum Feierbeginn, zum Jahraufgang ist, auch in den heutigen Textfassungen seines Festes, das Lob des heiligen Kreuzes. Im Kreuzzeichen beginnt der liturgische Jahreszyklus. Im Kreuzzeichen beginnt die Prozession der Heiligen, die mit uns zu den Stationen des Heils zieht. Andreas ist bei dieser Prozession der Kreuzträger. Bekanntlich macht der Kreuzträger den Anfang. Man kann ihn nicht irgendwohin in die Reihe stellen.

Er führt zu Christus hin

Der Name Andreas ist griechisch und bedeutet: mannhaft. – Andreas stammt mit seinem Bruder Simon Petrus aus Betsaida im Norden des Sees Gennesaret, östlich der Jordaneinmündung. Er war aber zur Zeit Christi in Kafarnaum wohnhaft, wo die Brüder Fischer waren. Er wurde Schüler Johannes' des Täufers, zog zu ihm in das untere Jordangebiet. Mit seinem Freund Johannes, dem Evangelisten, ließ er sich vom Täufer auf Christus, das Lamm Gottes, hinweisen. Er folgte Jesus und rief auch seinen Bruder Simon Petrus zu ihm. In der Gemeinschaft mit den ersten Jüngern Jesu erlebten sie das Zeichen bei der Hochzeit zu Kana und das Wunder des reichen Fischfanges. Als Jesus nun zur Nachfolge rief, waren die Brüderpaare Andreas – Petrus, Johannes – Jakobus zum persönlichen und endgültigen Anschluß bereit.

Wir begegnen dem Namen des Andreas in den Apostelkatalogen der Heiligen Schrift. Wir erkennen Andreas unter den besonders Vertrauten Jesu. Andreas führt den Knaben mit den Broten zum Herrn für die Brotvermehrung (Joh. 6,8). Mit Philippus bringt er die Heiden zu Jesus, die den Herrn zu sehen wünschen (Joh. 12,21). Er ist also wohl des Griechischen mächtig, um vermitteln zu können. Bei der Weissagung vom Untergang Jerusalems fragt Andreas mit Petrus, Jakobus und Johannes, wann das geschehen werde. – Die späteren Überlieferungen lassen Andreas im Norden Kleinasiens, in den Donauländern und in Griechenland das Evangelium verkünden. Ein Rundschreiben der Priester von Achaia berichtet vom Kreuzestod – am schrägen Kreuz – des Apostels in Patras am 30. November des Jahres 60.

Das Haupt des heiligen Andreas, seit 1462 in der Peterskirche zu Rom aufbewahrt, am 23. September 1964 von den versammelten Konzilsvätern verehrt, wurde im Auftrag Papst Pauls VI. von Augustin Kardinal Bea nach Patras zurückgebracht. Die übrigen Andreasreliquien befinden sich seit 1208 in Amalfi. Sein erstes Grab wurde in der Apostelkirche von Konstantinopel verehrt. Darauf stützte sich der Anspruch des Konstantinopler Patriarchen auf den Rang nach Petrus. Andreas ist Patron von Griechenland, Rußland, Schottland. In Rom gibt es mehr Andreas- als Petruskirchen. Gregor der Große verehrte ihn sehr: er war ja der Patron seines Klosters.

Im Mittelalter ist die Andreasnacht als Gegenstück zur Johannisnacht voller Orakel und Zauber zur Hebung von Schätzen und zur Erkundung über den künftigen „Schatz“. Der Vorname Andreas wendet sich in vielen Abwandlungen zum Familiennamen. – Viel mehr als die Rolle des heiligen Andreas in der Kirchenpolitik und im Volksbrauchtum bedeutet die biblische Schau: Andreas führt zu Christus hin!

DEZEMBER

2.

HL. LUZIUS

Bischof, Märtyrer

Der Missionar des Churer Landes, begleitet von seiner Schwester Emerita, Fundament eines Bistums

Im heiligen Luzius kommt uns eine geschichtliche Persönlichkeit entgegen. Er stammt aus dem nördlichen Teil des rätischen Churer Landes. Dort wohnte der Volksstamm der Pritanni. Er lebte im 5./6. Jahrhundert, vielleicht ein Zeitgenosse Leos des Großen oder Gregors des Großen. Er machte sich auf die apostolische Pilgerfahrt und ging durch das Churer Land in die Täler und Dörfer. Dort war der Großteil der Bevölkerung noch heidnisch. Nicht umsonst wird das gleiche Wort paganus für Landbewohner und Heide gebraucht. Er baute in die Welt der Berge hinein die Gottesstadt der Kirche. Noch ehe Chur Bistum wurde, errichtete man ihm die Ringkrypta des Domes als Grab. So wurde Luzius Fundament der Churer Diözese.

Die Legende wollte diesem heiligen Missionar weitere Kronen schmieden. Sie schrieb seine Vita nach dem Vorbild der syrisch-kleinasiatischen Apostelviten. Da fiel dem Schreiber auf, daß der König von Edessa mit Namen Lucius Abgar IX. seinen Sitz in Britio hatte. Hier sah der Biograph eine Namensgleichheit mit der Heimat des heiligen Luzius bei den Pritanni. So wurde nun der schlichte Wanderapostel aus Rätien zum König von Britannien, der Volk und Heimat verließ, um Christus zu predigen und für Christus zu sterben. Die demokratische Schweiz erhielt dadurch einen königlichen Ahnherrn im Glauben. Die vielen Missionare aus britischen Landen schienen Rechtfertigung genug zu sein, auch einen britischen Königsspross als Urheber der schweizerischen Christenheit zu sehen. Neben den heiligen König stellt die Legende seine Schwester, die Jungfrau Emerita, die mit Luzius kam und von Christus sprach und für Christus starb. Hier ist die Erinnerung an die angelsächsischen Geschwisterpaare in der Missionsgeschichte, an die biblischen Geschwisterpaare in der Heilsgeschichte lebendig.

Die Legende wollte die kargen Daten der Geschichte bereichern. Sie tat es, indem sie in den Viten der heiligen Glaubensboten blätterte und Motive aus deren Leben auf den heiligen Luzius übertrug. Das war nicht so falsch, wie wir entrüsteten Rationalisten meinen möchten. Denn es kommen Grundlinien eines Missionarslebens zum Ausdruck: Der Bote Gottes scheut keine Ferne. Er verläßt selbst eine reiche, königlich begüterte Heimat, um anderen in der Fremde das Wort zu künden. Er reißt Familie und Freunde mit sich in das gleiche Abenteuer des Gottesreiches. Er wird nach seiner apostolischen Wanderung der ruhende Pol und das tragende Fundament der Glaubensgemeinschaft der Nachfahren an seinem Grab.

3.

HL. FRANZ XAVER

Ordenspriester, Glaubensbote

Gedenktag

Sein Missionswerk half auch der Heimat die Reformation überwinden

Es gibt in der neueren Kirchengeschichte kaum eine traurigere Szene als das Sterben des heiligen Franz Xaver am 3. Dezember 1552 auf der Insel Sanzian bei Kanton (China). Er ist von allen verlassen. Nur ein junger chinesischer Diener ist bei ihm. Schwere Krankheit hat ihn überfallen. Er steht vor den Toren Chinas, das er für die Frohbotschaft gewinnen möchte. Keine Tür öffnet sich. Kein Sakrament, kein Trost der Kirche ist für ihn da. Nur eine Kerze weiß der Junge ihm als Sterbelicht zu besorgen. So endet das Leben des größten Missionars in der völligen Verlassenheit.

Zu dieser Zeit haben sich am Feuer Franz Xavers schon längst die Glut eines neuen Missionseifers der katholischen Christenheit und die Lampen der neuen Christengemeinden im Osten entzündet. Franz ist ein gewissenhafter und geschickter Berichterstatter. Seine Briefe an Ignatius werden ab 1545 gedruckt in allen Klöstern gelesen, bei allen Eifrigen verbreitet. Die Historiographie der katholischen Erneuerung stellt fest: Die Missionsbriefe des heiligen Franz Xaver gehören zu den Hauptursachen der Überwindung der Krise, die durch die Reformation geschaffen wurde.

Franz Xaver, eigentlich Francisco de Jassu y Javier, wurde am 7. April 1506 auf Schloß Javier in Navarra geboren. Er studierte seit 1525 in Paris und wurde Magister. 1533 begegnete er dem heiligen Ignatius und wurde im Jahr darauf Jesuit, 1537 empfing er in Venedig die Priesterweihe. Als Portugal 1541 Missionshilfe anforderte, machte er sich am 7.4. auf die Fahrt nach Goa, die dreizehn Monate dauerte. Zehn Jahre wirkte Franz unter Portugiesen, Neubekehrten und Heiden. Er spendete 30000 Taufen. 1551 wurde er erster Provinzial der neuen Indischen Provinz des Jesuitenordens. Zwei Jahre (1542–44) wirkte er unter armen Perlfischern und lebte mit ihnen in größter Armut. Er taufte 10000. In Malakka war er 1545, auf den Molukken 1546, dann wieder in Malakka. Hier hörte er von der Entdeckung Japans. 1549 reiste er mit zwei Patres und drei in Goa getauften Japanern nach Japan, predigte, disputierte mit Bonzen und Gelehrten. Sein Erfolg war nicht groß. Er kehrte nach Goa zurück und bereitete sich vor, nach China zu reisen, das keine Einreise erlaubte. So starb er vor den Toren Chinas.

Franz Xaver bereitete seine Missionsreisen sorgfältig vor. Er betrieb Sprachstudien und arbeitete sich in die Mentalität und Geschichte der einzelnen Völker ein. Er war mit Plänen zur Schaffung einer jeweils einheimischen Liturgie befaßt. Wichtig war ihm die Berichterstattung in die Heimat. Die Briefe an seinen Oberen Ignatius schrieb er kniend. Sein baskisches Temperament, seine hohe Bildung, sein organisatorisches Talent gaben ihm beste Eignung für sein Missionswerk. Seine Saat ging nur karg auf. Politische Verwicklungen, der Ritenstreit, die Aufhebung des Ordens zerstörten vieles. Xaver blieb im Osten; sein Grab ist in Goa – Hoffnung auf Ostern!

4.

HL. BARBARA

Märtyrin

Die Heilige hilft gegen physische und menschliche Macht, sie bringt Christus

Barbara ist von der Legende so umrankt, daß ihre Persönlichkeit nicht mehr sichtbar zu werden scheint. Nach der Überlieferung hat sie unter Kaiser Maximinus Daja (310–313) das Martyrium erlitten. Sie wird als eine der heiligen Vierzehn Nothelfer verehrt. Sie ist Helferin in der Sterbestunde, Patronin der Bergleute und der Artillerie. Ihre Zeichen sind Turm, Zweige, Kelch.

An ihrem Fest werden vielerorts die Barbarazweige aufgestellt, ein Brauch, der in neuerer Zeit wieder sehr beliebt ist. Die kahlen Zweige werden von entlaubten Sträuchern abgeschnitten. Sie beginnen in der geheizten Stube zu treiben und blühen an Weihnachten. Vielleicht hat der Barbarazweig etwas mit der germanischen Lebensrute zu tun. Doch wird er empfunden als Darstellung des weihnachtlichen Mysteriums, das in der winterlichen Dunkelheit aus der adventlichen Erwartung erblüht. Oder man sieht ihn als Hinweis auf die aus der menschlichen Armseligkeit aufblühende göttliche Herrlichkeit Christi. Der Zweig präludiert zum Lied „Es ist ein Reis entsprungen".

Im Gegensatz zum Barbarazweig steht der Barbaraturm. Er weist nicht auf Sicherheit und Geborgenheit hin, sondern auf Verlies, Gefängnis, Ungeborgenheit und Finsternis, Festung und Verschanzung des Bösen. Barbaras Vater hat seine Tochter in ein Turmverlies geworfen, um sie vom Christentum abzubringen. Der Turm sagt den Kanonieren, daß sie dagegen kämpfen müssen. So wird Barbara Patronin der Artillerie.

Der Turm sagt den Bergleuten, daß sie durch die Macht ihrer Patronin Barbara gerettet und geborgen werden können. Wenn der Bergmann eingeschlossen ist in einem tiefen Stollen – er darf hoffen auf die Befreiung, die auch der heiligen Barbara gegeben worden ist. – Der Turm erinnert an die dunkle Stunde des Kranken in der Finsternis des Sterbens. Barbara bringt als Sterbepatronin den Kelch Christi mit der Eucharistie hinein. Stanislaus und andere Heilige sahen St. Barbara kommen im Geleit der Gottesmutter bei der wunderbaren Sterbekommunion. Bis in dieses Jahrhundert betete man nach dem häuslichen Rosenkranz ein Vaterunser, um Barbaras Hilfe in der Todesstunde zu erlangen.

Barbara wird mit Turm und Zweig und Kelch dargestellt: aus der Verschanzung des Bösen und aus dem Dunkel des Todes macht die heilige Nothelferin uns frei – durch den Zweig, das heißt: durch das Christusmysterium, durch den Kelch, das heißt: durch die Christusgegenwart in der Eucharistie. Der Zwang wird überwunden vom Zweig und vom Kelch!

4.

HL. JOHANNES VON DAMASKUS

Priester und Kirchenlehrer

Er führte ein „Doppelleben": erst Finanzminister, dann Mönch, Theologe, Dichter

Johannes von Damaskus gehört zu den „alten" Heiligen, denn er erreichte das Alter von 104 Jahren. Er starb etwa 750 in Jerusalem. Man nannte ihn den „Thomas von Aquin" des Ostens. Eine „Damaskin" ist für den Osten gleichbedeutend mit Predigt. Für Griechen und Slawen ist er der Kirchenvater, römischer Kirchenlehrer erst seit 1890, Patron der Theologiestudierenden aus dem Osten.

Überraschend an diesem Kirchenlehrer sind drei Besonderheiten. Er ist Araber, Finanzmann, Dichter. Er entstammt einer arabischen christlichen Familie, geboren zwischen 642/647. Seine Muttersprache war Arabisch. Er ist wohl zunächst Mitarbeiter, dann auch Nachfolger seines Vaters, der Finanzminister des Kalifen von Damaskus war.– Er hat eine kaum erforschte Reihe von Gedichten hinterlassen, die heute noch als Hymnen in den orientalischen Liturgien gebraucht werden. – Der Kalif Abd el-Malek schlägt einen antichristlichen Kurs ein. Da geht Johannes etwa 700 aus Damaskus weg. Er wird Mönch, dann Priester in Jerusalem, sich ganz seinem theologischen Schrifttum widmend. Über fünfzig Jahre alt, beginnt er eine völlig neue Existenz. Dabei nennt er sich „unnützer und niederer Knecht“. Er meint, es sei richtiger gewesen, seine Sünden vor Gott zu bekennen, als sich mit Kirchenpolitik und Theologie zu befassen.

Sein theologisches Schrifttum ist kaum übersehbar. Sein Hauptwerk ist „Quelle der Erkenntnis“. Seine theologiegeschichtliche Bedeutung besteht in der Verteidigung der Bilderverehrung und in der Vermittlung klarer chalkedonischer Christologie an den Osten, der sonst in einem Monophysitismus steckenzubleiben drohte. Sein Einfluß auf die früheste lateinische Scholastik ist groß. Das Zweite Nizänische Konzil bezeichnet seine Autorität als verehrungswürdig.

Der Kaiser von Konstantinopel verleumdete den Heiligen beim Kalifen. Der ließ ihm die rechte Hand abschlagen. Aber die abgehauene Hand wuchs wieder an. So wird von Johannes berichtet. Möge er bitten, daß die getrennte Hand der Kirche, der Orient, wieder zur Einheit zusammenwachse!

5.

HL. ANNO
Bischof

In Reich und Weltkirche groß,
in seiner Stadt Köln unbeliebt

Anno war Schwabe, geboren auf Burg Steußlingen am Hohentwiel 1010. Er starb am 4. Dezember 1075 im Stift St. Gereon zu Köln. Sein Grab ist der kostbare Schrein der Abteikirche zu Siegburg. Leben und Wirken des heiligen Anno sind nur ein einzelnes Beispiel für die gewaltigen Bischofspersönlichkeiten, die immer wieder im Mittelalter die Geschicke der Kirche und des Reiches, der Politik und Religion führten.
Anno wurde an der Domschule in Bamberg ausgebildet. Er wurde 1054 Propst zu Goslar. Im Jahre 1056 wurde er Kölner Erzbischof. 1064 nahm er an der Synode von Mantua teil und wurde ihre entscheidende Kraft. Denn er beendete das Schisma des Cadalus von Parma (1061–64) und setzte sich für Papst Alexander II. ein. Er gehörte zwar nicht zur Reformpartei der heraufkommenden Epoche Gregors VII., war aber von der Gesinnung derer, die eine Erneuerung der Kirche anbahnten. In der Reichspolitik wurde er der starke Mann nach dem frühen Tod des großen Heinrich III. Durch den Staatsstreich von Kaiserswerth (Düsseldorf) brachte er 1062 den zwölfjährigen Heinrich IV. in seine Gewalt. Der junge Heinrich wurde in Kaiserswerth auf ein Schiff gelockt, er sprang in den Rhein und wäre fast ertrunken. Er wurde nach Köln gebracht und bis zu seiner Mündigkeit mit sechzehn Jahren in der Kölner Erzbischofspfalz erzogen. Anno war Reichsverweser bis 1066. Der innere Aufbau seiner Bischofsstadt war gekennzeichnet durch die Stiftung der Kirchen St. Georg und Maria ad gradus. Nahe bei Köln stiftete er die

Abtei St. Michael in Siegburg, in Essen das Stift auf dem Stoppenberg, das Kloster Grafschaft im Sauerland, in Thüringen das Kloster Saalfeld bei Coburg. Das letztere kam aus dem Erbe der Königin Richeza von Polen, einem Mitglied der ottonischen Familie. Wenig Glück hatte Anno mit seiner Bischofsstadt Köln, die sich im Aufstand 1074 gegen ihn erhob und ihn zur Flucht zwang. Durch einen Feldzug und eine Massenhinrichtung wurden die Kölner gestraft. Anno war reizbar und jähzornig. Eine sehr schwere Krankheit (Diabetes ?) war wohl die Ursache. Der Erzbischof konnte vor Schmerzen nicht gehen noch stehen, und seine Glieder zeigten Fäulniserscheinungen.
Das Annolied rühmt ihn als Licht und Blüte Deutschlands. Seine Politik war letztlich Gottesreichpolitik. Sein Zorn ging gegen Unrecht und Ungehorsam. Es war ein Moseszorn. Anno war ein großer Beter. Seine Entscheidungen fielen in den Wallfahrten zu den Kölner Heiligtümern, die er allnächtlich unternahm. Er war Reichsverweser und ganz Gottesmann.

6.

HL. NIKOLAUS
Bischof

Der Jugendpatron des Mittelalters,
auch heute Glücksbringer für die Kinder

Der heilige Nikolaus war Bischof – nach der heutigen Titulatur Erzbischof von Myra. Seine Bischofsstadt, nahe der Südwestecke von Kleinasien, hatte große Bedeutung für die Schiffahrt und kannte Not und Reichtum, Sünde und Güte. Von Myra ging er zum Konzil von Nizäa. Unter den Akten von Nizäa 325 steht seine Unterschrift. Das wissen wir geschichtlich von Nikolaus.

Die Legende fügt zahllose Geschichten hinzu: er wurde zum Bischof gewählt, weil er als erster in der Kirche war. Denn die wählende Gemeinschaft wollte den Frömmsten wählen, den, der vor allen anderen den Weg in der Frühe zum Gotteshaus fand. – Er hilft drei Mädchen zur Aussteuer, indem er drei Goldbeutel durchs Fenster wirft. – Er rettet die Schiffer aus der Seenot. – Er befreit unschuldig Gefangene aus dem Kerker. – Drei fahrende Schüler, von einem grausamen Wirt ermordet und zerstückelt, weckt er wieder zum Leben auf. – So wird er zum Patron der Schiffer und der Gefangenen, der Jugend, der Familien und der Sozialarbeit. Er wird zum Patron der Fluß- und Seeschiffer – anstelle des heiligen Papstes Klemens. Zahllose Kirchen sind ihm an Flüssen und Häfen geweiht. Weil er Anwalt der Gefangenen ist, steht in Rom neben dem Kerker die Kirche San Nicola in Carcere. Vor allem ist er Helfer der Jugend und der Schüler. Darum wird an seinem Fest bei der ersten Vesper das „Kinderbischofsspiel" gespielt: die Jugend übernimmt in Kloster und Schule das Regiment. Ein Spiel des Kommenden! Daraus entfaltet sich das Nikolausbrauchtum. Martin Luther wendet es in den Christkindbrauch um. An der Stelle des Heiligen kommt der „Heilige Christ" selber als Gabenbringer für die Kinder. So bestimmt St. Nikolaus einen Teil mittelalterlichen und noch heutigen Brauchtums.

Legende, Brauch und Geschichte wachsen zusammen zu einer theologischen Aussage: Wer seine glaubende Unterschrift unter das Mysterium des menschgeborenen Gottessohnes setzt, kann Helfer der Menschen und Glücksbringer der Kinder, der Familien und der Bedrängten sein. Der Menschwerdungsglaube hilft zur Menschenrettung und zur Verwirklichung der Menschenrechte.

7.

HL. AMBROSIUS

Bischof, Kirchenlehrer

Gedenktag

Der Staatsmann wird Bischof. Die Staatsmänner fürchten ihn. Volk und Kirche sehen in ihm einen ihrer Größten

Ambrosius war fünfunddreißig Jahre alt, als er, der Provinzpräfekt von Mailand, zum Bischof der kaiserlichen Residenz Mailand gewählt wurde. Er starb, achtundfünfzig Jahre alt, als er sein Gebet zu Ps. 44,24 diktiert hatte. Seine dreiundzwanzig Jahre im kirchlichen Dienst brachten der Christenheit reiche Saat und Ernte. Wenige Bischöfe im Laufe der Geschichte blieben so sehr in ihrem Bistum lebendig wie Ambrosius.

Wie sein Täufling Augustinus wurde auch Ambrosius durch eine Kinderstimme berufen. Als er nach dem Tod des Arianers Auxentius eine stürmische Bischofswahl befürchtete und an die Gemeinde eine Ermahnung richtete, rief ein Kind: „Ambrosius – Bischof!" Innerhalb acht Tagen wurde Ambrosius getauft und schließlich zum Bischof geweiht am 7. Dezember 374. Dieser Weihetermin ist Gedenktag des Heiligen geworden. Es war der Geburtstag eines großen Bischofswirkens.

Gewiß, der 339 in Trier geborene Ambrosius entstammte einer gläubigen Familie, er hatte eine tieffromme Mutter. Auch die Jungfrauenweihe seiner Schwester in Rom und die Totenrede auf seinen Bruder Satyrus sprechen von der christlichen Gesinnung der Seinen. Dennoch eröffnet die Bischofsweihe für Ambrosius innerhalb von wenigen Tagen ein neues Leben. Der Beamte wird zum Aszeten, der Jurist wird Theologe, der Verwaltungsfachmann wird Hymnendichter. Der Lateiner wird zum großen Vermittler griechischen theologischen Gedankengutes, besonders des Origenes, an die lateinische Kirche. In den dreiundzwanzig Jahren seines Getauftseins und seines Bischofsamtes wird er zum ersten Kirchenvater der lateinischen Kirche. Seine Hymnen singen wir heute noch im Stundengebet. Vielleicht beten wir an verschiedenen Stellen des Römischen Kanons mit seinen Worten.

Zugleich bleibt Ambrosius Staatsmann. Er kämpft gegen die arianische Kaiserpolitik, gegen die verschlagene Kaiserin Justina, gegen den gläubigen Kaiser Theodosius, wenn er Terror ausübt. Er zwingt den Kaiser zur öffentlichen Kirchenbuße. Aber seine Waffe ist das Schwert des Geistes und des Wortes und des Gebetes.

Die Predigten des heiligen Ambrosius ergeben ein theologisches Werk. Es ist geprägt von tiefer Innigkeit, persönlicher Frömmigkeit und Freude an der Liturgie. Oft ist er noch „menschlicher" als Augustinus. Bei ihm beginnt die Linie, die zu Bernhard und zum heiligen Franz führt.

8.

HOCHFEST DER OHNE ERBSÜNDE EMPFANGENEN JUNGFRAU UND GOTTESMUTTER MARIA

Man weihte sich einst der Immaculata, indem man mit seinem Blut unterschrieb

Im Gebiet der östlichen Liturgie begegnet dem Forschenden ein bescheidenes Fest der Immaculata Conceptio BMV seit dem 8. Jahrhundert. Im lateinischen Bereich wird dieser Festtag im 9. Jahrhundert in Süditalien und in Irland, etwas später in England festgestellt. Der selige Duns Scotus, Minorit, beigesetzt in der Kölner Minoritenkirche, wo auch Adolf Kolping ruht, löste die dogmatische Frage mit seiner Formel: Im Hinblick auf die Verdienste des Gekreuzigten Herrn Jesus Christus wurde Maria – zwar nicht grundsätzlich, aber faktisch – von der Erbschuld freigehalten und vom ersten Augenblick ihres Daseins an mit der Gnade erfüllt. Von nun an gewinnt das Fest am 8.12. weite Ausbreitung. Papst Sixtus IV., Franziskaner, führt das Fest 1476 offiziell ein. Clemens XI. schreibt es 1708 für die ganze Kirche vor. 1854 gibt die Verkündigung des Dogmas von der Immaculata dem Fest neuen Glanz. 1863 werden die Texte des Festes in schöner Weise neugestaltet. Die neuen Formen nach dem Vaticanum II brachten keine wesentlichen Änderungen. Im deutschen Sprachgebiet gab es lediglich scharfe Diskussionen um den Titel des Festes. Wegen der katechetischen Schwierigkeiten und vieler Mißverständnisse kam der Plan auf, dem Fest den Titel „Mariae Erwählung" zu geben. Denn Gottes Ratschluß von Ewigkeit her hat die Mutter des Erlösers wunderbar auserwählt und durch die Fülle der Gnade ausgezeichnet. Wegen des starken Widerspruchs wurde dieser Plan bald fallengelassen.

Viele Heilige im Barockzeitalter haben ihre Weihe an die unbefleckt empfangene Gottesmutter buchstäblich mit ihrem Blut unterschrieben. Die neue Zeit interessiert sich recht wenig für das Fest. Es hat fast allerorten seine feriatio, d.h. seinen Charakter als öffentlicher, staatlicher Feiertag, verloren und ist dadurch wieder im Werktag versunken. Doch sollten gerade an Mariens Begnadung die Würde des Menschen und die Herrlichkeit der Liebe Gottes zum Menschen kundwerden. Während derzeit die einfachsten Menschenrechte bestritten werden, wird in Maria dem Menschen hohe Herrlichkeit geschenkt. Die heiligmachende Gnade für die Mutter des Herrn, außerordentlich in Maß und Zeitpunkt, soll die Feiernden an die heiligmachende Gnade in der

Taufe erinnern, die wir alle bekommen. Maria erhielt sie durch ewigen Ratschluß im ersten Moment ihres Daseins. Für jeden von uns ist die heiligmachende Gnade der Gotteskindschaft höchste Menschenwürde. Die Erstbegnadete und Meistbegnadete sagt uns: „Mensch, erkenne deine Würde!" Sie hilft, die Würde zu erhalten.

11.

HL. DAMASUS I.

Papst

Er gab in seiner Liturgiereform die Volkssprache Latein als Kultsprache.
Wir beten im Römischen Kanon mit seinen Worten

Man hat dem Spanier Damasus nachgesagt, er sei der erste Kirchenfürst auf Petri Stuhl, etwas eingenommen von frommen Kreisen reicher alter Damen und von sich selbst. Dagegen spricht die Geschichte seines von Wirren erfüllten achtzehnjährigen Pontifikats.

Gewiß, die Amtsführung des Damasus wird von Prozessen um seine Person wegen Mords und Ehebruchs und von Parteikämpfen mit den Gegenpäpsten Felix II. und Ursinus eröffnet. Zwischen den Kampfberichten und den Entstellungen, die ihn als Emporkömmling und als Salonheiligen beurteilen, tritt uns der wahre Damasus entgegen als der Freund des Ambrosius und des Hieronymus, als der Partner des Kaisers Theodosius, gleichfalls Spanier, als der „Silvester" der theodosianischen Wende. Damasus, geboren um 305, war Diakon des Papstes Liberius, wurde 366 gewählt, starb am 12. Juni 384. Mitten in seinem Pontifikat steht das Jahr 375, das in der Geschichte als „Beginn der Völkerwanderung" gezeichnet ist.

Sein Pontifikat lebt fort im Römischen Kanon, der wohl im wesentlichen von ihm und Ambrosius in seine Form gegossen wurde. Er lebt weiter in der lateinischen Sprache, die nach langer Vorherrschaft des Griechischen in Kult, Wissenschaft und Frömmigkeit zur Geltung kam. – Damasus war Freund des heiligen Ambrosius nicht nur im Briefwechsel, sondern auch in der Zusammenarbeit und in familiären Beziehungen. Er hielt die Feier zur Einkleidung der Schwester des Ambrosius als Jungfrau.

Damasus beauftragte den heiligen Hieronymus mit der großen Arbeit der Revision und Auslegung des lateinischen Bibeltextes, der Vulgata. – Er griff, sich des päpstlichen Primates voll bewußt, in die letzten arianischen Wirren ein. – Er stand hinter dem Konstantinopler Konzil von 381, hinter dem Sieg Theodosius' des Großen und der nizänisch-katholischen Sache. – Damasus spricht zu uns aus seinen zahlreichen (54) Epigrammen, die er über die heiligen Märtyrer verfaßte, und in Briefen, Synodalschreiben, Traktaten. – Unter ihm blüht die durch Theodosius befreite Kirche mächtig auf. – Es ist schon richtig gesehen: Damasus ist der erste Kirchenfürst großer kirchenpolitischer Entfaltung und neuer innerkirchlicher Initiativen.

Das Grab des heiligen Damasus lag zuerst an der Via Ardeatina in Rom. Dann wurde es verlegt in die Laurentiuskirche innerhalb des Palastes der Cancellaria, deshalb San Lorenzo in Damaso genannt. Damasus nimmt die Mitte Roms ein.

12.

HL. JOHANNA FRANZISKA VON CHANTAL

Ordensgründerin

Sie schritt über ihren Sohn hinweg,
als sie die Familie verließ und Gottes Ruf folgte

Der Tourist lernt von Frankreich die herrlichen Schlösser von Versailles bis zur Loire kennen. Aus der französischen Geschichte lernt man vielfach nur den hohen Adel mit dem „Sonnenkönig" und die unteren Schichten kennen, die später zur Großen Revolution stürmten. Zuwenig beachtet ist das Frankreich der Mitte, das sich im einstigen niederen Adel und im gehobenen Bürgertum darstellt, das man in der Alltagspfarrei, im Kloster, in der Wallfahrt kennenlernt. Dieses überaus liebenswerte Frankreich der Mitte stellte einst die Träger der Rechtsprechung und Verwaltung, des kirchlichen und geistigen Lebens. Dieses Frankreich gab der Kirche viele, viele Heilige. Aus dem niederen Adel stammt die heilige Johanna Franziska von Chantal, geboren am 28. Januar 1572 zu Dijon. Ihr Vater war Präsident des burgundischen Parlaments, ihr Gatte ein Gutsbesitzer. Sie war Mutter von sechs Kindern, zwei davon starben sehr jung.

Johanna Franziska war eine starke, hochherzige Frau. Sie wurde 1601 als Neunundzwanzigjährige Witwe. Ihr Mann fiel einem Jagdunfall zum Opfer. Sie übernahm die Taufpatenschaft beim Kind des Bediensteten, der den Tod verursacht hatte. Als sie 1610 das Haus ihres Vaters in Dijon, in dem sie als Witwe lebte, verlassen wollte, legte sich ihr Sohn Celse-Benigne über die Schwelle. Er wollte verhindern, daß die Mutter ihre Familie verließ und den Orden von der Heimsuchung gründete. Sie schritt über ihren Sohn hinweg. Damals war sie 38 Jahre alt, ihre Kinder waren gut versorgt. Als sie, neunundsechzig Jahre alt, am 13. Dezember 1641 in Moulins starb, zählte der Heimsuchungsorden einundvierzig Häuser. In drei Jahrzehnten hatte sie das große Werk geschaffen.

Sie war eine hochgeistige Frau. Trotz aller barocken Religiosität lebte in ihr schon das Zeitalter des Descartes. Sie litt unsäglich an Zweifeln und Ängsten. Der Bischof von Genf-Annecy, der heilige Franz von Sales, lehrte sie, aus dem Gottvertrauen und der Ergebung in Gottes Willen zu leben. Vierzehn Jahre lang stand sie unter der Leitung des heiligen Franz von Sales. Diese seelische Freundschaft ist nicht begreiflich, wenn man ihr hohes geistiges und geistliches Niveau nicht beachtet und statt dessen mit oberflächlichen ungeistigen Maßen mißt. Selbst diese geistliche Freundschaft wurde mit dem Verzicht auf persönliche Begegnungen beendet.

Johanna Franziska von Chantal ist als hochragende Gesamtpersönlichkeit Wegweiser für die christliche Frau im barocken Frankreich. Sie führt von der Ungeistigkeit und vom Verfall der Sitte in die absolute Hingabe an Gott. Viele sind dieser Wegweisung gefolgt. Sie haben das Frankreich der Heiligen geschaffen.

13.

HL. ODILIA

Äbtissin

Die Blindenpatronin sorgt für das leibliche und seelische Licht

Die heilige Odilia, Tochter des elsässischen Herzogs Attich, steht für das Elsaß und den alamannischen Raum im liturgischen Kalender. Sie zieht auf sich die Hoffnung der Augenkranken.

Odilia (oder Ottilia) wurde um 660 geboren, sie starb um 720. Ihre und ihres Vaters große Stiftung ist das Kloster auf der Hohenburg südlich von Straßburg am Rand der Vogesen. Heute trägt das Kloster ihren Namen: Odilienberg. Sie war die erste Äbtissin. Sie hat hier ein von sprudelndem Leben umgebenes Grab gefunden. Odilia hat auch die Abtei Niedermünster gestiftet.

Die Legende hat sich dieses fürstlich-weitherzigen Frauenlebens angenommen. Sie erzählt: Odilia kam blind zur Welt. Deshalb wurde sie von ihrem Vater verstoßen. Eine Magd nahm sich des kleinen Kindes an und brachte es in ein Kloster, vermutlich Baume-les-Dames bei Besançon. Dort empfing das Findelkind die heilige Taufe durch Bischof Erhard. Bei der Taufe wurde Odilia von der Blindheit geheilt. Sicher ist dieses Legendenmotiv eine Aussage über das von der Taufe gegebene Licht des inneren Auges des Glaubens. Odilia wurde später aus Baume von ihrem Bruder Hugo in die Heimat zurückgeholt und mit der Leitung des Klosters Hohenburg-Odilienberg betraut.

Die Heilige wurde auf dem Odilienberg in einer eigenen Kapelle bestattet. Seit dem 9. Jahrhundert wird sie dort verehrt. Heute noch kommen zahlreiche Wallfahrer an das Grab der Heiligen. Vor allem Augenkranke beten zu ihr um die Erhaltung und Genesung des Augenlichtes. Nicht nur im Elsaß, in der Schweiz und in Süddeutschland, auch im Rheinland ist Odilia, deren Name als Vorname und sogar als Familienname beliebt war, Augenpatronin. Gern stellt man ihr Bild dar: auf einem Buch trägt sie – wie zwei Perlen oder Edelsteine – zwei Augen.

Die Legende weiß auch zu berichten, Odilia habe gesühnt für die Schuld des Vaters an ihr, sie habe ihn durch ihr Gebet aus dem Fegfeuer befreit. Eine spätere Zeit legt hier dem christlichen Beter die Idee der Sühne und des Armseelengebets nahe.

Bei der heiligen Odilia geht es immer um das

doppelte Augenlicht, um die geistige und leibliche Sehkraft. Auch bei den mehrfachen Nachahmungen der elsässischen Odilienwallfahrt, z.B. auf der anderen Rheinseite in St. Ottilien bei Freiburg, geht es um das zweifache Licht. Odilia sagt: Nur der ist blind, der das Auge des Glaubens nicht besitzt.

13.

HL. LUZIA

Jungfrau, Märtyrin

Auch Lucia ist Helferin der Augenkranken.
Sie bringt den Advent des Lichtes Christi in alle Dunkelheit

Papst Johannes Paul I. trug den Familiennamen Luciani. Dieser Name könnte vielleicht bedeuten: „zu Luzia gehörig". Als der Papst noch Patriarch von Venedig war, hat er wohl oft und oft das Lied der Gondolieri „Santa Lucia" gehört und der Patronin Venedigs gedacht. – In den hohen Norden jedoch verweist das in deutschsprachigen Bistümern beliebt gewordene schwedische Brauchtum, am 13.12. eine Luziakrone mit dreizehn Kerzen einem jungen Mädchen aufzusetzen.

Die heilige Luzia ist eine geschichtliche Persönlichkeit. Von ihr wurde die Luciakatakombe mit ihrer Grabstelle (Loculus) in Syrakus gefunden. Die Luciabasilika ebendort geht auf das 5. Jahrhundert zurück. Aus dem gleichen Jahrhundert ist eine Grabinschrift vorhanden, die sich auf die heilige Lucia bezieht. – In Rom sind wegen der reichen sizilianischen Besitzungen der Römer viele Hinweise auf Sizilien zu finden. Wir treffen die heilige Luzia im Römischen Kanon, in den ihr Name wohl von Gregor dem Großen aufgenommen wurde. In Rom finden wir ihr Fest am 13. 12. Hier baute Honorius I. eine Kirche Santa Lucia in Selce (= Kieselstein). Die Reliquien der heiligen Luzia wurden, wie es heißt, von Syrakus nach Konstantinopel, von dort nach Venedig (San Geremia) übertragen, nach anderen Berichten nach Metz über Pèntima (970).

Die Legende weiß zu ergänzen: Die heilige Luzia war erfüllt vom Beispiel der heiligen Agatha von Catania. Darum weihte sie sich dem jungfräulichen Leben, verschenkte ihr Vermögen den Armen. In der Diokletianischen Verfolgung um 300 gab sie ihr Leben für Christus. – Luziatag ist die Mitte des Dezembers und des Advents, früher oft „Mittwinter" genannt. Deshalb werden die Lichter und Lichtkronen in das winterliche Dunkel gestellt. Luzia wetteifert mit Barbara und Nikolaus als Geschenkbringerin. Allerlei Los- und Orakelbräuche werden oft auf heidnisch-germanische Sitten gedeutet, dürften aber eher aus dem Advent zu verstehen sein. – Die Augen, die die Heilige als Hinweis auf das Licht auf einem Teller trägt, machen sie zur Hilfe der Augenleidenden.

Weihnachten singt „Licht leuchtet heute". Das Lichtlied intoniert Luzia zwölf Tage vorher.

14.

HL. JOHANNES VOM KREUZ

Ordenspriester, Kirchenlehrer

Gedenktag

Der Helfer der hl. Theresia in der Reform der Karmeliter, wirklich vom Kreuz beladen

Über den heiligen Mystiker Johannes vom Kreuz wurde geschrieben: „Johannes war klein von Gestalt, doch voll Adel in Ausdruck und Gebärde.

Von feinempfindender, dichterischer Anlage, war er nach innen gekehrt, dem Beschaulichen zugewandt, indes allem Phantastischen abhold, nur ‚das eine Notwendige' anstrebend. Er war kein Führer oder Organisator, sein Vorbild war eine lebendige Norm. Eine harte Jugend prägte seinem Wesen einen herben Ernst auf. Seine unerbittliche aszetische Strenge reizte Theresia zu liebenswürdiger Ironie. Im Umgang mit anderen war er nachsichtig und gütig. Seine gründliche philosophisch-theologische Bildung ausgeprägter thomistischer Richtung wandte er zur Erfassung der tiefsten mystischen Erfahrungen an. Mystisch hochbegnadet, reifte er in schwerem Leiden zum Heiligen heran. Er lehrte nur, was er lebte. Pius XI. nennt ihn ‚Lehrer der Heiligkeit und Frömmigkeit' und seine Schriften ‚Gesetzbuch und Schule der gläubigen Seele'. Sie bilden das bedeutendste theologische System der Mystik der Neuzeit".

Die mittelalterliche Idee vom „Seelengrund" und „Seelenfünklein" wird von Johannes vom Kreuz weitergeführt. Die „Nacht der Sinne" löst die Seele vom Körperhaft-Sinnlichen. Die „Nacht des Geistes" löst von der Ichverkrampfung. So schreitet der Mensch zur geistigen Gottvereinigung. Glaube und Liebe erheben Verstand und Willen zu diesem Ziel. – Diese mystische Theologie lehrt Johannes vom Kreuz in den Werken „Aufstieg zum Berge Karmel", „Dunkle Nacht der Seele", „Geistlicher Gesang", „Lebendige Flamme der Liebe" und vielen anderen kleineren Schriften, Gedichten, Mitteilungen.

Dieser große Mystiker hatte ein schweres Leben. Er wurde geboren zu Fontivera am 24. Juni 1542. Sein Familienname ist Juan de Yepes. 1563 trat er in den Karmelitenorden ein, studierte in Salamanca. Für sein Leben war entscheidend die Begegnung mit der heiligen Theresia. 1572–77 war er Spiritual an ihrem Kloster in Ávila. Als sich gegen die theresianische Reform der Karmeliten ein großer Sturm in Kloster und Öffentlichkeit erhob, versetzte man Johannes nach Toledo, hielt ihn in Haft und behandelte ihn wie einen Sträfling. Er konnte entfliehen und wirkte nach der offiziellen Abtrennung der reformierten (= Unbeschuhten) Karmeliter als Rektor und Prior. Er starb, neunundvierzig Jahre alt, in Ubeda am 14. Dezember 1591. Er wurde 1675 seliggesprochen, 1726 kanonisiert, 1926 zum Kirchenlehrer erhoben.

Johannes vom Kreuz ist der maßgebende Kirchenlehrer für Mystische Theologie, diesen echten, aber vergessenen Zweig der Theologie. Er wurde es, weil sein Ordensname „vom Kreuz“ sich an ihm erfüllt hat.

23.

HL. JOHANNES VON KRAKAU

Priester

Der Heilige von Krakau
wirbt um das Gebet für den Papst aus Krakau

Seit der Erzbischof von Krakau Papst Johannes Paul II. wurde, erweckt die Gestalt des heiligen Johannes von Krakau gesteigertes Interesse. – Er war Professor an der Universität Krakau. Von ihm erzählt die Legende: Bei einer seiner mehrfachen Fußpilgerfahrten nach Rom wurde er von Räubern überfallen. Sie nahmen ihm seine Habe und sein Geld weg und ließen ihn gehen. Als er schon weit gewandert war, fiel ihm ein, daß er noch einige Goldstücke mitgenommen hatte, eingenäht in den Saum seines Gewandes. Da machte er sich auf, lief zu den Räubern zurück und bot ihnen die vergessenen Goldmünzen an. Die Strolche waren so überrascht von solcher Gesinnung, daß sie dem Heiligen auch das noch zurückgaben, was sie ihm geraubt hatten. – Die Legende hört sich an wie eine Anekdote, die die Schüler ihrem Professor angedichtet haben. Jedenfalls erzählt sie mehr von seiner Liebe zu Rom, von seiner kindlichen Einfalt, von seiner Wahrheitsliebe, von seiner Unabhängigkeit von irdischen Dingen, als es eine ganze Biographie zusammenstellen könnte.

Dieser heilige Johannes mit dem latinisierten Namen „Cantius" muß schon jedem Philosophen aufgefallen sein, der vielleicht einmal im liturgischen Kalender blätterte und sich an Immanuel Kant erinnert sah. Cantius heißt: von Kety. Dort wurde er am 23. Juni 1390 geboren. Er wurde Professor in Krakau, dabei Kanonikus am Krakauer Stift St. Florian und zugleich Pfarrer. Er tat und gab alles für seine Armen und für seine Schüler – und diese beiden waren oft identisch. Der christliche Gedanke der irdischen Pilgerschaft ließ ihn nicht los. Er realisierte ihn durch eine Wallfahrt nach Jerusalem und durch seine Rompilgerfahrten. Er starb am Heiligen Abend, am 24. Dezember 1473 zu Krakau. Er wurde dort in der Universitätskirche St. Anna beigesetzt. Johannes wurde 1690 seliggesprochen, 1767 kanonisiert.

Das Leben eines Heiligen, der Kind vor Gott und Professor, Wanderer und Wahrheitsfanatiker war, wirbt für die polnischen Bistümer und ihre Sorge um Schule und Lehramt vor der Jugend. Er wirbt um das Gebet für den Papst, der Professor in Krakau war und die Not der Seelsorge durchlebt hat.

25.

HOCHFEST DER GEBURT DES HERRN WEIHNACHTEN

Das nizänische Siegesfest:
Gott von Gott, geboren aus Maria

Weihnachten machte eine lange geschichtliche Entwicklung durch. Es beginnt mit einem Kalenderblatt. Der Chronograph von 354 nennt den 25.12. als Geburtstag Christi. Er greift auf eine Tradition zurück, die man bis in die Mitte des 2. Jahrhunderts, bis zu Papst Telesphorus, zurückverfolgen kann. – Der gleiche Tag, der 25.12., wird als Geburtstag des Sonnengottes groß gefeiert, hauptsächlich seit etwa 200. Damals erhob Septimius Severus den Sonnengottkult zur Reichsreligion. „Tauft" also die christliche Liturgie den Sonnengottkult? Sehr beachtlich ist aber auch die jüdisch-christliche Tradition: Christus ist Mensch geworden und später am Kreuz gestorben am gleichen Tag, an dem Gott die Schöpfung vollendet hatte. Das ist der 25.3., von dem dann der 25.12. als Geburtstag schlicht gefolgert wird. Man glaubt jedenfalls ein echtes Datum der Geburt Jesu zu besitzen.

Sowohl in Rom unter Liberius als auch in Jerusalem zufolge des Berichts der Pilgerin Ätheria gibt es in der Mitte des 4. Jahrhunderts eine festliche Begehung des 25.12. Sie wird angeregt durch das Konzil von Nizäa. Tatsächlich sind auch die Weihnachtstexte ein einziges nizänisches Triumphlied. Weihnachten wird Fest.

In den Jahrhunderten nach der Völkerwanderung steht die lateinische Christenheit in einer schweren Aufgabe. Mit Ausnahme der Franken sind alle eingewanderten Germanenvölker Arianer. Sie müssen katholisch ummissioniert werden. Dazu hilft die Feier der Weihnacht mit ihren nizänischen Texten. Das Weihnachtsfest wird Hochfest. Es nimmt österliche Privilegien an, z.B. die Tauffeier. Es kopiert österliche Aussagen.

Mit Bernhard von Clairvaux und dem heiligen Franz wird die Christusfrömmigkeit von der Humanitas des Erlösers bestimmt. Sie gibt dem Weihnachtsfest mächtig Auftrieb.

Den kräftigsten Impuls für die Feier des 25. 12. vermittelt Martin Luther. Er macht Weihnachten statt Nikolaus zum Geschenkfest der Kinder. Darin ist die „moderne Höhe" der Feier erreicht und damit leider auch der Niedergang in eine allzu materielle Festfreudigkeit angebahnt.

Ein unweihnachtlicher Sonderbrauch bleibt in der katholischen Liturgie das weihnachtliche Feierelement: die drei Meßfeiern. Sie entsprechen drei verschiedenen Feieranlässen, zu denen der Papst verpflichtet war: der Feier in der Betlehemsgrotte von Santa Maria Maggiore, dem Patrozinium in der byzantinischen Hofkirche Santa Anastasia, dem Hochamt in Santa Maria Maggiore oder später in St. Peter. Die Deutung auf die dreifache Geburt Christi in Betlehem, in der Seele, aus dem Vater von Ewigkeit gibt diesem Brauch Gewicht und Dauer.

26.

HL. STEPHANUS

Erster Märtyrer

Fest

Das Weihnachtsgebet des Stephanus:
Ich sehe den Himmel offen und Christus zur Rechten Gottes

Der Stephanstag feiert nicht nur eine Persönlichkeit, sondern ein Ereignis: die Erfüllung der Verheißung Christi, daß die Jünger ihm Zeugnis geben werden in Jerusalem, Samaria und bis an die Grenzen der Erde. Das Auftreten des ersten der Diakone geht über die Caritas hinaus und wird zur Verkündigung an die hellenischen Juden. Nach dem Tod des Stephanus müssen sich die Christen zerstreuen und in das Land hinausgehen. Das Christentum macht den ersten Schritt zur Weltreligion. Die beim Pfingstbericht genannten Völker werden nun erfaßt vom Wirken des Heiligen Geistes und der Frohbotschaft. Die kleine Krippe von Betlehem weitet sich zur Heimat aller Menschen.

Der Stephanustag feiert nicht nur ein Ereignis, sondern öffnet auch eine Gebetsschule. Bei seiner Steinigung betet Stephanus: „Nimm auf meinen Geist!" Das „Suscipe", das im christlichen Gebet eine so große Rolle spielt, wird hier zum erstenmal gesprochen. – „Herr, rechne ihnen dies nicht zur Sünde an!" betet Stephanus für seine Verfolger. Die Märtyrer bis hin zur jüngsten, Maria Goretti, haben es von ihm gelernt. Diese Gebetsschule hat zur Grundlage die erste mystische Christusschau, den Beginn der christlichen Mystik: „Ich sehe den Himmel offen und Christus zur Rechten Gottes stehen."

Nach der Ankunft des Erlösers ist der Stephanstag so etwas wie ein Hinweis auf die Ankunft der Kirche, der lehrenden, betenden, christuserfüllten Kirche. – Der Stephanstag ist nicht älter als Weihnachten, wohl aber älter als die große hochfestliche Weitung der Weihnachtsfeier. Am 3. August 415 fand der Priester Luzian in Jerusalem die Reliquien des heiligen Protomärtyrers. Dadurch stieg die schon Ende des 4. Jahrhunderts bekannte Stephansfeier am 26.12. sehr im Rang. In zwei Strömen der Entwicklung ging die Feier über Illyrien und die Adria hinauf nach Passau, von da in den Osten über Wien und nach Ungarn. Ähnlich ging der Strom der Stephanusverehrung über Nordafrika und Süditalien nach Südgallien und hinauf bis in die Frankenländer. Mit Vorliebe wählte man für bischöfliche Hauskirchen den Namen St. Stephan. In zahllosen Bildwerken stellte man den Erzmärtyrer dar. – Das Stephansbrauchtum, heute fast ausgestorben, kannte verschiedene Segnungen, besonders der Pferde. Dazu gehörten Umritte, Hafersegnung u.a. Der Ursprung ist nicht geklärt, könnte aber vielleicht mit dem herannahenden Jahresbeginn zusammenhängen.

Anziehender als alles, was über den Stephanstag gesagt werden kann, ist die Persönlichkeit des heiligen Stephanus. Seine Jugendlichkeit, seine Güte und Begeisterung, sein Christusbekenntnis, seine Tapferkeit, seine Innerlichkeit wecken auf und zünden.

27.

HL. JOHANNES

Apostel, Evangelist

Fest

Er sah den armen Christus und sagte:
Wir haben seine Herrlichkeit gesehen

Heute noch wird am Fest des heiligen Johannes der Wein gesegnet. Der benedizierte Trank wird dargereicht mit den Worten: „Bibe amorem Sancti Joannis! – Trink die Liebe des heiligen Johannes!“ Das Patronat des Johannes über die Winzer beruht zwar auf der Legende, man habe dem Apostel vergifteten Wein gereicht; als er ihn segnete, kam das Gift als Schlange hervor. Doch kann man die Gestalt und das Werk des Heiligen als kostbaren Wein symbolisieren. Der Inhalt seiner Lehre und seines Lebens ist die Liebe. Er hat alles Gift der alten Schlange daraus verbannt. – Im Mittelalter war der heilige Johannes auch Patron der Wachszieher, ohne die es kein Licht in der Stube gab. Auch hier trifft die Symbolik einen Grundgedanken des heiligen Johannes: Licht!

Johannes stammt aus Betsaida am See Gennesaret. Sein Vater ist Zebedäus, seine Mutter Salome, sein Bruder Jakobus der Ältere. Mit dem Hohenpriester war er bekannt. Sein Lehrer war Johannes der Täufer. Vielleicht lernte er auch aus der Weisheit der Qumran-Klöster. Mit Andreas wurde Johannes als erster vom Vorläufer zu Jesus gesandt, mit Petrus, Andreas und Jakobus als erster zur Nachfolge berufen. Vor den anderen bevorzugt, ist Johannes mit Petrus und Jakobus Zeuge der Auferweckung der Tochter des Jairus, der Verklärung, des Ölbergleidens. Er ist an Jesu Seite beim Abendmahl. Als einziger Apostel steht er unter dem Kreuz, und ihm wird die Sorge für Maria anvertraut. Mit Petrus läuft er zum Grab des Auferstandenen. Er empfängt die Verheißung, er werde bleiben bis zur Wiederkunft. In der Apostelgeschichte ist er neben Petrus beim Wunder am Lahmgeborenen und bei der Reise durch Samaria erwähnt. Paulus nennt ihn mit Petrus und Jakobus „die Säulen der Kirche“. Nach der Tradition kommt er nach Ephesus. Er wird dort unter Kaiser Domitian mit der Verbannung nach Patmos bestraft. Dort schreibt er die Apokalypse. Nach Ephesus zurückgekehrt, schreibt er das vierte Evangelium. Er schreibt auch die drei Briefe. Die Legende schiebt noch ein Martyrium des heiligen Johannes in Rom ein, bei dem er in einen Kessel siedenden Öls geworfen wird. In Ephesus wird schon früh über seinem Grab eine Kirche gebaut, von Justinian eine Basilika, deren Ruinen ausgegraben wurden. Von seinen Reliquien wird nirgendwo gesprochen.

Evangelium und Apokalypse bieten eine kaum überschaubare Fülle der Gedanken. Johannes zeigt die Gottessohnschaft Jesu Christi. Er weist auf Gott als Licht, Leben, Liebe. Kraftvoll bezeugt er die Auferstehung. Er zeugt für Gotteskindschaft, Kirche, Petrusamt. Ohne Johannes gibt es kein volles Christentum. Er gleicht seinem Symbol, dem Adler, denn er weiß uns in höchste Höhen emporzutragen. Vielleicht darf man auch vom literarischen und allgemeinmenschlichen Standpunkt sagen: Das Werk des Johannes ist Gipfel allen Schrifttums.

28.

UNSCHULDIGE KINDER

Fest

Moses wird vor dem Pharao gerettet, Christus vor Herodes. Er ist der neue Moses, Retter des Volkes

Seit dem 5. Jahrhundert wird ein liturgischer Gedenktag nach Weihnachten den Unschuldigen Kindern gewidmet. In Spanien und im Osten kommt dieses Fest zunächst am 8.1. im Anschluß an den Epiphanietag auf. Rom kennt im Sacramentarium Leonianum, der veronesischen liturgischen Konzeptsammlung, bereits Texte für eine Feier der Unschuldigen Kinder. Da das Mittelalter diesen Tag auch als Trauer über die Flucht nach Ägypten ansah, wurde die violette Farbe als liturgische Farbe vorgeschrieben. Sie brachte in den weihnachtlichen Glanz eine dunkle Note, die nie volles Verständnis erlangte. Darum hat die Neuordnung der Liturgie nach dem Vaticanum II für die „Innocentes" rote Farbe vorgeschrieben. Sie war früher nur üblich, wenn der 28.12. auf einen Sonntag fiel. Glücklicherweise hat die Neuordnung die weihnachtlichen Begleitfeste und ihren geprägten Eigencharakter belassen, obwohl es manche Stimme dagegen gab. Die unregelmäßige Einschiebung des Festes der Heiligen Familie zeigt schon, wie gefährlich jede auch nur jahrweise Störung des Kunstwerks der Weihnachtsoktav sich auswirken kann.

Gegenstand des Gedenkens ist der Bericht des heiligen Matthäus (2, 13–18): Nach dem Weggang der heiligen Weisen aus dem Morgenland ließ Herodes im Umkreis von Betlehem alle Knäblein töten, die zwei Jahre und jünger waren, um damit Christus zu treffen. Die gesamte christliche Tradition sah in diesem Sterben das erste Martyrium für den Herrn und die erste Verklärung des Todes durch Christi Leben.

Natürlich spielt mit Steigerung des Ansehens der Weihnachtsfeier auch am Tage der Unschuldigen Kinder das Brauchtum eine Rolle. In Klöstern und Gemeinschaften spielte man das Spiel des Rollentausches: die Jüngsten übernahmen für diesen Tag die Hausgewalt, die Älteren und die Vorgesetzten mußten den Tischdienst und andere untergeordnete Aufgaben verrichten und die letzten Plätze einnehmen. So ist es heute noch vielerorts erhalten. Allerdings wurde der „Rollentausch“ meist auf das „Kinderbischofsspiel“ am Nikolaustag verlegt.

Der Gedenktag der Unschuldigen Kinder hat nichts Verstaubtes an sich. Er ist, angesichts der modernen staatlichen Gesetzgebungen, von großer Aktualität.

29.

HL. THOMAS BECKET

Bischof, Märtyrer

Wie Thomas Morus war Thomas Becket Kanzler und Märtyrer, der Bischof erschlagen am Altar

Der heilige Thomas Becket gehört auch zu den „bekehrten Heiligen". Er ist Londoner, geboren 1118, absolvierte ein glänzendes Studium in England und Paris, später zu Bologna und Auxerre. Das Kirchenrecht war sein Fach. 1141 wurde er dem Klerus von Canterbury zugezählt. Er empfing die Diakonenweihe und wurde Archidiakon von Canterbury. König Heinrich II. erhob ihn 1155 zu seinem Kanzler. Thomas war gerade siebenunddreißig Jahre alt, als er diesen ersten Gipfel seiner glanzvollen Laufbahn erreichte. Er wurde mehr als Kanzler. Das Amt des Kanzlers hatte im Mittelalter die Aufgaben des juristischen und wissenschaftlichen Sekretärs und der Ausfertigung der Rechtsakte. Thomas Becket war Freund, Berater, Begleiter, Inspirator der Politik des Königs. Damals verstand er es, Heinrich II. auf die Seite des bekämpften Papstes Alexander III. zu ziehen. Am 23. Mai 1162 wurde zu niemandes Überraschung Thomas vom König zum Primas und Erzbischof von Canterbury ernannt. Er stand auf der höchsten Höhe seines Aufstiegs.

Die Bischofsweihe machte aus Thomas einen anderen Menschen. Nach einem halben Jahr (Ende 1162) gab er das Staatssiegel dem König zurück. Er verzichtete auf sein Kanzleramt. Er wurde Aszet, lebte in monastischer Strenge. Er widmete sich nur noch seinen bischöflichen Pflichten, dem Studium, der Sorge für die Armen und Kranken. Wie seine Lebensführung, so änderte er auch sein kirchenpolitisches Verhalten. Er geriet in Konflikt mit dem König wegen der

Rechtsabgrenzung zwischen kirchlichem und königlichem Gericht und vor allem wegen der Überwachung der Beziehungen der Bischöfe zum Papst. Thomas ging weg von England. Er besuchte zu Sens in Frankreich Papst Alexander III., der im Konflikt mit Barbarossa stand. Der Papst nahm keinen Verzicht des Erzbischofs an. Er ernannte ihn zum Päpstlichen Legaten. Thomas wurde seiner Güter enteignet. Sechs Jahre lebte er im Exil in Frankreich. Erst am 30. November 1170 konnte der Erzbischof mit Einwilligung des Königs heimkehren. Sofort begannen neue Konflikte wegen der Lossprechung verschiedener suspendierter Bischöfe. Als Heinrich II. sich darüber empört zeigte, sahen seine Hofleute darin ein Zeichen. Zu viert kamen sie am 29. Dezember 1170 zur Vesper in die Kathedrale von Canterbury. Nach kurzem Disput erschlugen sie den Erzbischof am Altar.

Schon 1173 vollzog Alexander III. die Kanonisation dieses „Märtyrers des Kirchenrechtes und der Kirchenfreiheit". König Heinrich II. tat am 12. Juli 1174 öffentliche Kirchenbuße am Grab des Heiligen. Die Wallfahrt zu Thomas Becket wurde so groß wie die Wallfahrt zum Jakobusgrab. Heinrich VIII. zerstörte den Schrein und vernichtete die Reliquien.

31.

HL. SILVESTER I.

Papst

Der Wächter am Ausgangstor des Jahres
ist ein Mensch der Einsamkeit, fern allem „Silvester-Lärm"

Silvester – jedermann weiß, daß dies der letzte Tag des Jahres ist. Daß aber Silvester ein heiliger Papst ist, von dem der Jahresendtag seinen Namen bekommen hat, dürfte oft nicht bekannt sein. Papst Silvester regierte 314–335. Er war der Partner Konstantins, des Kaisers der Wende, die das Christentum frei machte.

Silvester war der Nachfolger des Papstes Miltiades, der das Jahr und die Ereignisse der konstantinischen Wende erlebte. In der Verfolgungszeit bewährte sich Silvester als Bekenner vor dem Gericht der Verfolger. Er zog sich, wie die Überlieferung weiß, auf den berühmten Berg Soracte nördlich von Rom zurück. Dort lebte er in Wildnis und Verborgenheit. Als Silvester 314 das päpstliche Amt übernahm, hatte sein Vorgänger Miltiades längst schon die ersten Begegnungen mit der neuen Lage, die 311 mit dem Toleranzedikt begann, gehabt. Silvester nimmt nun die großen Bauten entgegen, die Konstantin in Rom errichten läßt, vor allem den Lateran, die Peterskirche, St. Paul, Santa Croce usw. Die Konstantinische Schenkung (praktisch: des Kirchenstaates) ist allerdings eine Fälschung von etwa 800. Wohl kommen auf Silvester die Privilegien und Ehrungen zu, mit denen Konstantin die hohen Bischöfe bedenkt. Eine Taufe des Kaisers durch Silvester, die oft berichtet und dargestellt wird, kann nicht den Tatsachen entsprechen, weil Konstantin sich erst auf dem Sterbebett von dem Arianer Eusebius taufen ließ. Papst Silvester nahm an den vom Kaiser berufenen Synoden von Arles 314 gegen die Donatisten und von Nizäa 325 gegen Arius nicht teil. In Nizäa war er durch zwei Presbyter vertreten.

Silvester scheint ein stiller, bescheidener, innerlicher Mensch gewesen zu sein, geformt von seinem Bekennertum und von seiner jahrelangen Einsamkeit. Sicher ist er nicht der stolze, selbstbewußte Partner neben Kontantin. Der Kaiser führt ja seinen heidnischen Titel als „Pontifex Maximus“ weiter, und so regiert er auch. Das Mittelalter erst machte aus Konstantin den Idealkaiser, dementsprechend aus Silvester einen Idealpapst. Man stellt Silvester und Konstantin den Kaisern und Päpsten des Investiturstreites als Beispiel vor Augen.

Silvester ist Wächter am Ausgangstor des Jahres. Doch den lauten Stil heutiger Silvesterfeiern hätte er in seinem zurückgezogenen Charakter kräftig abgelehnt.

JANUAR

1.

OKTAVTAG VON WEIHNACHTEN
HOCHFEST DER GOTTESMUTTER

Neujahr

Christus, unser Jahr, hat unser Jahr erneut in der Liebe der Mutter

Die Kalenderrevision nach dem II. Vaticanum hat sich des 1. Januar besonders angenommen. Der ursprünglich hier vorgesehene Marientag wurde wiederhergestellt: Hochfest der Gottesmutter. Während alle anderen Marienfeste in Gefahr geraten sind, von der zivilen Gesetzgebung vergessen zu werden, sogar Assumptio und Immaculata, steht die erneuerte Feier der Gottesmutterwürde sicher überall unter staatlichem Schutz, weil es der Neujahrstag ist. Wenn mancher Marientag unterging, dann wird reichlicher Ersatz geschaffen durch die Mariensamstage und durch das marianische Hochfest am 1. Januar. Dabei bedurfte es im wesentlichen nur der Ausfeilung des Kalendertitels, keiner neuen Festgestaltung. – Durch diese neu geschliffene Feier wurde am 11. Oktober das Fest der Mutterschaft Mariens überflüssig. Papst Pius XI. hatte es 1931 eingerichtet, als die Fünfzehnhundertjahrfeier des Konzils von Ephesus begangen wurde.

Auch der 1. Januar hängt mit Ephesus zusammen. Weihnachten wurde durch Nizäa 325 hoch erhoben. Ephesus 431 wirkte sich aus in der

Gestaltung des Advents vor Weihnachten und in der Feier des 1. Januar als Oktavtag nach Weihnachten. Außer dem Triumphbogen von Santa Maria Maggiore wird die Kirche Santa Maria in Trastevere zum Monument für Ephesus. Von dieser ephesinischen Begeisterung stammen die schriftgesättigten Texte am Gottesmutterfest des 1. Januar. Die Weihnachtsfreude wendet sich in ein Marienlob und ehrt die Trägerin, die den Herrn in die Welt bringt. Dieser marianische Duktus wird dem 1. Januar und seiner Liturgie gegeben in dem Bewußtsein, daß er seit 153 vor Christus Neujahrstag ist: Das Jahr wird unter Mariens Fürbitte gestellt.

Zwei geschichtliche Faktoren lassen dieses Marienlob allmählich ins Unbewußte absinken. Da kam der neue Titel: „Beschneidung Jesu". Er ist seit dem 6. Jahrhundert im einstigen Gallien, seit dem 10. Jahrhundert in Rom üblich. Die Mutter trat hinter ihrem Sohn zurück. Ferner bewirkt die Übermacht der Neujahrsbräuche, daß die Feier der Gottesmutter vergessen wird. – Schon die liturgischen Reformen Johannes' XXIII. 1961 lassen die Oktav von Weihnachten wieder stärker vor der Circumcisio hervortreten. Endgültig schafft das Calendarium Vaticanum 1969 den Sieg des marianischen Gedenkens.

Das Gebet „Unter deinen Schutz und Schirm", das schon aus der Mitte des 3. Jahrhunderts stammt und somit das älteste Mariengebet ist, wird am 1. Januar zur Feier. Es legt das Jahr unter den Schutzmantel der Mutter des Herrn.

2.

HL. BASILIUS DER GROSSE
und
HL. GREGOR VON NAZIANZ

Bischöfe, Kirchenlehrer

Gedenktag

Organisator und Dichter, Choleriker und Melancholiker, Freunde miteinander und mit uns

Als Torwächter des Jahres, nach der Oktav der Geburt des Herrn und dem Fest der Gottesmutter, steht das heilige Freundespaar Basilius der Große und Gregor von Nazianz da, das sich für den Glauben an die Gottessohnschaft Jesu Christi ein Leben lang abgemüht hat.

Basilius, geboren 329/331, wurde 370 als Vierzigjähriger Bischof (nach heutigen Begriffen Metropolit oder Erzbischof) seiner Heimatstadt Cäsarea (Kaisareia) in Kappadozien, in der Mitte Kleinasiens. Erst nach seinem Studium in Cäsarea, in Konstantinopel und im eleganten, damals noch heidnischen Athen war er 356 getauft worden, etwa 26 Jahre alt. Er nennt die Taufe seine Bekehrung nach innen. Zusammen mit Gregor von Nazianz gründete er im entlegenen Pontus am östlichen Schwarzen Meer ein Kloster. Da schrieb er seine Mönchsregeln, die heute noch leben. Diese Jugendbegeisterung für das monastische Leben währte ein gutes Jahrzehnt.

Nun packten ihn „die tausend Sorgen um die Kirche". Da wurde ihm das Erlebnis der brutalen Gewalt und des hinterlistigen Ränkespiels des nachnizänischen Arianismus zur neuen Wende nach außen: Er empfing 364 die Priesterweihe in seiner Heimat, er wurde Bischof. Er bemüht sich um die Erneuerung seiner Priesterschaft. Er formt die Gestalt der Liturgie – heute noch feiert die griechische Kirche am Basiliustag die Basiliusliturgie. Die soziale Sorge erfüllt ihn. Er errichtet die Basilias: Krankenhaus, Pilgerhospiz und eine Art medizinischer Fakultät. Mitte seiner Hirtentätigkeit sind seine Predigten, seine Traktate, seine Briefe. Hier legt er seine Theologie nieder. Sie dreht sich nur um das Mysterium Gottes, um den Sohn, den Heiligen Geist. Seine Sozialarbeit wächst aus der Innerlichkeit der monastischen und der trinitarischen Welt. Aus seiner Theologie schöpft das zweite Konzil 381, das Constantinopolitanum I, das er nicht mehr erlebte. Ausgelaugt von der rastlosen Arbeit, starb er als Fünfzigjähriger am 1. Januar 379. Wo er gewirkt, ist heute „Wüste" – ein türkisches Dorf. Seine Theologie ist ein Brunnen der Weisheit und Lehre für die ganze Kirche.

Gregor von Nazianz ist der Dichter und Melancholiker unter den vier großen griechischen Kirchenvätern. Sein Leben ist eine siebenfache Flucht vor sich und anderen, vor Widerstand und Verfolgung, vor seiner eigenen Mutlosigkeit und Depression, aus dem Mönchtum in das Amt, aus dem Amt in das Mönchtum, aus der Einsamkeit in die Stadt, aus der Stadt in die Einsamkeit. Er ist zornig und elegisch, begeistert und verzweifelt. Mit Chrysostomus ist er der Größte in der Konstantinopler Patriarchenreihe und lebt Jahrzehnte in Kappadozien in einem „Fuhrmannsdorf". Seine Gebeine werden später in die gewaltige Peterskirche nach Rom gebracht – sie ruhen in einem Winkel, wo sie wenige finden und beachten.

Gregor stammt aus einer „heiligen Familie". Seine Eltern, Gregor von Nazianz der Ältere und Nonna, Schwester, Bruder, Vetter tragen den Titel „Heilig". Er wird geboren 330 zu Arianz bei Nazianz in Kappadozien. Zehn Jahre studiert er zusammen mit Basilius im noch heidnischen Athen, wo ihm als Student auch Julian, der spätere Kaiser und „Apostata", begegnet. Athen gibt ihm die vollendete Sprachkunst.

Er ist mit seinem Freund Basilius Mönch im entlegenen Pontus. Basilius macht ihn zum Bischof von Sasima, damit er einen Gesinnungs- und Kampfgefährten im Metropolitanbereich Kappadozien hat. Er tritt sein Amt nie an. Er verwaltet zeitweise das väterliche Bistum Nazianz. Er geht 379 für zwei Jahre nach Konstantinopel, verwaltet dort die kleine nizänische Gemeinde. Er wird feierlich vom Konzil 381 als Bischof „inthronisiert", nimmt noch im gleichen Jahr Abschied. Er geht wieder nach Nazianz. Die letzten Jahre verbringt er in Arianz, ganz bei seinen theologischen Schriften. Als er 390 stirbt, 60 Jahre alt, hinterläßt er 44 Reden, 244 Briefe, 400 Gedichtwerke.

Gregor trägt den Namen „der Theologe". So umfassend und klar ist seine Glaubensbezeugung an Christus als Gott und Mensch, an die Gottheit des Heiligen Geistes, an die Gottesgebärerin. Er ist Heiliger durch seine Theologie. Er ist Heiliger durch die Unermüdlichkeit seines Schrifttums und seiner Predigt für den heiligen Glauben und die heilige Kirche.

6.

ERSCHEINUNG DES HERRN

Das Hochzeitsfest der Kirche

Der Urgrund dieses Hochfestes ist wohl der Tag des Stadtgottes Aeon von Alexandrien, der am 6. Januar im alexandrinischen Stadt- und Handels- und Kulturbereich gefeiert wird. Die Wurzel des Namens Epiphanie = Erscheinung liegt in der religiösen Sprache für den Aufgang der Sonne oder für die Ankunft des Herrschers bei einem Staatsbesuch. Dieses bürgerliche und vorchristliche religiöse Vorspiel leitet die Benutzung des 6. Januar als Geburtsfest Jesu im ganzen Orient ein. In der gleichen Zeit (um 250) kennen die Lateiner die Kalenderangabe des Geburtstages des Herrn am 25. Dezember.

Am 20. Dezember 386, am Sonntag vor Weihnachten, hält Johannes Chrysostomus in Antiochien eine bemerkenswerte Predigt. Er ladet die Gläubigen zum Gottesdienst am 25. Dezember ein. Er weist auf das Beispiel Roms hin. Dort, wo man in den Reichsarchiven die Listen der Volkszählung unter Augustus aufbewahrt, muß man wissen, wann Christus geboren wurde. Deshalb müssen wir uns ihrer Geburtstagsfeier Christi anschließen. – Tatsächlich breitete sich die Begehung des 25. Dezember überall im Orient aus. Die Lateiner übernahmen ebenso selbstverständlich vom Osten die Feier des 6. Januar und ihren Namen Epiphanie.

Doch verteilten die Lateiner die Inhalte der Hochfeier der Ankunft auf mehrere Tage: Der 25. Dezember widmete sich der Geburt in Betlehem, der 6. Januar dem Aufleuchten des Sternes und dem Kommen der Weisen aus dem Morgenland; die Taufe, zwar schon am 6. Januar erwähnt, wird dem 13. Januar, die Hochzeit von Kana, auch ein Inhalt der Epiphanie, wird dem 2. Sonntag nach Erscheinung zugeordnet. – Die Griechen blieben bei einer sehr verhaltenen Feier der Geburt am 25. Dezember und einer höchstfestlichen Begehung am 6. Januar. Sie bevorzugen hier die Taufe Jesu mit den großartigen Zeremonien der Segnung des Meeres und der Wasser.

Erst seit der Übertragung der Heiligen Drei Könige nach Köln wächst so etwas wie ein Dreikönigsfest heran. Die Weisen bewähren sich als Patrone der Wanderer und Reisenden. Einer von ihnen wird als „schwarzer" König an die

Krippe gestellt. Das begann zu St. Gereon in Köln, wo einer der „Mohren“, der afrikanischen Soldatenmärtyrer, die Krippenwache halten mußte. Schon das Suchspiel nach der schwarzen Bohne im Kuchen machte das Dreikönigsfest konkurrenzfähig mit Ostern. – Aber wo feiert man noch Dreikönige – Epiphanie?

7.

HL. VALENTIN

Bischof

Ein christlicher Drusus:
Eroberer der Alpenländer für Christus

Leicht könnte der heilige Bischof Valentin verwechselt werden mit dem römischen Märtyrer, der am 14. Februar seinen Gedenktag hat und als Patron der Verlobten für Blumensträuße sorgt.

Am 7. Januar geht es um einen Bischof aus jener christlichen Frühzeit der Alpenländer, die noch manche Rätsel aufgibt. Dieser heilige Valentin starb am 7. Januar 475, als das alte Römische Reich bereits untergegangen war, als der zweite Nachfolger Leos des Großen, Simplicius, Träger des Petrusamtes war. Valentin wurde begraben in Zenoburg-Mais bei Meran. Er war Bischof von Rätien, also im Gebiet zwischen Passau und St. Gotthard, Regensburg, Chur und Brixen. Seine benachbarten Amtsbrüder saßen in Juvavum (Salzburg) und in Lorch an der Enns. Sein Leben und seine Person sind klar bezeugt von Eugippius 511 und von Venantius Fortunatus 600. Der große Agilolfinger Bayernherzog Tassilo III. ließ um 770 die Gebeine des heiligen Bischofs von Zenoburg nach Passau bringen. Dort im Stephansdom wurde Valentin beigesetzt. Das Passauer Bistum verehrt ihn und den heiligen Maximilian als Diözesanpatrone. Im Jahre 1120 öffnete man den Sarkophag Valentins und fand hier eine Bleitafel mit Angaben über das Leben Valentins. Sie ging verloren. Ein namenloser Biograph gab wieder, was die Bleitafel berichtete. Vermutlich hat er dabei seine Phantasie spielen lassen. Valentin war nach dieser Vita Abt und Bischof. Dreimal kam er nach Passau, um das Evangelium zu verkünden, dreimal wurde er abgewiesen. Auf dem Heimweg von Passau nach Südtirol starb er in den Alpen. Das Volk verehrte Valentin als Helfer in den Krankheiten der Haustiere und als Nothelfer bei Fallsucht. Vielleicht erinnerte der Name Valentin klanglich an die schreckliche Krankheit der Fallsucht. – Valentin von Rätien, oder besser: von Passau, steht als historische Persönlichkeit vor uns. Aber wir können die Züge seines Angesichtes und die Spuren seines Wandels nicht erkennen. Der Feldherr Drusus hat Rätien für das Römische Reich erobert; Valentin gewann es für das Gottesreich, und sein Werk ist nicht vergangen. Er steht der heutigen Zeit so nahe wie ein Ahne in der Stammtafel, dessen Name verzeichnet, dessen Antlitz vergessen, dessen Erbe in uns lebendig ist.

Sonntag nach dem 6. Januar

TAUFE DES HERRN

Mit Jordanwasser sollte man taufen

Die Erörterung über die Epiphanie hat auch schon dem Tauffest gedient. Das Hochfest des 6. Januar kommt aus dem mit dem Wasser verbundenen Fest des Stadtgottes Aeon in Alexandrien. Von daher ist es vorausdisponiert, die christliche Epiphaniefeier mit Meeren und Flüssen in Zusammenhang zu bringen. Als die orientalische Liturgie den 25. Dezember als Geburtsfest Christi übernommen hat, bleibt dem 6. Januar von den drei Epiphanieereignissen vornehmlich die Feier der Taufe. Dazu wächst nun die feierliche Segnung des Meeres. Nach einer großen Prozession zum Ufer werden die Segensgebete gesprochen, das Kreuz ins Wasser geworfen und von Schwimmern wieder herausgeholt. Eine Variante dazu ist die Hochzeit des Meeres – Nozze del mare in Venedig und anderswo.

Die lateinische Liturgie hat der Taufe Christi ihren Platz in der Epiphaniefeier bewahrt: „Hodie ... Ioannes in Iordane baptizavit Dominum", singt die klassische Antiphon. Doch schuf man auch einen eigenen Platz für das Tauffest am Sonntag nach Erscheinung des Herrn, früher am 13. Januar.

Das Tauffest ist von hoher liturgiepastoraler Bedeutung. Es gibt Gelegenheit, das Sakrament der Taufe zu würdigen, die Demut des Erlösers, die Herrlichkeit des dreifaltigen Gottes, das Wort des Vaters über Jesus Christus, das Walten des Heiligen Geistes darzulegen. Die Theophanie geschieht nach der Taufe, als Jesus betet. Sühnend nimmt der Herr in seiner Taufe die Reinigungsnot des sündigen Menschen auf sich. Der Weg zum Sühnopfer beginnt. Durch Jesu Taufe ist das Wasser des Jordans ein für allemal für die Taufe des Menschen geheiligt.

Der hohe Adel, sicher die Hohenzollern, ließen Jordanwasser kommen, um die Kinder ihrer Familien taufen zu lassen.

7.

HL. RAIMUND VON PEÑAFORT

Ordensgründer

In der jahrhundertealten Tradition des Rechts wird er hundert Jahre alt

Raimund, der zweite Nachfolger des hl. Dominikus als General des Predigerordens, gehört zu den „alten" Heiligen: geboren etwa 1175 in Villafranca bei Barcelona, gestorben 6.1.1275 in Barcelona. Er ist der Heilige des Kirchenrechts. Sein ganzes Leben verzehrt sich im Dienste des Kanonischen Rechtes. Hinter der Zahl und Bedeutung seiner Werke tritt seine Persönlichkeit bescheiden zurück. Er verfaßte 1222 die Konstitutionen des Mercedarierordens für den Loskauf der Gefangenen. 1238–1240 schreibt er als Ordensgeneral die Neufassung der Konstitutionen der Dominikaner. Sein Hauptwerk ist die Sammlung der Dekretalen („Liber extra") Gregors IX. Beherrschend für Jahrhunderte ist seine Summa de paenitentia et matrimonio. Nach ihr richten sich die Beichtväter, richtet sich das gesamte Bußwesen. Dabei ist seine historische Leistung die Rezeption des römischen Rechts im Kirchen- und Staatsrecht seiner Zeit, die geltend bleibt – eigentlich bis heute. Zwischen alldem liegt seine Rechtsberatung an der Kurie und am Hof Jakobs I. von Aragón und eine unermüdliche Dozententätigkeit. Er regt Thomas von Aquin an, die Summa contra gentiles zu schreiben.

Der Heilige des Kirchenrechts scheint neben seinen großen Zeitgenossen Franziskus, Bonaventura, Dominikus, Albert, Thomas nicht bestehen zu können. Doch Raimund schafft an den Fundamenten. Raimund gibt das Recht, die Klarheit und Ordnung im gesamtkirchlichen Leben. Er schenkte es der Kirche für Jahrhunderte. Die aus dem

Recht kommende Ruhe ist die Basis für Sicherheit und Vertrauen. Allerdings wird die Kirche das Recht in die Hände von Heiligen legen, dann wachsen aus ihnen – die Heiligen.

8.

HL. SEVERIN
Mönch

Er umfaßt Österreich, Spanien, Afrika, Palästina. In seinem Lebensbereich geht die Sonne nicht unter

Vom heiligen Severin schrieb Jacob Burckhardt: „St. Severin ist für mich einer der größten Sterblichen, und sein Altar zu Neapel ist mir ein Heiligtum.“ Peter Dörfler schrieb: Bei Severin denke man „an einen jener in den Himmel stoßenden Berge, deren Häupter sich nie ganz entschleiern wollen.“

Severin wurde um 406 geboren. Vermutlich war es in Favianis, dem heutigen Mautern an der Donau. Beim Einbruch der Vandalen dürfte die Familie Severins – die Mutter trug ihn noch in ihrem Schoß – zur Auswanderung bis hin nach Spanien-Afrika gezwungen worden sein. Severin wurde Mönch, vermutlich in Ägypten oder Palästina. Er hörte in seiner Mönchsheimat vom Konzil von Chalkedon 451. Er hörte 453 vom Tode Attilas. Da scheint ihn das Heimweh nach dem Donauland gepackt zu haben. So kam er 453/454 als Mönch zurück nach Favianis-Mautern, ohne jemals zu verraten, daß er hier in sein Heimatland zurückgekehrt war. Die Herren des Landes waren die Ruger, germanische Christen arianischer Konfession. Ihnen gegenüber vertrat Severin die Rechte der katholischen Bevölkerung römischer Kultur. Sein Klostersitz war vermutlich das heutige Göttweig. Der Heilige traf eine Abmachung mit dem

Rugerkönig, daß Arianer und Katholiken in getrennten Siedlungen wohnen sollten, ohne gegenseitige Abwerbung zu betreiben. Später kam es zur Siedlungsgemeinschaft, die sogar die gleichen Kirchen benutzte. Gerade dieser römischen Provinz, Ufer-Noricum mit der Bischofsstadt Lorch, hatte die Völkerwanderung Not über Not gebracht. Der heilige Severin entfaltete eine große caritative Tätigkeit. Im Westteil des Gebietes, im heutigen Passau-Innvorstadt, damals Bojotro genannt, gründete er ein Kloster. Dessen Überreste wurden 1978 wiederentdeckt. Severin erlebte 476, daß Odoaker den letzten römischen Kaiser Romulus Augustulus absetzte. Er starb in Favianis am 8. Januar 482. Bald danach verfügte Odoaker die „Evakuierung" des Noricum von seiner eingesessenen römischen Bevölkerung. 488 nahmen die Vertriebenen auch die Reliquien des heiligen Severin mit sich, zunächst nach Montefeltre, dann nach Castel Lucullano bei Neapel, seit 910 ruhen sie im Severinskloster zu Neapel, seit 1807 in der Pfarrkirche Frattamaggiore bei Aversa. Der Mönch Eugippius schrieb die Vita Severini.

Severin bleibt einer der Größten der Völkerwanderungszeit – ein letzter Römer – ein Fundament Österreichs – eine Wurzel der geeinten Christenheit.

13.

HL. HILARIUS

Bischof, Kirchenlehrer

Brücke zwischen Ost und West, Brückenbauer zu Gottes Sohn.

Nach Hilarius heißen der Schweizer Kanton Glarus, das Moselkloster Eller. Er hat weltweites Ansehen.

„Ihr sannet Böses, Gott wandte es zum Guten.“ So kann Hilarius sagen im Blick auf seine Verbannung nach Kleinasien, die ihn zum Mittler zwischen lateinischer und griechischer Theologie machte.

Der Sitte gemäß wurde Hilarius, geboren um 315, ein hochgestellter Verwaltungsbeamter, als Erwachsener um 345 getauft. Als Fünfunddreißigjähriger, etwa 350, war er Bischof seiner Heimatstadt Poitiers. Ihn erfüllten die Fragen nach der Bestimmung des Menschen, nach der Gotteserkenntnis, nach dem Verhältnis von Verstand und Glaube. Die Diskussion mit dem Arianismus war ihm zunächst noch unbekannt. Erst 355 lernt er das Credo von Nizäa kennen. Eine Synode von Béziers verurteilte ihn 356 als Antiarianer. Damit war er Hochverräter. Er wurde verbannt nach Kleinasien, nach Phrygien. Sein Exil dauerte fünf Jahre von 356 bis 361. Dieses Lustrum brachte ihn zu intensiven Studien. Hier kam er zunächst zu der erschreckenden Kenntnis, daß in zehn Provinzen kein einziger rechtgläubiger, nizänischer Bischof zu finden war. Ein weniger glückliches Studienergebnis war dann seine zeitweise Neigung zu dem Kompromiß des Homöousianismus, der den Sohn dem Vater ähnlich, nicht gleich, machen wollte. Wie unangebracht der Kompromiß war, zeigte ihm die Tatsache, daß er und seine Bischofsabordnung von Kaiser Konstantius 360 nicht empfangen wurde.

Nach seiner Begnadigung heimgekehrt nach Poitiers, blieben ihm noch sechs Bischofsjahre voll reicher Tätigkeit. Als Zweiundfünfzigjähriger wurde er 367 vom Tod abberufen.

Man überliefert von Hilarius, er habe als erster, noch vor Ambrosius, Hymnen gedichtet. Wir kennen seine Psalmendeutung auf Christus hin und seine Bücher De Trinitate. Hilarius ist schwer zu lesen. Aber in den steifen, unübersichtlichen Sätzen spürt man den Seelsorger, der um seine Leser, dessen Herz um die Wahrheit ringt. Erst 1851 wurde er von Papst Pius IX. zur Würde des Kirchenlehrers erhoben. Er ist der Gallier, der Aquitanier in der Reihe der Doctores, in Gestalt und Werk der Vorläufer des Ambrosius.

17.

HL. ANTONIUS

Mönchsvater

Gedenktag

Er verließ das städtische Gotteshaus
und baute den Gottesstaat der Mönche in der Wüste.

Antonius flüchtet aus der großen Welt und will nichts anderes als Einsiedler sein. Doch eine kulturtragende und völkerverbindende Rolle ist ihm zugewachsen. Sie umfaßt viele Bereiche des Lebens: die Hilfe für die Viehzucht und die Metzgerei, für Wehrdienst und Schützen, für Pestkranke und Arme. Da gilt: „Wer in Fülle sät, wird in Fülle ernten." Gewiß, manches Patrozinium kommt nicht vom heiligen Antonius, sondern von den nach ihm benannten caritativen Ritterbrüderorden der Antoniter. Da die Antoniter ihre Schweine unentgeltlich überall weiden lassen dürfen, stellen sie ihren Patron Antonius mit dem Schwein dar, das ein Glöckchen am Hals trägt. So wird der Heilige zum Patron der Haustiere in fast ganz Europa.

Doch die Größe des Heiligen liegt nicht in seiner Volkstümlichkeit, er hat vielmehr eine kirchengeschichtliche Rolle. Er ist der Vater des Mönchtums. Antonius, seine Vorgänger und seine Gesinnungsgenossen sind nicht nur der Christenverfolgungen wegen in die Wüste geflohen. Entscheidend war der Ruf zur Verwirklichung des Evangeliums. Das zeigt deutlich die Vita des heiligen Antonius. Sein Biograph ist kein Geringerer als Athanasius. In seiner Heimat Kome (heute Keman) in Mittelägypten hört der reiche zwanzigjährige Antonius das Sonntagsevangelium Mt 19,21: „Verkaufe alles ..." Er verläßt die heilige Messe sofort, verkauft seinen ganzen Reichtum und beginnt das Einsiedlerleben. Er sät in Fülle.

Die Heimat in der Einsiedelei wird zugleich zur Heimat in der Welt. Aus der Wüste führt er große Korrespondenz, sogar mit dem Kaiser. Er wird zum Ratgeber der Bischöfe und der Geistlichen. Seine Einsiedelei wird, zwar noch nicht unter einer Ordensregel, zur Lebensgemeinschaft vieler Strebenden. Sein bester Freund ist der große Athanasius. Antonius verläßt öfter die Wüste und geht in die Stadt. Das ist schon deshalb notwendig, um in einem Gotteshaus die heilige Eucharistie zu holen. Die Einsiedler leben nicht ohne Eucharistie und Kommunion. In der Stadt stärkt er die Verfolgten und die Märtyrer. Er predigt später gegen die Arianer. Er sät in Fülle. 105 Jahre währt seine Lebenszeit und Aussaat. Sein Grab ist heute in Arles in Südfrankreich. Dort begann seine Verehrung ihren Gang durch ganz Europa. Die reichste Ernte seiner Aussaat ist aber wohl das Mönchtum, das sich überall an seinem Beispiel formte.

20.

HL. FABIAN

Papst, Märtyrer

Ein unbekannter Großer, Organisator und Märtyrer

Papst Fabians Pontifikat war von innen und von außen voller Schwierigkeiten. Vor ihm regierte Pontianus: Er starb in der Verbannung auf Sardinien 235. Dort war er mit dem ersten Gegenpapst der Kirchengeschichte, Hippolyt von Rom, zusammengetroffen. Die beiden vereinbarten, daß sie die römische Kirche zu einer Neuwahl des Oberhirten ermächtigen würden. Als Nachfolger wurde Anterus gewählt, der nach sechs Wochen starb, dann Fabian – wohl am 10. Januar 236. Beide Parteien, auch die überkonservativen Parteigänger, erkoren ihn zum Papst. In seiner Persönlichkeit wurden die Gegensätze überbrückt.

Aus den Briefen Cyprians von Karthago und Novatians, des nächsten schismatischen Papstes, ist zu ersehen, daß der Ruf Fabians weithin anerkannt war. Nach einer Mitteilung des heiligen Hieronymus richtete Origenes ein Rechtfertigungsschreiben an den römischen Bischof. Ihn sah er also als Glaubensrichter an. Von der Tätigkeit Fabians in Rom erfahren wir einige Einzelheiten. Der Papst teilte Rom in sieben Verwaltungsbezirke auf. An die Spitze dieser Bezirke stellte er die sieben Diakone. Diese Maßnahme Fabians spiegelt sich heute noch in den sieben Kardinaldiakonien. Im Altertum und Mittelalter war sie von größter Bedeutung, wenn die Verfolgung ein engeres Netz der Zusammengehörigkeit der Christen erforderte und wenn die „Caritas“ der Weltstadt straffer organisiert werden mußte. Auch sorgte sich Fabian um die Katakomben – die Coemeterien. Sie waren sehr wichtig für die Verfolgten. Fabian konnte hier an die Arbeit seines vierten Vorgängers Kallistus anknüpfen.

In den Jahren seiner Regierungsübernahme hatte Fabian die kurze Verfolgung durch Maximinus Thrax, schon vorher in der Jahrhundertwende die nordafrikanische Verfolgung erlebt. Ihm sollte die nationalbewußte Verfolgung des Kaisers Decius zum Schicksal werden. So nutzte er die zunächst friedlichen Jahre seines vierzehnjährigen Pontifikates gut aus. Decius (249–251), aus dem heutigen Südungarn, sah in der römischen Staatsreligion ein wichtiges Mittel, das Reich zusammenzuhalten. Deshalb empfand er das Christentum als staatsfeindlich. Cyprian meinte: Decius fürchtete die Wahl eines römischen Papstes mehr als einen Gegenkaiser. Fabian war am 20. Januar 250 das erste Opfer dieser Verfolgungswelle in Rom. Sein Grab in den Kallistus-Katakomben wurde gefunden. Die kurze Verfolgung wurde verhängnisvoll, weil viele schwach wurden. Dafür war wohl der Parteienstreit vor Fabians Pontifikat verantwortlich. Selbst ein so fähiger und heiliger Papst hatte die Bruchstellen nicht heilen können, die nun zum Verhängnis wurden.

20.

HL. SEBASTIAN

Märtyrer

Offizier und Rebell,
von Pfeilen durchbohrt, hält er Pestpfeile fern
und schützt die Schützen

Der Patron gegen die Pest, der Patron der Schützen, Sankt Sebastian, wird uns vom heiligen Ambrosius vorgestellt. Der bemerkt, Sebastian sei aus seiner Heimat Mailand fortgegangen, um die Ehre des Martyriums zu suchen und sie in Rom zu finden.

Die Überlieferung macht ihn zum Offizier der kaiserlichen Leibwache und läßt ihn für Christus sterben unter den Pfeilen der Bogenschützen. Die Pfeile, die seinen Leib durchbohrten um des Christusbekenntnisses willen, machten ihn fähig, die Pfeile leiblicher und seelischer Gefahr von seinen Schützlingen fernzuhalten. So weiß er auch um die unsichtbaren „vergifteten Pfeile“ einer Seuche. Viele Sebastianskapellen sind außerhalb der Mauern gebaut worden. Im Haus des Pestpatrons fanden die von der bürgerlichen Gemeinschaft getrennten Pestkranken ein Obdach. Als Offizier der Leibgarde weiß er in vielen Schützengemeinschaften die Brüder zu begeistern für den Schutz des Guten und für den Schutz des Allerheiligsten Sakramentes. – Bei seiner Grabstätte an der Via Appia in Rom hat er jahrelang zwei hohe Flüchtlinge vor dem Verfolger beherbergt – die Leiber der heiligen Apostel Petrus und Paulus. Sie mußten aus ihren Gräbern bei St. Peter und St. Paul in Sicherheit gebracht werden. Sankt Sebastian wird hier Leibwächter der Apostelfürsten.

Heute noch ist die Sankt-Sebastianus-Basilika Tor der Heiligen, die in den Katakomben von San Callisto ruhen und von Tausenden Pilgern besucht werden. Das Martyrium ist nicht nur eine private Relation zwischen Gott und seinem tapferen Bekenner. Es ist eine Gnadengabe an die ganze Kirche. Aus dem Blut der Märtyrer wächst die Kraft für das Martyrium des Alltags. Die großen Märtyrer sind die Offiziere für das Fußvolk der kleinen Zeugen Christi im „Einerlei".

21.

HL. MEINRAD

Mönch, Einsiedler, Märtyrer

Ahnherr der Hohenzollern?
Gründer von Einsiedeln, Elias der Schweiz!

Der heilige Meinrad war ein gebürtiger Schwabe. Seine Heimat lag in Sülichgau nahe der heutigen Stadt Rottenburg. Meinrad wurde erzogen auf der Reichenau. Es war in der großen Zeit der Klosterinsel. Am Ende seiner Ausbildung stand die Priesterweihe. Die heilige Insel hielt ihn fest. Er wurde Reichenauer Mönch. Als Schüler, als Mönch, als Lehrer bewährte sich Meinrad. So sandten seine Oberen ihn aus. Er leitete eine Filialschule in Benken am oberen Zürichsee. Doch nicht die reiche Au, nicht Schule und See wurden seine geistige Heimat. Ihn rief die Wildnis, die Einsamkeit. Darum ging er um 830 in den „Finsteren Wald“. Hier baute er sich seine „Meinradszelle“. Sie wurde zum Grundstock des heutigen Klosters Einsiedeln. Vom Leben des Heiligen in der Meinradszelle wußte die spätere Zeit auffallende Dinge zu erzählen. Wie dem Propheten Elija dienten auch ihm zwei Raben. Sie brachten ihm täglich das Brot.

Am 21. Januar 831 kamen wilde Gesellen daher. Der Heilige bewirtete sie, so gut er konnte. Sie aber meinten, noch Schätze bei ihm finden zu können. Sie schlugen ihn tot. Die Raben verfolgten die Räuber. Ihr lautes Gekrächze machte die Mörder unsicher und die Leute aufmerksam. Als man den erschlagenen Meinrad gefunden hatte, brachte man seinen Leib auf die Reichenau. Von dort wurde er 1039 wieder zur Meinradszelle = Einsiedeln gebracht. Hundert Jahre zuvor war dort die erste Klosterkirche errichtet worden. Der heilige Konrad von Konstanz wagte sie nicht einzuweihen, weil er im Traumgesicht die Weihe durch die heiligen Engel geschaut hatte.

Im 17. Jahrhundert versuchte man, die geschichtlichen Hintergründe neu zu entdecken und behauptete, Meinrads Familie sei das Ahnhaus der Hohenzollern. Gewiß dachte man zunächst an die katholischen Hohenzollern von Sigmaringen; aber hinter ihnen standen auch die protestantischen kurfürstlichen und königlichen Hohenzollern von Berlin. Eine zu große Ehre für den Schweizer Einsiedler! Dem Heiligen war sicherlich die geistige Verwandtschaft mit dem Propheten Elija bedeutsamer. Als Ahnherr der Einsiedler,

Mönche und der Tausende von Schülern ihrer Klosterschule und der zahllosen Wallfahrer aus den Alpengauen zum größten Gotteshaus der Schweiz sammelt er um sich ein „Königliches Geschlecht, ein heiliges Priestertum“. Sein Nachfahre Bruder Meinrad Eugster, der zur Seligsprechung vorgeschlagen ist, ehrt den heiligen Meinrad und Einsiedeln mehr als Adel und Krone.

21.

HL. AGNES

Jungfrau, Märtyrin

Ein Kind, ein Lamm – und sie geleitet die Erzbischöfe

Daß die heilige Agnes eine geschichtliche Persönlichkeit ist, kann man nicht bezweifeln. Ein Menschenalter nach ihrem Martyrium ist ihre Basilika an der Via Nomentana nachweisbar. Ein halbes Jahrhundert nach ihrem Tod predigt der heilige Ambrosius von ihr. Sie steht in der Mitte von Kult und Verkündigung, als ihre Altersgenossen noch leben. Allerdings sind die historischen Konturen unscharf. Verschiedene Überlieferungen stehen gegeneinander.

Die sogenannte Legende weiß von Agnes zu berichten: Sie ist noch ein Kind von zwölf, dreizehn Jahren. Da wird sie wegen ihres christlichen Bekenntnisses vor den Richter geführt. Ihre Widerstandskraft soll durch Verführung in einem schlechten Haus gebrochen werden. Das Mädchen ist stärker als alle gemeine Schamlosigkeit. So läßt sie der Richter ermorden. Die Legende der heiligen Agnes will keine chronistische Schilderung einer Persönlichkeit bieten. Sie will ein Ideal ins Auge fassen, das Ideal der Jungfräulichkeit und des Martyriums. Der dekadenten Frauenwelt der ausgehenden Antike wird dieses Ideal entgegengehalten. Den Frauen in der Kirche wird die Größe des „Soli Deo!" gezeigt. Den jungen Mädchen wird sie als Kristall des Christlichen gewiesen. Was wir „Legende" nennen möchten, ist Katechese über jugendliches Frauenideal – und zwar sehr modern unserer Zeit gehalten, denn gerade die Dreizehnjährige steht an der Grenze der Entscheidung.

Die heilige Agnes steht im Canon Romanus unter den sieben Frauen, die als Fürsprecher in der Strophe „Nobis quoque" angerufen werden. Sie scheint Vertreterin der Jungmädchen zu sein, die sie zur Eucharistie geleiten soll. Im diametralen Gegensatz dazu ist sie Fürbitterin der Erzbischöfe. An ihrem Grab werden die Schafe gesegnet und aufgezogen, aus deren Wolle das Pallium für jeden Erzbischof gemacht wird. Dem Träger der Metropolitanrechte – welch gewaltige Kämpen waren es in alter Zeit! – wird etwas gesagt von Milde und Geduld, von Jungfräulichkeit und Martyrium. Eine notwendige Predigt, auch heute geeignet für jeden Träger kirchlichen Rechtes. – Der Name Agnes erinnert an agnus = Lamm. Darum zeigt man ihr Bild mit dem Lamm. Das Gotteslamm ist ihre Kraft – das Gotteslamm ist Kraft für jeden jungen Menschen.

22.

HL. VINZENZ

Diakon, Märtyrer

Der spanische Stephanus, Diakon – Diener vieler Stände

Vom Leben des heiligen Diakons sind nur zwei, drei Daten bekannt. Die Legende hat sich seiner kaum angenommen. Seine Rolle im Brauchtum ist aber so bedeutsam, daß man an Vinzenz nicht vorübergehen kann.

Um 304 hat der Archidiakon des heiligen Bischofs Valerius von Saragossa, Vinzenz, den Martertod erlitten. Er ist der spanische „Laurentius". Seine Tunika gelangte durch den Merowingerkönig Childebert I. nach Frankreich und wurde dort als Gegenstück des Mantels des heiligen Martin von Tours zu einer hochgeehrten Reliquie. – Im späteren Französischen hört man aus dem Namen Vinzenz „vin cent" (etwa „Jahrhundertwein"). So wird der spanische Diakon zum Weinbau- und Winzerpatron. Sein Gedenktag am 22. Januar bildet die Wintermitte. Darum achtet man auf die Witterung und formt das Merkwort: „Vinzenz Sonnenschein bringt Frucht und guten Wein!" Doch hat sich das Winzerpatrozinium in den süddeutschen und österreichischen, nicht in den mittelrheinischen, moselländischen Weinbaugebieten, durchgesetzt. – Vinzenz wurde in den Waldgegenden im südlichen deutschen Sprachraum Patron der Holzfäller und Holzfuhrleute, die in der Wintermitte ihren Arbeitshöhepunkt hatten. Sie halten am 22. Januar ihr Vinzenti-Amt und im Wald ihre Vinzenti-Feste.

So wird Vinzenz ein Heiliger, der nicht durch historische Daten spricht, sondern als Aussage und Lebensregel zu werten ist: Die gefahrvolle Berufsarbeit bringt uns in die Nähe der Märtyrer. Sie sind als „Kollegen" in der Mühsal verstehend bereit zu unserer Hilfe und tragen die Last mit uns, wie sie selber einst die Last getragen haben.

23.

SEL. HEINRICH SEUSE

Ordenspriester, Mystiker

„Diener der Weisheit", Jahrhundertvorbeter einer Nation

Der große deutsche Mystiker Heinrich Seuse (oder latinisiert: Suso) wurde am 21. März wahrscheinlich 1295 in Konstanz oder Überlingen geboren. Er trat, dreizehn Jahre alt, 1308, in das Dominikanerkloster zu Konstanz ein. Der Klosterbau besteht heute noch im Inselhotel. Er starb am 25. Januar 1366 zu Ulm.

Als er achtzehn Jahre alt war, begannen seine visionären Erlebnisse. Er nannte sie seine Bekehrung. Von da ab wußte er sich als „Diener der Ewigen Weisheit". Das war der Titel seiner strengen Aszese und harten Bußübungen. Nach ersten Studien in Konstanz und Straßburg wurde er 1322 an das Studium generale in Köln geschickt, wo Meister Ekkehart sein Lehrer war, wo noch die Erinnerung an Albertus Magnus und Thomas lebte, wo im Dominikanerinnenkloster, gegenüber von St. Aposteln, die Patres eine geistige und menschliche Heimat hatten. Seinen Lehrer Ekkehart verteidigte Seuse in dem „Büchlein der Wahrheit". Darum mußte er sich 1330 vor einem Generalkapitel seines Ordens in den Niederlanden selber verteidigen. Er verzichtete auf die angebotene Würde des Magisters in Paris, vielmehr wurde er Seelsorger in Süddeutschland. Seine Geistesgefährten waren Johannes Tauler und Heinrich von Nördlingen. Viel zu leiden hatte Seuse in der Zeit der Kämpfe zwischen Ludwig von Bayern und dem Papst. Da die Dominikaner papsttreu waren, wurden sie ausgewiesen. Ihr Exil war Dießenhofen. Seuse war zeitweise Prior. Für Papst und Kirche zu leiden, war sein Stolz. Seit 1348 wirkte er in Ulm. Dort starb er 1366. –

Seuse schrieb ein Großes und ein Kleines Briefbuch, das Büchlein der Ewigen Weisheit, das Horologium Sapientiae. Er ist geprägt von der Mystik Ekkeharts. Aber er ist, mit seinem Lehrer verglichen, viel milder, inniger, geradezu franziskanisch zu nennen. Seine Christusgespräche sind voll zarter Andacht. Seine Bücher werden als Andachtsbücher vom Volk und von den Frommen benutzt und formen die Frömmigkeit der hoch- und spätgotischen Ära. Für den heutigen Menschen ist es kaum möglich, dem Gedankenflug und den Formulierungen Seuses zu folgen. Trotzdem spürt man, mit welcher Glut hier von Christus gesprochen wird, mit welcher Innigkeit sich hier die christliche Frömmigkeit artikuliert. Mußte das reformatorische Jahrhundert kommen, um die Christen Christus schauen zu lassen? Seuse jedenfalls lehrte eine so herzliche Christuszuwendung, daß sie von der neuen Zeit nicht übertroffen werden konnte.

24.

HL. FRANZ VON SALES

Bischof, Ordensgründer, Kirchenlehrer

Gedenktag

Gegenüber von Rousseau, ein Leben für die Gottesfreundschaft

Wenn man auf der Treppe vor dem Eingang des bescheidenen Bischofshauses von Annecy, dem Sitz der Genfer Bischöfe, dem Wohnhaus des heiligen Franz von Sales, steht, sieht man am gegenüberliegenden kleineren Haus die Gedenktafel für J.-J. Rousseau (1712). Der Mystiker und Beter und „Lebensphilosoph" des katholischen Barockzeitalters tritt dem Vorkämpfer des Rationalismus und dem geistigen Vater der Revolution gegenüber, der Schriftsteller der Gottesfreundschaft dem Atheisten. Beide wachsen auf in kalvinischer Gedankenwelt. Franz, geboren 1567 auf Schloß Sales in Savoyen, hält sich als Jurastudent in Paris und Padua bestimmt zur Verdammnis. Er gibt sich daraus selbst die Antwort: Dann will ich Gott wenigstens auf Erden nach Kräften lieben. Rousseau geht aus seinem Calvinismus in den Haß und die Revolution. Franz von Sales wird zum Apostel der Gottesliebe, der sich seinen Titel „Kirchenlehrer" (1877) hauptsächlich durch sein Büchlein „Philothea", das zur Gottesliebe führen soll, erringt.

Als Domherr von Genf-Annecy widmet sich Franz von Sales erfolgreich der Rekatholisierung des Chablais südlich des Genfer Sees. Als Koadjutor (1599) und Bischof (1602) wird er der Carlo Borromeo Savoyens, vor allem durch seine Visitationen und die Durchführung der Trienter Reform. Seine adelige Vornehmheit macht den Katholizismus wieder gesellschaftsfähig.

Seine geistige Affinität, Arbeits- und Erfahrungsgemeinschaft mit Johanna Franziska von Chantal führt zur Gründung des Ordens von der Heimsuchung (1610). Franz war erst 55 Jahre alt, als er am 28. Dezember 1622 in Lyon starb: Sein Gedenktag am 24. Januar ist der Tag seiner Bestattung in Annecy. Seine vorbildlich milde und freundliche Persönlichkeit, dem dunkeln calvinischen Jugenderlebnis abgerungen, regt Gemeinschaften und Ordensgründungen an. Sie wird vor allem in dem anderen großen Heiligen Savoyens, Don Bosco, lebendig – hier volkstümlich, dort hochkultiviert, einig im apostolischen Elan aus der Gottesliebe.

25.

BEKEHRUNG DES HEILIGEN APOSTELS PAULUS

Fest

Von hier ging eine Kraft aus für Christentum und Welt

Die Bekehrung des heiligen Paulus vor den Toren von Damaskus ist sicher das wichtigste Ereignis in der Geschichte der apostolischen Urkirche. Allerdings sind das Wort und der Festtitel „Bekehrung" nicht problemlos. Es handelt sich ja nicht um eine „Bekehrung", ein Sich-Umwenden, wie bei Augustinus, dem langes Ringen und innerer Kampf vorausgehen. Vielmehr wird hier ein Mensch niedergeworfen und gepackt und umgewendet – bekehrt von einem anderen, und dieser andere ist Christus, der Auferstandene. Deshalb darf man auch, übrigens mit Paulus, sagen: In der Conversio Sancti Pauli geschieht die letzte Offenbarung des Auferstandenen, seine letzte Erscheinung nach der Auferstehung.

Wahrhaftig, Paulus ist nicht etwa durch seine Beteiligung an der Steinigung des Stephanus nachdenklich geworden, um sich dann nach langem Ringen Christus zuzuwenden. Von einer solchen Entwicklung begegnet uns keine Spur. Noch haltloser ist die Annahme, Paulus sei an Epilepsie krank gewesen (so erklärt man allzu leichtfertig 2 Kor 12, 7); so sei denn das Erlebnis vor Damaskus als epileptischer Anfall anzusehen, den er „in krankhafter Religiosität" als Christuserscheinung ausdeutete. Eine solche Annahme entspricht durchaus nicht den Erkenntnissen der Psychiatrie. Man meint auch, Paulus habe die Erscheinung des Auferstandenen in seine Erinnerung zurückprojiziert, um sagen zu können: Die paulinische Verkündigung ist gleichberechtigt mit der Verkündigung der übrigen Apostel, weil auch sie von Christus persönlich stammt. Ein Fragezeichen bleibt auch hinter der Deutung, das Bekehrungserlebnis sei die Bruchstelle: hinweg von der Alleinkraft des israelitischen Gesetzes zur Rechtfertigung, hin auf die Rechtfertigung allein durch Gott, dem sich der Mensch durch Christus überliefern muß.

Die Bekehrung Pauli entschlüsselt sich am leichtesten, wenn man ihre Erlebnisgewalt mit den apokalyptischen Gedanken der jüdischen Theologie zusammenschaut. Mit vielen israelitischen Lehrern ist Paulus des festen Glaubens: Der Messias kommt mit Macht und Herrlichkeit, richtet und regiert alle Völker. Diese Glaubenshaltung bereitet den heiligen Paulus für Damaskus. Da kommt der Verheißene, da kommt der Erlöser, da spricht er ihn an und wirbt ihn für seine Botschaft.

Mag sich auch seine Herrlichkeit nur für den einzelnen Paulus öffnen. Er wird vom Herrn in die Hand genommen. Durch ihn sollen alle Völker in das Reich geleitet werden. Pauli Bekehrung ist ein Osterereignis und ein Beginn der Wiederkunft des Herrn.

26.

HL. TIMOTHEUS UND HL. TITUS

Bischöfe, Apostelschüler

Gedenktag

Paulus schrieb ihnen Briefe
und machte sie zu seinem Brief an viele

Die beiden Apostelschüler, Adressaten von drei Briefen des heiligen Paulus, werden zusammen am Tag nach Pauli Bekehrung gefeiert, um ihre Verbundenheit mit dem Völkerapostel kundzutun.

Timotheus entstammt der „Mischehe" zwischen einer Auslandsisraelitin und einem Heiden in Lystra. Dort hat ihn Paulus bei der ersten Missionsreise kennengelernt und getauft. Er hat ihn auf seinen weiteren Reisen als Gefährten mitgenommen. Bei der Liberalität der Auslandsjuden war Timotheus nicht beschnitten worden. Trotz der leidenschaftlichen Betonung der Freiheit vom jüdischen Gesetz ließ Paulus ihn beschneiden. Die Großmutter Lois und die Mutter Eunike werden von Paulus ehrenvoll genannt und als Glaubensträger für Timotheus bezeichnet. So darf man Timotheus als ersten Sproß christlicher Familienerziehung ansehen.

Die Aussagen der beiden Briefe an Timotheus sind auf den Adressaten persönlich gemünzt. Daraus muß man auf seinen Charakter schließen. Er ist ganz auf die Seelsorge, auf Verkündigung ausgerichtet. Er hat ein besonderes diplomatisches Geschick, Bote und Friedensvermittler zu sein. Anders als Markus ist Timotheus nicht familiengebunden, sondern weltgewandt, reisefreudig, jugendlich beschwingt. So paßt es zu seiner Herkunft aus dem Auslandsjudentum. Paulus ruft ihn zu sich nach Rom, als er von Todesahnung erfüllt ist. Timotheus wird mit dem Bischofsamt in Ephesus betraut. Dort vollendet er sein Leben. Seine Gebeine wurden in der Apostelkirche von Konstantinopel, der Grabkirche Konstantins, aufbewahrt, heute in der Taufkirche des Lateran.

Des *Titus* Herkunft ist unbekannt. Von Jugend auf ist er Christ. Er gehört ebenfalls zu den engsten Mitarbeitern des heiligen Paulus. Er überbringt nach Korinth den „Tränenbrief" und den zweiten Korintherbrief. Auch er wird vom todesbereiten Paulus gerufen und nach Dalmatien geschickt. Vorher schon und bis zu seinem Tode im Alter von 94 Jahren ist Titus Bischof von Gortyna auf Kreta. Was er dort zu leisten hatte, sagt Paulus (Tit 1,12) mit dem Bemerken (Zitat aus dem Dichter Epimenides): „Die Kreter lügen immer, sind wilde Tiere, faule Bäuche.“ Dagegen stellt der Völkerapostel für Titus das Ideal auf, das uns jährlich in der Weihnacht aufleuchtet: „Erschienen ist die Gnade Gottes... daß wir gerecht, besonnen und fromm in der jetzigen Welt leben, in seliger Erwartung der Hoffnung... Erschienen ist die Güte und Menschenfreundlichkeit unseres Heilandes und Gottes.“ So geartet möchten wir uns auch Titus vorstellen.

Man liebt es, den heiligen Paulus als jäh und dunkel hinzustellen. Doch gilt: „An ihren Früchten werdet ihr sie erkennen.“ Die Milde und Liebenswürdigkeit der beiden Apostelschüler strahlt auch auf ihren Lehrer und Vater zurück.

27.

HL. ANGELA MERICI

Ordensgründerin

Mutter von Brescia,
Mutter für zahllose Ursulinen-Schülerinnen

Im Pontifikat Klemens' VII., in der Zeit des Sacco di Roma (1527), in der hochstrebenden Reformation liegt die Höhe des Lebens der heiligen Mädchenerzieherin Angela Merici aus Brescia, der Heimat Papst Pauls VI.

Sie wurde am 1. März 1474 in Desenzano am Gardasee geboren. Ihr Weg führt sie als Pilgerin nach Jerusalem. Sie geht durch eine Zeit der Erblindung. Doch sie hat helle Augen für eine Aufgabe ihrer Zeit. Denn sie erkennt gerade die Notwendigkeit der Erziehung der Frauenjugend. Visionen, Erlebnisse öffnen ihr inneres Auge und lassen sie eine „himmlische Weise“ der Erziehung schauen. Davon spricht sie, danach richtet sie sich. Die zweite Lesung des Stundengebetes läßt es ahnen. Bevor sie aber Lehrerin und Leiterin eines Schulordens wird, ist sie zunächst einmal die Nothelferin der ganzen Stadt Brescia. Man nennt sie einfach die „Madre". Mit allen Anliegen, die eine Mutter nötig haben, geht man zu ihr. Erziehungsberatung, Sozialdienst könnte man ihre Tätigkeit mit modernen Begriffen umschreiben. Sie war überzeugt davon, daß die Kirche der Reform bedurfte, aber nicht der Reformation. Angelas Reform kam von innen, nicht aus der äußeren oder gar staatlichen Macht. Die Heilige wird zur Mutter einer Stadt, zur Ratgeberin und Nothelferin. Daraus entwickelt sich dann ihr bester Rat und ihre entscheidende Hilfe: die Erziehung der Mädchenjugend. Sie berät nicht die gefährdete Gesellschaft – sie betreibt Gesellschaftserneuerung durch die geistige Erneuerung der Jugend. – Ihr Leben vollendet sich am 27. Januar 1540 in Brescia. Dort ist ihr Grab in St. Afra, der Kirche der Augsburger Patronin.

Die heilige Angela stellt ihren Orden, der ihr Instrument für die Mädchenerziehung ist, unter das Patrozinium der heiligen Ursula, der Kölner Stadtpatronin. St. Angela ist, wenn man an Spees Lied denkt, das Schiff, auf dem St. Ursula regiert und die Frauenjugend an das andere Ufer fährt. Jungfräulichkeit und Martyrium leuchten auf. Diese hellen Ideale gibt Angela durch ihre Ursulinen in die katholische Erneuerung noch vor dem Trienter Konzil. Nach dem Zweiten Vatikanischen Konzil sollten dies die Gegensätze zu Leichtlebigkeit und Glaubensunterkühlung sein.

28.

HL. THOMAS VON AQUIN

Ordenspriester, Kirchenlehrer

Gedenktag

Hüne an Leib und Geist, vor Gott Kind und Sänger

Der heilige Thomas von Roccasecca bei Aquino nahe Montecassino (geb. 1225) war ein Hüne von Gestalt. Auch der Grafenrang des Vaters weist vielleicht auf germanische Abstammung hin. Typisch für die Familie und für ihn selber ist: Man setzt ihn kurzerhand im Burggefängnis fest, als er Dominikaner werden will – und als man ihm leichte Mädchen in die Kammer schickt, geht er mit einem glühenden Holzscheit gegen sie vor.

Thomas bleibt trotz hoher kurialer Würden, trotz seines Hochschuldienstes ein Mann mit kindlichem Herzen. Mitten in der Wissenschaft ist er ein großer Beter. Er wird dem christlichen Volk mehr bekannt durch seine Gebete, die er in Montecassino gelernt und dann weitergegeben hat, und durch seine Hymnen „Pange, lingua", „Lauda, Sion", „Adoro te" als durch seine Summa theologica. Seine Weisheit holt er aus dem Gebet und bringt sie betend zum Altar zurück; er trägt seine Schrift unter das Kreuz und fragt: „Habe ich gut von dir geschrieben, Herr?" Vor allem wird Thomas zum Vorsänger und Vorbeter der Kirche durch seine Fronleichnamstexte, die er für Urban IV. und das neue Fest vorbereitete.

Zugleich bleibt Thomas ein erobernder Geist. Vielleicht hat er darum nicht den Benediktinerorden mit seiner stabilitas loci, sondern den neuen weltweiten Predigerorden des heiligen Dominikus als seine Heimat gewählt. Universal europäisch ist sein Studien- und Wirkungsweg: Er ist Schüler Alberts des Großen in Paris und Köln, wo er zum Priester geweiht wird. Er lehrt in Paris, in Anagni, in Orvieto. Er stirbt nahe bei Rom in Fossanova am 7. März 1274 auf dem Weg zum Zweiten Konzil von Lyon, wo ihn sein Lehrer Albert und sein Freund Bonaventura erwarteten. Sein Grab ist in St-Sernin in Toulouse. Universal ist seine Philosophie, der Durchbruch des Aristotelismus. Universal ist auch seine Theologie; in seiner Summa entwirft er eine umfassende Schau aller theologischen Probleme und Teilfragen.

Nicht universal ist die dem Thomismus gegebene Zeit. Als der Thomismus vom Nominalismus abgelöst wurde, war die Bahn frei für die Reformation. Dreimal starb das Werk des Thomas. Es ging zugrunde in der Renaissance. Es endet in der Kälte des Rationalismus. Von Trient und unter Leo XIII. neu belebt, stößt es derzeit nur auf ein schwaches Interesse. Dennoch gehen der Heilige und seine Lehre in eine Zukunft der betenden Theologie.

31.

HL. JOHANNES BOSCO

Priester, Ordensgründer

Gedenktag

Ein Gipfel Italiens und des 19. Jahrhunderts, auch heute richtungweisend für die Jugend

Johannes Bosco, geboren zu Becchi am 16. August 1815, ist ein Sohn Savoyens. Als Junge schon begann er sein Apostolat, wenn er mit Zirkuskunststücken die Dorfjugend von Becchi in die Kirche lockte. Dieser apostolische Elan blieb in ihm bis zu seinem Tode im Alter von 73 Jahren. Immer mehr wuchs seine missionarische Seelsorge nach seiner mühsam erreichten Priesterweihe in die Weite. Als Hauskaplan bei Adeligen hielt er es nicht aus. In mühsamen Schritten arbeitete er sich in die Sozialarbeit hinein. Er wird Heimvater. Er gründet Tagesheime, Schulen aller Art, sogar ein Spätberufenenwerk. 1861 steht seine große Gründung, der Salesianerorden, da. Seit 1875 sendet er Missionare, vor allem nach Südamerika, aus. Er gründet als Verleger und Schriftsteller bedeutende Druckereien. In politisch äußerst kritischen Zeiten wird er zum Vermittler zwischen Papst und König in Turin und Rom. Sein Tod, 31. Januar 1888, vereinigt Staat und Volk und Kirche in Trauer.

Er begann in jugendlicher Fröhlichkeit und blieb ein Apostel der Freude mitten in den größten Sorgen. Als ihn Turiner Prälaten in Angst vor seinen unheimlichen Unternehmungen in eine Irrenanstalt bringen wollen, weiß Johannes Bosco mit einem richtigen Jungenstreich die Entführer in die psychiatrische Klinik kutschieren zu lassen. Aber er wächst, zunächst unter der geistlichen Leitung des heiligen Giuseppe Cafasso, immer mehr in die Höhe des völlig selbstlosen, noch für den letzten ragazzo sprechbereiten Jünger seines Herrn. Das Geheimnis seines Apostolates ist seine Jüngerschaft. Hier wird er mit Phänomenen des Übernatürlichen ausgestattet, die an die Verheißung des Schlusses des Markusevangeliums erinnern. Besonders fällt hier der Hund Grigio auf; bei dem politisch verfolgten Don Bosco ist er jeweils rechtzeitig zur Stelle. Den charismatisch, übernatürlich Begabten verläßt nie die fröhliche Natürlichkeit. Sie beherrscht sein Erziehungssystem: ohne Zwang, mit Vermeidung der bösen Gelegenheit. So wird er einer der Größten des 19. Jahrhunderts, einer der Größten Italiens. Er verkörpert Heimat und Volk, vollendeter als manche Großen der Kunst.

FEBRUAR

2.

DARSTELLUNG DES HERRN

Fest

Das Fest der Kerze und des „Nunc dimittis" der Komplet – des Morgenopfers auf den Karfreitag hin

Das Fest der Darstellung des Herrn scheint, ähnlich der Verkündigung, eine Loslösung von der marianischen Festreihe erfahren zu haben. Es heißt seit 1960/69 nicht mehr „Purificatio B.M.V.", sondern „Praesentatio Domini". Doch hier geht es nicht um eine Uminterpretierung, sondern zunächst um eine sprachliche Glättung. Es muß „Darstellung des Herrn" heißen, denn die israelitische „Reinigung" Mariens ist sicher nicht der Festinhalt, da sie der „Reinigung" nicht bedurfte. Der volkstümliche Name des Festes lautet ohnehin „Lichtmeß".

Die „Lichtmeß" als Kerzenprozession ist älter als das Darstellungsfest. Der 2. Februar wurde schon im heidnischen Rom als „Amburbale = Stadtumzug" begangen und wird vom selbstverständlichen christlichen Brauch einfach übernommen und so „getauft". Die dazugehörende Kerzenweihe ist bereits im 10. Jahrhundert allgemein bekannt und verbreitet.

Im Osten wird die Feier der Praesentatio Domini schon vom Pilgerbericht der Egeria in den letzten Dezennien des 4. Jahrhunderts als großartiges Fest beschrieben, das die Pilgerin von Hause aus nicht kennt. Als Name dieses Tages fungiert die Angabe „der Vierzigste nach Epiphanie". Von Jerusalem aus verbreitet sich das Fest über den ganzen Orient. Es führt den Namen „Hypapante = Begegnung" oder lateinisch „occursus". Aus der begeisterten griechischen Feier dürften die hymnischen Texte stammen, die für die Kerzenweihe des lateinischen Ritus angegeben wurden. Leider wurde der herrliche Textbestand nicht ganz erhalten.

In Rom wurde die Feier des 2. Februars zögernd eingeführt. Die Päpste Gelasius und Sergius I. (um 492 bzw. 700) dürften sich darum bemüht haben. Aus Gallien und aus der Zeit, die sich sehr um die Nachahmung israelitischen Kultes bemüht, dem 10. Jahrhundert, stammt der verengende Titel „Mariä Reinigung".

Die Lichtmeßfeier gehört zu den schönsten und beliebtesten Feiern des Herrenjahres. Man kann sie rühmen als die Besitzergreifung des Tempels und als die „Verlobung" Jerusalems mit dem Messiaskönig. Das tägliche „Nunc dimittis" des Stundengebetes wird hier zu einer Jahresfeier des Lobgesanges Simeons. Die „Lichtmeß" strahlt in ihren gesegneten Kerzen in die Liturgie des ganzen Jahres und in das häusliche Leben hinein, wo die Kerzen ein Klima der Geborgenheit schaffen.

3.

HL. ANSGAR

Bischof, Glaubensbote

Ganz Benediktiner, ganz Professor und ganz Missionar, Apostel des rauhen Nordens

Wenn man heute einen ersten Missionar in den, sagen wir einmal, neu entdeckten skandinavischen Norden zu entsenden hätte, fände man keinen besseren als vor tausend Jahren Ansgar: französische Herkunft und Geistesschärfe, benediktinische Innerlichkeit und Beharrlichkeit, deutsche Organisationskraft. Ansgars Geburtsort war Corbie in der Normandie (801). Die Benediktiner der Abtei Corbie gaben ihm Schule und Erziehung. Seinen Lehrstuhl fand er in der neuen Abtei von Korvey an der Weser. Als Fünfundzwanzigjähriger begann er seine Missionsreisen in die skandinavischen Länder. Als 845 die Normannen Hamburg zerstörten, verlegte Ansgar seinen Erzbischofssitz nach Bremen. Er starb in Bremen am 3. Februar 865. Seine Beisetzung fand statt in Rammelslohe bei Hamburg. Die Reliquien sollen nach Hildesheim gebracht worden sein, sind aber verschollen.

Das Zerstörungswerk der Normannen, die von Skandinavien gegen alle europäischen Küsten stürmten, zeigte, wie notwendig die nordische Mission war, um an den Ursprüngen der Eroberer Ordnung und Sitte anzupflanzen. Ansgar nahm die bonifazianische und die iroschottische Mönchstradition auf. Sie trugen mit der christlichen Botschaft römische Reichsideen und klösterlichen Missionseifer von den Inseln auf das Festland. Trotz der Rückschläge, die zu der Zerstörung der Basis Hamburg führten, gelang Ansgar die Christianisierung Skandinaviens. Dadurch wurden später die Normannen zu Trägern der Erneuerung christlichen Evangeliums in Süditalien und Sizilien nach den Sarazenen. Sie wurden zu Rettern des Papsttums im 11. Jahrhundert. Aus der Saat Ansgars wuchsen die heiligen Brigitta und Katharina von Schweden und ihre Mystik. Aus ihm erstand das gläubige katholische Mittelalter des Nordens. Ansgars Ideal wurde zerstört durch die Reformation und ihr Staatschristentum, mehr noch durch Sozialismus und Libertinismus der neuesten Zeit. Das katholische Erneuerungswerk nennt sich nach St. Ansgar. Der Tag dieses Missionsbischofs vertritt die Nordischen Missionen im Kalender. Er wird zur Bittprozession für den Norden.

3.

HL. BLASIUS

Bischof, Märtyrer

Er heilte das halskranke Kind vom Kerkerfenster aus, als Todgeweihter

In der Weltkirche ist St. Blasius überall bekannt und verehrt. Er gehört zu den heiligen Vierzehn Nothelfern. Unter Anrufung seiner Fürbitte wird der Segen gegen Halskrankheiten gegeben. Das alles geschieht bei ein paar mageren historischen Daten nur auf die Legende hin. – Die Legende ist kein Phantasiegebilde, sondern eine lehrhafte Aussage. Der Unterschied zwischen Geschichte und Legende entspricht dem Unterschied zwischen Porträt und Ikone. So bietet uns die Blasiuslegende eine Ikone des Heiligen. Sie regt zum Gebet an.

Blasius ist um 300 Bischof von Sebaste in Armenien, einst wie jetzt ein armes Land. Er hat ein Herz für die Armen. Blasius wird Gefangener der Christenverfolgung. Noch hinter den Gittern des Gefängnisses hält er Kontakt zu seinen Gläubigen: Die Mutter läuft mit ihrem an einer Fischgräte erstickenden Kind zum Bischof an das Kerkerfenster. Der Segen des Todgeweihten erhält dem Kind das Leben. – Die Wölfe kommen von den Bergen herab und reißen die Haustiere. Die Leute kommen weinend zum gefangenen Bischof. Der Heilige weiß die Bestien zu vertreiben.

Diese Legenden wollen uns sagen: Wenn eure Not so grimmig wäre wie ein reißender Wolf und wenn eure Helfer, die Heiligen, in dunklen Verliesen eingekerkert wären – geht nur zu ihnen! Sie helfen und helfen! – Was ist schon in einem armen asiatischen Land ein Kind! Die Heiligen nehmen das Kind ernst und helfen und helfen. Ist die Not so alltäglich wie eine verschluckte Gräte. Die Heiligen helfen und helfen. – Im Vertrauen auf diesen Heiligen spendet die Kirche den Blasiussegen. Sie weiß: die Heiligen helfen und helfen. – Wer aber die Ikone verachtet und das Porträt verlangt, wer nicht zu beten, sondern nur nach naturwissenschaftlicher Sicherheit zu rufen weiß, bleibt hilflos.

4.

HL. RABANUS MAURUS

Bischof

„Der Lehrmeister Deutschlands" in Königs Ungnade, in gnadenloser Zeit

„Primus praeceptor Germaniae", so lautet der Ehrenname des großen Mainzer Erzbischofs. Er ist aus Mainz, geboren 780. Er starb in Mainz am 4. Februar 856. Neun Jahre war er Mainzer Erzbischof, 847–856. Zwanzig Jahre (822–842) wirkte er als Abt von Fulda. In Fulda war er vor und auch wohl nach seiner Abtswahl Leiter der Schule. Dafür hatte er sich vorbereitet als Schüler Alkuins von Tours. Seine Schüler waren bekannte Gelehrte: Walahfrid Strabo, Lupus von Ferrières, Ermenrich, Otfried von Weißenburg, Gottschalk von Orbais – die besten Köpfe ihrer Zeit. Des Rabanus Schüler waren auch die Leser seiner Schriften. Er schrieb über den Unterricht für den Klerus, er schrieb Bußbücher, Homiliensammlungen. Er gab ein Martyrologium und ein Hymnar heraus. Ein

Bibelkommentar, Handbücher für das theologische und profane Wissen gingen aus seiner Lehrtätigkeit hervor. In seinem Interesse für die Volkssprache und für die altgermanischen Runen ging sein Geist weit über seine Zeit hinaus. So wurde er für sein Zeitalter „Praeceptor Germaniae – Deutschlands Lehrmeister“. Nur widerstrebend nimmt man zur Kenntnis, daß der große Hymnus „Veni, Creator Spiritus – Komm, Schöpfer Geist“ nicht von Rabanus Maurus stammt, wenigstens nicht nach dem jetzigen Stand der Forschung.

Diese Aufzählung der Erfolge des Praeceptor Germaniae macht sein Werk nicht genügend deutlich. Man muß es auf dem Hintergrund seiner Zeit sehen. 846 erlebte Rabanus, daß Rom in der Hand der Sarazenen war. Er erlebte mit, was man als letzten Schritt der Völkerwanderung ansehen konnte, den schreckhaften Aufbruch der Normannen. Der Mainzer Dom sank in Schutt und Asche. 842 wurde Rabanus gezwungen, die Abtswürde von Fulda niederzulegen. Karls Enkel, Ludwig der Deutsche, zwang ihn dazu. Rabanus war fünf Jahre lang in Ungnade, weil er kaiserlich und europäisch dachte. Die Früchte der Mission eines Bonifatius und der Kultivierung eines Karl des Großen schienen zu vergehen. Rabanus arbeitete gegen Untergang und Ungnade und hielt durch. Alle drei Jahre versammelte er seine Mainzer Erzdiözese zu einer Synode. Er schuf sich einen Klerus, der der Zeit gewachsen war. Wenn er auch das „Veni, Creator“ nicht formuliert hat, so hat er es doch in sich getragen und hat es ausgestrahlt.

5.

HL. AGATHA

Jungfrau, Märtyrin

Gedenktag

Die „Feuerwache“ unter den Heiligen, weil der Verzicht die Feuer löscht

Wenige Heilige sind so sehr Stadtpatron, wie es St. Agatha in Catania auf Sizilien ist. In Italien sagt man: Was Mailand für Italien bedeutet, das ist Catania auf Sizilien. Der 5.2. ist in Catania Hochfest. Die große Prozession mit dem Silberreliquiar der heiligen Agatha nimmt kein Ende. Die Märtyrin lebt in ihrer Stadt. Man zieht nicht zur Heiligen hin. Sie kommt aus ihrem Heiligtum hervor und wird auf kostbarem Wagen durch die Straßen geleitet. Wenn der Ätna ausbricht, setzt Catania sein Vertrauen auf die heilige Agatha. Nicht nur für Sizilien, auch für weite Gebiete Mitteleuropas, sicher für Westdeutschland, ist Agatha die „Feuerwache“, die Patronin gegen Feuersnot, wie es Florian in Österreich und Bayern ist. Zahllose Kapellen zeugen davon.

Auf Sizilien hatte der Papst zur Zeit des endenden Römerreiches riesige Besitzungen. Deshalb werden die sizilianischen heiligen Jungfrauen Agatha und Lucia im Römischen Kanon genannt. Deshalb baut man der heiligen Agatha eine Kirche in Rom. Dieses Agathaheiligtum wird zum Mittelpunkt der arianischen Goten in der Stadt der Päpste: Sant'Agata dei Goti. Der Name Agatha im Kanon der heiligen Messe kommentiert dazu: Die große Heilige gehört nicht zu den Arianern, sie gehört der katholischen Kirche.

Die Legende sagt: Die Verfolger des Christentums haben der heiligen Agatha die Zeichen ihrer Mütterlichkeit, die Brüste, abgeschnitten. Sie will damit sagen: Der Verzicht auf die Mutterwürde um des Himmels willen löscht die Feuer, löscht die Leidenschaft. Jungfräulichkeit und Martyrium, diese Hochformen des Opfers, sind Hüter der Stadt, das heißt des menschlichen Gemeinwesens, das sonst im Brand der Sünde vergeht. – „Agatha“ heißt: die Gute. Wer gut ist, wird verfolgt.

6.

HL. PAUL MIKI UND GEFÄHRTEN

Märtyrer

Gedenktag

Sie starben, Christi Tod – am Kreuz,
der Älteste 33 Jahre alt wie der Herr

Es war ein glücklicher Gedanke, in den für alle verpflichtenden Generalkalender Vertreter aus allen Weltteilen aufzunehmen. So wurde der Jesuit Paul Miki mit zwei Katechisten des gleichen Ordens, sechs Franziskanern und siebzehn japanischen Laien, unter ihnen drei Knaben, zum Vertreter Japans in der Liturgie der Weltkirche. Diese Repräsentanten sind besonders kennzeichnend. Dem Japaner sagt man außer einem Ameisenfleiß letzte Konsequenz nach. Die japanischen Märtyrer starben mit ihrem Meister und nach seiner Weise den Kreuzestod. Paul Miki stand im 33. Lebensjahr, im Alter Christi. Der eine der Fratres sang Dankpsalmen und „In deine Hände empfehle ich meinen Geist“. Der andere betete das Vaterunser und Ave-Maria. Der dritte sang Danklieder. Paul Miki hielt eine Predigt an die Umstehenden: „Ich erkläre euch, kein Weg zum Heil ist für Japan als der Weg, den die Christen gehen ... Ich aber bitte, daß König und Volk sich durch die Taufe dem Christentum anschließen.“ Alle Gekreuzigten waren voll sichtbarer Freude. Sie riefen die Namen Jesu und Maria an. Dann wurden sie von vier Henkern mit Lanzen getötet, während die umstehenden Christen weinten und schrien. So wurde dieser 5. Februar 1597 zum „Karfreitag Japans".

Noch ist diesem Karfreitagsabbild der japanischen Kirche der Ostermorgen einer Christianisierung nicht gefolgt. Nur einige zaghafte Strahlen des Aufgangs Christi sind im Land der aufgehenden Sonne zu verzeichnen, vor allem in christlichen Universitäten und Bildungsstätten. Doch das „Mit Christus an das Kreuz geheftet" der japanischen Märtyrer leuchtet als Osterhoffnung über dem Lande. Es spricht die gesamte Weltkirche an: Daß die Predigt des Jesuiten Paul Miki vom Kreuz herab in Erfüllung gehe!

8.

HL. HIERONYMUS ÄMILIANI

Priester, Ordensgründer

Der Ritter, der Soldat wird Waisenvater, wird Opfer der Pest

Der heilige Hieronymus Ämiliani wurde 1486 geboren. Er starb am 8. Februar 1537 in Somasca bei Bergamo. Er gründete den Orden der Somasker zur Hilfe für die Waisen. Er ist ein italienischer Vorläufer des heiligen Vinzenz von Paul.

Liest man die Namen Bergamo und Venedig, versteht man sogleich, warum Hieronymus einer der Lieblingsheiligen des Papstes Johannes XXIII. war. Hieronymus stammt aus Venedig, wo der spätere Papst Patriarch war. Aber sein Lebensweg verläuft anders als der Weg des unvergessenen Papstes. Hieronymus kommt aus dem venezianischen Adel. Er wird Soldat, nimmt an den Kriegen jener Tage teil und ist so leichtlebig und streitlustig wie alle Krieger seiner Zeit. Er gerät in grausame Gefangenschaft. Da kommt er zur inneren Umkehr. Nach unerwarteter Befreiung gehört sein Leben Gott und den armen Kindern. Er stiftet einen Orden für Waisenhäuser und Kinderheime. Als Soldat hat er manchen Kindern den Vater genommen. Nun will er ihnen Heimat und Vaterhaus geben. Symbolisch für die Stiftung des heiligen Hieronymus Ämiliani ist seine römische Niederlassung auf dem Aventin, die Alexiuskirche. Da spricht die äußere Armut des heiligen Alexius, der unter der Treppe seines Elternhauses unerkannt lebte, und zugleich die ritterliche Hochherzigkeit der Ottonen, die nach der Zerstörung des Palatin im dunklen Jahrhundert hier ihre Pfalz hatten. Der Ritter aus dem Haus der Ämiliani wird zum armen Vater der Armen. Er wird zum Träger eines Namens, den sonst Gott führt: „Vater der Waisen". Damals half ein Waisenvater die Not der großen und frühen Sterbeziffern überwinden. Heute muß Hieronymus Ämiliani helfen, Waisenväter zu erwecken, die den „Scheidungswaisen", den Waisen aus zerbrochenen Ehen, zur Seite stehen. Hieronymus starb an der Pest, die er sich in der Pflege kranker Zöglinge zugezogen hat. Er war kein Sozialbeamter, sondern einer, der sein Leben gab für die Seinen.

Der Name Somasca, des Dorfes bei Bergamo, nach dem sich die Ordensstiftung des heiligen Hieronymus „Somasker" nennt, ist in der Geographie Europas wenig bekannt. Aber das Werk der Somasker ist in die Hagiographie mit dem gleichen Stern eingetragen wie der 23. Papst Johannes, der Gute.

10.

HL. SCHOLASTIKA

Jungfrau

Gedenktag

Benedikts Schwester übertrifft den Bruder in der Macht des Gebetes

Ein Zug der Geschwister geht durch die Geschichte der Heiligen: Petrus und Andreas, Jakobus und Johannes, Maria, Martha und Lazarus, Willibald und Walburga und viele andere. Das vielleicht bemerkenswerteste Paar ist Benedikt und Scholastika.

Sie sind nach der Überlieferung Zwillinge. Die Zwillingsschwester wurde die gelehrigste Schülerin ihres Bruders und die Botin seiner Ideen in den fraulichen Bereich. Der Zwillingsbruder aber unterliegt seiner Schwester in der Kraft des

Gebetes. Scholastika folgt ihrem Bruder nach Subiaco. Dort trägt heute noch die große Benediktinerabtei ihren Namen. Sie folgt ihm von Subiaco nach Montecassino. Aber sie wird ihrem Bruder nicht zur Last. Nur einmal im Jahre treffen sie sich zum geistlichen Gespräch. Erst beim allerletzten Jahresgespräch kommt es zwischen den Geschwistern zu einem Konflikt. Benedikt will aufbrechen. Scholastika bittet ihn zu bleiben. Sie betet und neigt den Kopf auf den Tisch. Schon hört man es donnern. Ein plötzliches Unwetter hindert Benedikt daran, seine Schwester zu verlassen. Sie verbringen die ganze Nacht in ihren heiligen Gesprächen. Drei Tage später wird ihm Kunde von ihrem Tod: er sieht ihre Seele, einer Taube gleich, zum Himmel steigen. Der Gesetzgeber steht unter der Beterin. Die Mystik schwingt sich über Recht und Ordnung. Das Gebet vermag mehr als die Gesetzestreue.

Die Legende der heiligen Scholastika will mehr als eine Geschichte innerhalb der Geschichte erzählen. Sie zeigt an, worin die Überlegenheit der Frau in der Kirche besteht: im Gebet, in der Gottinnigkeit. Mag auch der Mann der Stärkere sein in der Kraft des Gesetzes, die Frau ist die Größere in ihrem Rufen zu Gott. Der Benediktinerorden hat den Wappenspruch: „Succisa virescit – Man mag ihn fällen, er grünt wieder neu!“ Neues Leben gewinnen die Orden und die ganze Kirche nicht so sehr aus Organisationen und Gründungen als aus dem Gebet der Scholastika.

11.

GEDENKTAG UNSERER LIEBEN FRAU IN LOURDES

Das Wunder von Lourdes ist der Glaube.
Die Mitte von Lourdes ist Christus

Im Jahre 1858 erschien am heutigen Tage die Gottesmutter am Ortsrand von Lourdes, am Felsen Massabielle, einem Mädchen namens Bernadette Soubirous. Aus dieser Erscheinung wurde der weltanziehende Wallfahrtsort Lourdes. Der Liberalismus des 19. Jahrhunderts lehnte sich mit aller Macht gegen diesen Einbruch des Jenseitigen auf. Der Materialismus des 20. Jahrhunderts ging achselzuckend und schweigend an den Tatsachen von Lourdes vorüber. Aber aus dem abgeschiedenen Städtchen wurde ein Wallfahrtsort, der eines eigenen Flugplatzes bedarf, der an jedem australischen Reisebüro bekannt ist, der eine fast magnetische Anziehungskraft ausübt. Nicht die Krankenheilungen, nicht die „Wunder" von Lourdes sind die Hauptsache, mögen sie auch vom ärztlichen Büro begutachtet und beurkundet sein. Die „Wunder" an der inneren Wunde der Menschen – von der Unzufriedenheit zur Zufriedenheit, von der Skepsis zum Glauben – sind bedeutsamer.

Bei allem marianischen Beten und Singen ist doch die heilige Eucharistie die Dominante alles Lobes. Die Krankensalbung, zuerst in Lourdes in gemeinsamer Feier gespendet, ist hier Gipfel aller liturgischen Feiern. Hier lernen die Menschen wieder innerlich zu werden. Hier glüht das meditative Beten die Nächte hindurch. Hier besteht das katholische Frankreich, ja die katholische Weltkirche die Versuchungen des Materialismus. Das Ereignis von Lourdes 1858 verbindet noch inniger die Gleichung Maria – Ecclesia: Maria, Mutter der Kirche – die Kirche Mutter aller aus Christus

Geborenen. Deshalb ist es kein Wunder, wenn die Namen aller Päpste im Jahrhundert nach 1858 mit Lourdes aufs engste verbunden sind. Aus der Quelle von Lourdes gesunden nicht nur einige Kranke, sondern die gefährdete Christenheit. Maria nannte sich „die Unbefleckte Empfängnis" und bekräftigte das vier Jahre zuvor verkündete Dogma. So wurde Lourdes ein Quell des Glaubens in der Unwelt des Unglaubens.

14.

HL. CYRILL

Mönch

HL. METHODIUS

Bischof

Gedenktag

Slawenapostel zwischen Rom und Konstantinopel

Neben das Zwillingspaar Benedikt und Scholastika tritt das Brüderpaar Cyrill und Methodius. Während die benediktinischen Geschwister von zarter religiöser Innigkeit sprechen, sind die beiden Brüder aus Saloniki von tiefer kirchlicher Tragik gezeichnet.

Der Gegensatz Rom – Konstantinopel stellt sich in ihrem Leben und Wirken ebenso dar wie der Gegensatz fränkisch-deutscher und slawischer Kirchenpolitik. Als Mazedonier, geboren in Saloniki, beherrschten Cyrill und Methodius die slawischen Idiome ihrer Heimat. Cyrill machte durch die Cyrillschrift, die heute noch den gesamten Osten beherrscht, die slawischen Sprachen zur Schrift- und Kultursprache, die liturgiefähig war. Zunächst zogen die Brüder in kaiserlichbyzantinischem Auftrag als Missionare in die slawischen Donaugebiete. Doch sie gingen 867 nach Rom, um für ihr Missionswerk und für die slawische Liturgiesprache päpstliche Genehmigung zu erhalten. Cyrill und Methodius sahen klar, daß sie gegenüber dem Druck aus dem Osten der Stütze des karolingisch-römischen Westreiches bedurften. Schon haben die Araber ihr Weltreich errichtet. Schon ist der Islam Weltreligion. Die Tataren, die Türken werden folgen. Sie erlangten tatsächlich das Einverständnis Papst Hadrians II. Doch Cyrill starb in Rom am 14. 2. 869. Auf seinem Krankenlager legte er das Mönchsgewand an und wählte statt seines Taufnamens Konstantin den Namen Cyrill – „dem Herrn gehörig" – an. Er wurde in Rom auf ausdrückliche Anordnung Hadrians II. mit den gleichen Ehren bestattet wie ein Papst, und zwar in der Basilika San Clemente, Cyrill hatte sie mit Reliquien des heiligen Papstes Clemens von der Krim ausgezeichnet.

Methodius wurde vom Papst zum Bischof geweiht und als Legat in den Osten gesandt. Seine großen Erfolge von Kiew über die Donaugebiete bis nach Böhmen wurden aber von unendlichen Leiden und Verkennungen verdüstert. Salzburg, Passau und Aquileja, die sich als die eigentlichen Träger der Ostmission sahen, bekämpften Methodius und bannten ihn. Papst Johannes VIII. schützte ihn zwar, aber nahm ihm doch viele Befugnisse, lähmte ihn durch einen fränkischen Suffraganbischof. Rom machte sich die Idee, nur die drei Sprachen der Kreuzesinschrift Hebräisch, Griechisch und Latein seien liturgiefähig, nicht zu eigen; das Slawische sollte gleichberechtigt sein. Am 6. 4. 885 starb Methodius in Velahrad in der Tschechoslowakei. Seine slawische Liturgiesprache christianisierte und kultivierte die Slawen. Letzter Erfolg der heiligen Cyrill und Method ist die Wahl Johannes Pauls II., des ersten Slawen, zum päpstlichen Amt. Endgültig wird das Slawische durch die Liturgiereform Pauls VI. römisch-katholische Liturgiesprache. Der vollen Einheit zwischen Rom und Kiew – Moskau – Sofia – Bukarest steht nichts im Wege.

17.

DIE HLL. GRÜNDER DES SERVITENORDENS

Sie brachten dem christlichen Volk die Mater dolorosa

Das hohe Mittelalter brachte den italienischen Städten durch den Süd- und Osthandel großen Reichtum. Schon Franz von Assisi hatte der Verweichlichung durch den Reichtum das Armutsideal gegenübergestellt. Im Übergang vom 13. zum 14. Jahrhundert erlebte die Toskana eine neue kirchliche Vollkommenheitsbewegung, die vom Servitenorden getragen war. Ihren Ursprung hatte diese Bewegung zu Florenz in der großen Bruderschaft Unserer Lieben Frau. Aus ihr lösten sich sieben Männer heraus. Sie gingen zunächst in die Stille und Einsamkeit. Heute noch ist der Monte Senario südlich von Siena Mittelpunkt des Servitenordens. Er liegt in einer unsäglich schönen, klaren, melancholischen und heroischen Landschaft – echte Heimat großer Dinge. Hier wurde der Orden der Knechte der seligen Jungfrau Maria geboren. 1304 erhielt er seine päpstliche Bestätigung. 1310 starb der letzte der sieben Stifter, Alexius Falconieri.

Verglichen mit der franziskanischen Bewegung aus dem nicht allzu weit entfernten Assisi, ist der weltkirchliche Einfluß der Serviten klein geblieben. Doch sie haben der Kirche die Verehrung der Schmerzensreichen Mutter eingebracht. Wenn es heute nur wenige Kirchen ohne das Bild der Mater dolorosa gibt, wenn Michelangelos Addolorata in St. Peter zu Rom viele, viele Andächtige anhält, dann ist das eine Frucht aus der marianischen Bewegung des Servitenordens. Als Pius VII. zu Fontainebleau Gefangener Napoleons war, betete man allerorts zur Mater dolorosa und erlangte die Befreiung des Papstes. Als die Weltkriege wüteten, war die Schmerzensmutter Trost für zahllose Frauen. Diese Blüte kam aus den Wurzeln der Frömmigkeit der sieben Florentiner Kaufleute, die allen Reichtum preisgaben für die eine kostbare Perle der Gottinnigkeit.

21.

HL. PETRUS DAMIANI

Bischof, Kirchenlehrer

Kirchenlehrer der Freiheit und Einheit der Kirche

Petrus, geboren 1007 in Ravenna, verlor in frühester Jugend seine Eltern. Sein ältester Bruder Damian, der Priester war, wurde ihm zum Vater. Er sorgte gut für den Verwaisten. So trug er sich nicht nur in den Akten seines Lebenslaufes, sondern geradezu in den Kalender der Heiligen ein, denn zum immerwährenden Lob dieses väterlichen Bruders nannte sich der Verwaiste „Petrus Damiani".

Er studierte in Ravenna, Faenza und Parma und wurde Priester. Eine Professorenlaufbahn gab er auf und wurde in der Reformabtei Fonte Avellana 1035 Mönch. 1043 wurde er Prior. Er stand mitten in der Reformbewegung, die in Gregor VII. gipfeln sollte. Ihn prägte die Geistigkeit, die die lateinische Kirche vor dem Schicksal bewahrte, eine Kaiserkirche zu werden, eine cäsaropapistische Kirche wie die von Byzanz. Stephan IX., einer der deutschen Päpste, machte Petrus Damiani 1057 zum Kardinal und Bischof von Ostia. Seine erste große Aufgabe war die Beilegung des Aufstandes der Pataria in Mailand, einer religiösen Reformbewegung im Volk gegen den Erzbischof. Er wirkte mit dem heiligen Anno von Köln gegen den Antipapst Honorius II. = Cadalus von Parma für Papst Alexander II. Auf seinen Reisen als päpstlicher Legat nach Cluny, Florenz, Ravenna trug er die kirchlichen Reformideen durch das Land. 1069 besuchte er Kaiser Heinrich IV. in Mainz, um ihm die Ehescheidung auszureden. Auch wirkte er durch seine Schriften gegen die „Krankheiten der Kirche". Er starb in Faenza am 22. oder 23. Februar 1072. Dort ist im Dom sein Grab. Wertvoller als jede Grabschrift ist das Lob, das Dante ihm spendet. Papst Leo XII. erhob ihn 1828 zum Doctor Ecclesiae; er ist der Kirchenlehrer der Freiheit und Einheit der Kirche.

In Briefen, Traktaten, Predigten, Heiligenleben, Gedichten und Meßtexten fanden seine Gedanken ihre klassisch lateinische, bibelnahe Formulierung. Nach Jahrhunderten noch blieb sein Erbe von Bedeutung für das Streben nach Erneuerung der Kirche in Renaissance und Gegenreformation. Papst Gregor XIII. übergab 1573 Fonte Avellana, die einstige Abtei des heiligen Petrus Damiani, dem Collegium Germanicum. Aus dem Nachlaß des Heiligen lebte das erste moderne Priesterseminar der Kirche nach der Reform von Trient.

22.

KATHEDRA PETRI

Fest

Petri Totenstuhl erinnert an Tod und Begräbnis des Apostels

Ein rätselvolles Fest! Nicht die Cathedra als Lehrstuhl und Sitz der Autorität ist gemeint, obwohl man es lange Zeit so aufgefaßt hatte. Auch nicht die Hirtenwürde des heiligen Petrus in Rom (so früher am 18. Januar) und in Antiochien (so am 22. Februar) ist Gegenstand des Festes. Das Wort Cathedra spricht von dem feierlichen Sitz, den man am Grabe eines Toten für den Toten nach römischer Sitte aufstellt, wenn man seine Gedächtnisfeiern hielt. Dann könnte der 22. Februar den Sterbetag oder Begräbnistag des heiligen Petrus verraten. Die Rückfrage nach dem Datum des 18. Januar wird gelöst durch den Hinweis auf die irrige gallikanische Überlieferung. Die Frage nach dem Inhalt des 29. Juni wird beantwortet von dem Hinweis auf das hier erhaltene Datum der Übertragung der Gebeine der Apostel Petrus und Paulus in die Calixtuskatakombe im Jahre 258 während der Valerianischen Verfolgung.

Wenn der 22. Februar ein Fest des Begräbnisses Petri ist, dann steigen die Bilder auf, die sich aus den Ausgrabungen unter der Peterskirche ergaben: das arme Grab – mit Händen ausgeschaufelt –, der Leib des Toten – mit Ziegeln bedeckt –, das Grab des armen Fischers von Betsaida, des Hingerichteten, angelehnt an ein reiches Mausoleum. Da steht nun ein hölzerner, armseliger Sessel. Da haben sich ein paar Menschen unter allen Zeichen scheuer Angst versammelt. Sie halten das äußerst bescheidene Totenmahl für ihren Bischof, dessen bleibende Gegenwärtigkeit der freie Sessel anzeigt. Aus diesem Holzsessel wird die andere

Cathedra, die des Lehramtes und der Autorität. Aus dem Armengrab wird der Petersdom. Aus lauter Armseligkeit wird die höchste Autorität in der Welt. So hält der Tag des Totenstuhls Petri eine ebenso eindringliche Predigt über den ersten Papst wie der 29. Juni.

23.

HL. POLYKARP

Bischof, Märtyrer

Gedenktag

Er feierte seinen Martertod wie ein Hochamt

Polykarp, Bischof von Smyrna, starb, mindestens 86 Jahre alt, im Stadion am 23. Februar 155 (oder 168). Er beging sein Martyrium wie ein Fest. Protokolle berichten: Der Bischof legte die Obergewänder ab und löste den Gürtel seiner Tunica. So pflegte man es zu tun, wenn man nach Hause kam. Der Tod war ihm Heimkehr. Er legte seine Schuhe ab. Denn er dachte vor seinem Scheiterhaufen an den Ruf aus dem brennenden Dornbusch: „Lege deine Schuhe ab, denn hier ist heiliges Land!" Zugleich wußten sich seine Gläubigen an die heilige Liturgie erinnert. Da eilten alle herbei, wenn er die ledernen Sandalen ablegte und die Bastschuhe anzog, wie es sich für den heiligen Dienst geziemte. Er duldete nicht, daß man ihn an den Pfahl annagelte: er werde dem Feuer schon nicht entfliehen. Die Hände auf dem Rücken festgebunden, schaute er himmelwärts und rezitierte ein Hochgebet, eine Präfation auf den Vater unseres Herrn Jesus Christus, den Schöpfer aller Dinge und Menschen, der ihn würdigte, am Kelche Christi teilzuhaben auf die Auferstehung hin. Sein Gebet war Anàphora – Opfergebet, das um Annahme seines Lebens als Opfer vor Gott flehte. Als er das feierliche Amen seiner großen Danksagung gesprochen hatte, zündeten die Diener das Feuer an. Die Flamme umgab ihn wie das aufgeblähte Segel eines Schiffes, sein Leib leuchtete auf wie Silber oder Gold im Ofen, und ringsum wurde ein Duft wahrnehmbar wie von kostbaren Gewürzen.

Der grausame Martertod wurde zur Gloriole für den Märtyrer. Er war der triumphale Schluß eines Lebens, das durch die Schule des heiligen Apostels Johannes gegangen war. Es war geformt durch das Beispiel des heiligen Ignatius von Antiochien, der Polykarp auf der Reise nach Rom zum Sterben in Smyrna besucht hatte. Es war bewährt durch Polykarps Fahrt nach Rom zu Papst Anicetus, um die Differenzen zwischen Ost und West wegen des Ostertermins beizulegen. Die Glorie des Sterbens war wohl vorbereitet durch das Zeugnis des Lebens für Christus. Das Opfer des Martyriums wurde ihm Anteil am Kelche Christi, denn der Kelch war Mitte seines Daseins.

24.

HL. MATTHIAS

Apostel

Fest

Immer bei Christus, Sühne für Judas,
Zeuge der Auferstehung

Matthias ist der „Deutsche“ unter den Aposteln, weil er sein Grab in der Abteikirche und Basilika Sankt Matthias zu Trier gefunden hat. Die heilige Helena hat ihn nach der Überlieferung durch Bischof Agricius dorthin überführen lassen. Sie wollte dadurch die Bedeutung ihrer Kaiserstadt hervorheben. Bis auf den heutigen Tag pilgern Matthias-Bruderschaften von Rhein, Mosel und Saar, von Aachen und Goslar zum Apostelgrab. Sein Name klingt aus zahllosen Familiennamen hervor: Mattes, Theisen, Thissen, Tigges, Tietz u.a.m. Man erkennt den Stolz des christlichen Volkes ringsum auf seinen Apostel; man erkennt in zahllosen Bräuchen und Orakeln die Ausstrahlungskraft seiner Verehrung. Deshalb war es unmöglich, die Verlegung des Matthiastages auf den 13. Mai, von der Fastenzeit weg, hierzulande mitzumachen. Denn zu große lebendige Traditionen knüpfen sich an den 24. Februar.

Wir wissen von Matthias nicht viel, aber mehr als von anderen Aposteln durch das 1. Kapitel der Apostelgeschichte. Matthias, vielleicht einer der 72 Jünger, wird Apostel anstelle des Judas. Dadurch ist seinem Apostelwirken ein für allemal der Stempel der Sühne für den Verräter aufgeprägt. Er wird als Apostel vorgeschlagen, weil er von Anfang an in der Lebensgemeinschaft Christi stand. Als Aufgabe wird ihm gestellt, Zeuge der Auferstehung zu sein. Das Los, das nichts als Zufall zu sein scheint, hat über sein Apostelamt entschieden – Gott hat das Los gelenkt, Gott hat den für Judas Sühnenden, den Osterzeugen berufen.

Zeuge der Auferstehung wird Matthias auch durch sein Sterben für Christus. Im Land der Skythen (Rußland) soll er für seinen Herrn enthauptet worden sein. Deshalb trägt er das Beil in der Hand. Dadurch wird er zum Patron der Bauhandwerker und Fleischer. Als Sühnender und als Osterzeuge hat er uns mehr zu sagen.

25.

HL. WALBURGA
Äbtissin

Sie ist Landesmutter,
mit Walpurgisnacht hat sie nichts zu tun

Mancher denkt bei dem Namen Walburga nur an Walpurgisnacht und Hexentanz. Der 1. Mai war zwar einmal ein Gedenktag der heiligen Walburga. Aber sonst hat aller Hexenzauber vom Blocksberg im Harz mit der Heiligen nichts zu tun. Wenn man genau das Gegenteil aller Dämonie der Walpurgisnacht nimmt, nähert man sich der vornehmen, stillen, hochgebildeten Frauengestalt der heiligen Walburga.

Sie war eine Schwester des heiligen Bischofs Willibald von Eichstätt und des heiligen Abtes Wunibald von Heidenheim. Ihr Geburtsjahr war 710. Als Namen ihrer Eltern werden angegeben Richard und Wuna. Ihr Verwandter Bonifatius rief Walburga zusammen mit Lioba, der Base des heiligen Bonifatius, und Thekla in die deutsche Mission. Die stürmische Überfahrt aus der englischen Heimat zum Festland schien ein unguter Anfang zu sein. Doch als sich die bonifatianische Familie in Mainz 739 wohlbehalten traf, war alle Sorge verflogen. Walburga ging nach Tauberbischofsheim, wo Lioba den Äbtissinnenstab führte. Dann wurde sie von ihren Brüdern nach Heidenheim bei Eichstätt gerufen. Hier hatten Willibald und Wunibald ein Doppelkloster gestiftet. Walburga wurde dort Äbtissin des Frauenklosters und 761 auch Leiterin des Männerklosters, als ihr Bruder Wunibald gestorben war. Das kam im Mittelalter nicht selten vor. Walburga war vermutlich schon wegen ihrer überragenden Bildung berufen, das Doppelkloster zu führen. Tatsächlich, sie machte aus der Abtei einen Ausstrahlungspunkt hoher Kultur des

Geistes und der Seele. Das Grenzland zwischen Franken, Böhmen und Bayern verdankt ihr die Grundlegung der Bildung und der Caritas. Was Schule und Bibliothek für die Ausbildung der Jugend des Landes waren, was der Gottesdienst an seelischen Werten brachte – das bargen die intensive Landwirtschaft, die Keller und Scheunen für die Hungernden und Notleidenden. Walburga waltete als Mutter des Landes. Walburga erhielt nach ihrem Tode am 25. Februar 779 ihr Grab in Heidenheim. Man übertrug ihre Reliquien am 1. Mai 870 in die Walburgiskirche der Bischofsstadt Eichstätt.

Ihr Schrein gibt heute noch das „Walburgisöl", einen flüssigen Niederschlag, als Heilmittel ab. Walburgis ist für die Augenleidenden, die Bauern, die Wöchnerinnen, die Felder, die Haustiere da. Sie wird an vielen Wallfahrtsorten angerufen, zum Beispiel Furnes in Flandern, Walberberg bei Köln, Walburg im Elsaß, Lamberg bei Cham, Ehrenbürg bei Bamberg, Wormbach im Sauerland, Sandweier bei Baden-Baden, Walburgisberg im Odenwald und in zahllosen Kapellen. Sie ist Landesmutter und Landeslehrerin und Landesärztin. Ist es wirklich wahr, wenn gesagt wird, die Frau bedeute nichts in der Kirche?

4.

HL. KASIMIR

Er sollte König werden und wurde es im Reich Gottes

Sechsundzwanzig Jahre alt war Kasimir, geboren 5. Oktober 1458, als er am 4. März 1484 zu Grodno von der Tuberkulose dahingerafft wurde. In diesen wenigen Lebensjahren zeichnete ihn, den Sohn des Polenkönigs Kasimir IV. und der Habsburgerin Elisabeth von Österreich, aus: die Wahl zum König von Ungarn 1471, vier Jahre Königsregentschaft für seinen Vater, 1481 Heiratspläne mit der Tochter des Kaisers Friedrich III. Die Wahl der Ungarn wurde von Matthias Corvinus vereitelt. Die Regentschaft lief aus. Die kaiserlichen Heiratspläne versanken. Der junge polnische Königssohn hatte eine andere „Braut", Maria, die Gottesmutter. Er stand in einem anderen Königsdienst, in dem Hochadel lauterer, strenger Reinheit der Sitten. Vielleicht gab ihm seine schwere Krankheit den klaren Blick für die überirdischen Werte. In dieser allem Äußeren abgewandten Gesinnung wurde ihm ein Denkmal gesetzt, das „aere perennius – unvergänglicher als Erz" ist: das Lied, heute noch landauf, landab gesungen: „Omni die dic Mariae – Alle Tage sing und sage Lob der Himmelskönigin, ihre Gnaden, ihre Taten ehr, o Seel, mit Demutsinn!" Es trägt seinen Namen und ging unter seinem Namen durch die Welt, wenn er auch nicht der Verfasser ist.

Kasimir hat seine Königswürde bis heute behalten. Er regiert als Jugendpatron, vor allem in seiner Heimat Polen, die auf andere „Ideale“ hingelenkt werden soll. – Man pflegt über den Katholizismus am Vorabend der Reformation nicht viel Gutes zu sagen. In der Zeit, da die Unsittlichkeit der Renaissance zur Hochflut ansteigt, steht Kasimir von Polen-Litauen nicht nur als „der standhafte Prinz“ da, sondern als Glanz der Heiligkeit der Kirche. Er wurde 1521 heiliggesprochen. Es geschah durch Leo X. in dem Jahr, in dem Luther gebannt wurde, Ignatius sich bekehrte, Canisius zur Welt kam.

6.

HL. FRIDOLIN VON SÄCKINGEN

Mönch, Glaubensbote

Der Ire zieht ins Land der Franken, nach Alamannien, zur Schweiz und ruht auf einer Insel des Hochrheins

Es war hohe Zeit, diesen großen Glaubensboten durch den Kalender der Bistümer des deutschen Sprachgebietes wieder über sein Missionsgebiet hinaus vorzustellen. Er wäre sonst fast verschollen. Die Lande am Hochrhein, der Schweizer Kanton Glarus, dessen Patron er ist, Südbaden und Schaffhausen haben ihm die Treue gehalten.

Fridolin gehört zu den ersten, die ihre irische Heimat verließen, um auf dem Festland zu missionieren. Leider ist es unmöglich, auch nur eine annähernd exakte Jahreszahl seines Lebens anzugeben. Seine Begegnung mit dem Frankenkönig Chlodwig I. (466–511) ortet den Heiligen um 500. Die erste Station des Missionsweges Fridolins war Poitiers. Hier schloß er mit dem großen Kirchenlehrer Hilarius (†367) eine „Heiligenfreundschaft". Hilarius war sein großes Ideal, so wie Eduard der Bekenner zum Apostel Johannes, Luzia zu Agatha, Berchmans zu Aloisius hielten. Fridolin gelangte in den Besitz von Reliquien des heiligen Hilarius. Dafür baute er eine Hilariuskirche in Poitiers. Dann zog er durch das alemannische Land, das Chlodwig 486 den Franken unterworfen hatte. Wohin er kam, stiftete er Kapellen und Kirchen zu Ehren des heiligen Hilarius. Die erste Gründung war vermutlich Eller an der Mosel (der alte Name Helera ist von Hilarius abgeleitet). Die entfernteste Station des Missionars Fridolin war der Kanton Glarus, dessen Name ebenfalls von „Hilarius" abzuleiten ist. Die bedeutsamste Rast Fridolins war die Rheininsel bei Säckingen. St. Hilarius hatte ihm im Traum den Ort gezeigt. König Chlodwig hatte ihn dem Missionar zum Geschenk gegeben. Hier baute Fridolin Kirche und Kloster unter dem Schutz des heiligen Hilarius. Hier fand Fridolin sein Grab. Hier blieb seine Verehrung in Blüte. – Gewiß, die Vita Fridolins, um 1000 von Balther geschrieben, ist keine restlos sichere Geschichtsquelle. Aber sie kann auch nicht einfach abgetan werden. Sie harrt noch möglicher Bestätigungen durch die Archäologie. Die tausendjährige Geschichte des Klosters Säkkingen, das Doppelkloster, dann Königskloster, dann Frauenstift, Sitz einer Fürstäbtissin war, gibt mehr zu bedenken als die Verse Viktor v. Scheffels. Sein „Trompeter von Säckingen" gehört in das frühe 19. Jahrhundert, als die kirchliche Herrlichkeit der alten Abtei schon versunken war.

In Fridolin strömen zusammen irisches, französisches, schweizerisches, alemannisches Erbe – das vereinigte Europa in der Kirche.

7.

HL. PERPETUA UND HL. FELIZITAS

Märtyrinnen

Gedenktag

Junge Mütter verlassen ihre Kinder, nicht ihren Herrn

Ihre Märtyrerakten sind echt, Protokolle des damaligen Geschehens. Schauplatz ist die nordafrikanische Hauptstadt Karthago, Zeit: das Jahr 202/203 in der Verfolgung durch Septimius Severus, Personen: zwei junge Mütter, eine aus vornehmer Familie, eine Sklavin, ein Diakon, andere verurteilte Christen. Die beiden Frauen wurden erst im Kerker getauft. Felizitas erlebte im Kerker ihre Niederkunft. Als sie in ihren Schmerzen schrie und jammerte, verspottete man sie: Wie sie dann die Hinrichtung in der Arena überstehen könne! Ihre Antwort war: „Jetzt leide ich, dann aber leidet Christus in mir!" Perpetua wurde von der Familie zum Abfall vom Glauben gedrängt. Sie zeigten ihr das zweijährige Kind. Aber sie wollte lieber ihr Kind als ihren Herrn verlassen. Diese Nordafrikanerinnen haben buchstäblich wahr gemacht: Alles verlassen um Christi willen!

In der Arena fielen zunächst wilde Kühe über sie her. Bewußtlos lagen die Frauen im Sand, erhoben sich dann wieder, sprachen sich gegenseitig Mut zu. Ein Leopard sprang sie an. Die Bisse verwundeten sie so, daß sie von Blut überströmt waren. Die Menschen im Zirkus schrien: „Salvum lotum – Gebt den im Blut Gewaschenen frei!" Da sie noch lebten, wurden sie erdolcht. Das grausige Spiel dauerte wohl eine Stunde. Die Ehre der Frauen dauert bis heute. Der Römische Kanon nennt Perpetua in der Strophe „Nobis quoque". Der Name Felizitas an der gleichen Stelle meint dort eine römische Märtyrin, Mutter von sieben Söhnen, denkt aber sicher auch an die karthagische

Blutzeugin. Diese Frauen in der Fürbittstrophe des Kanons für den Klerus können die „peccatores famuli – die sündigen Knechte“ nur beschämen und zur Tapferkeit aufrichten. Im Kerker erst getauft, haben Perpetua und Felizitas wohl auch im Kerker zum ersten, zum einzigen Mal das Brot des Lebens empfangen und daraus ein solches Sterben gemeistert.

8.

HL. JOHANNES VON GOTT

Ordensgründer

„von Gott“ ist sein Familienname.
Den richtigen Namen hatte man vergessen.
Wirklich, er war „von Gott“

Der Heilige gehört zu den Bahnbrechern der psychiatrischen Medizin. Er hat am Ende des Mittelalters als einer der ersten erkannt, daß Irre, Wahnsinnige, Tobsüchtige krank sind und des Trostes und der Pflege und der ärztlichen Hilfe bedürfen, nicht der Ketten und des Gefängnisses, wie es bis dahin üblich war. Seine Ideen gab er seinem Hospitalorden, den „Barmherzigen Brüdern“, weiter. Sie haben ihren Hauptsitz zu Rom auf der Tiberinsel über dem alten Tempel des Ärztegottes Äskulap. Sie heißen dort die „Fatebene fratelli – die Brüder vom Gutes-Tun“. Der Schutzherrschaft des heiligen Johannes verschrieben sich auch mehrere Ordensbrüdergemeinschaften, die Alexianer, die Trierer und die Montabaurer Brüder.

Johannes von Gott war Portugiese, geboren 8. März 1495 zu Montémor o Novo bei Evora. Die Jahre seines großen Wirkens verbrachte er im spanischen Granada. Dort starb er, fünfundfünfzig Jahre alt, am 8. März 1550. Er war aus hartem Holz geschnitzt. Seine Jugend sah arme, trostlose Familienverhältnisse. Als Achtjähriger wurde er entführt und verschleppt. Weil sein Familienname vergessen war, nannte man ihn „de Deo – von Gott". Das rauhe Kriegerhandwerk schien seine Welt zu werden. Er wurde Handlanger und Buchverkäufer. Gerade dieser Mann wurde ein Apostel und Prophet der Caritas. Eine einzige Predigt des heiligen Johannes von Ávila 1539 bekehrte ihn. Johannes wurde Krankenpfleger. 1540 gründete er in Granada ein Krankenhaus. Er wagte oft nicht aus dem Haus zu gehen, weil er für seine Kranken so viele Schulden gemacht hatte, daß er fürchten mußte, von den Schuldherren geprügelt und verhaftet zu werden. Mit prophetischer Sicherheit geht er in diesem Spital den Heilmethoden seiner Zeit voraus. Die Gründung des Johannes geriet in Brand, Johannes nahm die Kranken auf seine Schultern und rettete sie aus den Flammen. Denn „in seinem Herzen glühte ein größeres Feuer als in allen Bränden ringsum", so sagte das alte Brevier von ihm mit einem Wort, das Leo der Große für Laurentius geprägt hat. Man nannte und nennt den einst rauhen Soldaten und Handlanger wie mit einem Adelstitel „von Gott". Sein Adel war Gott, der die Liebe ist.

9.

HL. BRUNO VON QUERFURT

Bischof, Glaubensbote, Märtyrer

Ein ottonischer Prinz,
der sich zum Opfer für die Ostmission macht

Bruno erreichte nur ein Alter von 35 Jahren. Er wurde 974 geboren, er starb am 14. Februar 1009. Er war kaiserlicher Prinz aus dem sächsischen

Hause, wuchs auf an der Domschule von Magdeburg. Dort wurde er auch Domkapitular und Priester. Sein Verwandter, Kaiser Otto III., machte ihn zu seinem Hofkaplan. So weilte er 996/997 in Rom. Dort kam die Stunde seiner „Bekehrung nach innen“. Er wurde 998 Mönch im Alexiuskloster auf dem Aventin. Auf dem gleichen Hügel erhob sich auch die ottonische Kaiserpfalz. 1001 weilte Bruno beim heiligen Romuald, dem Stifter des Benediktinerzweiges der Kamaldulenser, in Pereum bei Ravenna. Nun war er bereitet für die „Bekehrung nach außen“. Nach dem Vorbild des heiligen Adalbert von Prag wurde Bruno von Papst Silvester II. für die Ostmission beauftragt. Im Jahre 1004 empfing er in Merseburg durch den Magdeburger Erzbischof die Weihe zum Missionserzbischof. Dabei muß man bedenken, daß die Jahrtausendwende damals die Männer der Kirche zum Bußgeist des strengen Mönchtums führte, wie es Camaldoli verkörperte, und zum Missionsgeist, der dem wiederkommenden Herrn die Wege zu allen Völkern bereitete. 1003 missionierte Bruno bei den „Schwarzen Ungarn“ im Szekler Land in Siebenbürgen. 1005 ging er auf eine neue Missionsreise nach Ungarn. 1007 war er bei den Petschenegen in Südrußland. 1008 war Bruno in polnischen Klöstern unterrichtend und reformerisch tätig. Von hier betrieb er den Plan, einen Bischof nach Schweden auszusenden. Mit achtzehn Begleitern machte er sich auf den Weg zu den Preußen. (Deren Name ist eine Abwandlung von Russen.) Er kam in die ostpreußische Landschaft Sudauen. Da fiel man über die Fremden her und erschlug Bruno und seine achtzehn Missionshelfer auf grausame Weise.

Das Martyrium war ein großer Verlust für Kirche und Reich und doch auch eine Aussaat, die mächtig emporwuchs. In Bruno von Querfurt sah man das Fortwirken seines Verwandten, des heiligen Herzogs und Erzbischofs Bruno von Köln.

Man sah zugleich in ihm die neue Weise des Einsatzes für das „heilige Reich“: statt der Schaffung der großen klösterlichen Mittelpunkte die erobernde Mission. Der Domherr wird Bußmönch. Das Evangelium soll für Christi Ankunft bis an die Grenzen der Erde verkündet sein. Die „Schuld“ der Sachsenkaiser, die mit Heeresmacht gegen Osten zogen, soll gesühnt sein durch das Opfer für das Evangelium und das Opfer des Todes.

9.

HL. FRANZISKA VON ROM

Witwe, Ordensfrau

Schutzengel und Mütterchen Roms,
von ihrem Engel geführt

In Rom triumphiert der Barock. Das gotische, romanische, mittelalterliche Rom muß man suchen. Man findet ein Juwel des römischen Mittelalters im Tor' dei Specchi (Spiegelturm), dem Kloster der heiligen Franziska, gegenüber der Flanke des Kapitolhügels und der altrömischen Hinrichtungsstätte, dem tarpejischen Felsen. Franziskas Grab in Santa Maria Nuova, der Kirche auf dem Forum, ist umgeben von barocker Pracht. Aber die Zellen ihres Klosters sind armselig: arm – man meint, es müsse jeden Augenblick ein Eselchen über den Hof traben, mit dem die Heilige das Abfallholz zu den Frierenden brachte – und doch selig, weil man den Atem der Gespräche zu spüren meint, die Franziska mit ihrem Schutzengel führte.

Ihre Lebenszeit sah keine heile Welt. Franziska wurde geboren 1384, starb am 2. März 1440. Sie erlebte das große Papstschisma, in dem zwei, später drei Päpste um die Macht rangen. Sie erlebte das Konstanzer Konzil, die hussitischen

Wirren, das Hochkommen der Renaissance, den krassen Gegensatz von Luxus und Armut in einem Rom, das ein zerfallendes Landstädtchen war. In diese Welt brachte Franziska mit der von ihr gegründeten Gemeinschaft von Benediktineroblatinnen (1433) die Liebe zu den Armen und zur Armut. Während die Dichter von den alten Göttern und Göttinnen fabelten, ging das innere Leben der heiligen Franziska in vielen Visionen um Gott und um den Gottesboten, den heiligen Schutzengel.

In dem zerfallenen Gemäuer des nahen Kaiserpalastes hören die Römer die gespenstischen Klagen der letzten Vestalin, die dort seit Jahrhunderten umherirrt. Franziska hörte die klare Stimme des Schutzengels. Von ihm geführt, geht sie unerschrocken durch die Pesthäuser der Stadt. Sie pflegt und hegt die Kranken, führt Priester und Ärzte zu ihnen. Das alles leistet sie zunächst nicht als Ordensfrau, sondern als vorbildliche Gattin und Mutter, bis sie später als Witwe ihr ganzes Vermögen in ihre anderen Kinder, die Armen, investiert. Die von ihrem Schutzengel Geführte wird zum „Schutzengel der Stadt". „Ceccololla" nennen sie die Römer. „Cecco" ist die Abkürzung und der Kosename für Francesca, woran noch eine doppelte Verkleinerungsform gehängt wird. In diesem Namen liegt die ganze Innigkeit und Dankbarkeit des Volkes, wie wenn wir von „Mütterchen Fränzel" sprechen würden. Schon ein Jahr nach ihrem Tod begann der Kanonisationsprozeß. Paul V. vollzog die Heiligsprechung 1608.

14.

HL. MATHILDE
Königin

Mutter der Könige, Mutter durch ihre Stiftungen

„Mirae sanctitatis femina – Frau von wunderbarer Heiligkeit!“ wurde Mathilde schon von ihrem ersten Biographen, dem Mönch Widukind von Korvey, genannt. Man zögert mit der Zustimmung.

Mathilde war Ururenkelin des berühmten Sachsenherzogs Widukind. Ihre Eltern waren der Sachsengraf Dietrich und die aus dänisch-friesischem Geschlecht stammende Reinhild. Mathilde wurde 895 geboren. Sie war vierzehn Jahre alt, als sie 909 Herzog Heinrich, den „Vogler“, heiratete. Sie war seine zweite Gattin. Fünf Kinder gingen aus der Ehe hervor: Otto I., Gerberga (verehelicht mit Herzog Giselbert von Lothringen, dann mit König Ludwig IV. von Frankreich), Hadwig, Heinrich von Bayern, Bruno I., Erzbischof von Köln. – Hier beginnt der Zweifel. Mathildes ältester Sohn Otto wurde 912 geboren, als sein Vater noch nicht König war. Deshalb bevorzugte sie den „unter dem Purpur geborenen“ Heinrich den Zänker, gestützt auf das byzantinische Kronrecht. Später verschaffte sie Heinrich das Herzogtum Bayern. Die Söhne aus erster Ehe empörten sich nicht nur gegen Vater und Stiefbruder, sondern auch gegen Mathilde. Ihren Schwiegersohn Giselbert von Lothringen unterstützte sie gegen Otto I. Sie sprach wohl das entscheidende Wort zur Verleihung des lothringischen Herzogtums an ihren jüngsten Sohn, den heiligen Erzbischof Bruno von Köln. Sie war also eine kampf- und machtbewußte Königin (919–936), die mehr nach ihrem Herrschaftsdenken als nach mütterlich-familiärer Art handelte.

Doch Mathilde lernte umdenken. 965 versammelte sich in Köln bei Bruno die gesamte ottonische Familie. Da war Mathilde die „Mutter der Könige". Darin liegt wohl die Größe dieser „mirae sanctitatis femina". Seit 947 hielt sie treu und unentwegt zu ihrem Ältesten, zu Otto. 929 hatte ihr Gatte Heinrich I. sie mit einem sehr reichen Witwengut ausgestattet. Sie verwendete es großzügig für fromme Stiftungen in Quedlinburg, Pöhlde, Enger, Nordhausen. Mathilde wurde dreiundsiebzig Jahre alt. Sie überlebte König Heinrich um zweiunddreißig Jahre, sie erlebte die Krönung Ottos I. zum Kaiser (962) und die Krönung ihres Enkels Otto II. zum Mitkaiser (967). Von ihrem Alter ging ein verklärter und verklärender Glanz aus. Vielleicht war ihr jüngster Sohn, der heilige Bruno von Köln, in seiner Herrscherlichkeit und Milde ihr getreues Abbild. Mathilde starb am 14. März 968 in Quedlinburg. Im dortigen Dom ist ihr Grab.

15.

HL. KLEMENS MARIA HOFBAUER

Ordenspriester

Der Bäckerjunge von Znaim wird Stadtpatron von Wien

Man sagt scherzhaft, die größte böhmische oder tschechische Stadt sei Wien. Jedenfalls ist der Stadtpatron Wiens, der große Heilige der Kaiserstadt, Klemens Maria Hofbauer, der erste deutsche Redemptorist, aus Taßwitz bei Znaim in Mähren, dort geboren am 26. Dezember 1751. Er ist einer der zahlreichen Spätberufenen. Seine Lehrzeit galt dem Bäckerhandwerk. Dann studierte er fünf Jahre in Wien. In Rom trat er 1784 dem eben gegründeten Orden des heiligen Alfons Maria

Liguori bei, dem es um die Mission am einfachen Volk ging. 1785 wurde er Priester. Zwanzig Jahre, von 1787 bis 1808, war er als Volksmissionar in Warschau tätig. Die napoleonischen Wirren vertrieben ihn 1808 aus dem Polenland. So wurde er in schwerster Zeit für zwölf Jahre Wiener. Er starb am 15. März 1820 in Wien. Dort findet man sein leider nicht liebevoll gepflegtes Grab in der Kirche Maria Stiegen, auch Maria am Gestade genannt.

Klemens Maria Hofbauer, der einstige Bäckergeselle, half in Wien dem katholischen Deutschland zur Auferstehung von Jansenismus, Josephinismus und Aufklärung, von Not und Glaubensnot. Man nannte ihn „Apostel von Wien". Er sagte von sich, man müsse eine Spürnase haben, die den unkirchlichen und ungläubigen Geist schon an der Atmosphäre eines Kreises wittere. Diese Fähigkeit, das geistige Klima zu erkennen, garantierte seine Erfolge. Um ihn scharten sich die Romantiker Schlegel, Müller, Brentano, Eichendorff. Bischöfe, Nuntius, Kurie ließen sich von ihm beraten. Dem Wiener Kongreß war Hofbauer hintergründiger, heimlicher Ratsherr.

Er schuf in der Kaiserstadt wieder ein katholisches Leben, das engen Anschluß an Rom und Papsttum suchte, das eucharistische und marianische Frömmigkeit und caritative Ideale pflegte. Nicht nur das Bürgertum und das langsam entstehende Proletariat, auch den Adel zog er zur Kirche und in ein kerniges, einfaches Christentum hinein. Das ganze deutsche Sprachgebiet hat ihm dafür zu danken. Daß die kirchenfeindliche Aufklärung überwunden wurde, brachten einige Seelsorger zustande. Unter ihnen steht Klemens Maria Hofbauer an einer der ersten Stellen.

17.

HL. GERTRUD VON NIVELLES

Äbtissin

„Gertrud mit dem Mäuslein am Stab",
die Karolingerin voll Wissen und Weisheit

Würde man statt „Nivelles" den ursprünglichen Namen ihrer Abtei, „Nifels", gebrauchen, so merkte man eher, daß sie zu den deutschen, genauer umschrieben: zu den Brabanter Heiligen gehört.

Gertrud war die Tochter des fränkischen Hausmeiers Pipin des Älteren, gehört also zum karolingischen Geschlecht. Ihr Geburtsjahr ist 626. Pipin war der erste der karolingischen Hausmeier. Er wurde es 622 unter König Dagobert, nachdem er der Führer des fränkisch-austrasischen Adels gegen die Königin Brunhilde gewesen war. Ihre Schwester war die heilige Äbtissin Begga. Ihre Mutter, die heilige Iduberga, hatte die Abtei Nifels gestiftet. Hier wurde Gertrud Klosterfrau und nach dem Tod ihrer Mutter Äbtissin. In ihrem Wirken verband sie, ähnlich den großen bonifatianischen Frauen, Bildung und Erziehung, den Glanz der christlichen Persönlichkeit und die Klarheit eines energischen Regimes zugunsten der Armen und der Bedrängten. Man darf sagen: Sie ist das gerade Gegenteil der von ihrem Vater abgesetzten Königin Brunhilde. Besondere Aufmerksamkeit erweckt in ihrer religiösen Kultur die Tatsache ihrer hervorragenden Bibelkenntnis und ihres Interesses für die Liturgie. Sie ließ aus Rom liturgische Bücher kommen, begann also den historischen liturgischen Austausch zwischen gallikanischer und römischer Liturgie. Vielleicht war sie so wichtig für die Liturgiegeschichte wie drei Jahrhunderte früher Egeria, die Pilgerin in Jerusalem. Aus Irland ließ sie Mönche kommen, um den exegetischen Unterricht zu gewährleisten.

Als Gertrud am 17. März 653 (oder 659) starb, war sie etwa dreißig Jahre alt. Aber sie lebte weiter in der Liebe des Volkes. Fünf heilige Frauen trugen ihren Namen und ihr Ideal. Unzählige Male wurden Mädchen zur Taufe auf den Namen Gertrud getragen. Humorvoll unterschied man sie von den anderen Gertruden mit dem Hinweis: „Gertrud mit dem Mäuschen am Stab". Sie ist ja die Helferin gegen die früher so schadenbringenden Ratten- und Mäuseplagen. Sie trägt die Spindel zum Zeichen ihres Verständnisses für die frauliche Arbeit. Sie bittet um Versöhnung und um Beilegung von Feindschaften. Von St. Gertrud geht eine Woge des Vertrauens aus. Ihr Grab im kostbaren Schrein ist in der Stiftskirche von Nifels.

17.

HL. PATRICK

Bischof, Glaubensbote

Er hörte die Stimme der Iren, und die Iren sind mit ihm eins

Nicht viele heilige Nationalpatrone erreichen ein solches Ansehen in ihrem Volk wie der heilige Patrick in Irland. Mit seinen Iren ist er um die Welt gewandert und wird von ihnen in den Vereinigten Staaten und in Australien hochverehrt. Die irischen Missionare haben in Mitteleuropa sein Andenken eingepflanzt; sie haben nach seiner Weise die Dreifaltigkeit am Shamrock, am dreiblättrigen Klee, erklärt. Von ihnen stammt in Westdeutschland die Bauidee der Dreikonchenanlage, des gebauten Kleeblatts.

Sein Weg zu diesem Weltweg seines Andenkens war nicht einfach. Er war römischer Brite, geboren um 385. Als Sechzehnjähriger wurde er von irischen Seeräubern in das heidnische Irland in die Zwangsarbeit entführt. Er konnte der Sklaverei entfliehen. Aber die „Stimme der Iren“ rief ihn, bald als Missionar zurückzukehren. In Auxerre studierte er Theologie, ohne zu voll ausreichender Bildung zu kommen. Er pilgerte durch Italien. Etwa 432 wurde er zum Bischof für die Iren geweiht. Ruhelos durchwanderte er das ganze Land. Er errichtete Klöster als Bischofssitze. Um 444/447 gründete er seinen eigenen Sitz in Armagh. Das Todesdatum liegt zwischen 457/464 und 491/493. Wenigen Missionaren wurde ein so dauerhafter Erfolg zuteil. Der katholische Glaube überstand die grausame englische Verfolgung; der irische Katholizismus der Auswanderer gilt als krisenfest.

Patrick sah als Grundlage für seinen Erfolg ein außerordentliches Büßerleben und ein immerwährendes Gebet. Er betete täglich unter Bußübungen alle 150 Psalmen, die wir einmal im Monat zuwege bringen.

Volk und Bischof verschmolzen zur Einheit. Wie das Volk wurde der Bischof Patrick. Wie der Bischof, so ist das Volk. Das Volk wurde in der Nachahmung seines Apostelbischofs ein Missionsvolk, dem wenige andere gleichen. Es blieben viele Ungebärdigkeiten neben dem Hang zur Mystik und zur Selbstaufopferung. Patrick hat Irland von Schlangen befreit – wahrhaftig, dieses Volk und Land sind ohne Falsch in Glaube und Kirchlichkeit.

18.

HL. CYRILL VON JERUSALEM

Bischof, Kirchenlehrer

Der Kirchenlehrer,
dessen Altar und Kanzel im Abendmahlssaal standen

Cyrill wurde geboren um 313, wurde 348 oder 350 Bischof von Jerusalem, starb 387.

Wer die Katechesen des heiligen Cyrill von Jerusalem liest, die er zur Einführung der Neugetauften in das Geheimnis der heiligen Eucharistie in dreißig bis vierzig Jahren hielt, sieht den großen Kirchenlehrer vor sich, er hört seine Stimme. Man möchte seine theologische Sprache mit der Leos des Großen vergleichen. Der Atem der großen Wallfahrt nach Jerusalem wird spürbar; sie erlebte zu Cyrills Zeiten eine hohe Blüte. Die Pilgerin Egeria aus Südfrankreich berichtet vor Ende des Jahrhunderts darüber.

Doch all das ergibt ein täuschendes Bild. Denn Cyrill lebt nicht in einer Zeit eines immerwährenden Hochamts, sondern in der Epoche der nachkonziliaren Glaubenskämpfe mit den Arianern. Dabei hat er sich nicht in allem zur letzten Klarheit und Reife des Trinitätsglaubens durchgerungen. Wie in Ägypten Athanasius, wie in Gallien Hilarius wird auch der Jerusalemer Patriarch ein Opfer der Verfolgung durch Kaiser und Staatskirche. Mehrmals wird er aus Jerusalem ausgewiesen. Von 367 bis 378 muß er elf Jahre im Exil leben. Sein Lob der Eucharistie kommt nicht aus verklärter Begeisterung, sondern aus der Wanderschaft durch Wüste und Verlassenheit. Cyrills eucharistische Theologie wächst aus den Kämpfen um den Glauben an die Gottheit Christi. Sie ist für uns von besonderem Wert, weil die Kirche Jerusalems die Eucharistie noch in der alten Kathedrale, im Raum ihres Ursprungs, im Abendmahlssaal, im Raum der Pfingstereignisse, feiert. Hier ist des Kirchenlehrers Cyrill Lehrstuhl, hier Taufstätte und Erstkommunionaltar seines Bistums. Dadurch wird Cyrills Lehre noch besinnlicher. Die immer neue Bezugnahme auf die Heilige Schrift geschieht mit jener Selbstverständlichkeit, als fließe sie aus Mauern und Wänden herein. Die Anteilnahme der vielen Pilger aus aller Welt macht Cyrills Wort zu einem Brunnen für die gesamte Kirche. Von Pius X. wurde Cyrill zum Kirchenlehrer erhoben. Dieser römische Papst und der Jerusalemer Patriarch waren geist- und werkverwandt.

19.

HL. JOSEF

Bräutigam der Gottesmutter Maria

Der Glanz der Ahnenreihe Christi stammt von Josef

Der heilige Josef entstammte dem Geschlecht des Königs David. Sein Vater heißt Jakob oder Heli. Er ist Zimmermann. Sicher ist er wenig begütert. Er verlobt sich mit Maria in Nazaret. Daß er damals schon vorgerückten Alters gewesen sein soll, ist apokryph. Legende ist auch, daß er vorher schon in einer ersten Ehe verbunden gewesen sei, aus der die „Brüder" Jesu stammten. Nach der Verlobung, noch vor der Heimführung Mariens, sieht er ihre Mutterschaft. Er will sich mit einem einfachen Scheidebrief ohne Anrufung eines Richters von Maria trennen. Der Erzengel belehrt ihn über die Menschwerdung des Sohnes Gottes unter Hinweis auf Jesaja. Josef nimmt Maria zu sich, ohne die eheliche Gemeinschaft aufzunehmen. Zur Aufschreibung wandert er mit Maria nach Betlehem. Da erlebt er die Ankunft des menschgewordenen

Gottessohnes, erlebt die Huldigung der Hirten. Bei der Beschneidung des Kindes tritt er auftragsgemäß als Namengeber, das heißt als Träger der Vaterschaft, vor dem israelitischen Gesetz auf. Sein Stammbaum ist der Stammbaum Jesu Christi. Josef wird nicht ausdrücklich erwähnt, als die Weisen Jesus suchen. Er empfängt den Befehl, mit Jesus und Maria vor Herodes nach Ägypten zu flüchten. Jahrelang erträgt er das Flüchtlingslos in Ägypten. Dann führt er, wieder von Gott her belehrt, die Heilige Familie in das Land Israel zurück und nimmt, mit Rücksicht auf Archelaus, Wohnung in Nazaret. Von dort geht er mit Jesus und Maria zur Osterwallfahrt nach Jerusalem; er muß den Zwölfjährigen suchen. In Nazaret erlebt er den liebenden Gehorsam Jesu. Wahrscheinlich stirbt Josef noch vor Beginn des öffentlichen Lebens Jesu.

Es dauert rund ein Jahrtausend, ehe sich die Christenheit auf die Verehrung des heiligen Josef besinnt. Die Kunst fängt an, von Josef zu erzählen. Der heilige Bernhard, dann Pierre d'Ailly, Johannes Gerson, der heilige Bernhardin von Siena sprechen und lehren über Josef. 1479 erscheint ein Josefsfest im Brevier. 1621 wird der Josefstag unter die gebotenen Feiertage eingereiht. 1870 erhebt ihn Papst Pius IX. zum Patron der Kirche. 1955 richtet Pius XII. das Fest des heiligen Josef, des Arbeiters, ein.

Über diese Wege des Lebens und des Nachlebens geht Josef – schweigsam, gehorsam, vertrauend, männlich, voll Liebe zu Jesus und Maria, bereit für die Kirche.

23.

HL. TURIBIO VON MONGROVEJO
Bischof

Der Widerstand des Rechts gegen das Unrecht der Eroberer

Die Kolonialpolitik Spaniens steht nicht in gutem Ruf. Vor allem die religionspolitische Haltung der Spanier in der neuen Welt Südamerikas wird mit Recht angefochten. Reinhold Schneiders „Las Casas vor Karl V.“ hat das literarische Denkmal für die spanisch-amerikanische Geschichte gesetzt. Die Heiligen der Neuen Welt sprechen eine andere Sprache als die Conquistadoren, nicht die Sprache der Macht und Gewalt, sondern des Glaubens, der Innerlichkeit, der Liebe. Zu ihnen gehört auch Turibio Alfonso von Mongrovejo. Er steht am heutigen Gedenktag als Abgeordneter Südamerikas im Parlament der Heiligen da.

Er ist echter Spanier – geboren am 16. Januar 1538 zu Villaquejida bei Oviedo. Als Kirchenrechtler wird er in Salamanca ausgebildet. Er studiert in Coimbra und Valladolid. Einige Jahre ist er Inquisitor von Granada. In Perú findet er sein Missionsfeld. Seit 1579/1580 ist er Erzbischof von Lima. Seine Besonderheit im Kirchenregime sind 3 Konzilien und 13 Diözesansynoden. Da werden die Erfahrungen aus allen Gegenden ausgetauscht. Da verlieren die Missionare den deprimierenden Eindruck, auf verlorenem, vergessenem Posten zu stehen. Da wachsen die Guten zur Einmütigkeit trotz der Zerreißprobe des Privilegienstreites zusammen. Den Machtansprüchen des Kolonialstaates, der sich in alle Kirchenangelegenheiten einmischen will, wird kräftiger Widerstand entgegengesetzt. Hier wird ein klares Recht für die neue kirchliche Welt geschaffen. Zugleich geht von hier die pastorale Liebe für die angestammten Einwohner Südamerikas aus. Diese Seelenhirten sind eine

Ehre für Spanien. Turibio erkauft sich diese Erfolge mit schmerzlichen Anfeindungen. Der Privilegienstreit mit den Orden, die Übergriffe der Kolonialregierung sind sein Kreuzweg. Aber sein Synodenwerk blieb bis heute Grundlage für Recht und Pastoral der südamerikanischen Kirche. Am 23. März 1606 starb Turibio in Lima. 1726 wurde der große Organisator heiliggesprochen. Erst im neuen Kalender lernt ihn die Weltkirche kennen und wird durch diesen Gedenktag mehr zur Weltkirche.

25.

VERKÜNDIGUNG DES HERRN
Hochfest

Ein Schöpfungs- und Neuschöpfungstag hüllt Gottes Menschwerdung ein

Die vom Konzil zu Ephesus 431 heimkehrenden Väter haben damit begonnen, dem Weihnachtsfest, dem „nizänischen Siegesfest", eine Vorbereitungszeit voranzustellen, die Adventszeit. In der lateinisch-römischen Liturgie knüpfte man in der Gestaltung des Advents an die vorgegebenen Dezemberquatembertage an. Sie wurden nun weihnachtlich, marianisch ausgestaltet. So wurde der Quatembermittwoch mit dem Evangelium der Verkündigung ausgestattet. Fast kann man sagen: der erste Verkündigungstag der römischen Liturgie ist der Quatembermittwoch im Dezember. Davon wird der gesamte Advent mitgeformt. Immer wieder erklingt in seinen Texten das Lob der Gottesmutter mit den Worten des Verkündigungsevangeliums.

In dieser Entwicklungslinie steht auch eine spanische Tradition, die genau eine Woche vor

Weihnachten, am 18. Dezember, ein Fest der Verkündigung begeht. Dieser Gedenktag wird später unter dem veränderten Namen „Exspectatio partus – Erwartung der Geburt“ in vielen Diözesen gefeiert und der Adventbegehung dienlich gemacht. Leider ist dieser Tag untergegangen und vergessen worden. Doch muß man zugeben: er wird von dem neuen „Hohen Advent“ vorzüglich abgelöst.

Aus einer judenchristlichen Überlieferung stammt die Begehung des 25. März. Zunächst ist mit dem 25.3. die Tag- und Nachtgleiche im Frühjahr gemeint, die wir gewöhnlich am 21.3. ansetzen. Dieses Datum wird nun als Tag der Schöpfung der Welt angegeben. Das gleiche Datum umfaßt auch die Neuschöpfung, also den Tag des Kreuzestodes Jesu Christi und zugleich seiner heiligen Menschwerdung. Aus dieseh Ideen entwickelt sich die Feier der Menschwerdung und der zugehörigen Verkündigung am 25. März. Von hier berechnet man nun den neunmonatigen Abstand, der die Weihnachtsfeier auf den 25. Dezember datiert.

Die Verkündigungsfeier in dieser Weise bleibt nun maßgebend. Oft wird der Tag vom Ernst der Fasten- und Passionszeit fast verdunkelt. Oft wird er in die österliche Zeit verlegt.

Die Liturgieerneuerung hielt es nicht für richtig, wenn es hieß: Annuntiatio Beatae Mariae Virginis. Die Übersetzung lautete dann mißverständlich: „Verkündigung der seligen Jungfrau Maria“, während es doch heißen müßte: „Verkündigung bei der Jungfrau Maria“. Darum hat die Liturgieerneuerung zutreffender formuliert: „Verkündigung des Herrn – Annuntiatio Domini“. Bei Maria in Nazaret wird die Ankunft des Herrn verkündigt. Nichts von der Fülle marianischer Sichten wird dem Tag genommen. Die Herrlichkeit der Menschwerdung wird klarer herausgestellt.

26.

HL. LIUDGER
Bischof

Der Friese, der den toten Bonifatius sah, zeigt die Wende der Friesen an

Liudger wurde um 742 in Friesland geboren. Er starb am 26. März 809 in Billerbeck. Sein Grab ist in der einstigen Abteikirche, jetzt Propsteikirche, zu Essen-Werden. Dort befindet sich auch der Ludgeruskelch, den der Heilige wohl auf seinen Reisen bei sich trug.

Liudgers Eltern sind nicht mit Namen bekannt. Doch wissen wir, daß sein Großvater Wursing hieß. Er wurde bei der Friesenmission vom heiligen Willibrord getauft, etwa 721. Bekannt ist auch der Name seiner Schwester: Heriburg (Gerburgis), erste Äbtissin von Nottuln († 834), deren Gebeine 1978 aufgefunden wurden.

Liudger war in der Schule Gregors von Utrecht. Er schrieb die Biographie Gregors. Dann weilte er mehrere Jahre in York, um Alkuin zu hören. Er begab sich auf große Missionsfahrt und predigte in Deventer. Im Jahre 777 empfing er zu Köln als Fünfunddreißigjähriger die Priesterweihe. Als Neugeweihter wirkte er in Dokkum, wo etwa zwanzig Jahre vorher, 754, Bonifatius das Martyrium erlitten hatte. Als Friesländer hatte Liudger es leichter, die Friesen zu verstehen und zu gewinnen. Etwa 784 wurde er von dort vertrieben durch einen kriegerischen Einfall Widukinds und der Sachsen. Er begab sich nach Rom und nach Montecassino. Karl der Große wünschte seine Rückkehr. Er bot Liudger das Erzbistum Trier an. Liudger lehnte ab. So wurde er 792 Leiter der Friesen- und Sachsenmission. 804 wurde er erster Bischof des neuen Bistums Mimigardefort, des heutigen Münster. Vorher hatte er schon die Organisation des neuen

Bistums geleitet und ihm eine bis heute vorbildliche Pfarr- und Diözesangliederung gegeben. Aus Demut aber lehnte er es ab, die Bischofsweihe zu empfangen. Schließlich nötigte ihn der Kölner Erzbischof Hildebold dazu. In seiner Bischofsstadt Münster errichtete er die Domschule. Für das Bistum gründete er die Klöster Nottuln, Helmstedt und vor allem Werden. In diesem Lieblingssitz fand er sein Grab, das außerhalb seines Bischofssprengels in Essen liegt. Zu Billerbeck, im Westteil seiner Diözese, war er am 26. März 809 gestorben, siebenundsechzig Jahre alt. Liudger starb in der Nacht, nachdem er das letzte Mal die heilige Messe gefeiert hatte. Sein „Reisekelch" verkündet wohl Liudgers theologische Gedankenmitte: „Durch diesen Trank vollzieht sich der höchste Triumph. Dies ist der Kelch des Blutes unseres Herrn Jesus Christus."

Es war ein gar nicht großer Freundeskreis, der im 8. Jahrhundert die Missionierung des mittleren und nordwestlichen Deutschland vollbracht hat. So viel vermögen wenige, die zusammenwirken.

OSTERN

Fest über allen Festen

Die älteste christliche Osterfeier ist der Sonntag, vielleicht ein Menschenalter vor der jährlichen Osterfeier der Kirche.

Schon die Gemeinsamkeit mit Israel, erst recht die Erinnerungen, die aus den örtlichen und terminlichen Gegebenheiten aufstanden, zwangen zur Jahresfeier der Ostergeschehnisse. Dabei entwickelten sich zwei Traditionen: die kleinasiatisch-johanneische, die am heutigen Karfreitag, und die römisch-petrinische, die am Ostersonntag feierte. Die Verordnungen Konstantins legten beide Traditionen zusammen und schufen das Ostertriduum. Augustinus nannte es: Triduum des gekreuzigten, begrabenen, auferstandenen Herrn.

Dieses Triduum umschließt die christliche Passahfeier. Es wird durch die Einbeziehung des Palmsonntags zur Heiligen oder Großen Woche. Im deutschen Sprachgebiet setzt sich statt dessen der Name Karwoche durch; Kar heißt Klage.

In die vorhergehende Zeit hinein erweitert sich die Heilige Woche zunächst um eine vorbereitende Woche (bisher hieß sie Passionswoche), dann entsteht die vierzigtätige Fastenzeit vom heutigen ersten Fastensonntag an. Sie wird erweitert um die vier Tage Aschermittwoch bis Samstag. Schließlich wird die heute aufgegebene Vorfastenzeit angefügt. – Nach Ostern wird die fünzigtägige Osterzeit aufgebaut, die Pfingstsonntag endet.

Mittelpunkt der Osterfeier war die Osternacht. Aus Gründen äußerer Art, z.B. Sicherheit des Weges, wurde die Osternacht im Spätmittelalter in den Ostersonntagmorgen hineinverlegt, als Auferstehungsfeier gestaltet; Taufliturgie, Feuer- und Lichtfeier wurden auf den Vorabend, im 16. Jahrhundert sogar auf den Karsamstagvormittag verlegt. Der dadurch heraufbeschworenen Verarmung der Osterfeier begegnete ab 1952 eine glanzvolle Neugestaltung durch Pius XII., dann Paul VI.

Die Stärke der Osterfeier war lange Jahrhunderte bis zum Sieg der Kindertaufe die Feier der Taufe. Es blieb die Kraft der Taufwasserweihe. Unwiderstehlich blieben die Feuer- und Kerzenweihe und das Halleluja. Was mit der Taufe verlorenging, baute die Osterkommunionpflicht auf. Sie erhielt dem Ostermysterium die persönliche Nähe und Eindringlichkeit. Gewiß war hier eine leise Starre, vor allem durch jansenistische Einflüsse, zu verzeichnen. Doch die Erneuerung der Osternacht stellte den ursprünglichen Glanz wieder her. Die Gemeinden und der einzelne Gläubige haben immer noch die große Aufgabe vor sich, hineinzuwachsen in die Überzeugung, daß Ostern das „Fest über allen Festen“ ist.

APRIL

2.

HL. FRANZ VON PAOLA

Einsiedler, Ordensgründer

Seine Ordensstiftung heißt „Die Allergeringsten". Er wird Ratgeber der französischen Könige

Als die Herrscher nicht mehr glaubten, allerdings doch noch an Wunder, lebte Franz von Paola. So wurde er als Wundertäter der Könige bekannt, obwohl nichts an ihm war, das Mächtigen imponieren konnte. Franz stammte aus dem Dorf Paola in Kalabrien, wo er etwa 1492 geboren wurde. Er wurde Franziskaner. Doch er verließ den Orden wieder, wurde Eremit und gründete eine Gemeinschaft von Eremiten. Aus dieser Stiftung wuchs dann der Orden der „Minimi", der „Allergeringsten". Papst Sixtus IV. bestätigte die Regel 1474. Mittelpunkt des kleinen, weltentrückten Ordens war Cosenza.

Das alles hätte kaum genügt, Franz von Paola bekanntzumachen. Aber ihn umgab der Ruf des Wundertäters. Darum erinnert sich seiner der einstige Minoritengeneral Sixtus IV., der in Rom die Sixtinische Kapelle und zum Heiligen Jahr 1475 den Ponte Sixto und das Hospital von Santo Spirito bei St. Peter baute. Der ebenso frömmelnde wie grausame französische König Ludwig XI., der erste, der den Titel „Rex christianissimus" führte, bat den Papst um Hilfe in schwerer Krankheit. Sixtus schickte 1482 Franz von Paola nach Frankreich. Sein Auftreten wirkte im ganzen Land, vor allem beim Hof, wie eine Wiederkunft des heiligen Franz von Assisi. Seine äußerste Armut wirkte auf den Luxus des aus der reichen Spätgotik in die Renaissance hinübergleitenden Landes wie eine Volksmission. Franz von Paola wirkte an Ludwig XI. ein Wunder, aber kein leibliches Wunder. Er bereitete ihn auf ein redliches, christliches Sterben vor (1483). Er wurde dann Ratgeber des neuen Königs Karl VIII. Franz blieb 25 Jahre am französischen Hof in Plessis bei Tours. Dort starb er am 2. April 1507. Schon 1513 erfolgte seine Seligsprechung, 1519 seine Heiligsprechung durch Leo X. Der Hofmaler der Könige malte sein Bild.

Aus dem Unbekannten kommt Franz von Paola in das grelle Licht der Politik und geht wieder ins Unbekannte. Wer weiß noch von ihm? Aber er zeigt allen Jahrhunderten die bleibende Kraft des Franziskanerideals. Er bleibt selbst am Königshof Eremit in äußerster Armut.

4.

HL. ISIDOR

Bischof, Kirchenlehrer

Der Lehrmeister Spaniens,
des Mittelalters, der Konzilien

Isidor ist die größte Gestalt des christlichen Spanien der Frühzeit. Er lebte in der Zeit, da die Völker aufeinanderprallten. Dieser Zeit gab er die Ordnung, den wahren Glauben, die kirchliche Disziplin. Bis zur Hochscholastik war er der wohl am meistens zitierte Kirchenvater. Er hielt bedeutsame Konzilien ab. Er war der führende Kopf des 4. Konzils von Toledo. Er schuf auch den Konzilsritus, der noch beim Vaticanum II. eingehalten wurde. Vor allem schuf er die Glaubens- und Kircheneinheit seines Volkes. Er schuf sie aus der von ihm geformten Einheit der spanischen = mozarabischen Liturgie. Hinter seinem Lebenswerk verschwindet seine Lebensgeschichte. Wir besitzen keine Biographie über ihn. Aber aus den juristischen, dogmatischen, liturgischen, kirchenpolitischen Dimensionen steht er vor uns als ein klarer Denker, als überlegene Führungsnatur. Seine liturgischen Texte atmen eine glühende Religiosität. Wenn die Kirche in Spanien trotz des Einbruchs des Islams überlebt hat, verdankt sie es auch den Fundamenten, die Isidor gelegt hat.

Isidor wurde geboren um 560. Er starb 633. Seine hochgestellte Familie stammte aus Cartagena, wurde von der byzantinischen Besatzung ausgewiesen und kam nach Sevilla. Sie war eine latinisierte Familie, wohl altiberischen Ursprungs. Isidor folgte seinem älteren Bruder Leander auf dem Bischofsstuhl von Sevilla, etwa 600. Mit Leander erreichte er die Glaubenseinheit Spaniens nach Überwindung des Arianismus in der katholischen Kirche. Sein Hauptwerk ist „De officiis", ein Handbuch der Liturgik und der kirchlichen Ämterkunde. Er schuf eine „Regula monachorum" und das Kirchenrechtswerk der „Collectio Isidoriana". Für die Verschmelzung der Altspanier mit den Westgoten, Sueven und Vandalen wurde bedeutsam seine „Historia Gothorum". Er schrieb „De viris illustribus", „Contra Judaeos", seine „Sententiarum libri tres", die Enzyklopädie „Etymologiae". Diese Werke machen ihn mit Boethius und Cassiodor zum Lehrmeister des Mittelalters. Schade, daß seine Persönlichkeit und sein Werk viel zuwenig bekannt sind.

5.

HL. VINZENZ FERRER

Ordenspriester

Seine Predigten lähmten
und schufen die Einheit im Großen Schisma

Der große Dominikaner, in Auftreten und Gesinnung Vorgänger und Vorbild für seinen Ordensbruder Savonarola, ist der einflußreichste Bußprediger des 15. Jahrhundrts. Er ist Spanier aus Valencia, geboren 1350. Als Siebzehnjähriger (1367) trat er in den Orden der Dominikaner ein, durchlief den üblichen Studiengang in Barcelona und Lérida, bekleidete das Lehr- und Predigeramt. Aber erst seit seiner ersten Wende 1379 wuchs er über die Welt des Ordens hinaus in die Weltkirche und Weltpolitik: er verteidigte mit aller Glut die Päpste in Avignon, damals Clemens VII., als die rechtmäßigen Päpste. Denn er hielt die Wahl Urbans VI. für erzwungen. Man sagte ihm nach, er habe die Judenverfolgung 1391 in Spanien gebilligt. Seit 1392 weilte er in Avignon als Beichtvater des Gegenpapstes Benedikt XIII.; er begleitete den Papst auf dessen Reisen. Als Bußprediger durchzog er zehn Jahre lang (1399–1409) ganz Frankreich und ging 1409 wieder zurück zum bedrängten Papst Benedikt nach Savona und dann nach Valencia in seine heimatlichen Ordensämter. Er stellte die These auf, Judas habe sich bekehrt; er behauptete, das Weltende stehe bevor. Deswegen wurde er von vielen Seiten als Häretiker bekämpft.

Vinzenz Ferrer erlebte 1412 seine zweite Wende. Er sieht ein, daß er sich für die falsche Gefolgschaft eingesetzt hat. Als beim Konstanzer Konzil die Kardinäle den neuen Papst Martin V. gewählt hatten und die Schismen der drei Päpste beendet wurden, kündigte er dem falschen Papst

Benedikt XIII. feierlich den Gehorsam auf. Von Martin V. ausgesandt, zog er, auf einem Esel reitend, drei Jahre lang als Bußprediger durch Frankreich. Bei seiner Mission zu Vannes wurde er 1419 vom Tode abberufen. In der Kathedrale von Vannes ist sein Grab. Die Predigten Ferrers entschieden zugunsten der Einheit. Der Erfolg des gewaltigen Bußpredigers lag nicht in seiner unerbittlichen Strenge, nicht in den Geißlern, die seinen Wanderungen folgten, sondern in seinem eigenen Streben nach heiligem Leben. Seine zweite Wende vor allem zeigte, daß er fähig war, sich selber zu verlassen. Sein Leben erweist, daß es keine Unfehlbarkeit der Heiligen gibt.

7.

HL. JOHANNES BAPTIST DE LA SALLE

Priester, Ordensgründer

Gedenktag

Er gründete die Schulbrüder, die Schulklassen, die Volksschule, die Heilpädagogik

Der Heilige aus Reims (geboren 1651) ist Patron des Lehrerstandes. Er gründete den Orden der Schulbrüder. Sein Wirken ist in einzigartiger Weise der Schule, den Lehrern, der Jugend zugewandt.

Das war wenig selbstverständlich. Denn er stammte aus adeligem Hause. Zur Zeit seiner Priesterweihe 1678 hatte er eine Domherrenstelle an der Reimser Krönungskathedrale. Vor ihm lag ein Leben in Ansehen, Wohlstand und Würden. Er hätte das Zeug gehabt, Reimser oder Pariser Erzbischof zu werden. Doch schon im Jahr nach seiner Priesterweihe gründet er eine Knabenfreischule. Nach drei Jahren sammelt er die ersten

Lehrer um sich. Schon 1683 verzichtet er auf seine Domherrenwürde. 1684 erfolgt die Gründung des Schulbrüderordens, eines Ordens, dessen Mitglieder – eben nicht Priester, sondern – Lehrer sind. Wie tragfähig dieser Gedanke und diese Gründung waren, zeigte der Erfolg. Bei seinem Tode 1719 hatte de la Salle 200 Ordensbrüder um sich geschart. Heute sind die Schulbrüder einer der größten Orden der Kirche.

De la Salle gründete nicht nur Schulen. Er schuf ein neues Erziehungssystem. Er ist der Vater der Schulklasse, er gründet die Volksschule, er macht die Muttersprache zur Unterrichtssprache. Von ihm stammt der Gedanke der Realschule und der Berufs- und Fortbildungsschule. Seine religiöse Erziehung ist gesund dosiert. Von ihm kommen die Anfänge der Heilerziehung. Das alles wird getragen von der Grundidee: Der Lehrer sollte im Idealfall Ordensmann sein, in strenger Zucht gefaßt, von der Gemeinschaft getragen. De la Salle starb am 7.5.1719 im Schatten einer anderen nordfranzösischen Großkathedrale, in Rouen. Sein Grab ist nun im Ordensgeneralat zu Rom an der Via Aurelia.

11.

HL. STANISLAUS

Bischof, Märtyrer

Er ist ein Vorgänger Johannes Pauls II. in Krakau, er wurde am Altar hingerichtet

Stanislaus ist der Krakauer Bischof, der, nach der Tradition, bei der Meßfeier am Altar von seinem König mit dem Schwert erschlagen wurde. Das war am 11.4.1079. Der König, der durch diesen Mord einem Märtyrer die Krone verschaffte, war

Boleslaw II., ein Enkel der heiligen Richeza aus dem ottonischen Haus, die im Kölner Dom begraben ist.

Was ging diesem grausigen Sterben vorauf? Zwischen König und Bischof bestanden größte Spannungen wegen des Lebenswandels der Ritter des Königs. Sie gingen mit Grausamkeit gegen ihre Frauen vor, die in langer, kriegsbedingter Abwesenheit der Gatten nicht treu geblieben waren. Doch waren die Ritter sehr großzügig, sich selber neue Frauen aus russischen Feldzügen mitzubringen. Der Bischof mahnte zur Mäßigung gegenüber den Frauen und die Männer zur Treue. Ferner gehörte der König Boleslaw II. zur Reformpartei des heiligen Papstes Gregor VII. in der Kirche, Bischof Stanislaus dagegen eher zu den Gegnern der Gregorianer, weil er im ostkirchlichen Rechtsdenken verhaftet war. Als Stanislaus den König exkommunizierte, antwortete der König mit dem Todesurteil. Er vollstreckte es selbst in der Kathedrale, nahe dem Altar. Seine Ritter wagten den Frieden des Gotteshauses nicht zu stören. Der König floh bald nach der Untat nach Ungarn, vertrieben vom empörten Volk. Dort starb er, wohl als Büßer, in einem Kloster 1082. Stanislaus wurde Liebling des christlichen Volkes. Zahllose Legenden zeigen das an. Das auffallendste Beispiel: Stanislaus stand vor Gericht wegen eines Gutes, das er erworben hatte. Man warf ihm vor, er habe es gewaltsam an sich gebracht. Da holte der Bischof den verstorbenen Verkäufer aus dem Grabe, führte ihn vor Gericht. Der Tote beeidete den rechtmäßigen Erwerb durch den Bischof und ging wieder ins Grab.

Stanislaus ist der erste weltkirchliche Heilige Polens, nicht der letzte polnische Bischof im Kampf mit der ungerechten Gewalt. Sein Jubiläum 1979 fürchtet der Parteistaat. Es führt, wie wir hoffen, den Papst nach Polen in seine Krakauer Heimat.

13.

HL. MARTIN I.

Papst, Märtyrer

Der zweite Papst, der im Osten starb, Opfer der Politik

Welch ein Gegensatz zum heiligen Martin von Tours, der etwa dreihundert Jahre früher lebte! – „Unser" Martin ist verklärt von Fackelzug und altem Adventsbeginn, sein Leben ist, bei aller Härte des Mönchtums, eine Ikone der Christusnachfolge. – Der Papst Martin ist umdunkelt von allen Finsternissen der Politik, ein Märtyrer wie in modernen Zeiten.

Martin I. stammte aus Todi in Südumbrien. Er war Nuntius, damals hieß es Apokrisiar, in Konstantinopel. Er wurde 649 Nachfolger des aus Griechenland stammenden Papstes Theodor I. Damit übernahm er das unselige Erbe des Monotheletenstreites. Man glaubte im Osten eine Formel gefunden zu haben, die die Ablehnung des Konzils von Chalkedon überbrückte: Wenn Christus auch Gott und Mensch ist, er hat nur *einen,* den göttlichen Willen. Gleich in seinem ersten Jahr, Oktober 649, versammelte Martin im Lateran eine Synode westlicher Bischöfe gegen die Monotheleten. Der byzantinische Kaiser Konstans II. gab Befehl, Martin zu verhaften und nach Konstantinopel zu bringen. Der damit beauftragte Vizekönig (Exarch) Olympius ließ sich von Martin überzeugen. Ja, er machte sich für drei Jahre zum Kaiser für den Westen. Von des Olympius Nachfolger wurde Martin am 17.6.653 im Lateran gefangengenommen und nach Konstantinopel gebracht. Dort stand er unter dreifacher Anklage: Übernahme des Papsttums ohne kaiserliche Genehmigung, Häresie, Hochverrat wegen Olympius. Er wurde zum Tode verurteilt, auf Bitten des Patriarchen Paulus zur Verbannung begnadigt. Er wurde nackt durch die Stadt geschleppt, mit Ketten beladen, selbst weltliche und geistliche Würdenträger beteiligten sich an den Mißhandlungen. Er wurde 654 auf die Krim gebracht. Dort starb er 655. Erhaltene Briefe aus jener Wildnis sind voll Bitterkeit gegen die, die ihn in Rom verraten und verlassen haben. Schon zu seinen Lebzeiten wählte man einen Nachfolger in Eugen I.

Der Papst war ein Abbild seines Meisters, als man ihn unter Schlägen durch die Stadt schleppte. Er ist der Papst, der irgendwo in „russischem" Grab ruht. Martin I. wie vor ihm Clemens I. starben im „Straflager", damals Exil genannt, starben auf der Krim, wo heute Politiker des Ostens Kur und Politik machen.

19.

HL. LEO IX.

Papst

Ein Deutscher auf Petri Stuhl,
Gefangener der Normannen, Opfer für die Kirche

Bruno, Graf von Egisheim und Dagsburg, Vetter Kaiser Heinrichs III., wurde am 21. Juni 1002 zu Egisheim im Elsaß geboren. Als Kleriker war er am Hof Kaiser Konrads II. Als Vierundzwanzigjähriger wurde er Bischof von Toul, geweiht am 9. September 1027. Er führte in den Klöstern seines Bistums die cluniazensische Reform ein. Er leitete sein Bistum durch Synoden und Visitationen. Politisch stand er, vor allem in den Auseinandersetzungen um Burgund, treu zu den Kaisern. Heinrich III. erhob ihn auf dem Wormser Reichstag 1048 zum Papst.

Der neue Papst war sechsundvierzig Jahre alt. Er verlangte eine zusätzliche Akklamationswahl durch Klerus und Volk von Rom. Am 12. Februar 1049 wurde er im Lateran gekrönt. Er nannte sich Leo. Sein erstes Werk war die Bestellung guter Berater: der Elsässer Humbert von Silva Candida, Hugo von Remiremont, Friedrich von Lüttich (Stephan IX.), Hildebrand (Gregor VII.). Er sagte der Priesterehe, der Simonie und der Laieninvestitur den Kampf an. Nur wenige Monate weilte er in Rom. Er hielt Synoden in Pavia, Reims, Mainz, Salerno, Siponto, Mantua. Mit dem Kaiser traf er sich 1049 in Köln. Zu Vercelli (1050) verurteilte er die Abendmahlslehre Berengars von Tours (1050). Die päpstliche Kanzlei wurde nach dem Beispiel der kaiserlichen geordnet. Er nahm in Benevent die Huldigung des Volkes entgegen und sicherte Schutz gegen die Normannen zu. Leider versagte der Kanzler des Kaisers, Bischof Gebhard von Eichstätt, der spätere Papst Viktor II., dem Papst militärische Hilfe. So wurde Leo von den Normannen am 18. Juni 1053 militärisch geschlagen und fast ein Jahr gefangengesetzt. Nach der Heimkehr nach Rom starb er am 19. April 1054. Für seine Sterbestunde ließ er sich in die Confessio am Petrusgrab tragen. Er wurde in der Peterskirche beigesetzt, links neben dem heutigen Josefsaltar. Mehr noch als das normannische Gefängnis rieb den Papst die Sorge um das vom Patriarchen Michael Kerullarios betriebene morgenländische Schisma auf. In Leos Namen (er war schon gestorben!) wurde von Kardinal Humbert am 16. Juli 1054 die Exkommunikation der Griechen in der Hagia Sophia niedergelegt. Um der Kirchenreform willen wurden die Griechen von den Lateinern verurteilt, um der Tradition willen wurden die Lateiner von den Griechen verurteilt. Süditalien, die Begegnung zwischen Ost und West, wurde zur Trennung zwischen Ost und West. Der heilige Leo IX. wurde um der Erneuerung der Kirche willen zum Vollzieher der Trennung der Kirchen. Bis auf Paul VI. dauerte es, bis

Leos Exkommunikation der Griechen aufgehoben wurde.

Leo IX. war ein genial begabter, ein tief religiöser Mensch. Die Verhältnisse und Entwicklungen waren stärker als er. Aber sie machten aus einem Reformpapst einen Heiligen, aus dem Organisator ein Opfer für die Kirche.

21.

HL. KONRAD VON PARZHAM

Ordensbruder

Der Pförtner von Altötting,
der Demütige gegen den Hochmut des Nationalismus

Als 1934 der Hochmut des sogenannten Nationalsozialismus in Deutschland schon unerträglich geworden war, feierte an Pfingsten Papst Pius XI. die Heiligsprechung des Altöttinger Kapuzinerbruders Konrad von Parzham. In seiner Homilie stellte der Papst den Hochmut und die Demut einander gegenüber. Er wies den Deutschen den Weg des schlichten Ordensbruders als den Weg zu wahrer Größe. Die Heiligsprechung des Bruders Konrad war für den aus dem gleichen Innviertel stammenden Unheilstifter eine klare Verurteilung durch den Papst, während die Weltpolitiker sich noch um die Gunst des Emporkömmlings bewarben.

Bruder Konrad hieß mit bürgerlichem Namen Johann Evangelist Birndorfer. Am 22. Dezember 1818 wurde er in Parzham bei Griesbach im Rottal geboren. Lebensaufgabe des jungen Mannes schien die Landwirtschaft zu sein. Der frühe Tod des Vaters machte Johannes zum Ernährer der Familie. Aber an den Sonntagen floh er von Hause weg. Ohne Nahrung zu sich zu nehmen, pilgerte er zu den Wallfahrtsorten seiner Heimat. Stundenlang währte sein Gebet in der Kirche. Wortkarg, völlig verinnerlicht ging er seinen Weg. Im Jahre 1849 konnte er endlich auf sein Erbe verzichten und als Einunddreißigjähriger bei den Kapuzinern in Laufen an der Salzach eintreten. Nach seiner Profeß 1852 wurde er als Pförtner des Kapuzinerklosters St. Anna zu Altötting eingesetzt. Einundvierzig Jahre blieb er in diesem Amt. Er betreute die Pilger, die Einheimischen, die Armen und die Ratsuchenden, die Bettler und die Lieferanten, die an die Kapuzinerpforte kamen. Kein unnützes Wort, aber eine erfreuende Güte war seine Gabe. In jedem freien Augenblick ging er ein paar Schritte von der Pforte weg an ein kleines Fensterchen, das den Blick in die Kirche und auf den Altar freigab. Da versank er in Anbetung. Da schenkte er den Gästen der Pforte sein Gebet, bis ihn dann wieder die Glocke rief. Bis in sein sechsundsiebzigstes Lebensjahr tat er in täglicher Treue seinen Dienst bis drei Tage vor seinem Tod. Er starb am 21. April 1893. Nun konnte er sich an der Pforte des Himmels melden.

Die Bittsteller umgeben ihn auch jetzt noch, zumal man ihn in der Altöttinger Annakirche beigesetzt hat. Er blieb Pförtner bei der Gottesmutter. Bruder Konrad, der Demütige an der Pforte der Ära des hochmütigen Nationalismus – hätte man auf ihn geachtet!

21.

HL. ANSELM

Bischof, Kirchenlehrer

Mönch, Theologe, Beter, Kämpfer

Anselm verkörpert in sich ein „vereintes Europa". Er ist Piemontese, in Aosta 1033 geboren. Er lebt als Benediktiner mehr als dreißig Jahre in der Normandie, ist Prior und Abt des Klosters Bec. Seit

1093 ist er Erzbischof von Canterbury in England. Aber seine Bischofsjahre sind eine Zeit ruheloser Wanderung. Zweimal wird er aus England verbannt, durch König Wilhelm II. 1097, durch König Heinrich I. 1103. Dabei geht er auch nach Rom zum Papst. Als er 1109 stirbt, hat er die Mehrzahl der Jahre seines Bischofsamtes im Exil verbracht. Sein Grab ist in der berühmten Kirche von Canterbury. Sie ist für sich ein Europazentrum. Hier wirkten: Augustinus, der aus Rom kam, der Grieche Theodor, der Piemontese Anselm.

Bedeutsamer als diese europäischen Lebensdaten ist das theologische Lebenswerk Anselms, auf das die Weltkirche aufhorchte und heute achten muß. Die 475 Briefe Anselms gehen in alle Welt. Seine Bücher, das „Proslogion“, „Warum Gott Mensch?“, „Über die Willensfreiheit“, „Buch der Controversen“, „Über den Fall des Teufels“, „Über die jungfräuliche Empfängnis“, stehen unter dem theologischen Prinzip: „Fides quaerens intellectum – Der Glaube sucht das Verstehen!“ Oder anders formuliert: „Credo ut intelligam – Ich glaube, um zu verstehen!“ So konnte man Anselm fast einen ersten theologischen Rationalisten nennen. Er sucht weniger nach Beweisen aus Schriftzitaten und Väterstellen; er will dem Nichtglaubenden die Vernunftgemäßheit des Glaubens beweisen. Mit Anselm bricht die Hochscholastik auf.

Aus seiner tiefen Innerlichkeit, aus seiner benediktinischen Ausgeglichenheit wird er auch ein Vorbeter Europas. – Er scheut nicht den Kampf mit der Gewalt. Aber sein Sieg ist der Sieg der Theologia cordis.

23.

HL. ADALBERT

Bischof, Glaubensbote, Märtyrer

Freund und Gegenpol des Kaisers,
Hofbischof und Märtyrer, Reichsträger und Mitte Polens

Adalbert ist der Bischof auf Flucht, Pendler zwischen Bischofspfalz, Kloster, Mission, zwischen Prag, Rom und Front, zwischen Kaiserhof und Martyrium.

Sein ursprünglicher Name ist Vojtěch, erst seit der Firmung Adalbert. Er gehört dem böhmischen Hochadelsgeschlecht der Slavnikiden an. Als Geburtsjahr wird 956 angegeben, Geburtsort ist Libice. Er wird nur einundvierzig Jahre alt. Er stirbt als Märtyrer am 23. April 997 in Preußen. An der Domschule in Magdeburg wird er 972–981 ausgebildet. Er ist erst siebenundzwanzig Jahre alt, als er zum Bischof von Prag berufen wird, der zweite Inhaber des Prager Bischofsstuhles (983). Er gerät nicht nur in ein Schmelzbecken der Kulturen und Nationalitäten, sondern auch in die Spannungen zwischen dem alten Heidentum, das wenigstens in vielen Gebräuchen bleibt, und dem noch nicht genügend gefestigten Christentum. Sein eigenes Fürstengeschlecht steht im Widerstreit zu den Přemysliden, die die Führung beanspruchen. Seine Brüder werden ermordet. Adalbert steht im Konflikt mit sich selber. Seine hohe Kultur erträgt nicht die Wildheit ringsum. Vielleicht neigt er auch zu Depressionen. 989 legt er sein Bischofsamt nieder und wird Mönch im römischen Kloster St. Alexius, wo später auch Bruno von Querfurt den Mönchshabit nimmt. Es ist nahe der Kaiserpfalz des sächsischen Herrscherhauses. Nach drei Jahren (992) geht er wieder nach Prag und führt das Bischofsamt. Doch 994 verzichtet er wieder. Er missioniert in Ungarn.

Er geht nach Rom und ist dort 996 Hauptberater Ottos III. Nach einer Pilgerfahrt durch Frankreich 996/997 geht er als Missionar in das Land an der Weichselmündung. Dort findet er zwischen Nogat und Elbinger Weichsel den Martertod, nach dem er sich gesehnt. Papst Silvester II. vollzieht schon 999 seine Kanonisation.

Sein Grab ist in der Kathedrale von Gnesen. Kaiser Otto III. pilgert im Jahre 1000, als man das Weltende erwartete, nach Aachen und nach Gnesen zum heiligen Adalbert. In dieser Begegnung des Kaisers mit dem Märtyrer Adalbert treffen zwei Auffassungen, zwei Welten aufeinander. Otto repräsentiert die „Mission" durch militärische Macht und Eroberung. Adalbert dient der Mission durch das persönliche Opfer und den persönlichen Einsatz. Mag die erstere Form rascher erfolgreich sein, die zweite ist die dauerhafte, die eigentlich christliche Form. Otto und Adalbert sind sich ähnlich in der feinnervigen, hochadeligen Kultur der Persönlichkeit. Aber sie widersprechen einander in der Verwirklichung der Reichsidee. Otto orientiert sich an Karl dem Großen, Adalbert an seinem Ordensbruder Gregor dem Großen. Zwischen dem Grab Ottos III. in Aachen und dem Grab Adalberts in Gnesen bewegen sich die Reichsgeschichte und Reichsidee.

23.

HL. GEORG

Märtyrer

Er hat gelebt. Die Legende hat ihn umrankt

Gesichert sind Existenz und Martyrium des heiligen Georg. Schon im 4. Jahrhundert wurde ihm eine Basilika zu Lydda-Diospolis, bekannt aus der Apostelgeschichte, geweiht. Die Jerusalempilger besuchten dieses Heiligtum mit Vorliebe. 1191 wurde die Georgsbasilika von Sultan Saladin zerstört.

Diese historische Gegebenheit nimmt sich gegenüber den Ausweitungen der Legende armselig aus. Die Patrozinien Sankt Georgs umfassen eine Welt. Die Merowinger sahen ihn als Stammvater ihres Königshauses an. Rußland, Genua, England, die Bauern und die Harnischmacher, die mittelalterlichen Ritter und die modernen Pfadfinder, die trierische Stiftskirche und das neuzeitliche Bistum Limburg wählten ihn als Patron. Auf der Insel Zypern zählte man 60 Georgskirchen, in England deren 160. Die Dardanellen trugen den Namen Meerenge des heiligen Georg. Das orthodoxe ökumenische Patriarchat von Konstantinopel hat seinen Sitz bei der Georgskirche. Man könnte diese Aufzählungen fortsetzen. Sie zeigen, daß Georg, ähnlich wie Christophorus, nicht in erster Linie als Persönlichkeit, sondern als Persönlichkeitstyp gesehen wird: der ritterliche, soldatische Mensch, der dienstbewußt gegen das Böse und gegen die Bösen kämpft, getreu bis in den Tod! Sankt Georg ist eher ein Kapitel christlicher Moral und Aszese als ein Kapitel christlicher Geschichte. Wenn man in der Verehrung eine konkrete geschichtliche Person sucht, kommt man bei St. Georg nicht auf seine Rechnung. Sucht man aber ein christliches Ideal, dann erhebt sich eine jähe Höhe. Man kann zum heiligen Georg schwer ein „Du" finden. Aber er redet uns mit „Du" an: Du sollst dieser Mensch sein!

24.

HL. FIDELIS VON SIGMARINGEN

Ordenspriester, Märtyrer

Ein Jurist, der Kapuziner wurde –
ein Prediger, den man von der Kanzel holte und totschlug

Sein Geburtsname lautete Markus Roy. Er ist der Sohn des Sigmaringer Bürgermeisters, sein Geburtsjahr 1578. Fidelis von Sigmaringen ist sein Ordensname bei den Kapuzinern. Zwischen der Geburt im Bürgermeisterhaus und dem Kapuzinerhabit liegt eine weite Entwicklung. Markus studiert in Freiburg im Breisgau. Er erwirbt 1603 das Doktorat beider Rechte. Sechs Jahre lang bereist er vorher als Erzieher junger Adeliger Europa. 1611/12 ist er Gerichtsrat.

Jetzt erreicht den Juristen, auf den eine Karriere wartet, Gottes Ruf. Er wird 1612 Priester und tritt in den Kapuzinerorden ein. Da arbeitet er als Prediger und Guardian in Altdorf, Rheinfelden, Feldkirch, Freiburg in der Schweiz. Dann ergeht an ihn der päpstliche Auftrag zur Mission in Rätien. Das ist 1621. Noch hat ihn seine Ernennung nicht erreicht, ist er schon an der Arbeit, da erreicht ihn das Martyrium. Er ist ein gestrenger Prediger, streng in seinen Forderungen. Zu Seewis im Prättigau will er die Kanzel besteigen. Da holen ihn die aufgeregten Bauern von der Kanzel, reißen ihn aus der Kirche heraus und erschlagen ihn auf dem Kirchplatz. Er stirbt am 24. 4. 1622 für den katholischen Glauben. Chur bewahrt seinen Leib, Feldkirch das Haupt des Märtyrers.

War Fidelis zu hart und streng? War seine katholische Gläubigkeit zuwenig wendig, zuwenig gewinnend? Es ist schwer zu beurteilen. Aber Fidelis wird zum Märtyrer für die Einheit im Glauben. Er ist Fidelis – getreu bis in den Tod. Die Graubündener haben im grimmigen Eifer die Heiligenbilder aus ihren Kirchen entfernt und in den Inn geworfen. Die Tiroler haben die Schnitzwerke aus dem Inn geholt und in ihre Kirchen gebracht. In Fidelis hat das Bündnerland einen neuen Heiligen aus Leib und Blut geschaffen. Er führt die Menschen, die er mit seiner Predigt nicht erreichte, durch sein Heiligsein in die Einheit.

25.

HL. MARKUS

Evangelist

Fest

Der Knabe, der bei Jesus bleibt
auf dem Weg in die Gefangenschaft,
gibt das Evangelium des Petrus weiter

Oftmals wird Markus in der Apostelgeschichte und in den Apostelbriefen genannt. Ob es sich jedesmal um den gleichen Markus handelt? Die Überlieferung war der Auffassung.

Dann fängt die Markusgeschichte mit der Leidensgeschichte Christi an. Als Jesus vom Ölberg gefangen weggeführt wurde, folgte ihm Markus als einziger. Einer der Häscher packte ihn an seinem Kittel. Markus ließ sich aus dem Kittel zu Boden fallen und floh ohne Gewand davon. Da Markus verwandt ist mit Barnabas, wird er von ihm und Paulus auf die erste Missionsreise mitgenommen. Er geht aber aus Kleinasien nach Hause zurück. Wegen dieser schlechten Erfahrung will Paulus ihn nicht als Begleiter auf der zweiten Missionsreise annehmen. Darum geht Markus mit Barnabas nach Zypern. Wir treffen dann Markus in Rom bei Petrus, später 61/63 ebenfalls in Rom bei Paulus. Markus und Paulus haben sich also ausgesöhnt. Dann verharrt Markus an der Seite des Petrus. Er wird Dolmetscher des ersten Papstes, der der griechischen Weltsprache nicht mächtig ist. Er schreibt das Evangelium des heiligen Petrus nieder, das Markusevangelium. Nach Petri Tod leitet er die ägyptische Kirche von Alexandrien aus. So versichert die Tradition. Nach ihm nennt sich die ägyptische Liturgie die Markusliturgie. Von Alexandrien gelangen seine Gebeine nach Venedig in die Kathedrale San Marco und auf die Reichenau, den eigenartig feierlichen Westaltar. – Aus alter Zeit stammt sein Beiname „der Kurzfingrige“ wegen einer angeborenen Kurzfingrigkeit. Bemerkenswert ist auch eine Tradition, die versichert, Markus habe in Lorch an der Enns gewirkt in der römischen Bischofsstadt von Noricum, im heutigen Österreich.

Jedenfalls steht jedem Christen der heilige Markus nahe durch sein Evangelium. Er hat uns darin ein Christusbild geschenkt, das bis in feinste Einzelheiten geht. Es führt am nächsten an die geschichtlichen Ereignisse um Christus heran. – Die Markusprozession ist abgeschafft. Sie hatte nur zufällige Datumsgemeinschaft mit dem Markusfest. – Das Markusevangelium kann man nicht beiseite legen. Es ist ein wundersam inniger Weg zu Christus.

27.

HL. PETRUS KANISIUS

Ordenspriester, Kirchenlehrer

Der Erneuerer nach der „Erneuerung“, den man beiseite schob

„Zweiter Apostel Deutschlands nach Bonifatius“ nannte Papst Leo XIII. den heiligen Petrus Kanisius. Aber sein glanzvoller Weg durch die Länder deutscher Zunge wurde auch zum Weg durch das Dunkel.

Kanisius wurde geboren als Sohn des Bürgermeisters von Nimwegen in Geldern am 8. Mai 1521, im Jahr der Bekehrung des heiligen Ignatius und der Exkommunikation Martin Luthers. Er starb am 21. Dezember 1597 zu Fribourg, sechsundsiebzig Jahre alt. Kanisius studierte in Köln 1536–46, wurde 1543 in Mainz Jesuit, empfing im Juni 1546 im Kölner Dom die Priesterweihe, legte 1549 in Rom vor Ignatius die feierliche Profeß ab (er war der 8. Jesuit), wurde im gleichen Jahr 1549 Doktor der Theologie in Bologna. Dieses Vorspiel seines Wirkens besteht nicht nur aus Daten. Kanisius kam zu Köln in lebendigen Austausch mit der Devotio moderna, mit der Spiritualität der Kartäuser, mit einer echten Kirchlichkeit, mit der tiefen Innigkeit der Herz-Jesu-Verehrung. Sein Studium war patristisch betont. Als noch nicht Fünfundzwanzigjähriger begab er sich an wissenschaftliche Editionen von Tauler, Cyrill, Leo.

Wir sehen Kanisius als Theologen des Kardinals von Augsburg beim Konzil von Trient 1547 und 1562. Er lehrte und predigte in Ingolstadt 1549–52, in Wien 1552–54, in Prag 1555–56, in Augsburg 1559–66, in Innsbruck 1571–77. Er war der erste Provinzial der deutschen Ordensprovinz, er baute die Ordenskollegien auf. Er wurde zur Zentralfigur der deutschen Kirchenpolitik. Er stand in Verbindung mit allen führenden Katholiken der Zeit, besonders mit Kaiser Ferdinand I. Er war beteiligt an allen großen Verhandlungen der Zeit bis zum Reichstag, hochangesehen bei den Päpsten, vor allem bei Gregor XIII. Außer einigen etwas spröden Werken gab er den „Canisi“, den Katechismus, heraus, der bis zu seinem Tod 200 Auflagen erlebte. Verglichen mit der großen Garde der Reformatoren, war Kanisius nicht so genial, aber selbstloser, fleißiger, zeitnäher – bis zur Mystik gottinnig.

Was schon vorher begonnen hatte, wurde 1580 offenkundig. Kanisius wurde versetzt nach Fribourg. Er war neunundfünfzig Jahre alt. Er hatte die Aufgabe einer wichtigen Neugründung und wurde Glaubensvater des Kantons Waadt. Aber er war doch nicht mehr im Mittelpunkt des Geschehens. Seine Reisen und die Besuche bei ihm hörten auf. Seine weltpolitisch bedeutsamen Gespräche verstummten. Vor allem wurden die sieben Jahre schwer, in denen er nicht mehr predigen, nur noch schreiben konnte. Sein Weg führte durch das Dunkel. Er war vergessen! Nun wurde der große Kirchenpolitiker zum Heiligen.

Kanisius wurde in der Universitätskirche St. Michael bestattet, zunächst in einer Seitenkapelle, dann unter dem Hochaltar. Eine Universität, eine Stadt leben von ihm. Die katholische Kirche in Deutschland wurde von ihm neu belebt. Die Erhebung zum Kirchenlehrer 1925 war ein geschuldeter Dank.

28.

HL. PETER CHANEL

Priester, Märtyrer

Mission nur durch die Messe

Der Protomärtyrer von Ozeanien vertritt im Kalender der Kirche die großen Inselgruppen der Südsee, des mittleren Pazifik. In Frankreich liegt sein Geburtsort im Departement Ain. Er ist ein Sohn der unruhigsten Zeit der französischen Geschichte, 1803 geboren. Seine Jugend ist überschattet von den napoleonischen Wirren und Kriegen. Doch der Student erlebt die Restauration und Romantik. Er tritt dem eben gegründeten Maristenorden bei, um Missionar sein zu können. Man schickt ihn auf die Insel Futuna in Ozeanien, wo der Name Christus noch völlig unbekannt ist. Er lebt ein Leben der Arbeit, des Hungers, der Erschöpfung. Er schlägt nie eine Bitte ab, selbst wenn sie von einem seiner Gegner kommt. Milde und Güte zeichnen ihn so aus, daß die Eingeborenen ihn den „Mann mit dem besten Herzen" nennen. Aber seine Verkündigung bleibt erfolglos. Er kann keine einzige Taufe spenden. Er tröstet sich mit Christi Wort: „Einer sät, ein anderer erntet!" Jeden Tag feiert er in Gemeinschaft mit einem Ordensbruder die heilige Messe in Armut und Verlassenheit. Diese „Privatmesse" gewinnt weltkirchliche Bedeutung. Die Zauberer der Eingeborenen-Kulte der bösen Geister hetzen die Bevölkerung gegen ihn auf. Mit der Ermordung Chanels wollen sie die christliche Religion treffen. Aber der Heilige weiß: „Wenn ich auch sterben muß, Christi Glaube ist schon so stark auf Futuna, daß er durch meinen Tod nicht ausgelöscht werden kann." Am 28. April 1841 wird er im Auftrag des Königs, dessen Sohn sich mit dem Missionar angefreundet hat, überfallen und getötet.

Nur wenige Jahre vergehen – die ganze Insel ist christlich geworden. Ozeanien ist ein christliches Gebiet, vertreten im Kollegium der Papstwahl. Selten wurde in der Kirchengeschichte so deutlich, daß nicht nur das Blut der Märtyrer Same neuer Christen ist – sondern mit noch höherer Kraft das Blut Christi in der Eucharistie Aussaat der Erlösung und Vergebung ist, auch wenn die Messe verborgen in einer Hütte ohne Teilnehmer den Anfang macht.

29.

HL. KATHARINA VON SIENA

Ordensfrau, Kirchenlehrerin

Gedenktag

Ein „Nönnchen" – Päpste hören auf sie, der Herr spricht zu ihr

Mit der hl. Theresia von Ávila ist Katharina Benincasa von Siena zur Würde des Kirchenlehrers aufgestiegen, ein Zeichen, welche Bedeutung man dieser Frau beimißt. Nahe der römischen Engelsburg hat man ihr, der Patronin Italiens, ein Denkmal gesetzt wie ein Wegzeichen auf dem Weg nach St. Peter. Ihr Grab hat sie zu Rom, wo sie am 29. 4. 1380 starb, in Santa Maria Sopra Minerva, der alten Generalatskirche der Dominikaner gefunden. Doch sie lebt heute noch in ihrer Heimat Siena, wo sie 1347 geboren wurde. Da meint man sie noch in den alten Gassen zu sehen. Da ist noch ihr Platz in der Dominikanerkirche.

Sie war fast noch ein Kind, als sie in den Dritten Orden, genau gesagt, bei den Bußschwestern (Mantellate) des heiligen Dominikus eintrat. Sie war also nicht Klosterfrau, sondern Terziarin in der Welt, befaßt mit Krankenpflege und Sozialarbeit, geschätzt als Ratgeberin. Kindlich klein blieb sie von Gestalt. Ihr Leben währte nur dreiunddreißig Jahre. Aber in diesen Jahren und in dieser Geringheit ihrer Person entwickelte sie eine Tätigkeit, auf die die Welt aufhorchte. Wenn Gregor XI. endgültig aus Avignon 1377 nach Rom zurückkehrte, so ist es dieser Heiligen zu danken. Sie wandte ihre Sorge auch ihrer toskanischen Heimat zu. Sie stiftete Frieden zwischen den zerstrittenen Städten. Oft wurde sie von den hohen Herren um Rat gefragt. Urban VI. berief sie als Ratgeberin nach Rom. Ihre 381 Briefe, an Schreiber diktiert, sind klassische Literatur. Ihr Buch über die Vorsehung, der „Dialog", ist Zeugnis einer Frömmigkeit von tief christozentrischer und kirchengläubiger Prägung. Sie empfing zu Pisa am 1.4.1375 die Wundmale Christi. Jahrelang lebte sie nahrungslos nur vom eucharistischen Brot. Ihr inneres Leben ist voll von mystischen Erlebnissen, ihre Schriften voll von mystischer Theologie. Man kann sie eine der größten Frauen der Kirchengeschichte nennen. Ihr ganzes Leben ist sichtbar gewordene Gnade Gottes.

30.

HL. PIUS V.

Papst

Er gab uns Brevier, Missale, Rosenkranz –
nach Erneuerung der Kirche ein Heiliger als Papst

Sein Grab ist in der Sixtinischen Kapelle der Basilika Santa Maria Maggiore. Sein Denkmal im Kirchenjahr ist das Rosenkranzfest. Sein liturgiegeschichtliches Monument sind die nachtridentinischen gottesdienstlichen Bücher.

Nur sechs Jahre (1566–72) währte die Regierungszeit Pius' V. als Papst. Aber diese wenigen Jahre sind randvoll von großen Aktionen. Carlo Borromeo hat seine Wahl empfohlen. Weder adelige Herkunft noch die große Politik zeichneten Michele Ghislieri, den Cardinale Alessandrino, aus – so hieß er nach seiner Herkunft aus Bosco bei Alessandria in der Lombardei, wo er am 17.1.1504 geboren wurde. Er war Bischof des kleinen ländlichen Sutri und später des ebenso unbedeutenden Mondovì. Er war seit 1518 Dominikaner, ein hervorragender Ordensmann. Er war Mitglied der Kurie, in der Inquisition ein Mann der konsequenten Reform. Diese beseelte auch seine sechs Regierungsjahre. Er gab 1566 den Catechismus Romanus, 1568 das Breviarium Romanum, 1570 das Missale Romanum heraus. Damit begründete er seinen Ruf als Papst der liturgischen Reform im Sinne des Trienter Konzils. Er war dabei ebenso reformeifrig wie konzilstreu und kirchlich, völlig anders als heute die Anhänger der pianischen Liturgie. Pius V. gründete oder erneuerte an der Römischen Kurie mehrere Kongregationen und Ämter. Dabei ging es ihm um die Erhaltung und Ausbreitung des Glaubens. Er erhob Thomas von Aquin zum Kirchenlehrer und ließ dessen Schriften drucken. Den Michael Bajus verurteilte er in 76 Sätzen. Die Kirchenpolitik Pius' V. errang den großen Triumph des Seesieges von Lepanto über die Türken am 7.10.1571, den das Rosenkranzfest in Erinnerung hält. Doch sonst war seine Kirchenpolitik nicht glücklich. Elisabeth I. von England wurde 1570 von ihm abgesetzt und exkommuniziert. Mit Philipp II. von Spanien und Maximilian II. in Wien stand er nicht gut.

Pius V. ist nicht Heiliger wegen guter Diplomatie, nicht wegen erfolgreicher Politik, eher wegen der absoluten Konsequenz seiner Begegnung mit den Staaten. Seine innere Erneuerung der Kirche machte ihn zum Vollender der Restauration nach der Reformation. Er starb am 1.5.1572, seine Kanonisation erfolgte 1712. Er war der erste Papst, der eine schwarzumrandete, mächtige Hornbrille trug.

CHRISTI HIMMELFAHRT

Das Fest – ein einziger Königszug

Das Hochfest der Himmelfahrt unseres Herrn ist nicht unmittelbar in den Anfängen der Christenheit gefeiert worden. Es ist etwa gleichaltrig mit Weihnachten.

Die urchristliche Himmelfahrtsfeier war einfach eingebettet in die Osterfeier. Die in der österlichen Pentecoste vorkommenden Lesungen berichten auch von der Himmelfahrt des Herrn. Die Verklärung des Auferstandenen war ja nichts anderes als die Verklärung im himmlischen Äon. So sieht auch der Evangelist Markus Auferstehung und Himmelfahrt wie ein einziges großes, zweigestuftes Ereignis.

Erste Zeugnisse für eine eigene Himmelfahrtsfeier liegen vor bei den Kirchenhistorikern Eusebius und Sokrates. Im Bericht über Nizäa und die dortigen Verhandlungen über das Osterfest fällt bei Eusebius das Wort, Himmelfahrt sei ein hochfestlicher Tag. Sokrates nennt die Himmelfahrt ein Fest mit allem Volk. Auf dem Ölberg wird in konstantinischer Zeit eine große Basilika gebaut.

Die Pilgerin Egeria schreibt um 390 über die Jerusalemer Liturgie auch von Christi Himmelfahrt. Dabei erwähnt sie zwei Gottesdienste, die wir nur schwer miteinander in Verbindung bringen. Am 40. Tag der Osterzeit, also an unserem Festtermin, wird eine Prozession von Jerusalem nach Betlehem gehalten. In der Geburtskirche ist die große Nachtwache. Man feiert die Vollendung an den Ursprüngen. – Am Pfingsttag wird nach dem Pilgerbericht gegen Mittag eine volkreiche Versammlung auf dem Ölberg gehalten, bei der die Lesungen das Himmelfahrtsereignis entfalten. Verbindet man damit eine Bemerkung des heiligen Augustinus, so kann man schließen, damals habe man die Mittagsstunde für die Stunde der Himmelfahrt gehalten. – Um 400 ist die Feier der Ascensio in der gesamten Christenheit voll ausgebildet und bekannt.

Die jenseitigen, klaren und freudigen Texte und Melodien geben der Himmelfahrtsfeier der lateinischen Liturgie einen königlichen Glanz. – Die Osterkerze wurde früher endgültig ausgelöscht. Es ist nichts dagegen einzuwenden, die Osterkerze nach dem Evangelium – wie in einem eingebauten Zwischenspiel zur Ausdeutung des Berichtes – auszulöschen. Allerdings wird sie dann bis Pfingsten weiterhin angezündet und am Schluß der Osterzeit weggeräumt.

MAI

1.

HL. JOSEF
der Arbeiter

Eine komplizierte Festgeschichte?
Einfach und klar der Gedanke geheiligter Arbeit!

Die Verehrung des heiligen Nähr- und Pflegevaters Josef, des Bräutigams der Gottesmutter, breitete sich seit der mittelalterlichen Mystik (Hermann Josef!), seit Bernhardin von Siena, vor allem seit der Initiative der heiligen Theresia von Ávila in der Volksfrömmigkeit immer mehr aus. Infolgedessen proklamierte Papst Pius IX. am 8. Dezember 1870 den heiligen Josef zum Patron der ganzen Kirche. Dabei stand er unter dem Eindruck der Bedrohung Roms. Schon am 10. September 1847 hatte er das „Josefsschutzfest" für die ganze Kirche eingerichtet, das am dritten Sonntag nach Ostern gefeiert wurde. Die Erneuerung der Sonntage durch den heiligen Pius X. 1911 wies dem Hochfest des heiligen Josef den dritten Mittwoch nach Ostern an. Im Jahre 1919 gab Benedikt XV. die Josefspräfation heraus. Papst Pius XI. gab dem nachösterlichen Josefstag den Namen „Sollemnitas Sancti Joseph". Pius XII. wurde aus Kreisen, die den christlichen Gewerkschaften nahestanden, gedrängt, den 1. Mai, den Tag der Arbeit, durch einen liturgischen Kalendertag auszuzeichnen, der den arbeitenden Menschen etwas bedeute.

Damals war der 1. Mai noch vom Fest der Apostel Philippus und Jakobus eingenommen. Die Volksfrömmigkeit wandte sich am gleichen Tag der Maienkönigin zu. Am 1. Mai 1955 bestimmte Pius XII.: Der Gedanke des Patroziniums des heiligen Josef wird auf den 19. März übertragen – die Sollemnitas Sancti Joseph wird vom dritten Ostermittwoch gelöst, auf den 1. Mai verlegt und durch den Titel „Sollemnitas Sancti Joseph Opificis" ausgezeichnet. Das Wort „Opifex = Werkmann" wird zwar in der Sprache der Enzykliken für „Arbeiter" verwendet, doch ist damit der arbeitende, schaffende Mensch gemeint. Darum übersetzte man gern „Patron der Schaffenden".

Diese Lösung wurde von der Kalendererneuerung Pauls VI. 1969 wieder abgeändert. Der 1. Mai wurde einfacher, nicht verpflichtender Gedenktag. Dadurch wurde der 1. Mai freigegeben, je nach der Frömmigkeit des Landes und des Ortes ausgestaltet zu werden. Marianische Frömmigkeit kann nun eine Marienvotivmesse feiern. Wo Arbeiterkundgebungen im Vordergrund stehen, kann das Gedenken „Josefs, des Arbeiters" begangen werden. Wer sich der Feier der fünfzigtägigen Osterzeit verpflichtet weiß, begeht die österliche Werktagsmesse. So steht der 1. Mai im Zeichen der Freiheit.

Sicher bleibt der 1. Mai mit seinem Hinweis auf den arbeitenden Josef eine Arznei gegen die nicht christliche klassenkämpferische Politik. Nazaret wird in die österliche Zeit geholt und zum Zeichen der „Auferstehung der Unterdrückten" aufgestellt.

2.

HL. ATHANASIUS

Bischof, Kirchenlehrer

Gedenktag

Siebenmal im Exil, siebzehn Jahre lang, ein kompromißloser Kämpfer

Athanasius wurde um 295 zu Alexandrien geboren, er starb ebendort am 2.5.373. Mehr als siebzehn Jahre brachte er in der Verbannung zu. Er ist zwar Grieche von Erziehung und Bildung, doch Kopte (Ägypter) von Blut und Denkart. Seine Religiosität ist bestimmt durch die Freundschaft mit Antonius, dem Mönchsvater, und seine monastischen Bindungen, zugleich durch den immer neuen Kampf um Nizäa, um Christi Gottheit.

Als Diakon seines Vorgängers Alexander nahm er am Konzil von Nizäa (325) teil und bewunderte dort die Bekenner, die ihre Ärmel zurückschlugen und die Wunden aus der Verfolgungszeit vorwiesen. Das blieb Richtung für sein Wirken. Athanasius war 33 Jahre alt, als er 328 Bischof von Alexandrien und damit Oberhaupt („Patriarch") der ägyptischen Kirche wurde. Er blieb es ein halbes Jahrhundert; er starb als Achtzigjähriger. In dieser Zeit mußte er oftmals in die Verbannung gehen. Das erste Exil dauerte sieben Jahre; er verbrachte es in Trier. Im zweiten Exil weilte er in Rom. Die späteren Verbannungen durchlebte er in der Nähe Alexandriens, im Untergrund für die Seinen arbeitend. Den Terror des ränkereichen Arianismus und des völlig staatskirchlich (aus alter heidnischer Gewohnheit) denkenden Kaisertums überstand er in charakterstarker Unbeugsamkeit. Zugleich hatte er eine äußere Wendigkeit, die den Gegnern fast humorvoll ein „Schnippchen" zu schlagen wußte. Er war ein autoritärer Geist, aber nicht in Starrsinn, sondern in der Treue gegenüber dem Erbe von Nizäa. Seine Theologie ist einfach (allerdings oft schlecht aus dem Griechischen ins Lateinische übersetzt), klar und zukunftweisend durch das Nachdenken über den Heiligen Geist. Seine „Kirchenpolitik" ist romfreundlich. Er findet im Papst und im Westen, entsprechend der traditionellen ägyptisch-römischen Zusammenarbeit, seine besten Freunde. Sein Name wird in den folgenden konziliaren Auseinandersetzungen für mehrere hundert Jahre Fanal des wahren Glaubens an Christus. Der Einbruch des Islams in Ägypten löscht dort sein Werk nahezu aus. Doch er bleibt Kirchenvater für die Catholica. Unter seinem Schutz geschieht in der Stille intensive Arbeit, die ägyptische Orthodoxie in die Catholica heimzuholen.

3.

HL. PHILIPPUS UND HL. JAKOBUS

Apostel

Fest

Ihre Kirche, die Apostelbasilika,
ist byzantinische Zwingburg in Rom

Die beiden heiligen Apostel stehen als Gegensatzpaar nebeneinander. Philippus trägt einen griechischen Namen und erinnert daran, daß im Norden Israels, im Umkreis seiner Heimat Betsaida, griechische Kolonien und Städte mit griechischen Namen und Sitten liegen. Jakobus trägt den traditionsreichen Namen des Patriarchen Jakob und ist im Apostelkollegium der Vertreter der alten israelitischen Strenge. Philippus hat, wenn er in den Evangelien auftritt, fast naive Züge. Er meint, zweihundert Denare reichten nicht aus, die Hungrigen zu sättigen; er sagt: ·„Zeige uns den Vater!" Das Antlitz des Jakobus, vielleicht von der Verwandtschaft mit Christus geprägt, ist hart und streng. Er ist Führer der judenchristlichen Gruppe der jungen Kirche. Aber er weiß sich in überlegener Geistigkeit mit Paulus und den Heidenchristen auszusöhnen. – Philippus geht ins Unbekannte. Jakobus setzt sich ein Denkmal durch seinen Brief. Luther nannte ihn „Strohepistel" wegen der Betonung der guten Werke. Aber auch Jakobus steht im Unbekannten, weil letztlich nicht zu entziffern ist, ob der Apostel Jakobus und der Herrenbruder Jakobus nicht verschiedene Personen sind. Um diese Identität oder Verschiedenheit gab es viele Diskussionen. Auch Philippus war in seiner Identität umstritten, weil er schon im Altertum mit dem Diakon Philippus verwechselt wurde. So ist die Angabe, er sei zu Hierapolis in Phrygien gestorben, nicht ohne weiteres plausibel.

Beider Grab wird in der römischen Apostelkirche verehrt. So gelangten Philippus und Jakobus noch in die west-östliche Kirchenpolitik. Denn die römische Apostelkirche wurde von Belisar wie eine Zwingburg von Byzanz in Rom aufgerichtet. Das Apostelgrab in der Apostelkirche mag also problematisch sein. Aber seine Predigt bleibt menschlich nah und verständlich: In allen seinen Typen ist der Mensch zum Apostolat gerufen, der Ernste und der Einfache, der strenge Israelit und der heitere Grieche.

4.

HL. FLORIAN
Märtyrer

HLL. MÄRTYRER VON LORCH

Legende enthüllte sich als Geschichte

Vor dem Zweiten Weltkrieg sprach man vom heiligen Märtyrer Florian sehr behutsam. Man wollte einer „Legende" nicht zuviel Ehre antun. Vor und nach dem Krieg wurden in der Stadt Enns im Ortsteil Lorch Ausgrabungen unternommen. Der Befund der Archäologie an dieser uralten Grenze zwischen „ob der Enns" und „nid der Enns" war überwältigend. Man fand in der Friedhofskirche zu Lorch und ringsum viele Zeugnisse der Vergangenheit der römischen Stadt Lauriacum in Noricum. So gewannen die Gestalten der Märtyrer von Lorch klare Umrisse.

Um das Jahr 304 starben die Blutzeugen von Lorch, angeführt von Florian. Der Heilige war wohl als Kanzleivorsteher oder in einem ähnlichen zivilen Dienst tätig. Zuvor war er durch die militärische Laufbahn gegangen. Er wollte seine Stellung ausnutzen, um vierzig Christen zu helfen, die wegen ihres Glaubens eingekerkert worden waren. Da packte der Provinzstatthalter auch ihn selber an. Florian wurde von der Brücke hinabgestürzt und in der Enns ertränkt. Eine Witwe Valeria konnte seinen Leib bergen. Im nahegelegenen Sankt Florian, dem heute so berühmten Kloster, wurden die heiligen Gebeine bestattet. Die römische Provinzhauptstadt Lauriacum wurde später verlassen und auf einen gesicherten Platz verlagert, die heutige Stadt Enns.

Der heilige Florian wurde vom späten Mittelalter so dargestellt, daß man an seine Wasserqual erinnert wurde. Man ruft um seine Fürbitte, wenn das Hochwasser steigt und wenn Feuersgefahr droht. Florian mit dem Wasserkübel ist in den meisten österreichischen und süddeutschen Kirchen dargestellt. Die westdeutschen Kirchen halten es eher mit der heiligen Agatha. – Viel bemerkenswerter als das Patronat des heiligen Florian gegen Wasser und Feuer ist die Tatsache, daß christliche Menschen bei der Feuersbrunst der Verfolgung das österreichische Land durch ihren Martertod geadelt haben. Wer weiß, welche Impulse späteren katholischen Lebens dem Opfer dieses Sterbens zu danken sind! Vom Grab des heiligen Florian ging die gottesfürchtige Musik Anton Bruckners aus, der in St. Florian Chorknabe war und als Stiftsorganist dort ein autodidaktisches Musikstudium betrieb. Er hat sein Grab unter der Orgel in der Stiftskrypta und hält die Grabeswache vor den Märtyrern.

5.

HL. GODEHARD
Bischof

Der erste heiliggesprochene Bayer, ein fröhlicher und kunstschaffender Heiliger

Wer weiß, daß die berühmte Schweizer Paßstraße über den St. Gotthard nach dem Hildesheimer Bischof, Niederaltaicher Mönch Godehard oder Gotthard benannt ist?

Godehard ist Niederbayer, geboren 960 in Reichersdorf (Ritenbach), Sohn eines Dienstmannes Ratmund von der ältesten Abtei des Landes, Niederaltaich. Er wurde in der Klosterschule erzogen und ausgebildet. Sein Magister hieß Uodalgisus. Unter dem Abt Erkanbert wurde Godehard Mönch in Niederaltaich, 993 empfing er die Priesterweihe, 996 wurde er Abt. 1005 berief man ihn als Abt nach Hersfeld, dann nach Tegernsee, 1013 wieder nach Niederaltaich. Auf all diesen Stationen seines Wirkens schaffte St. Godehard für die cluniazensische Reform. Am 30. November 1022 wurde Godehard vom Domkapitel zu Hildesheim auf Wunsch des heiligen Kaisers Heinrich II. zum Bischof gewählt. Der Mainzer Erzbischof Aribo gab ihm am 2. Dezember 1022 die Bischofsweihe. Nun begann der bisherige Abt, der sich mit dem geistlichen Neubau befaßt hatte, eine Tätigkeit für den äußeren Neubau, der einmalig dasteht. Sein Vorgänger Bernward hatte ihm dafür den Weg gezeigt. Dreißig neue Kirchen wuchsen in der Bischofsstadt und im Lande empor. Er ließ am Dom ein neues Westwerk bauen. Die Michaelskirche vollendete er. Von Godehard wird gerühmt, daß er aus seinen Mönchsjahren zwar einen würdevollen Ernst bewahrt habe, daß ihm aber zugleich eine gelöste Fröhlichkeit eigen war, die ihn überall beliebt machte. So konnte er einen alten Streit mit Mainz um Gandersheim beilegen. Godehard starb am 5. Mai 1038 im Moritzstift bei Hildesheim. Sein Nachfolger Bernhard (1130–1153) errichtete zu Godehards Ehren eine Kirche und erlangte seine Heiligsprechung. Dabei ist bemerkenswert: 1131 wurde in Godehard der erste Bayer kanonisiert. Die Verehrung des heiligen Hildesheimer Bischofs zeichnet die Linie Niederaltaich–Hildesheim nach. Man rühmt ihn vom „Sankt Gotthard“ und Jugoslawien bis nach Schweden und Finnland. In Hildesheim ist er der priesterliche Oberhirte, dessen Persönlichkeit beispielhaft im Klerus wirkt und priesterliche Frömmigkeit anmahnt.

12.

HL. NEREUS UND HL. ACHILLEUS

Märtyrer

„Herr und Gott" ist für sie nicht der Kaiser, sondern nur Christus

Wer in Rom die von den Trierer Brüdern betreute Domitillakatakombe besucht hat, kennt auch die Basilika der heiligen Nereus und Achilleus. Sie lag neben und über der Katakombe, wurde in halbzerstörtem Zustand 1874 wieder entdeckt und für den Gottesdienst hergerichtet. Leben und Sterben der beiden Märtyrer liegen im Dunkel der Geschichte. Ihre Existenz ist unbezweifelbar. Ihr Sterbejahr wird auf 104 angesetzt, als Johannes noch lebte, als er in seinem Evangelium den Protest gegen den Titel Domitians „Herr und Gott" in dem Gebet des Thomas niederschrieb: „Mein Herr und mein Gott!" Waren sie Opfer der Verfolgung Domitians? Gehörten sie zum Gefolge der heiligen Domitilla? Waren sie Soldatenmärtyrer, die ihren „Fahneneid" auf Christus mit dem Tode büßen mußten? Dann gehörten sie zu den ersten Soldatenmärtyrern. Sicher gehört ihre Basilika zu den ältesten und ehrwürdigsten Märtyrergedenkstätten Roms. Sie erzählt von den Schicksalen der Menschen, die Christus mitten in der Welthauptstadt fanden und ihn höher stellten als alle gesellschaftlichen Beziehungen, als alle politische und militärische Karriere, höher als das irdische Leben. Hier wird uns der Kampf zum Bewußtsein gebracht, den das mysterium iniquitatis gegen die Kirche führte, nachdem es den Kampf gegen Christus, ihr Haupt, vergeblich geführt hatte (vgl. M. J. Scheeben).

Nahe der Nereus-und-Achilleus-Basilika an der gleichen Via Ardeatina liegen die Fosse Ardeatine, wo die ungerechte Gewalt, die deutsche Besatzung Roms im Zweiten Weltkrieg, viele ungenannte Widerstandskämpfer hinrichten ließ. – Dürfen wir an die altchristliche Grabinschrift denken: „Den Märtyrern hinzugezählt“? Doch nicht jeder, der von der ungerechten Gewalt zertreten wird, ist Märtyrer, sondern nur, wer sich der Gewalt entgegenstellt um dessentwillen, der allein „Herr und Gott“ ist.

12.

HL. PANKRATIUS

Märtyrer

Der vierzehnjährige Märtyrer
ist Jugendpatron und Eideshelfer

Die Legende weiß von ihm zu berichten: Er kam aus Phrygien als Waise nach Rom. Er war etwa neun Jahre alt. Sein Onkel Dionysius nahm sich in der Hauptstadt seiner an. Pankratius war noch ein Knabe, und sein ganzer jugendlicher Eifer galt dem Reitsport. In Rom fand er Christus. Er wurde getauft. Der Sprache nach war Pankratius Grieche. Sein Name hängt zusammen mit „Allherrscher“. Einer der alten Götter der Griechen war damit gemeint und zu seinem Schutz herbeigerufen. Pankratius wechselte bei der Taufe seinen Namen nicht. Er deutete ihn jetzt auf den Allherrscher Christus. Dem Verfolger Diokletian fiel er wegen seines jugendlichen Einsatzes für die christliche Gemeinde auf. Eben großjährig, als Vierzehnjähriger, starb er den Märtyrertod.

Über seiner Gedächtnisstätte an der Via Aurelia baute Papst Symmachus die Basilika San Pancrazio fuori le mura. Das war wohl nach 506, als Symmachus nach endlosen Kämpfen vom Ostgotenkönig Theoderich und von der Stadt als Papst anerkannt war. Die Beliebtheit des heiligen Pankratius im deutschen Sprachgebiet geht wohl darauf zurück, daß Kaiser Arnulf von Kärnten, einer der letzten Karolinger, 896 Rom am Pankratiustag eroberte. Er wurde Jugendpatron, Eideshelfer, Wetterheiliger, Vorbild der Ritter. Seine Gestalt will der Jugend sagen: „Gottes Gnade erweckt auch unter der Jugend Kämpfer und Sieger Christi."

16.

JOHANNES NEPOMUK

Priester, Märtyrer

Märtyrer des Beichtgeheimnisses?
Jedenfalls Mahner zum Schweigen!

Von tausend, tausend Brücken herab grüßt sein Bild. Johannes Nepomuk ist der Brückenheilige, weil er am 16. Mai 1393 von der Moldaubrücke zu Prag in den Fluß gestürzt wurde und so das Martyrium vollendete, nachdem er schon auf dem Wege den Folterungen erlegen war. In vielen Kirchen hält er die Wache am Beichtstuhl. In etlichen Seminarien waltet er als Priestervorbild. Die vierzig Jahre später berichtende Kaiserchronik sagt, er sei wegen des Beichtgeheimnisses ermordet worden.

Johannes aus Pomuk (oder Nepomuk) in Böhmen wurde um 1350 als Sohn eines Richters Welflin geboren. Er war 1370 Kleriker des Prager Erzbistums und Notar des erzbischöflichen Gerichtes. 1380 war er Priester und verwaltete eine Pfründe am Prager Dom. Im gleichen Jahr wurde er in der Prager Neustadt der deutschen Kaufleute Pfarrer an der Galluskirche. Er absolvierte noch das kirchenrechtliche Studium an der Prager Universität und wurde 1381 Baccalaureus des Rechts. In Padua holte er sich das Doktorat im Kirchenrecht 1386. Danach war er Stiftsherr an St. Ägyd in Prag, 1389 Stiftsherr am Vyšehrad. 1390 war er Archidiakon von Saaz, schon seit 1389 Generalvikar des Erzbischofs von Jenzenstein. Am 20. März 1393 wurde Johannes mit den zwei Amtsbrüdern N. Puchnik und W. Knobloch durch König Wenzel gefangengesetzt. Wenzel, in Aachen gekrönter deutscher König (1376–1400, †1419) aus dem Luxemburger Haus, Sohn Karls IV., Bruder Sigismunds, sehr unbeliebt im ganzen Land, ließ Johannes Nepomuk foltern und – wohl am 16. Mai – ertränken. Die zeitgenössischen Quellen geben keinen Grund für das Strafgericht des Königs über Johannes an. Die Tradition weiß, der König habe von ihm die Verletzung des Beichtgeheimnisses nach einer Beichte der Königin verlangt. Diese Überlieferung kann weder bewiesen noch klar widerlegt werden. Vielleicht handelt es sich um das Amtsgeheimnis! Jedenfalls hätte Wenzel den Generalvikar nicht foltern lassen, wenn er nicht verborgenes Wissen aus ihm erpressen wollte. Johannes Nepomuk hat durch sein Schweigen vor dem König, trotz der grausamen Folter, mit Recht alle Priester, die sein Bild sahen, an die priesterliche Schweigepflicht und auch an das Beichtgeheimnis, selbst in tödlicher Bedrohung, erinnert. So hat er ein wirksames Patronat über die Beichtväter und über unschuldig Verdächtigte ausgeübt. Gelegentlich wird behauptet, die Heiligengestalt des Johannes Nepomuk sei als Gegengewicht gegen Johannes Hus (†1415 in Konstanz) und die Hussiten geschaffen worden. Törichte Behauptung! Als 1972 die Reliquien des Heiligen rekognosziert wurden, stellte man die Spuren der grausamen Folterungen in mehreren Knochenbrüchen fest. Man konstatierte, daß der Tod nicht erst im Wasser eintrat, sondern schon unter den Foltern, daß seine gesondert aufbewahrte Zunge wirklich zu seinem Leib gehört. Der Brief des Erzbischofs von Jenzenstein, des Prager Oberhirten, über das Martyrium seines Generalvikars erweist sich als geschichtliches Zeugnis von hohem Rang.

18.

HL. JOHANNES I.

Papst, Märtyrer

Märtyrer oder Verräter? Jesus oder Judas?

Als 523 der Tuszier Johannes zum Papst gewählt wurde, war er der erste, der den Namen Johannes trug. Dreiundzwanzig Päpste mit dem Namen Johannes, noch zwei weitere mit dem Namen Johannes Paul sollten folgen.

Johannes I. geriet in große Bedrängnis durch den Ostgotenkönig Theoderich, den Träger der Macht in Italien. Der König sandte ihn im Jahr 526 als seinen außerordentlichen Botschafter nach Konstantinopel zu Kaiser Justin I. Der Papst sollte die Zurücknahme kaiserlicher Bestimmungen gegen die arianischen Goten erreichen. Ehrenvoll und festlich war der Empfang in Konstantinopel. Aber die Verhandlungen waren ohne Ergebnis. Das nahm Theoderich übel auf. Er hatte wohl auch recht. Denn ein Papst konnte Verhandlungen zugunsten der Arianer nur mit einem halben Herzen führen. Theoderich hielt den Papst in Ravenna fest. Dort starb Johannes am 18. Mai 526. Der Tod des Papstes wurde als Folge der Haft und der Enttäuschung aufgefaßt. Johannes galt als Märtyrer. Doch die Freunde des gotischen Regimes in Italien duldeten keine Herabsetzung des großen Theoderich. Sie machten den Papst zum Verräter an den gotischen Interessen. Sie beschuldigten ihn des Doppelspiels. So wurde Johannes Märtyrer für die einen, Judas für die anderen. In der Kirchengeschichte hat sich dieses Spiel öfters wiederholt. Letztlich ist jeder Märtyrer ein Verräter der Sache eines Despoten.

Auch heutzutage ist es schwer, nachzuweisen, daß ein Märtyrer „in odium fidei“ getötet wurde. Die Gewalt pflegt von Landesverrat zu sprechen.

Man denke an Jesu Passion! Die arianischen Goten in den lateinischen und katholischen Gebieten von Italien, Gallien und Spanien waren keine bequemen Herren. Sie gingen gegen die katholische Opposition im Lande rücksichtslos vor, auf ein Leben kam es ihnen nicht an. So steht Johannes I., auch wenn man an seinem Martyrium zweifeln sollte, als Stellvertreter da für viele ungenannte Blutzeugen in der gotischen und vielen anderen Verfolgungen. Ein Teil ihres Leidens ist dabei der Rufmord, der sie zu Landesverrätern macht.

20.

HL. BERNHARDIN VON SIENA

Ordenspriester, Volksprediger

Ein neuer Franziskus, ein neuer Bernhard, ein begeisterter Sänger von Jesus

Der große Heilige, klein und zart von Gestalt, war eine der einflußreichsten Gestalten der Periode des Wiederaufbaus nach der Drei-Päpste-Zeit und des Widerstandes gegen den Paganismus der Renaissance. Bernhardin war ein milder, franziskanischer Vorläufer Savonarolas.

Sein „Wappen" war der Name Jesu: IHS. Wenn seine Predigten erreicht hatten, daß man das IHS in Türsturz und Portal schnitzte und einmeißelte, dann hatte die Verwirklichung des Städtefriedens, der Abbau der Parteifehden begonnen. Als 1439 in Florenz das Baseler Konzil fortgesetzt wurde, war er der Wortführer für den Kirchenfrieden, für die Union zwischen Lateinern und Griechen, Konstantinopel und Rom. Seine Mitbrüder im Franzsikanerorden begeisterte er für die Reform der franziskanischen Idee und Praxis.

Daraus wuchs die Abzweigung der Franziskaner-Observanten, der „braunen" Franziskaner. Bernhardin starb am 20. Mai 1444 in Aquila. Dort ist sein Grab. Aber sein Name bleibt verbunden mit Siena, der Stadt seiner Geburt am 8. September 1380. Hier erscheint er fast als Zwillingsbruder der heiligen Katharina von Siena. Von hier aus gingen seine Predigtwanderungen durch ganz Mittelitalien. Von Siena ging sein Einfluß in die Weltkirche. Ignatius von Loyola wählt später als Wappen seines Ordens das IHS des heiligen Bernhardin von Siena. Die liturgischen Texte vom Namen Jesu im römischen Meßbuch bauen auf der Begeisterung Bernhardins auf. Die Bernhardinischen Jesushymnen gehören zur schönsten religiösen Poesie. Wenn heute noch dem Seelsorger der Sterbenden empfohlen wird, mit ihnen zu beten „Jesus, Jesus", dann ist Bernhardin der Vorbeter.

Bernhardin steht in der Geschichte nicht nur als großer Franziskaner, sondern als zweiter Franziskus und als ein neuer Bernhard da, als eine neu gründende Kraft des Franziskanerordens.

21.

HL. HERMANN JOSEF

Ordenspriester, Mystiker

Das Herz und die Mutter
waren seine Ideale in der kaiserlosen Zeit

Erst 1960 erging das Dekret der Römischen Kurie, das die Bestätigung des Kultes für Hermann Josef aus Köln, Mönch von Steinfeld in der Eifel, vornahm. Längst schon wallfahrteten die Kölner Erstkommunikanten zum seligen Hermann Josef, war das moderne Gymnasium der Salvatorianer nicht nur Schulzentrum, sondern Pilgerzentrum zum Hochgrab inmitten der Basilika von Steinfeld. Bei den Heiligsprechungen ist es wie bei den Orden- und Ehrenzeichen: nicht alle, die sie verdienen, erlangen sie. Doch Hermann Josef war immer ein Liebling des rheinischen Volkes.

In der 2. Hälfte des 12. Jahrhunderts wurde er zu Köln geboren, und zwar in der Pfarrei Klein-Sankt-Martin, von deren Kirche nur noch ein Turm wie ein Brückenkopf steht. Anläßlich eines kindlichen Besuches in der vorgesetzten Damenstiftskirche St. Maria im Kapitol begab sich Hermann zur Madonna und bot dem Jesuskind seine kleine Kostbarkeit, einen Apfel, an, und das Göttliche Kind neigte sich huldvoll herab und nahm den Apfel entgegen. So erzählt die Legende. Sie ist mehr als Legende, vielmehr Katechese von der Sehnsucht des jungen Menschen nach Christus und von der zugreifenden Antwort des Herrn. Man schickte den Zwölfjährigen nach Steinfeld im geographischen Mittelpunkt der Eifel. Dort wurde er Schüler, dann Prämonstratenser-Chorherr. Sein Studium absolvierte er zu Mariengarten in Friesland. Er wurde Sakristanpriester in Steinfeld und war bei seinem Dienst an den heiligen Geräten im Gespräch mit seinem Heiland und den Heiligen. Besonders hielt er es mit der Gottesmutter. Weil sie ihn zur „mystischen Brautschaft" berief, erhielt er von ihr den Beinamen „Joseph". Er lebte nicht nur ein Leben tiefer mystischer Erfahrungen. Er lebte der apostolischen Berufung durch seine Hymnen und Gedichte, vor allem durch den ersten in Deutschland geschriebenen Herz-Jesu-Hymnus „Summi Regis cor aveto". Er ging über Land als gern gehörter Prediger und beliebter Beichtvater – und als Uhrmacherkundiger für die Sonnenuhren. Auf einer solchen Seelsorgsfahrt starb er 1241 oder 1252 im Kloster Hoven der Zisterzienserinnen.

Damals war die „kaiserlose, die schreckliche Zeit". In den Schrecken steht der liebenswürdige Heilige, den man liebgewinnen muß.

25.

HL. BEDA DER EHRWÜRDIGE

Ordenspriester, Kirchenlehrer

Brücke zwischen Altertum und Mittelalter

Beda wird geboren 673, er stirbt am 25. Mai 735 an der Schwelle des Himmelfahrtsfestes. Sein Leben ist das eines benediktinischen Priestermönches; er lebt für das Gebet und das Gotteslob, er lebt für den theologischen Unterricht seines Konventes Wearmouth. Er lebt eine ungebrochene stabilitas loci. In dieser Stille und Stetigkeit wird er die große Brücke zwischen Altertum und Mittelalter, zwischen Patristik und Scholastik, zwischen Vätertheologie und Bibeltheologie. Lebendig übermittelt er die Gegebenheiten der Liturgiegeschichte. Anselm und Thomas sind nicht denkbar ohne Beda. Doch seine Stille und Stetigkeit brechen auf zu missionarischem Feuer. Bonifatius und Willibrord und ihre Vorgänger, die zur Bekehrung Germaniens von England ausgingen, sind aufs engste verbunden mit der Schule, die auf Beda aufbaute.

Wer im Stundenbuch den Brief des heiligen Cuthbert über die letzten Tage des Beda Venerabilis liest, meint den Heiligen wie mit Pastellstift gezeichnet, ja photographiert zu sehen. Am Dienstag der Bittwoche wird er von Atembeschwerden befallen. Fröhlich sagt er seinen Hörern: „Ihr müßt jetzt schneller lernen. Ich weiß nicht, wie lange ich noch lehren kann." Während am Mittwoch vor Himmelfahrt die Bittprozession zieht, diktiert er dem Krankenwärter die letzten Zeilen seines letzten Traktates. Am Nachmittag versammelt er die Mitbrüder, verteilte ihnen kleine Geschenke und bittet um die Meßfeier und um Gebete für sich. Auf dem Boden seiner Zelle sitzend, singt er das Gloria Patri und stirbt.

Die völlige Ausgeglichenheit und Gottinnigkeit eines Mönchslebens wird in ihm sichtbar. Dadurch aber hat er Zeiten und Völker durch seine Schüler für Christus erobert.

25.

HL. GREGOR VII.

Papst

Unbeugsam, konsequent, schroff,
bewahrte er die Kirche vor dem Schicksal einer Kaiserkirche

Im Dom von Salerno ist das von Pius X. gestaltete Grab Gregors VII. mit der Umschrift, einer Paraphrase von Psalm 44, 7: „Ich habe die Gerechtigkeit geliebt und das Unrecht gehaßt, deswegen sterbe ich in der Verbannung." So hatte Gregor von sich gesagt.

Der Weg dieses großen Papstes begann eigentlich in Köln: Hildebrand – so lautete sein Name –, geboren 1020/25 in der Toskana, wohl zu Soana, begleitete 1046 Papst Gregor VI. in die Verbannung nach Köln. Der deutsche Papst, der heilige Leo IX., nahm ihn mit nach Rom. Hildebrand hatte vorher im Lateran und im Marienkloster auf dem Aventin seine Ausbildung erhalten und war, wohl 1048, zu Cluny in den Benediktinerorden eingetreten. Er wurde Abt von St. Paul, war 1054 und 1056 Legat in Frankreich, 1058 als Abgesandter bei der

Kaiserin Agnes in Sachen der Wahlbestätigung Stephans IX. Von 1059 an war er Archidiakon (etwa = Staatssekretär) und wirkte maßgeblich in der Kirchenpolitik mit. 1073 wurde der etwa Fünfzigjährige am Tage der Grablegung Alexanders II. formlos zum Papst gewählt und nahm den Namen Gregor in Erinnerung an Gregor den Großen an. Sein Programm war die innere Reform der Kirche, vor allem die Abschaffung von Simonie und Priesterehe, aber auch ein straffer Zentralismus der Kurie. Dazu gehörte auch die Ablehnung der Einsetzung der Bischöfe durch die Staatsgewalt. Wegen der kaiserlichen Einsetzung des Mailänder Bischofs Tebald kam es zum Konflikt mit Kaiser Heinrich IV. Die Wormser Bischofsversammlung am 24. Januar 1076 erklärte, Gregor sei nicht rechtmäßig gewählt. In der Fastensynode 1076 exkommunizierte der Papst den Kaiser. Als Gregor auf der Reise nach Augsburg zu einer neuen Königswahl in der Toskana weilte, kam Heinrich IV. zu ihm nach Canossa und tat öffentliche Kirchenbuße. So erreichte er die Lossprechung vom Bann – ein Augenblickserfolg für den Kaiser! Trotzdem wählten die deutschen Fürsten am 15.3.1077 Rudolf von Schwaben zum König. Gregor VII. bestätigte ihn 1080. Am 25.6. setzte Heinrich IV. in Brixen den Papst ab und bestellte Wibert von Ravenna als Clemens III. zum Nachfolger. Heinrich zog nach Rom, eroberte 1083 die Leostadt (St. Peter), während Gregor in die Engelsburg floh. 1084 am 31. März wurde Heinrich vom Gegenpapst zum Kaiser gekrönt. Im Mai rückten die Normannen aus Süditalien heran und befreiten Papst Gregor. Die Römer zwangen den Papst, Rom zu verlassen. Am 25. Mai 1085 starb der Papst im normannischen Exil zu Salerno.

Gregor VII. war schroff, einseitig, undiplomatisch. Doch bewahrte er die Kirche vor der Entartung des Priestertums und vor dem Cäsaropapismus. Er legte die Grundlage zur Freiheit und zur geistlichen Zukunft der Kirche. Er ist ein Höhepunkt päpstlicher Unbeugsamkeit, Konsequenz und Kraft. Er opfert sich selbst, nimmt Kerker und Exil auf sich, nur um der Heiligung der Kirche zu dienen.

25.

HL. MARIA MAGDALENA VON PAZZI

Ordensfrau

In wirrer Zeit hält sie die Liebe Gottes lebendig

Die florentinische Mystikerin trat im gleichen Jahr 1582 in den Karmelitenorden ein, als die große Karmelitin Theresia von Ávila starb. Sie sollte die Mission der Spanierin übernehmen, in der Erneuerung der Kirche nach der Reformation die Mystik lebendig zu halten. – Maria Maddalena de' Pazzi wurde in Florenz am 2. April 1566 geboren. Sie starb als Einundvierzigjährige am 25. Mai 1607. Ihre Heimat wurde das Karmelitinnenkloster Santa Maria degli Angeli. In den Jahren 1585–90 durchlitt sie qualvolle körperliche und seelische Leiden. Sie begegnete ihnen mit dem Grundsatz: „Leiden, nicht sterben!" Auch ihre prophetische Begabung war ihr mehr Schmerz als Stolz. Fünf Manuskriptbände schrieben ihre Mitschwestern nieder, um Worte, Gebete, Gespräche ihrer visionären Erlebnisse festzuhalten. Hier waren ihre Hauptthemen die Geheimnisse der Dreifaltigkeit und der Menschwerdung. Sie kam, ähnlich wie Theresia, zu der mystisch irdischen Gotteinigung, die eben nur noch von der Visio beatifica in der jenseitigen Welt übertroffen werden kann. Dieses mystische Leben wird in der künstlerischen Darstellung der Heiligen durch

Dornenkrone und brennendes Herz dargestellt. In ihrer Zeit und Welt war die Sendung dieser Heiligen: gegenüber den „Religionskriegen" (1572 die Bartholomäusnacht in Paris, 1588 Vernichtung der spanischen Armada, Hugenottenkriege, Durchführung der Reformation durch Elisabeth I. in England...) erhält sie die Mitte aller Religion, die alles übersteigende Liebe Gottes. Gegenüber dem neuen Kolonialdenken erhält sie die seelische Welt und die inneren Werte lebendig.

Der christliche Alltagsmensch erfährt aus dem Leben der Heiligen, daß die Mystik in ihrer Höhe und Tiefe Gottes Gabe, aber keineswegs erstrebbare Notwendigkeit ist. Eine große Versuchung wäre es, mit einer gewissen Sucht oder gar Eitelkeit nach dem Außerordentlichen zu streben. Andererseits sind die Phänomene der Mystik niemals mit psychopathischen Diagnosen abzutun. Das letzte Kennzeichen der Echtheit ist das Herrenwort: „... Gott lieben aus ganzem Herzen, aus ganzer Seele und aus allen Kräften."

26.

HL. PHILIPP NERI

Priester

Gedenktag

Der fröhliche, der singende, der gute Filippo!
Er missioniert durch die Freude

In Rom gibt es auf dem uralten Sieben-Kirchen-Weg, der Straße der Pilger zu den bedeutendsten Heiligtümern, zwischen Sankt Paul und San Sebastiano ein sehr bescheidenes Kapellchen. Dessen Seitenmauer ist mit einer Marmortafel geschmückt. Auf dem Marmor ist eingemeißelt: „Paradiso, paradiso" („der Himmel, der Himmel"). Das geht auf den heiligen Philipp Neri zurück. An einem glutheißen Tag machte er mit einer Pilgergruppe die Sieben-Kirchen-Fahrt. Als das Gebet vor Hitze verdorrte und alle verdrossen dahertrotteten, nahm er sein Birett, warf es in die Luft, sprang hinterher, fing es auf und rief: „Paradiso, paradiso!" Alle lachten, klatschten in die Hände, und dann gingen Gebet und Wallfahrt fröhlich weiter. – Das ganze Leben des Heiligen aus dem heiteren Florenz, das am 21. Juli 1515 begann und am 26. Mai 1595 in Rom endete, ist so geprägt. Er lacht und stiftet Freude, er macht sich lustig über eine eitle Gräfin und läßt seine Freunde singen, singen. In dieser Fröhlichkeit wird er zum Apostel Roms. Er zieht mit den Kindern aus der Stadt nach Sant'Onofrio am Abhang des Gianicolo. Mit Spielen erzieht er sie zu religiösem Tun und Wissen. Seine Priestergemeinschaft, gegründet 1552, heißt das Oratorium. Davon hat den Namen das Oratorium als Musik- und Dichtwerk. Für die Kinder hält er eigene Predigten, mit ihnen singt er religiöse Lieder in Italienisch. Alle weiß er im goldenen Netz seiner Fröhlichkeit zu fangen. Der Papst läßt ihn kommen, um sich Filippos Rat zu holen. Kardinäle sind seine Beichtkinder. Die großen Reformgestalten der Zeit, Carlo Borromeo, Ignatius von Loyola, Kamillus von Lellis, Franz von Sales, stehen in enger Verbundenheit mit Philipp Neri. Doch keinen läßt er vor, wenn er in sein Gebet versunken ist. Für die Feier der heiligen Messe braucht er lange Zeit. Eine Dreiviertelstunde hält er sich bei der heiligen Kommunion auf, völlig versunken in das eucharistische Mysterium. Hier sind die Quellen seiner Freude. Dahin weiß er die Menschen zu führen. Manchmal setzt die Kirchengeschichtsschreibung beim Bericht über die katholische Restaurationsbewegung nach der Reformation nur schwere und dunkle Akzente. Philipp Neri zeigt, daß die kirchliche Erneuerung aus der Freude und Fröhlichkeit kommt.

27.

HL. AUGUSTINUS VON CANTERBURY

Bischof, Glaubensbote

Er setzte sein Leben ein für die Missionierung Englands. Ihm gönnte man nicht einmal das Grab

Des Abtes Augustinus Vorgänger im Amt der Leitung des Andreasklosters zu Rom war Papst Gregor der Große. Dieser heilige Papst hatte auf dem Markt junge Angelsachsen gesehen, die als Sklaven verkauft wurden. Ihr Schicksal im Verlust der Freiheit rührte ihn weniger als die Mitteilung, daß sie die Freiheit der Kinder Gottes noch nicht erreicht hatten. Da folgte der gemessene Befehl des Papstes an seinen Mitbruder im Benediktinerorden, Augustinus, mit vierzig Mönchen nach England zu gehen. Es war 596.

Schon 601 wurde Augustinus Erzbischof und Primas der rasch wachsenden angelsächischen Kirche. Seinen Sitz nahm er in Canterbury. Neben den großen Erfolgen bei der Bekehrung der Angelsachsen hatte Augustinus erhebliche Schwierigkeiten zu überwinden in der Beziehung zu den christlichen Gemeinden des alten römischen Britannien. Sie waren von den Kelten des alten Gallien missioniert worden, die ihrerseits von Palästina und Ägypten her die Botschaft Christi empfangen hatten. So entstanden Differenzen in Fragen des Ostertermins, des Taufritus, der Form der Tonsur. Eine Generation später waren diese Probleme vergessen. – Aber vergessen wurde auch der heilige Augustinus selber. Er starb am 26. Mai 604, im gleichen Jahr wie sein großer Lehrmeister und Aussender Gregor. Sein Primitialsitz behielt seine Würde bis heute. Doch Augustinus' Reliquien wurden aus seiner Grabeskirche St. Augustin's vernichtet. Roms Boten gönnte man nach Trennung von Rom nicht einmal das Grab.

PFINGSTEN

Pfingsten, das liebliche Fest?
Der gewaltige Tag in Sturm und Feuer;
der Tag der Vollendung

Das Pfingstfest scheint in frühchristlicher Zeit nur ein Anhängsel von Ostern gewesen zu sein. Schon der Name Pentecoste – fünfzigster Tag – verweist auf den Ablauf der österlichen Zeit in sieben Wochen, in siebenmal sieben Tagen. Eine Sonderstellung nimmt die Pentecoste als Tauftag für die in der Osternacht durch Krankheit oder ähnliches an der Taufe Verhinderten ein. – Vielleicht liegt eine leise Erinnerung an den pfingstlichen Tauftag in dem Brauch mancher Diözesen, an Pfingsten eine große Wallfahrt zur Kathedralkirche zu halten, bei der die heilige Firmung gespendet wird. Der süditalienische Name Pasqua rossa erinnert noch an die Einheit von Ostern und Pfingsten.

Die Pilgerin Egeria berichtet um 390 von Jerusalem, daß nach der Nachtwache die eigentliche Pfingstfeier in der Sionskirche stattfindet. Man besucht also die Stätte des Pfingstereignisses. Hier werden die Texte der Heiligen Schrift über die Herabkunft des Heiligen Geistes gelesen. Hier ist also Pfingsten klar ausgerichtet auf die Sendung des Heiligen Geistes durch Christus. Doch erst das Spätmittelalter trennt Pfingsten ab und verselbständigt es. Nun wird für lange Zeit Weihnachten Fest des Vaters, Ostern Fest des Sohnes, Pfingsten Fest des Heiligen Geistes. Das von Ostern gelöste Pfingstfest kann nun auch einen eigenen Festkreis ausbilden, der mit der Pfingstoktav beginnt. Dabei nimmt die Pfingstoktav in sich hinein die Quatembertage, die für die erste Ernte danken.

Im Jahre 455 belagerten die Vandalen Rom an Pfingsten. Von daher kommen die heute noch vorhandenen Texte, die von Frieden und von der feindlichen Bedrohung sprechen.

Die Neuordnung des Kalenders 1969 stellte die ursprüngliche Zusammenordnung Ostern – Pfingsten wieder her und schaffte die Pfingstoktav ab. Die Pfingstnovene als Bitte um Einheit der Christen wurde in die dafür geeignetere Zeit, die Novene zwischen Himmelfahrt und Pfingsten, gelegt, die auf Christi Geheiß zurückgeht. Für das deutsche Sprachgebiet bleibt der Überhang über die fünfzig Tage im Pfingstmontag. Ihn abzuschaffen wäre ein Signal für staatliche und wirtschaftliche Bestrebungen, die alle die in der Woche fallenden Feste wegzunehmen trachten. Man sollte den Pfingstmontag noch mit einem gesonderten Gehalt erfüllen. Man sprach davon, hier Kirchweih oder ein Marienfest anzusiedeln.

Sonntag nach Pfingsten

DREIFALTIGKEITSSONNTAG

Das Gloria Patri zum österlichen Lobgesang

Der im Dominikanerkloster zu Lyon 1316 gewählte Papst Johannes XXII., vorher Bischof von Avignon, setzte in seinem letzten Regierungsjahr 1334 von Avignon aus das Dreifaltigkeitsfest für die Gesamtkirche ein. Das neue Offizium zum Fest verfaßte der Franziskaner Johannes Peckham, der 1278–92 Erzbischof von Canterbury war. Doch ist das heutige Dreifaltigkeitsoffizium 1570 unter Pius V. abgefaßt worden. Die Kalendererneuerung 1969 hat den Dreifaltigkeitstag nicht angetastet. Es erfolgte nur die Anpassung der Texte an die neue Disposition der Liturgia horarum.

Das Dreifaltigkeitsfest wurde von Johannes XXII. nicht neu geschaffen. Er übernahm es von Cluny, das so oft in der Liturgie wirksam wurde. Dort kannte man schon vor 1270 die Dreifaltigkeitsfeier. Das gleiche gilt vom Zisterzienserorden und zahlreichen Diözesen.

Dieses diözesangebundene Fest kommt aus dem Anhang von Votivmessen für jeden Tag der Woche, den Alkuin (um 800) für seine Abtei Tours zusammengestellt hatte. Die Votivmesse zu Ehren der Dreifaltigkeit erweiterte der Lütticher Bischof Stephan (903–920) durch die Texte des Stundengebetes. Dazu wuchs auch die heutige Dreifaltigkeitspräfation, die eigentlich kein Lobgesang, sondern ein Zitat aus einem theologischen Traktat Pelagius' II. ist. Dieses Lütticher „Votivfest" war der diözesane Vorgänger des Avignoner Gesamtkirchenfestes.

Die Dreifaltigkeitsliturgie blieb nicht unwidersprochen. Papst Alexander II. (†1073) meinte, das Gloria Patri zu jedem Psalm enthalte die Trinitätsfeier der Kirche. Aus der Abtei Prüm kam um 1152 ein großes „Erstaunen", daß es Klöster gebe, die dieses Fest eingeführt hätten. Die Festlegung durch Johannes XXII. beendete alle Diskussionen. Das Dreifaltigkeitsfest wurde und blieb das Gloria Patri zum großen Osterpsalm der Pentecoste.

Das 18. Jahrhundert hat dem Dreifaltigkeitstag einen besonderen Rang zugewiesen. Es wurde der Sonntag über den Sonntagen, an dem man nicht die geringste Arbeit verrichtete, nicht einmal in der Küche.

Donnerstag der 2. Woche nach Pfingsten

HOCHFEST DES LEIBES UND BLUTES CHRISTI
FRONLEICHNAM

Der Gründonnerstag im Glorienschein

Der französische Name des Fronleichnamsfestes „Fête-Dieu = Gottesfest" zeigt die überragende Bewertung des Tages im Volk.

An der Wurzel liegt die Initiative der Lütticher Begine Juliane, geboren 1193 zu Retinnes, tätig im

Siechenhaus Corneliberg bei Lüttich. Zeitweise lebte sie bei den Zisterzienserinnen in Salsinnes bei Namur. Sie starb am 5. April 1258 als Rekluse in Fosses. Ihr Grab ist in Villiers bei Namur. Von etwa 1209 an hatte Juliane öfters Visionen, in denen sie den Vollmond sah, an dem ein Stück abgebrochen war – Hinweis auf das Fehlen eines Festes des Herrenleibes. Sie besprach ihre Vision mit mehreren bedeutenden Theologen. Unter ihnen waren der spätere Kardinallegat Hugo und Jakob Pantaleon, Archidiakon von Lüttich, der „Schusterjunge aus Troyes"; er wurde Bischof von Verdun, Patriarch von Jerusalem, dann Papst Urban IV. Juliane wallfahrtete, um Rat zu erflehen, nach Köln. Bischof Robert de Thorete von Lüttich schrieb auf einer Diözesansynode 1246 das Fronleichnamsfest für sein Bistum vor. Es wurde auch 1247 in der Stiftskirche St. Martin in Lüttich gefeiert. Die Texte schuf ein Kanoniker von St. Martin, Johannes von Lausanne.

Als Urban IV. 1261 Papst geworden war, ohne jemals Rom zu sehen, erlebte er das nahe seiner Residenz Orvieto geschehene Sakramentswunder von Bolsena. Am 8. September 1264 (11. 8.?) schrieb er das Fronleichnamsfest durch die Bulle „Transiturus" vor. Thomas von Aquin verfaßte das Offizium. Kurz nach dem Erlaß starb Urban zu Perugia. Nach einem Votum des Konzils von Vienna 1311 erneuerte Papst Clemens V. von Avignon aus die Stiftung des Fronleichnamsfestes.

Die Fronleichnamsprozession ist später zum Fest hinzugekommen. Zwischen 1275 und 1278 wurde die erste Prozession im Stift St. Gereon zu Köln gehalten. Das Allerheiligste wurde während der festtäglichen Aspergesprozession an der Spitze der Prozession zwischen Reliquiaren getragen. Die Kanoniker von St. Gereon dehnten diesen öfters vorkommenden Brauch auf das Fronleichnamsfest aus.

Freitag der 3. Woche nach Pfingsten

HEILIGSTES HERZ JESU

Der Karfreitag mit der Gloriole

Das Herz-Jesu-Fest geht zurück auf die Anregungen der heiligen Margareta Maria Alacoque, Klosterfrau des von Franz von Sales gestifteten Ordens von der Heimsuchung. Sie wurde geboren am 22. Juli 1647 zu Lauthecour in Burgund und starb am 16. Oktober 1690 zu Paray-le-Monial, nicht weit von Taizé. Ihr Spiritual war der heilige Claudius de la Colombière SJ. Margareta Maria erhielt in Visionen 1673–75 den Auftrag, den Herz-Jesu-Freitag und das Herz-Jesu-Fest zu propagieren. Die erste Feier des Festes war 1688 unter Bischof Karl Franz von Coutances in der dortigen Seminarkapelle. Ihm folgte 1692 Erzbischof Peter von Grammont, der in das Diözesanmissale von Besançon eine Herz-Jesu-Messe setzte. Für die ganze Kirche gestattete Papst Clemens XIII. 1765 das Fest. Pius IX. schrieb es 1856 für die Gesamtkirche vor. Leo XIII. gab ihm den Rang eines Festes, Pius X. den eines Hochfestes. Pius XI. schuf 1928 die Oktav. Die großen Herz-Jesu-Botschaften Pius' XI., Pius' XII., Pauls VI. unterbauten das Fest.

Der unter dem Zeichen des Herzens sich vollziehenden Schau der Barmherzigkeit und der Liebe Gottes in Christus Jesus war eine providentielle Aufgabe beschieden. In der katholischen Frömmigkeit herrschte weithin der Jansenismus, der im wesentlichen auf der unnahbaren Gerechtigkeit aufbaute. Sein Einfluß war unermeßlich. Die Herz-Jesu-Frömmigkeit hat diesen Jansenismus überwunden. Auch der in der Kirche stark gewordene Rationalismus wurde durch die Herz-Jesu-Verehrung und ihre reichen Gemütswerte unsicher gemacht.

Alle drei nachösterlichen Feste: Dreifaltigkeit, Fronleichnam, Herz-Jesu-Fest, stammen aus dem burgundischen Raum um Cluny und Clairvaux und weisen so auf ihre Wurzeln in der benediktinischen und bernhardinischen Frömmigkeit hin.

Samstag nach dem 2. Sonntag nach Pfingsten

UNBEFLECKTES HERZ MARIÄ

Das Fest zur Erinnerung an den herzlosen Zweiten Weltkrieg

Hier liegen keine Schätze der Geschichte. Nur ein paar sehr einfache Daten sind zu berichten. Am Ende des herzlosen Zweiten Weltkrieges 1944 schrieb Papst Pius XII. für den 22. August das Fest des Herzens Mariä vor. Der Zeit ohne Herz wies er das Herz der Mutter, die unter dem Kreuz stand. Das Datum, der Oktavtag von Mariä Himmelfahrt, deutete die Feier als Ergänzung zur Assumptio: Die Königin des Himmels ist Mutter mit einem unendlich gütigen Herzen.

Die Kalenderumgestaltung 1969 durch Paul VI. in Durchführung der Konzilsbeschlüsse gab dem Fest einen anderen Platz, und zwar am Samstag nach dem zweiten Sonntag nach Pfingsten. Das ist der Samstag nach dem Herz-Jesu-Fest. Die Feier des Erlöserherzens wird ergänzt und weitergeführt durch den Gedenktag des Herzens der Mutter. Die Liebe des Erlösers, so will diese neue Anordnung sagen, findet ihr schönstes Abbild in der Liebe Mariens. – Vorher hatte schon mancherorts der Herz-Mariä-Tag sein Ansehen, doch mehr noch war diese von dem Stichwort „Herz" aufgeschlossene mariologische Gedankenwelt in vielen Liedern und Gebeten in der kirchlichen Frömmigkeit aufgeklungen. Der große Theologe Matthias Josef Scheeben ist Zeuge dafür.

Das Herz-Mariä-Gedenken darf als biblischer Tag angesprochen werden. Denn „Maria bewahrte alle diese Dinge in ihrem Herzen. – Sie sann in ihrem Herzen darüber nach" (Lk 2,19.51). Dieses Herz wird von Simeon als durchbohrtes Herz angesprochen: „Ein Schwert wird deine Seele durchdringen!" (Lk 2,35.) Wie so oft ist Lukas der Evangelist dieser Feier. Doch ist diese lukanische Feier nicht etwa eine Betlehemromantik, sondern Eindringen in die Heilige Schrift. Sie ist sogar innerer Aufbau jener Kriegsabwehr, deren Notwendigkeit man im Krieg gelernt hatte. Hier geht es um das Herz der Menschen.

JUNI

1.

HL. JUSTIN

Märtyrer

Gedenktag

Philosoph, Märtyrer, Politiker, vergessen, zeitnah

Ob Justin viele Gefährten unter den Heiligen hat, die gleich ihm Philosoph und Märtyrer sind? Er hat durch die Philosophie den Weg zum Christentum gefunden. Ihm wird die Philosophie im schönsten Sinne ancilla theologiae – Magd der Theologie, der Gottesweisheit. Er findet die Brücke zwischen Platon und Christus. Er geht aus der Provinz in die Hauptstadt, aus Neapel nach Rom. Hier gründet er einen Schülerkreis. Seine Lehre wird hier Verkündigung. – Dann versucht er, Kaiser und Senat zu seinen Schülern zu machen. Er schreibt seine „Apologia". Der christliche Philosoph wendet sich an die heidnischen Politiker, um der Verfolgung Einhalt zu gebieten. Er schreibt in unbekümmerter Offenheit, was das Christentum denkt und will, wie es betet und feiert. Von Justin stammen unsere ersten Nachrichten über die Liturgie Roms. Auch das Gottesvolk des Alten Bundes will er in seine Schule nehmen. Er schreibt den „Dialog mit dem Juden Tryphon" und versucht darin den Brückenschlag zwischen Judentum und Christentum. Alles Wissen, alle Weisheit, alle Offenheit und Vornehmheit der Diskussion nützen nicht.

Man hört ihn nicht. Man verurteilt ihn. Er stirbt 165 als Märtyrer. Vor seinem Tod hat er das Tropaion, das Siegesmal über dem Grab des heiligen Petrus, gesehen. Über dem Grab seines Bekenntnisses stand kein Tropaion. Keine Kirche wurde unter seinem Namen gebaut. Er wurde vergessen. Man müßte vom Martyrium seines Andenkens sprechen. Ein Leben und Sterben – zweimal umsonst.

Doch man entdeckte Justin wieder im 19. und 20. Jahrhundert in seinen Schriften, den ersten Zeugnissen des römischen Glaubenslebens, dem ersten Stück christlicher römischer Literatur, noch in griechischer Sprache, nach dem Römerbrief oder, besser, nach den Gefangenschaftsbriefen des heiligen Paulus. Der Philosoph und Märtyrer ist mit seinen Schriften selber ein Tropaion, so kostbar wie der Fund unter der Peterskirche.

2.

HL. MARCELLINUS UND HL. PETRUS

Märtyrer

Priester und Seelsorgshelfer, einig in der Treue bis in den Tod

In der letzten Hochflut der Verfolgungen unter Diokletian um das Jahr 304 starben Petrus und Marcellinus den Martertod. Papst Damasus I. hat etwa siebzig Jahre später die Inschrift über ihrem Grab verfaßt. Er hatte sich dazu vom einstigen Henker der Heiligen, der noch lebte, Auskünfte über die Bestattungen der beiden Heiligen verschafft. Die Märtyrer fanden ihr Grab in dem Coemeterium „Ad duas Lauros" („Zu den zwei Lorbeerbäumen") an der südostwärts führenden Via Labicana. Später wurde das Mausoleum der

Kaiserin Helena mit dem Märtyrerheiligtum verbunden, das 1896 wiederentdeckt wurde. Die alte Memoria vor der Stadt ist nicht zu verwechseln mit der von Borromini erbauten eigenwilligen Barockkirche zu Ehren dieser Heiligen zwischen Lateran und Santa Maria Maggiore.

Marcellinus und Petrus stehen bis heute, sicher seit Damasus, vielleicht schon früher, im Römischen Kanon. Nach der Tradition war Marcellinus Priester, Petrus Exorzist – modern übersetzt: Taufseelsorgehelfer. Die beiden Märtyrer erlangten nach einem halben Jahrtausend große Bedeutung in deutschen Landen. Denn ihre Reliquien wurden 827 von Einhard, dem Biographen Karls des Großen, zuerst nach Steinbach im Odenwald, dann nach Seligenstadt am Main übertragen – eine der großen Heiligentranslationen nach Deutschland. Dabei ging es nicht ohne List und Heimtücke zu. Doch wurde nicht nur die Translatio zur Triumphfahrt, es ging auch von der Märtyrerwallfahrt nach Seligenstadt eine Flut von Frömmigkeit und Leben aus. Der Besitz der Gebeine der Heiligen war für Gemeinschaften und Fromme im Mittelalter größter Stolz. In ihren Leibern wußte man die Heiligen persönlich gegenwärtig als Mitbürger der Stadt. Die öde, geistlose Kampagne gegen die Reliquienverehrung zur Reformationszeit und später in der rationalistischen Ära hat nicht nur Gräber und Memorien, sondern auch eine Seite des christlichen Menschenbildes zerstört.

Marcellinus und Petrus als heilige Persönlichkeiten sprechen von der Verbundenheit des Priesters und des Helfers in der Seelsorge und von ihrer gemeinsam bewährten Treue bis in den Tod.

3.

HL. KARL LWANGA UND GEFÄHRTEN

Märtyrer

Gedenktag

Ein Sterben für den Glauben und für die Reinheit

Am Rande der modernsten Zeit, am 3. Juni 1886, mitten im Kolonialzeitalter, schenkte Uganda der Kirche Afrikas ihre Großmärtyrer, zu denen Papst Paul VI. 1968 seine Wallfahrt nach Kampala machte.

Der König oder gar Kaiser Mwanga inszenierte 1885–87 eine Verfolgung. Seine Grausamkeit erinnert uns an die Unmenschlichkeiten der heutigen Machthaber. Mwanga war dem Laster verfallen. Er versuchte die Pagen seines Hofes zu mißbrauchen. Doch der Lehrer dieser Knaben, Karl Lwanga, lehrte sie, nein zu sagen. In der Gefangenschaft wurden die letzten fünf dieser Gruppe getauft, Lwanga selbst war erst im Jahr davor, am 15. November 1885, Christ geworden. Die Gefangenschaft wurde für diese jungen Christen bei aller Qual zu einem fast mystischen Glaubenserlebnis. Am 3. Juni 1886 wurde Karl mit zwölf jungen Christen auf dem Scheiterhaufen verbrannt. Ihr Sterben war vom Singen zum Lobe Gottes begleitet. Ein Martyrium, das keinem altchristlichen Sterben für Christus und keiner mittelalterlichen Legende nachsteht! Die andere Gruppe der jungen Märtyrer, unter Führung des Matthias Kalemba Muhumba, wurde enthauptet. Papst Benedikt XV. hat diese 22 ugandischen Märtyrer 1920 seliggesprochen. Johannes XXIII. leitete den Heiligsprechungsprozeß ein, den Papst Paul VI. vollendete. Die jungen Afrikaner starben nicht nur für den Glauben, sondern auch für die Reinheit des Lebens. Sie wurden in einer Zeit heiliggesprochen, in der das Laster um sich zu greifen begann, das diese Märtyrer so ablehnten.

Mit den ugandischen Märtyrern starben gleichzeitig auch anglikanische Christen für Christus, als sollte die Ökumene im Martyrium verwirklicht werden.

Dieses Leben und Sterben junger Menschen der Kirche Afrikas im Kolonialzeitalter macht gerade heute nachdenklich, wo ein anderes „Kolonialzeitalter" begonnen hat. Hier ist die Hoffnung Afrikas. Hier wächst die Zukunft eines christlichen Afrika. Schon einmal starben junge Afrikaner, römische Soldaten, den Martertod in Köln und anderswo. Sie schufen die Fundamente Europas.

5.

HL. BONIFATIUS

Bischof, Glaubensbote, Märtyrer

Gedenktag

Der heimliche Vorsitzende der Deutschen Bischofskonferenz, ganz Kultur und Organisation, ganz Märtyrer

Er starb den Märtyrertod, als er einundachtzig Jahre alt war. Als Achtzigjähriger brach er auf, um nicht im Bischofshaus des goldenen Mainz oder im Kloster Fulda seine letzten Tage zu vollbringen, sondern inmitten der friesischen Mission, wo er begonnen hatte. – Als Dreiundvierzigjähriger hatte er 716 (endgültig 719) seine kulturreiche britannisch-römisch-angelsächsische Heimat verlassen. Mitten im Eifer der Missionsreisen blieb in ihm ein Heimweh nach dem englischen Klosterleben und seiner Kultur. Aus der Wildnis schrieb er schon früh nach Hause, man möge ihm die Briefe des heiligen Petrus, in Goldbuchstaben geschrieben, senden. Da bricht auch sein Heimweh nach seiner anderen Heimat Rom hervor. Von ihr spricht auch sein Name Bonifatius. Seinen Tauf- und Klosternamen Winfried änderte er in den Namen des heiligen Märtyrers, an dessen Gedenktag er 722 zu Rom die bischöfliche Weihe empfangen hatte. Man stellt sich Bonifatius gewöhnlich vor als den Fäller der Donareiche, als Prediger für halbwilde Volksstämme. Viel mehr liegen in den Fundamenten seiner Persönlichkeit der Edelsinn und die Kirchlichkeit Englands, dessen bedeutsamster Vertreter Beda Venerabilis ist. Gleichzeitig ist Bonifatius der große Kirchenorganisator. Die dreieinhalb Jahrzehnte seiner Mission sind Gründungen von Bischofssitzen und klösterlichen Stützpunkten. Als Päpstlicher Legat gründete oder erneuerte er seit 738 die Bistümer Salzburg, Regensburg, Freising, Passau, Eichstätt, Würzburg, Büraburg, Erfurt. Sein eigener Erzbischofssitz für acht Jahre ist seit 745 Mainz, nachdem seine Pläne für Köln im Jahr zuvor gescheitert waren. Er gründet die Großklöster Fulda, Amöneburg, Ohrdruf, Fritzlar, Tauberbischofsheim, Kitzingen, Ochsenfurt. In diesen Unternehmungen trägt er nicht nur den Legatentitel, sondern er handelt als Sachwalter des Papstes. Er schafft die das ganze Mittelalter hindurch wirksame Verbindung Rom–Deutschland. Heute noch ist er der „heimliche Vorsitzende" der Fuldaer Bischofskonferenz. Das bonifatianische Leben bricht sogar nach Jahrhunderten wieder neu hervor, wenn etwa Erfurt, seine Gründung, heute wieder Bischofssitz wird. – Aber der Legat, einundachtzig Jahre alt, schiebt das gewaltige Ordnungswerk beiseite. Er gibt sich der Wildnis wieder und läßt sich für Christus ermorden. Der Mörder durchstach, ehe er Bonifatius traf, das Evangelienbuch – Symbol für das, was beide suchen, Märtyrer und Marternder: Christus.

6.

HL. NORBERT VON XANTEN

Ordensgründer, Bischof

Der bekehrte Kanoniker wurde Ordensstifter, wurde missionarischer Erzbischof

Norbert war zu Lebzeiten nicht sehr beliebt. Denn er zeigte seinen unfrommen Standes- und Zeitgenossen, was zu tun war. – Er war Kanonikus in Xanten am Niederrhein. Diese reiche Pfründe fiel ihm, dem jungen Adeligen aus Gennep, geboren 1082, ohne Bewährung in den Schoß. Er führte dieses Leben am Stift wie seine Mitbrüder, sehr weltlich, sehr unkirchlich.

Da kam für den Dreiunddreißigjährigen die Wende. Er geriet unter den Einfluß des Siegburger Abtes Kuno. Er empfing zu Köln die Weihen. Als eifernder Prediger zog er durch seine Heimat, die niederrheinischen Lande, durch das heutige Belgien und Frankreich. Durch diese Predigten machte er sich in den Zeiten der großen Konflikte zwischen kaiserlicher und päpstlicher Macht verhaßt bei den verweltlichten Geistlichen. Die in seiner Predigt verkündigten kirchlichen Lebens- und Gemeinschaftsideale verwirklichte er in Laon. Dort gründete er den Prämonstratenserorden. Es war ein Orden nicht von Mönchen, sondern von Kanonikern. Deutschland hatte damals keinen Platz für ihn.

1126 erinnerte sich die Kirche in Deutschland wieder Norberts von Xanten. Er wurde für acht Jahre Erzbischof von Magdeburg. Da war er wieder im Licht der großen Öffentlichkeit. Hier konnte er als Kanzler für Italien auch in der Politik seinen Eifer für den Frieden einsetzen. Der ruhelose Erneuerer starb am 6. Juni 1134 in Magdeburg. Seine Gründung, der Prämonstratenserorden, hielt sein Andenken lebendig. Norbert, der Stifter, sei unstet gewesen, sagen seine Kritiker. Die Regularkanoniker riefen in die Zeit: Suchet zuerst das Reich Gottes! Das bringt nicht Unstetheit, sondern Glut und Eifer. – Aus seinem Grab im Magdeburger Dom wurde Norbert in der Reformation entfernt. Seine Gebeine wurden nach Strahow in Böhmen übertragen.

9.

HL. EPHRÄM DER SYRER

Diakon, Kirchenlehrer

Die Harfe des Heiligen Geistes, Sänger und Katechet

Der große syrische Kirchenlehrer war nur Diakon, nur theologischer Lehrer, nie mit einem hohen kirchlichen Amt betraut, nur Ratgeber der Bischöfe, die ihm vielleicht kaum gleichkamen an Geist und Bildung. Sein Auftreten war schlichteste Bescheidenheit. In Edessa, wo er 373 starb, war er Flüchtling. Denn seine ostsyrische Heimat Nisibis wurde von den Parthern erobert und dem Perserreich eingegliedert. So ist begreiflich, daß er in der neuen Heimat noch mehr zurücktrat. Er wuchs aus einer Bewegung, die mönchische Aszese und hochgeistige Bildung zu vereinen suchte. Diese Haltung machte ihn weder zum Professor noch zum Eremiten, sondern einfach zum Geistträger. So gab man ihm auch den Beinamen „cythara Spiritus Sancti – Harfe des Heiligen Geistes". Sein Werk sind exegetische und dogmatische Schriften und Sermones. Hier spricht noch die ältere theologische Schule von Clemens Alexandrinus, Tatian, Theophilus. Die athanasianische Theologie ist noch nicht angekommen. Die eigentliche Welt Ephräms sind seine Hymnen – Hunderte von Hymnen, die die Geheimnisse des Herrn und seiner Heiligen besingen. Diese Fülle der Lieder kommt aus der für uns nicht mehr vorstellbaren musikalischen Fruchtbarkeit seiner syrischen Heimat. Es ist keine Poesie vom Schreibtisch. Er spielt auf der „Harfe des Heiligen Geistes" für den Gottesdienst des Volkes. Chöre von Jungfrauen, von Kindern und erwachsenen Gläubigen singen in den Basiliken das Gotteslob und spielen es in Prozessionen und Reigen. Es ist ein fortdauernder Palmsonntag. Mit hartem Zugriff hatte die kirchliche Autorität diese Hymnen verboten, als sie in die Hände der Gnosis geraten waren. Durch die Lieder Ephräms beginnt nun ein neues Singen im Gottesdienst, das wahrhaftig nicht dem Musikantentum, sondern der Seelsorge und Glaubensverkündigung dient. Andere Hymnendichter setzen es fort. Ambrosius, Augustinus, Hilarius verpflanzen es in das Abendland. Die Intonation bleibt bei Ephräm. Als Papst Benedikt XV. ihn 1920 zum Kirchenlehrer erhob, wollte er der kriegszerrütteten Menschheit sagen: Den Kriegstrompeten wehren die „Harfen des Heiligen Geistes" in Gottesdienst, Kirchenmusik und Volksgesang.

11.

HL. BARNABAS

Apostel

Gedenktag

Er heißt und ist „Sohn des Trostes",
liebenswert, nur für andere da

Wenn wir den heiligen Barnabas suchen, müssen wir in den engsten Kreis um Christus eintreten. Sicher finden wir ihn unter den 72 Jüngern des Herrn. Sicher ist er mit Markus und Maria Cleophae verwandt, dann auch wohl mit dem Herrn selbst. Vielleicht ist er es, dem Matthias beim Los über das Apostelamt vorgezogen wurde.

Um Barnabas zu finden, muß man die Apostelgeschichte aufschlagen. Sie zeigt ihn als beispielhaftes Mitglied der Urgemeinde, der einen Acker verkauft und den Erlös den Armen gibt. Sie erwähnt die Deutung seines Namens „Sohn des Trostes" und nennt ihn „einen trefflichen Mann, erfüllt von Geist und Glauben". – Barnabas schenkt der kirchlichen Mission den heiligen Paulus. Er holt ihn aus Tarsus nach Antiochien. Mit ihm zusammen macht Barnabas die syrische Hauptstadt zu der Stadt, in der der Name „Christen" entsteht. Seine Heimat Zypern und den Süden Kleinasiens erobert er seit 42 mit Paulus für das Evangelium. Hier ist er noch unbestrittener Anführer der Missionsreise. In Lykaonien hält man ihn ob seiner ehrfurchtgebietenden Gestalt für den Zeus, der vom Himmel gestiegen ist. Er verteidigt Paulus und die Heidenmission in der Freiheit vom mosaischen Gesetz beim Apostelkonzil im Jahre 50. Doch dann wird der sonst so liebenswürdige Barnabas in einen Zwist mit Paulus verwickelt. Sie trennen sich. Barnabas nimmt sich wieder seiner Heimat Zypern an.

Aber dann beginnen die Fragen, hinter denen man Barnabas nicht mehr zu finden weiß. War er in Rom und Mailand als Verkünder? Hat er, wie Tertullian sagt, den Hebräerbrief geschrieben? Hat er den „Barnabasbrief" wirklich verfaßt? Ist er als Märtyrer in Salamis auf Zypern gesteinigt worden? Trotz aller unbeantworteten Fragen finden wir Barnabas im Römischen Kanon, Zeugnis der Hochachtung der römischen Gemeinde. Wir finden ihn am Weg durch das Heiligenjahr als einen Jünger Jesu, der die Güte und die Glut Jesu in sich aufgenommen hat, als Gefährten Pauli, der niemals sich selber sucht, sondern die Sache Christi.

13.

HL. ANTONIUS VON PADUA

Ordenspriester, Kirchenlehrer

Gedenktag

Wohl der größte Volksheilige und Nothelfer, zugleich Theologe und Lehrer

Antonius war, als er 1231 in Arcella bei Padua starb, erst sechsunddreißig Jahre alt. Sein Wirken im Franziskanerorden dauerte nur elf Jahre. Er kam aus seiner portugiesischen Heimat durch eine Verkettung von „Zufällen" nach Padua. Als Fünfzehnjähriger war er bei den Augustiner-Chorherren in Lissabon eingetreten. Während er in Coimbra studierte, wurden die Erstmärtyrer des Franziskanerordens aus Marokko in die Heimat übertragen. Das Erlebnis der Begegnung mit den Märtyrern ließ ihn zum Franziskanerorden übertreten; er war fünfundzwanzig Jahre alt. Er suchte Mission und Martyrium in Marokko. Krankheit zwang ihn zur Heimkehr nach Lissabon. Der Sturm verschlug ihn nach Sizilien. Dort traf er den Franziskanerprovinzial von Bologna. Der nahm ihn mit in seine Provinz und versetzte ihn in ein Dorf bei Forli. Hier entdeckte man sein Prediger-genie. Es begannen seine Missionsreisen durch Oberitalien und Südfrankreich. Er predigte gegen die Albigenser, Waldenser und Katharer. Er stärkte die Rechtgläubigen. Er wirkte als Oberer der Franziskaner in Frankreich und in Bologna. Diese Tätigkeit währte etwa acht Jahre. Franziskus, der große Ordensvater, hörte von Antonius. Er ernannte ihn zum ersten Lehrer seiner Minderen Brüder. Antonius konnte diesen Auftrag nur in geringem Umfang und für wenige Jahre erfüllen.

Nach seinem Tod vergingen nur elf Monate, bis der gleiche Gregor IX., der 1228 Franz von Assisi († 1226) kanonisiert hatte, die Heiligsprechung des

Antonius von Padua vollzog. Sein Leben verlief also in kürzesten Abschnitten und in siebenmal fünf Jahren. – Aber dieses kurze Leben hatte endlose Folgen und Wirkungen. Als Franziskus ihn zum Lehrmeister der Franziskaner ernannte, ahnte er nicht, daß Antonius aus seinem Studium in der Augustinerhochschule in Coimbra die augustinische Theologie in den Orden einbringen würde – bis zur Stunde ein Proprium der Franziskaner, eine Bereicherung der Scholastik. Der vom Sturm nach Italien Verschlagene wurde der beliebteste Volksheilige in Europa, in der Weltkirche: Der Patron der Brautleute, der Ehen, der Familien, der Helfer in Krankheit und Seuche, in Armut und Hunger. Ein Bericht über einen ins Meer gefallenen Ring, der im Bauch eines Fisches wiedergefunden wird, nachdem Antonius gebetet hat, dazu ein lateinisches Antonius-Responsorium mit den Anfangsworten „Si quaeris – Wenn du suchst" bewirkten das Patronat des Heiligen über die verlorenen Sachen. Nur zwei Bände Predigtentwürfe hinterließ Antonius und wurde – Kirchenlehrer.

In Padua hatte Antonius den Lieblingssitz in einem Baum. Im Baum der Kirche ist er Liebling der Beter. Der Heilige wird Volksheiliger durch das Vertrauen des Volkes. Vielleicht wurde das mächtig gefördert durch das Jesuskind auf den Armen des heiligen Antonius, das ihm die Ikonographie beigab. Das betende Volk liebt die Heiligen, die es nahe bei Christus weiß.

15.

HL. VITUS (VEIT)

Märtyrer

Der Älteste der Jugendpatrone – ein Band um Europa

Einen kurzen Lebenslauf vollbrachte Vitus, der große Märtyrer Siziliens. Er wurde nur sieben Jahre alt, nach anderen Mitteilungen war er vierzehn Jahre alt, als er für den Glauben litt. Sein Vater verlangte von ihm, das Christentum aufzugeben. Vitus floh mit seinem Erzieher Modestus und mit seiner Kinderfrau Crescentia, die Christen waren, nach Süditalien und Rom. Sie flohen in die Verfolgung hinein. Vitus wurde in einen Kessel siedenden Öls geworfen und blieb unversehrt. Aber bei der Rückflucht nach Unteritalien wurden die drei dann Opfer der Verfolgung. Es war etwa 304. So berichtet die Überlieferung.

Einen sehr langen Weg vollbrachte Vitus in seinem Nachleben. Sein Leib wurde 756 in die Abtei St-Denis überführt. Von dort wurde er 836 in das Kloster Korvey an der Weser gebracht. Der heilige Herzog Wenzel erhielt einen Arm des Märtyrers und baute ihm in Prag eine Kirche, aus der der heutige Veitsdom erstand. Kaiser Karl IV. erwarb für Prag 1355 weitere Vitusreliquien in Pavia, ohne daß man für die Echtheit bürgen konnte. Aus Korvey wurden während des Dreißigjährigen Krieges die übrigen Reliquien des heiligen Märtyrers geraubt und nach Prag gebracht, so daß man in Prag stolz war, das Vitusgrab zu besitzen. In Hunderten von Kirchen und Kapellen erwählte man Vitus zum Patron. Mehr als 34 Patronate waren dem Heiligen zu eigen, von den Apothekern, Brauern und Küfern bis zu den Stummen, Ertaubten und Erblindeten. Nach ihm benannte man die psychische Krankheit „Veitstanz". – Von Mönchengladbach und Höxter bis

Ellwangen, von Niedersachsen bis Sizilien reichen seine Stadt- und Landespatrozinien. Die zahllosen Darstellungen gaben ihm oft den Hahn des verdrängten slawischen Lichtgottes Svantivit mit; sie setzten ihm den Fürstenhut oder die Krone auf. Er steht in der Reihe der Vierzehn Nothelfer. Er ist Jugendpatron lange Zeit, ehe man an die heute bekannten Vorbilder für die jungen Menschen denkt. Sein Name lebt in vielen Familiennamen. Halb Europa und seine religiöse Kultur sammeln sich um Vitus. Von Sizilien bis Pommern, vom Ärmelkanal bis Prag schlägt sich ein Kreuz der Volksverehrung.

Am Heiligen richtet sich das Vertrauen der Menschen auf. Man sucht bei ihm nicht historische Daten, sondern eine Illustration der Güte Gottes, auch wenn sie von der Legende gemalt ist. Die gesamte Heiligenverehrung sucht den Helfer Gott, der uns in den Heiligen anruft: „Habt Vertrauen!"

16.

HL. BENNO
Bischof

Der Sachse in Bayern,
der Bischof mit dem Schlüssel und mit dem Fisch

Den heiligen Bischof Benno von Meißen an der Elbe findet man dort, wo man ihn nicht sucht: in der Frauenkirche zu München an der Isar! Dort ist er seit 1580 beigesetzt. Der deutsche Papst Hadrian VI. hat ihn am 31. Mai 1523 heiliggesprochen. Am 16. Juni 1524 fand in Meißen die feierliche Erhebung seiner Gebeine statt. Das veranlaßte Martin Luther, die zornige Schrift herauszugeben: „Wider den neuen Abgott und alten Teufel, der zu Meißen soll erhoben werden." Weil der Meißener Bischof Johann von Haugwitz fürchtete, die Gebeine des heiligen Benno könnten ein ähnliches Schicksal erleiden wie so viele andere Reliquien, ließ er 1576 St. Benno nach München zu Herzog Albrecht V. in Sicherheit bringen. Darum ist Benno Patron von Altbayern, München und Meißen. Deshalb findet man im bayrischen Barock des öfteren das Bildnis des heiligen Benno. Daran ist charakteristisch der Fisch mit den Schlüsseln im Maul: Die Torschlüssel des Meißener Doms waren geraubt und in die Elbe geworfen worden. Auf Befehl des Heiligen wurden sie von einem Fisch wieder herbeigebracht. Legende? Nur Neufassung von Mt 17,24–27 (der Fisch mit der Tempelsteuer)? Bessere Frage: Warum sollen wir der göttlichen Vorsehung Vorschriften machen? Warum kann nicht sein, was für „modernes Denken" nicht sein kann?

Der heilige Benno war Bischof von Meißen von 1066 bis 1106. Er stammte aus dem sächsischen Grafenadel. Er war zuerst Kanoniker in Goslar. Heinrich IV. hielt ihn 1075–76 im Gefängnis, weil er den Sachsenkrieg des Kaisers ablehnte. 1077 gehörte er zu den Wählern Rudolfs von Schwaben. 1085 setzte ihn Heinrich IV. kurzerhand ab und gab ihm einen Gegenbischof. Nach 1088 war er wieder an der Spitze seines Bistums. Benno war sogar nach Rom gereist, um beim Gegenpapst Clemens III. Recht zu erhalten.

Der Meißener Bischof wird „Apostel der Wenden" genannt, die heute noch in der Diaspora des Sachsenlandes treu katholische Einheiten bilden, für deren sorbische Sprache in der Liturgie der Oberhirte von Meißen-Bautzen als „auctoritas territorialis" verantwortlich ist. Benno ist Volksheiliger, von dem die Bauern allerlei Verse und Spruchweisheiten kennen. Unter sein Bild kann man schreiben: „Ihr seid Mitbürger der Heiligen und Hausgenossen Gottes", nicht nur im Jenseits, sondern auch im geplagten Diesseits.

19.

HL. ROMUALD

Abt, Ordensgründer

Das neue Einsiedlerideal zur Jahrtausendwende

Der Gründer des Kamaldulenserordens ist ein Vorläufer und Anreger des Kartäuserstifters Bruno. Der Kamaldulenserorden hat der Kirche Heilige und Selige geschenkt. Im 15. Jahrhundert war er in seiner Akademie einer der großen Träger der Reform nach dem Abendländischen Schisma. Zu den Kamaldulensern gehört der heilige Bruno von Querfurt, vermutlich auch der schöpferische Kirchenmusiker Guido von Arezzo. Die Druckerei der Kamaldulenser hatte Weltruf. Aus Camaldoli ging Papst Gregor XVI., der Vorgänger Pius' IX., hervor. Man sieht hier die Bedeutung der Stiftung Romualds.

Der heilige Romuald wurde 952 bei Ravenna geboren. Er ist nur zu verstehen im Zusammenhang mit den geistigen Bewegungen, die von der Jahrtausendwende und ihrer Parusieerwartung ausgelöst wurden. Romuald soll sogar Kaiser Otto III. fast dahin geführt haben, Mönch zu werden. In dieser Zeit stellt Romuald das Ideal des eremitischen Mönchtums wieder klar heraus. Seine Gründung bleibt ein Zweig des Benediktinerordens, holt aber aus der Regula Benedicti die eigentlich eremitischen Züge schärfer heraus. Ein Romualdkloster ist schon wie eine Kartause aus einzelnen Häusern gebaut. Papst Alexander II. bestätigte den Orden.

Romuald ist Eremit und Wanderer. Seine Rastlosigkeit, die ihn nur kurze Jahre an einem Ort verweilen läßt, ist eine ständige Flucht vor den Menschen, die seine Stille zerstören könnten. Wir treffen ihn 972 als Mönch in Sant'Apollinare in Classe bei Ravenna. Nach drei Jahren wandert er zum Eremiten Marinus. 978 begleitet er den gestürzten venezianischen Dogen Pietro Orseolo auf der Flucht nach Cuxa in den Pyrenäen. In den Jahren 987/988 gründet und erneuert er mehrere Klöster in Italien. Nun geht auch die Stiftung von Camaldoli nördlich von Arezzo vor sich. 1012 ist sie vollendet. Doch Romuald geht nach Sant'Apollinare in Classe bei Ravenna, wo er bis zu seinem Tode als Abt waltet. Er stirbt 1027 in Val de Castro. Sein Grab ist seit 1481 in Fabriano.

Als strenger Büßer geht Romuald durch das Land, ein Gegenstück zum heiligen Franz von Assisi. Die düstere Bußstrenge zeigt er als Ideal, mit dem man der Wiederkunft des Herrn entgegengehen soll, die man in der Jahrtausendwende erwartet. Aber seine Bußstrenge dient nicht der Negation; sie schafft Werte der Kultur. In der Rückbesinnung auf sich selber wird der Mönch frei, das Lob Gottes zu entfalten.

21.

HL. ALOISIUS GONZAGA

Ordensmann

Gedenktag

Er hat der Jugend viel zu sagen,
vor allem von Konsequenz und Verzicht

Daß Aloisius Patron der Jugend ist, geriet fast in Vergessenheit. Vielleicht haben das die Darstellungen verschuldet, die ihn als schlecht aussehenden Kleriker malten oder in Gips hinstellten. Bis zum Zweiten Weltkrieg kamen die sechs aloisianischen Sonntage noch einer Jugendmission gleich. Nunmehr ist Aloisius als Jugendpatron einflußlos.

Eine ähnliche Enterbung und Entmachtung hatte Aloisius schon einmal zu Lebzeiten selber herbeigeführt. Als Erbe des Markgrafen von Castiglione im Herzogtum Mantua hatte er 1583 die Verzichtleistung auf Nachfolge und Erstgeborenenrechte ausgesprochen. Er war siebzehn Jahre alt. Das Beispiel des heiligen Franz Borgia hatte es ihm wohl angetan, der sein Herzogtum Gandía aufgegeben hatte. Sicher ging auch von der Persönlichkeit des heiligen Carlo Borromeo, des großen Mailänder Kardinals, der ihm die erste heilige Kommunion reichte, ein maßgebender Einfluß aus. Vermuten kann man auch, daß ihn der Gedanke der Wiedergutmachung für die skrupellose Machtbesessenheit seiner Vorfahren, typischer Renaissancemenschen, gepackt hatte. Wäre Aloisius Weltgeistlicher geworden, so wäre ihm der Kardinalshut sicher oder vielleicht gar die Tiara nahe gewesen. Er wurde Ordensmann, Jesuit, unter einem strengen, aber hochgeistigen Spiritual, dem heiligen Robert Bellarmin. Er ist nichts anderes als Novize und Scholastiker – Theologiestudent. Die Konsequenz der machtbewußten Vorfahren wandte er auf das geistige und geistliche Leben an. Dennoch bleibt er, wie seine Briefe zeigen, ein liebevoller Sohn seiner frommen Mutter.

Die Erwartungen einer großen Ordenskarriere zerbrechen. Als Dreiundzwanzigjähriger stirbt er 1591 an der Pest, nachdem er im Heilig-Geist-Hospital die Seuchenerkrankten gepflegt hatte. Sein Leben war ein Protest gegen die Macht, ein Sieg des Geistes und der Hingabe an die Menschen. Sein Vorbild – leider später oft verzeichnet – wies mindestens vier Jahrhunderte lang der Jugend den Weg zur letzten Konsequenz im Dienst Gottes und der Menschen. Er war „Feldherr", der Größeres vollbrachte als seine Väter. – Er hätte auch heute noch der Jugend in der Kirche viel zu sagen.

22.

HL. PAULINUS VON NOLA
Bischof

Der Senator als Kleinstadtbischof,
der Großbesitzer als Hirt der Armen

Paulinus stammt aus Bordeaux, geboren um 353. Er wird 394 Priester in Barcelona, später Bischof zu Nola in Kampanien nahe Neapel. Er erlebt die Not der Einfälle der Goten unter Alarich. Er steht als Reichsheiliger über den Nationen. Er starb 431.

Paulinus stammt aus einer ungewöhnlich begüterten, angesehenen Senatorenfamilie. In ihm leben Römerstolz und Römertradition, während die Völkerwanderung das Reich dahinsterben läßt. Paulinus ist Zeitgenosse Augustins und Leos des Großen, des Chrysostomus und Cyrills. In seiner Zeit stehen die Konzilien von Konstantinopel und Ephesus. Die Würde der großen patristischen Ära umgibt ihn. Er steht mit den bedeutenden Persönlichkeiten der Epoche in Korrespondenz. Seine Gastfreundschaft wird gerühmt. Er bringt es gleich manchen Großbesitzern seiner Tage fertig, christliche, biblische Konsequenz bis zur letzten Vergabe seiner Reichtümer zu üben. Dabei wohnt er nicht in der Großstadt mit Weltverbindungen. Nola in Kampanien ist damals wie heute unbedeutende Kleinstadt. Aber die Stärke des Bischofs besteht in der Priestergemeinschaft, die ihn umgibt, ähnlich wie Augustinus in der Fischerkleinstadt Hippo seine Priesterschaft um sich schart. Mehr noch weiß sich der Heilige getragen von einem Heiligen, dem Märtyrer Felix von Nola, der die kleine Stadt zu einem Wallfahrtsort machte. Das Märtyrergrab gibt dem Kirchenvater Heimat. Als Nola den Paulinus zum Bischof wählt, flieht er. Viele andere sind vor dem Bischofsamt geflohen. Sie wurden zumeist die besten Verwalter des

Hirtenamtes. Paulinus von Nola ist jedenfalls eine der adeligen Bischofsgestalten der Kirchenväterzeit. Wie er aus dem Erbe des Märtyrers Felix lebte, so lebt Nola aus der Kraft, die aus dem Doppelgrab der heiligen Felix und Paulinus strömt.

22.

HL. JOHN FISHER

Bischof und Märtyrer

Ein junger, reicher Bischof
wird im Alter Bekenner und Märtyrer für den Primat

John Kardinal Fisher kann als typischer Engländer gelten – sachlich, wortkarg, vornehm, eigenständig. Er wirkt etwas unterkühlt. Aber er imponiert durch seine geschlossene Persönlichkeit. Man wird zu ihm keine Novene halten. Aber als Vorbild formt er seine Verehrer. Vielleicht steht er zu sehr im Schatten seines bekannteren Zeit- und Schicksalsgefährten Thomas Morus. – Fisher stammt aus Beverley im nördlichen Teil des eigentlichen England um York. Sein Geburtsjahr ist 1469. Er studierte in Cambridge und war später Kanzler der Universität seiner Jugend. Als Sechsundzwanzigjähriger empfing er die Priesterweihe. 1504 wurde er Bischof der kleinen, aber reichen Diözese Rochester, fünfunddreißig Jahre alt. Er war ein ganzer Bischof: Theologe und Prediger, seelsorgerlich und caritativ tätig. Als theologischer Lehrer und Schriftsteller stand er auf dem Boden der Scholastik und Patristik. Vom Humanismus seiner Zeit übernahm er keine Entfremdung, sondern neue Vertiefung seiner theologischen Einsichten. Er ließ Erasmus von Rotterdam nach England berufen. Die Universität Cambridge sollte durch sein Wirken reformiert werden. Luther wurde von Fisher abgelehnt, wie verschiedene Schriften zeigen. Als der Abfall Heinrichs VIII. von Papst und Kirche kam, blieb Bischof Fisher treu. Ohne viele Worte wurde er der Gegenspieler des verhängnisvollen Kardinals Wolsey, des Beraters Heinrichs. Der König ließ Fisher 1534 einkerkern. Papst Paul III. wollte sein Leben retten, indem er ihn zum Kardinal erhob. Doch Heinrich ließ ihn am 22. Juni 1535 enthaupten. Er war fünfundsechzig Jahre alt.

Kardinal Fisher war ein Märtyrer der Kirche und des päpstlichen Primates. Durch seinen Tod hat er den Glauben an die apostolische, römische Kirche bezeugt, obwohl er nicht gerade heilige Päpste erlebte. Leben und Leiden des heiligen John Fisher sind eine Antwort auf Augustinus von Canterbury, der von Rom her den katholischen Glauben nach England brachte. Möge England Fishers Antwort wieder einmütig bekräftigen.

22.

HL. THOMAS MORUS

Märtyrer

Seine Fröhlichkeit geht bis zur Hinrichtung. –
Hätte doch die kirchliche Laienarbeit etwas mehr von seiner Fröhlichkeit

Man braucht den großen Lordkanzler nicht vorzustellen. Er ist als Patron der kirchlichen Laienarbeit und vieler Kirchen und Akademien geradezu volkstümlich geworden. Sein Humor verschafft ihm so zahlreiche Freunde wie dem geistesverwandten Papst Johannes XXIII. Es ist der Humor aus der völligen inneren Ausgeglichenheit und Gottinnigkeit. Wie könnte er sonst, ein paar Sekunden vor der Enthauptung, den Bart vom

Richtblock wegstreichen mit der Bemerkung: „Der hat den König nicht verraten"! Manchmal möchte man wünschen, die kirchliche Arbeit hätte ein wenig vom Humor ihres Patrons Thomas Morus.

Der Heilige ist Londoner. Sein Geburtstag ist der 7. Februar 1478. Er studiert Jura in Oxford, Löwen und Paris. Er wird Kronjurist im Dienst Heinrichs VIII. Das Vertrauen des Königs zeichnet ihn aus. Thomas Morus kann wohl als der heimliche eigentliche Verfasser der königlichen Verteidigungsschrift des katholischen Glaubens gegen Luther gelten. Sein Leben entspricht seinem Glauben. Er sammelt seine große Familie um sich in echter Frömmigkeit und Fröhlichkeit. Man erkennt es an den leuchtenden Gesichtern, die der Maler Holbein von diesem Familienkreis festgehalten hat. Des Glückes Gipfel scheint erreicht zu sein, als Morus 1529 zum Lordkanzler ernannt, mit dem höchsten Staatsamt betraut wird. Doch nach drei Jahren legt er das Amt nieder um des Glaubens willen. Er kann den antikirchlichen Regierungskurs Heinrichs VIII. nicht mitmachen, als es unter Kardinal Wolsey um die Ehescheidung des Königs geht. 1534 verweigert der ehemalige Lordkanzler den Suprematseid, der den König als Oberhaupt der englischen Kirche anerkennen soll. Morus wird 1534 im Tower eingekerkert und zum Tode verurteilt wegen Hochverrats. Am 6. Juli 1535 wird er hingerichtet. Sein Sterben ist ein Wahrheitszeugnis für Kirche, Papst und Primat. Sein Leben ist ein Leben aus diesem Glauben. Leider machte sein Beispiel damals keine Schule. England trennte sich von der Kirche. Aber Thomas und die anderen englischen Märtyrer haben ihr Werk noch nicht vollendet.

24.

GEBURT DES HL. JOHANNES DES TÄUFERS

Hochfest

Er will nur Stimme sein, nur einer, der noch wachsen muß, und ist der Größte aller Geborenen

Seine Heiligsprechung vollzog Christus selbst: „Wahrlich, ich sage euch: Unter denen, die vom Weibe geboren sind, ist nie ein Größerer aufgetreten als Johannes der Täufer.“ Er ist der Größte im Alten Bund und die Schwelle des Neuen Bundes. – Seine Größe wird ersichtlich durch die Verkündigung an seinen Vater Zacharias, durch die Begnadigung seiner betagten Mutter Elisabet, in der Antwort auf den Gruß Mariens. Er geht in die Wüste. Vielleicht steht er in Gemeinschaft mit der Frömmigkeit der Qumran-Klöster. Sicher lebt seine Gedankenwelt aus der des Jesaja. Er kündet den Messias an. Er zeigt, daß Jesus der Messias ist. Er darf ihn taufen und die große Theophanie über dem Messias schauen. Seine besten Jünger sendet er zu Jesus. Dem Herodes redet er ins Gewissen wegen des unerlaubten Verhältnisses mit seiner Schwägerin Herodias. Dafür muß er ins Gefängnis gehen. Die Rachsucht dieser Frau drängt auf seine Enthauptung. Johannes stirbt als Märtyrer für die Einheit und Reinheit der Ehe.

In seinem Wesen wird Johannes gekennzeichnet von seiner Demut: Christus muß wachsen, ich aber abnehmen – ich bin nur die Stimme des Rufenden. Er ist kompromißlos, fast hart in seinen Forderungen. Er ist mehr noch hart gegen sich selbst in seiner Bußstrenge – Vorbild und Patron der Büßer und der Kirche.

Er ist auch, wie der selige Guido von Arezzo gesungen hat, der Patron und Freund der Sänger. Denn er hat die Zunge seines stummgewordenen

Vaters Zacharias zum Lobe Gottes gelöst. Er selber ist in seiner Innerlichkeit ein Sänger, ein Mystiker, wenn er auf Christus hinweist: „Seht das Lamm Gottes!“ Immer noch geht er in jeder Eucharistiefeier seinem Herrn voraus. Es ruft seine Stimme im Augenblick tiefster Innerlichkeit, unmittelbar vor der heiligen Kommunion: „Seht das Lamm Gottes!“

27.

HL. HEMMA VON GURK

Sie gilt als Stifterin des Klagenfurter Bistums. Ihren Reichtum verwendet sie für Gott

Man darf die heilige Hemma (Emma), Gräfin in Kärnten, nicht verwechseln mit der heiligen Hemma von Regensburg, der deutschen Königin, der Gattin Ludwigs des Deutschen.

Hemma von Gurk wurde 980 geboren. Sie gehörte zum Grafengeschlecht von Friesach-Zeltschach in Kärnten. Sie heiratete den Grafen Wilhelm von der Sann. Schon vor 1016 war sie Witwe. 1036 erlebte sie die Ermordung ihres Sohnes. Nun gab sie ihr ganzes Wittum her für fromme Stiftungen. In der Steiermark, in Kärnten und Krain lagen ihre Besitzungen. 1072 wurde das Bistum Gurk, das heute seinen Sitz in Klagenfurt hat, in Abhängigkeit von Salzburg gegründet. Die Fundation stammte großenteils von den Gütern, die Hemma für die Benediktinerinnenabtei Gurk 1043 geschenkt hatte, wo nun der Kärntner Bischofssitz eingerichtet wurde. Deshalb galt Hemma als Bistumsgründerin. Deshalb erhielt sie 1174 die Stiftergrabstätte in der Krypta des Domes. – Ebenso großzügig stattete sie die Benediktinerabtei Admont aus. Nahe der Stiftskirche hat man ihr ein Denkmal errichtet.

Das Volk verehrte sie schon nach ihrem Tod am 29. Juni 1045 als Selige. Erst 1287 wurde ihre Verehrung gutgeheißen. 1486 entschied man sich für einen formellen Kanonisationsprozeß. Er dauerte fast fünfhundert Jahre. 1938 wurde die Verehrung Hemmas von Rom bestätigt. Seit der Erstellung des Regionalkalenders wird die heilige Hemma im gesamten deutschen Sprachgebiet gefeiert. Die Kärntener Landesmutter empfängt die Verehrung in allen Gebieten deutscher Zunge.

Wo gibt es noch solche Stifterinnen? Kaum bei den Begüterten! Hörten wir schon einmal von einer „Diva", daß sie ein Gotteshaus stiftete? Die königliche Hochherzigkeit des Schenkens für das Gottesreich lebt heute bei den Kleinen. Sie errichten ungenannt die Werke für die Dritte Welt, die Caritas, die Mission und den Kirchbau durch das „Scherflein der Witwe". Dennoch bleiben die Stifterinnen des Mittelalters imponierend groß. Sie haben ihre fünf Talente gegeben und fünf dafür empfangen.

27.

HL. CYRILL VON ALEXANDRIEN

Bischof, Kirchenlehrer

Der Heilige glühenden, reinigenden Eifers, heiliggesprochen von seinen Schriften

Man sagte von Cyrill, er werde einen modernen Heiligsprechungsprozeß vor der römischen Congregatio pro Causis Sanctorum wohl kaum bestehen. Der Aufstand gegen den Präfekten Orestes, die tumultuarische Ermordung der heidnischen Philosophin Hypatia, sogar Judenprozesse in Alexandrien wurden ihm zur Last gelegt. Seine Mitwirkung bei der „Eichensynode" 403 gegen Chrysostomus und die Randvorgänge beim Konzil von Ephesus 431 schienen ihn als rücksichtslos und gewalttätig zu erweisen. Nach solchen Vorwürfen muß man seine theologischen Schriften lesen. Sie sind übrigens Hauptquelle für Matthias Joseph Scheeben und andere Dogmatiker und Patristiker. Seine Darlegungen etwa über den Heiligen Geist und die Eucharistie sind von solcher Abgeklärtheit und Innigkeit, daß man den warmen Hauch einer frommen Persönlichkeit spürt. Sein Eintreten für die Würde Marias als Gottesmutter kommt nicht nur aus einem begeisterten, sondern aus einem liebenden Herzen. Aber Cyrill ist Ägypter wie Athanasius, mit dem er vielleicht noch verwandt war. Er ist Neffe des ränkereichen Theophilus, des Gegenspielers des heiligen Chrysostomus. Cyrill, der seit 412 der Kirche der ägyptischen Hauptstadt Alexandrien vorstand, konnte für sich den Psalmvers anwenden: „Der Eifer für dein Haus verzehrt mich" (Ps 68,10). Wenn jeder Heilige einen einzelnen Strahl aus der Fülle Christi sichtbar macht, dann war Cyrill ein Abbild des zürnenden Herrn, der die Händler aus dem Tempel geißelt. Mit Cyrill unauflöslich verbunden ist das ephesinische Konzil, dessen Vorsitzender er in enger Verbundenheit mit Rom war. Er setzt die Verurteilung des Nestorius und seiner Ablehnung der Einheit von Gott und Mensch in Christus durch. Er ist der Verteidiger der Gottesmutterschaft Mariens. Wider Willen geht er in die Missionsgeschichte ein, da die verurteilten Nestorianer nach Osten abwandern und dort den christlichen Glauben arianischer Prägung ausbreiten. Zu Unrecht macht ihn manche Dogmengeschichte zum Ahnherrn des Monophysitismus.

Der glühende Eifer des heiligen Cyrill läßt uns erschrecken? Hätten wir doch Kirchenmänner von seinem Format! Sie könnten vielleicht der Sache Gottes oft mehr nützen als milde Wohlerzogenheit ohne Kraft, wider das Böse aufzutreten!

28.

HL. IRENÄUS

Bischof, Märtyrer

Gedenktag

Irenäus von Lyon verbindet Kleinasien, Griechentum, Gallien und Rom, Johannes und Petrus

Der heilige Irenäus war ein Grieche aus Kleinasien. Dort war er Schüler des heiligen Bischofs Polykarp von Smyrna, der seinerseits durch die Schule des Apostels und Evangelisten Johannes gegangen war. Irenäus wurde Bischof von Lyon im damaligen Gallien, im heutigen Frankreich, fünfundzwanzig Jahre lang. Dort hat er die ostgallischen Lande missioniert. Dort starb er als Märtyrer im Jahre 202. Auch Rom hat er gesehen, als er zu Verhandlungen wegen des Montanismus dort weilte. Mit Rom stand er in Verbindung, als er in den Osterterminstreit eingriff und den allzu strengen Papst Viktor I. zum Frieden mahnte. Es ist erstaunlich, zu sehen, daß da ein Christ aus Kleinasien von griechischer Bildung nach Rom kommt und in Gallien-Frankreich, vielleicht bis in die Alpenländer tätig sein kann.

Irenäus ist auch in seiner Theologie ein einigendes Band für die Christenheit. Er verbindet die apostolische und die frühchristliche Kirche. Seine Fragen und Lösungen verbinden ihn mit der Kirche der modernen Welt. Denn der damalige liturgische Hader des Osterterminstreites dauert heute in anderen liturgischen Problemen fort. Die Gnosis, eine Symbol- und Gefühlsreligiosität, gegen die Irenäus lehrt und kämpft, war vielleicht noch nie so stark wie in diesen Tagen. Die Wahrheit, die er von der apostolischen Tradition holt und in neue Zeiten weiterreicht, hat aktuelle Bedeutung für uns. Das gilt von seinen Gedanken über Christus als den neuen Adam, Maria als die neue Eva. Das gilt von Grundwahrheiten: „Die Eucharistie ist der wahre Leib Christi", oder: „Die Kirche Roms hat die potentior principalitas (den mächtigen Vorrang), so daß alle Kirchen bei ihr zusammenkommen müssen."

Irenäus war ein fruchtbarer Schriftsteller. Er schreibt griechisch, manche seiner Schriften kamen nur in Zitaten, nur in entlegenen armenischen Funden zur Kenntnis, manche in lateinischen Übersetzungen. Seine bekannten Werke: „Gegen die Irrlehre", „Erweis der apostolischen Verkündigung", „Über die Monarchia, und daß Gott nicht Urheber des Bösen ist", „Über die Achtzahl", „Über die Wissenschaft gegen die Griechen", sind kaum seine einzigen Werke. Irenäus ist zweimal Märtyrer – Zeuge der Wahrheit im Schreiben und Künden und Zeuge der Wahrheit im Sterben und Nachleben.

29.

HL. PETRUS

Apostel

Hochfest

Vom Schifflein Petri zum Kirchenschiff von Sankt Peter – Christus bleibt es, der vom Schiff predigt

Als Petrus begann, war er ein Fischer mit einem Boot oder zweien. Als er starb, scharrte man ihm mit den Händen eine Grabmulde, kaum von der Größe eines Bootes, auf dem Friedhof an der römischen Via Cornelia. Aber Christus hatte dem Fischer gesagt: „Ich werde dich zum Menschenfischer machen." Er hatte dem Hingerichteten versichert: „Dir gebe ich die Schlüssel des Himmelreichs." Über dem armseligen Grab wuchs die

Petersbasilika. Über dem ausgescharrten bootsförmigen Erdloch steigt empor das gewaltigste Kirchenschiff der Welt.

Als Petrus anfing, sprach er gern und etwas großartig. Alle großen Reden vergingen in der Verleugnung: „Ich kenne diesen Menschen nicht." Doch nach dem Nullpunkt der Verleugnung haben seine Pfingstpredigt und seine Reden vor dem Hohen Rat etwas in sich vom Brausen des Heiligen Geistes. Seine Briefe aus Rom sind mehr als päpstliche Weltrundschreiben.

Als Petrus begann, stand er im Alltagsleben eines kleinen Winkels der Welt. Als er hingerichtet wurde, bot eine Weltmacht all ihre Gewaltmittel auf, um ihn zu vernichten. Als junger Mann ging er auf seines Meisters Geheiß über die Wellen des heimatlichen Sees. Als Greis überquerte er das Mittelmeer und ging in den Sturm der Weltstadt Rom, die er Babylon nannte. So gehen denn sein Leben und seine Lebensäußerungen auf und ab in sprunghaften Gegensätzen. Ruhende Mitte bleibt ihm der Satz: „Herr, du weißt alles, du weißt auch, daß ich dich liebe!" Die demütige Liebe zu Christus – das ist der ganze Petrus. Die alten Franken der Merowingerzeit haben Petrus verehrt als den Himmelspförtner, der auch im Wetter die Schleusen des Himmels bediente. Das Mittelalter hat seine Wallfahrten an das Petrusgrab gelenkt. Für uns heute ist das Wort „Du weißt alles, du weißt auch, daß ich dich liebe" der Grund, Petrus zu ehren, ihn zu lieben. Gewiß, der Glaube an Christi Wort „Du bist Petrus, und auf diesen Felsen werde ich meine Kirche bauen!" ist für unser Glaubensleben wichtiger. Aber unser Christenleben vor Gott wird noch mehr getragen von dem demütig stolzen „Herr, du weißt, daß ich dich liebe!"

Johannes Chrysostomus, Patriarch von Konstantinopel, rief in einer Predigt aus: Ich möchte das Grab Petri sehen, ich möchte bei ihm beerdigt werden. Sein Wunsch ging in Erfüllung, da er in der Chorkapelle von St. Peter bestattet wurde. Wir möchten leben mit Petrus für die Liebe Christi. Dann wäre auch das Sterben in Sicherheit geborgen.

29.

HL. PAULUS

Apostel

Hochfest

Das Herz des Paulus ist Christi Herz

Der große Kirchenvater Chrysostomus von Konstantinopel sagte in einer Predigt: „Welche Freude habe ich, die Stimme des heiligen Apostels Paulus zu hören, diese geistliche Posaune. Mein Herz schlägt höher, wenn ich seine Briefe lese. – Das Herz des Paulus ist wie Christi Herz."

Der liebenswürdige Apostel Barnabas trennte sich bei der zweiten Missionsreise von Paulus, weil sie in Hader gerieten wegen des jungen Markus. Petrus schreibt nicht ohne Lächeln, es sei ja doch manches dunkel und schwer verständlich in den Briefen des Bruders Paulus. In alldem sieht man, welche Spannweite der Charakter des heiligen Paulus hat. Er glüht vor Eifer gegen Christus und verfolgt ihn haßerfüllt. Er glüht von Liebe zu Christus, der ihn sagen läßt, alles sei Kehricht im Vergleich zum Besitz Christi. Er will für seine Brüder im alten Israel zum Anathema werden. Er widersteht dem heiligen Petrus ins Angesicht, weil er den jüdischen religiösen Brauch gestattet. Die Spannweite birgt Gegensätze und Spannungen. Zugleich fügt er in der jungen Christengemeinde die ganze alte Welt zusammen unter dem Haupt Christus. Die Bildung des Paulus wächst an der Jerusalemer Akademie unter Gamaliel, aber bleibt eng umgrenzt wie das Land. Was aber Paulus hinterläßt, gibt der Menschheit Forschungsaufgaben, die für Jahrhunderte ausreichen.

Die Legende von Tre Fontane, nahe der Paulsbasilika in Rom, erzählt: Bei der Enthauptung des Apostels sei das Haupt in gewaltigen Sprüngen dreimal auf die Erde aufgeschlagen. An den Aufschlagstellen sei jedesmal eine Quelle entsprungen. Deshalb habe man die drei Kirchen von Tre Fontane gebaut. Die Legende ist Wahrheit. Das Haupt des Apostels und die Welt seiner Gedanken schlägt gewaltig auf die Erde – Quellen der Theologie und Weisheit strömen auf. Immer neu muß sich die Kirche bei den Quellen des Apostels ansiedeln. Manchmal heißt es, die Kirche Christi sei von paulinischer Theologie überfremdet. Dagegen steht das Wort des heiligen Chrysostomus: „Cor Pauli – cor Christi!“ Die Tiefe des Herzens Christi findet man in der Begegnung mit Paulus.

30.

HL. OTTO

Bischof, Glaubensbote

Parteigänger der Salier, selber suspendiert,
mehr noch Träger des Gottesreiches, dadurch Heiliger

Otto von Bamberg ist Schwabe, geboren 1060/62. Er wurde vermutlich in Wilzburg bei Eichstätt unterrichtet. 1088 ist er Hofkaplan der Königinwitwe Judith von Ungarn, der Schwester Kaiser Heinrichs IV. 1090 ist er Aufseher des Speyrer Dombaues, dann Kanzler, Weihnachten 1102 wird er Bischof von Bamberg, eingeführt an Lichtmeß 1103. Im Kampf zwischen Vater und Sohn,

Heinrich IV. und Heinrich V., ist er nach anfänglicher Neutralität für Heinrich V. Ottos Bischofsweihe vollzieht Papst Paschalis II. in Anagni am 13. Mai 1106. Von neuem weilt er in Rom mit Heinrich V. 1110/11. Dort erhält er als Auszeichnung das Pallium am 13. April 1111. Als Heinrich V. exkommuniziert wird, verfällt Otto der Suspension. Doch er bemüht sich mit Erfolg um die Versöhnung zwischen Papst und Kaiser. Besonders wirksam ist sein Einfluß für den Abschluß des Wormser Konkordats. – 1120 muß sich der Pommernherzog gegenüber Polen nach einer Niederlage verpflichten, christliche Missionare anzunehmen. Mit zahlreichen Priestern zieht Otto von Bamberg im Mai 1124 bis 29. März 1125 nach Pommern. Er soll etwa 22000 Menschen getauft haben. Die Priester bleiben als Seelsorger und Katecheten zurück. Vom 19. April bis 20. Dezember 1128 unternimmt Otto die zweite pommersche Missionsreise. Nun wird hier das Christentum gesichert und gefestigt. Otto behält auch weiterhin die Leitung der Kirche Pommerns. Der Heilige ist ein sehr klar denkender Mensch, auf Vermittlung und Versöhnung bedacht, für die Königspartei und für die Kirchenreform gleicherweise unentbehrlich. Der König erzeigt sich dankbar. So kann Otto mit königlicher Hilfe die Klöster und Stifte gründen bzw. erneuern: Aldersbach, Arnoldstein, Asbach, Banz, Biburg, Ensdorf, St. Getreu und St. Jakob in Bamberg, Langheim, Mallersdorf, Michelfeld, Münchsmünster, Osterhofen, Prüfening, Tückelhausen, Windberg.

Otto starb am 30. Juni 1139, neunundsiebzig Jahre alt. Seine erste Missionsreise macht er als Vierundsechzigjähriger, bei der zweiten Missionsreise ist er achtundsechzig Jahre alt. In der Abteikirche St. Michael ist sein Grab. Schon 1189 wird er heiliggesprochen.

Der heilige Otto von Bamberg, Apostel der Pommern, ist eine der größten Bischofsgestalten der unglücklichen salischen Epoche. Er ist ein Mann des Ausgleichs, von höfischer Sicherheit und ein Missionar, der jedes Opfer auf sich nimmt.

30.

DIE ERSTEN HLL. MÄRTYRER DER STADT ROM

Neros Grausamkeit lenkt auf die Christen den Verdacht, den Brand Roms verursacht zu haben

Über Leben und Sterben der ersten römischen Märtyrer nach dem Brand Roms unter Nero schreibt Tacitus in seinen Annalen (15, 44).

„Der Brand wütete eine Woche ... Nero ließ für die Obdachlosen Notbaracken bauen, Lebensmittel herbeischaffen, verhinderte Teuerungen. Diese allerdings menschenfreundlichen Maßnahmen erreichten ihren Zweck dennoch nicht, weil sich das Gerücht verbreitet hatte, daß er (Nero) während des Brandes der Stadt seine Privatbühne betreten und die Zerstörung Trojas besungen hätte, indem er in dem gegenwärtigen Unglück ein Bild jenes uralten erkannte.

Dieser Brand jagte noch schlimmere Nachreden auf, weil er in dem ämilianischen Vorwerk des Tigellinus ausgebrochen war. So kam heraus, Nero trachte nach der Ehre, der Erbauer einer neuen, nach ihm zu benennenden Stadt zu werden. Rom ist in vierzehn Bezirke eingeteilt. Von diesen blieben vier ganz, drei wurden bis auf den Grund zerstört, von den sieben anderen standen nur wenige beschädigte und halbverbrannte Reste von Häusern.

Man suchte auch die Götter zu begütigen und schlug die Sibyllenbücher auf, nach deren Vorschrift für Vulcanus, Ceres und Proserpina Bußfeste angeordnet wurden ...

Der Fürst wurde von der Schmach nicht befreit, die Brandlegung sei sein Befehl gewesen. Um also dieses Gerücht zu zerstreuen, schob er die Schuld auf die Christen. So nannte der gemeine Mann diese wegen Schandtaten verhaßten Menschen und belegte sie mit den ausgesuchtesten Strafen. Denn der Urheber dieses Namens war Christus, welcher unter der Regierung des Tiberius vom Landpfleger Pontius Pilatus hingerichtet worden war.

Der eine Zeitlang gedämpfte, verderbliche Aberglaube (dieser Leute) hatte von neuem, nicht nur in Judäa, wo sich das Übel entspann, sondern auch in Rom überhand genommen, wo alles Unnatürliche und Schändliche zusammenfließt.

Es wurden daher zuerst die ergriffen, welche bekannten, und hernach auf deren Anzeige eine ungeheure Menge (der übrigen), die nicht so sehr der Mordbrennerei als vielmehr des Hasses der Menschheit überführt wurden. Mit den Verurteilten trieb man noch Kurzweil, indem einige in Tigerfelle gesteckt, von Hunden zerrissen, einige gekreuzigt, andere brennbar gemacht und abends angesteckt wurden. Zu diesem Schauspiel gab Nero seine Gärten her und veranstaltete Zirkusspiele, bei denen er sich – bald als Wettfahrer gekleidet, bald selbst fahrend – unter das Volk mischte.

So schuldig also diese Leute waren und die härtesten Strafen verdienten, so regte sich doch Mitleid gegen sie, weil sie nicht für das gemeine Wohl, sondern der Grausamkeit eines einzigen aufgeopfert wurden.“

JULI

2.

MARIÄ HEIMSUCHUNG

Fest

Fest der Konzilien von Ephesus und Basel, der Heimkehr aus Avignon, des Canticum Magnificat

„Heimsuchung" ist ein altes Wort für „Besuch". Es geht um den Besuch Mariens bei ihrer Base Elisabet nach der Verkündigung des Herrn. Auch dieses Gedenken der Heimsuchung gehört, ähnlich der Verkündigung, zur nachephesinischen Ausformung des Adventes. Der Freitag der Dezemberquatember wurde durch das Evangelium von der Heimsuchung zu einem Gedenken der Heimsuchung.

Das andere Fest der Visitatio B. M. V. am 2. Juli ist aus der orientalischen Liturgie übernommen worden. Der Franziskanerorden unter seinem General Bonaventura ordnete es zunächst für den Bereich seiner Gemeinschaften 1263 an. Das wurde weithin in der Gesamtkirche nachgeahmt. Im Jahre 1389 wird es für die ganze Kirche vorgeschrieben. Es ist das Todesjahr Urbans VI., der aus Avignon wieder nach Rom heimkehrte, das Wahljahr Bonifaz' IX. Könnte es sich wohl um einen Gedenktag des Endes der Avignensischen „Gefangenschaft" des Papstes handeln?

Letzte Gesetzeskraft gab dem Heimsuchungsfest das Konzil von Basel im Jahr 1431. Das Konzil wollte alle Ungleichheit im Festkalender tilgen. So ist Heimsuchung von intensiven Erinnerungen an das „Konzil der Konzilsüberlegenheit“ erfüllt. Man möchte das Marienfest nicht so sehr als Gedenktag an Basel, sondern eher als Mahnfest für Basel bezeichnen. Gegen die Suprematie der Basler über den Papst weist die Visitatio hin auf den Dienst Mariens als Beispiel für allen kirchlichen Dienst.

Die nachvatikanische Liturgieerneuerung wies dem Heimsuchungstag einen neuen Tag, den 31. 5., an. Man wollte dem Mai, der kein Marienfest umschließt, einen hohen biblischen Tag schenken. Doch wegen der vielen, vielen Patrozinien und Wallfahrten im deutschen Sprachgebiet am 2. Juli gab Rom den Bischofskonferenzen dieser Regionen die Erlaubnis, beim alten Juli-Datum zu bleiben.

Heimsuchung spricht von der Wanderung Mariens, von ihrer Ankunft bei Elisabet, von der prophetischen Schau der Elisabet, von der Heiligung des Täufers Johannes im Mutterschoß, vor allem aber vom „Magnificat“ Mariens und von ihrem bescheidenen häuslichen Dienst. Visitatio ist Fest des Magnificat. Dieses kostbare Lied, das jeden Abend heiligt, hat heute seinen Höhepunkt im Jahr.

3.

HL. THOMAS

Apostel

Fest

Nach ihm nennen sich die Thomaschristen Indiens.
Mit ihm betet die Herz-Jesu-Verehrung

Der heilige Thomas oder in gräzisierter Form „Didymus“ (= Zwilling) wird auch mit dem Namen Judas Thomas geführt. Dreimal läßt ihn der heilige Johannes in seinem Evangelium das Wort ergreifen. Düster und ahnend klingt seine Rede vor dem Aufbruch zu Lazarus: „Kommt, laßt uns gehen und mit ihm sterben“ (Joh 11,16). Kritisch und widersprechend ist sein Einwand in den Abschiedsreden (Joh 14,5): „Herr, wir wissen nicht, wohin du gehst, wie sollen wir dann den Weg wissen?“ Im ursprünglich letzten Kapitel des Johannesevangeliums zeigt sich Thomas als der Zweifler und verlangt, Jesus greifbar zu ertasten; er sieht sich dann am „Weißen Sonntag“ dem Herrn gegenübergestellt und spricht das tiefste Bekenntnis aus: „Mein Herr und mein Gott!“ Darin gibt er der Christenheit eines der schönsten Gebete. Darin nimmt er voraus den Protest gegen die Vorschrift des Kaisers Domitian aus dem Jahr 92, der den Titel „Herr und Gott“ beanspruchte. (Der Kaiserkult hatte in Ephesus, der Johannesstadt, einen Mittelpunkt; dort kam auch eine Statue Domitians zutage.) – Mit Thomas werden in Verbindung gebracht: Thomasakten, eine Thomasapokalypse, eine Kindheitsgeschichte und vor allem das Thomasevangelium, von dem 1945 ein vollständiger Text in koptischer Sprache bei Theben in Ägypten gefunden wurde. Es ist eine Sammlung von Aussprüchen aszetischen Inhalts, die Jesus Christus zugeschrieben werden und aus den Jahren 140–150 stammen. All diese Schriften gehören zu den „Apokryphen“. – Die Überlieferung, deren Echtheit heute sehr bezweifelt wird, läßt Thomas zuerst nach Nordsyrien (Edessa) gehen, dann zu den Parthern, dann nach Indien. Im 4. Jahrhundert ist bei großen Kirchenvätern die Überzeugung, Thomas habe im südindischen Königreich Mailapur den König Gundaphar bekehrt. Dort wird auf dem „Thomasberg“ ein Kreuz mit Inschriften des 6./8. Jahrhunderts gezeigt. Die frühchristlichen Gemeinden Indiens nennen sich „Thomaschristen“. Die Gebeine des heiligen Thomas werden an einem 3.6. (daher das heutige

Datum des Thomasfestes) von Indien nach Edessa überführt, später nach Chios, dann nach Ortona an der Adria.

Der Apostel Thomas trägt als Zeichen die Lanze (Hinweis auf die Seitenwunde?) oder das Winkelmaß, das ihn zum Patron der Architekten, der Feldmesser, der Bauarbeiter und Zimmerleute macht. Biblischer ist es, ihn als Vorbeter der Herz-Jesu-Verehrer anzusehen.

4.

HL. ULRICH

Bischof

Der erste Heiliggesprochene Deutschlands, der erste Bischof im Ruhestand, der größte deutsche Bischof im Mittelalter

Der heilige Augsburger Bischof war der erste, der in förmlicher, prozessual vorbereiteter Heiligsprechung vom Papst kanonisiert wurde, am 31. Januar 993, nachdem er am 4. Juli 973, dreiundachtzig Jahre alt, gestorben war. Sein Grab in der Basilika St. Ulrich und St. Afra hatte er sich selber anlegen lassen.

St. Ulrich wurde 890 in Augsburg geboren. Sein Vater Hupalt war Graf, seine Mutter Dietpirch kam aus dem alamannischen Herzogshaus. Er wuchs 900–908 in St. Gallen auf. 909–923 war er bei der Mutter und verwaltete deren Witwengut. Auf Bitten des Herzogs Burchard wurde er von Heinrich I. zum Bischof von Augsburg ernannt und 923 vermutlich in Mainz geweiht. Immer wieder mußte er in politische und kriegerische Verwicklungen eingreifen. Beim Aufstand Liutolfs vermittelte er zwischen dem Sohn und dessen Vater Otto I. Dreimal mußte er Augsburg gegen die Ungarn verteidigen. Deshalb befestigte er 926 seine Bischofsstadt. Als der dritte Ansturm der Ungarn am 8. und 9. August 955 kam, leitete er persönlich die Verteidigung der Stadt. Aber in die Schlacht auf dem nahen Lechfeld schickte er nur seine Mannschaft. In der gleichen Gesinnung ließ er sich 962 die Vollmacht geben, den Hof- und Militärdienst, 971 die gesamte weltliche Verwaltung des Hochstiftes von seinem Neffen Adalbero führen zu lassen. Seine hohe Auffassung vom bischöflichen Dienst bewog ihn dazu.

Ulrich reiste umher, die heilige Firmung zu spenden. Jedes Jahr zweimal hielt er eine Diözesansynode. Er kümmerte sich um die Heranbildung des Klerus und um die Domschule. Die Gläubigen waren ergriffen von der Würde seiner liturgischen Feiern. Den anderen Bischöfen stand er mit freundschaftlichem Rat bei. Er suchte die Not der Klöster nach den Ungarneinfällen zu lindern. Seine benediktinische Erziehung machte ihn bemüht um die monastische Treue der Abteien durch Visitationen der bischöflichen Eigenklöster und die Übernahme der Verwaltung der äbtlichen Funktionen. Feuchtwangen, Füssen, Habach, Staffelsee, Wiesensteig, Kempten und Ottobeuren sind ihm Dank schuldig. Er gründete in Augsburg das Kanonissenstift St. Stephan, baute beim Dom die Taufkirche, erweiterte in Wittislingen die Grabkirche seiner Eltern, stiftete das Armenhospital. Er pilgerte fünfmal nach Rom. Unermüdlich war er im Chorgebet. Zusätzlich betete er täglich das Kreuzoffizium. Seine Rechtsprechung war für jeden erreichbar.

Als Ulrich am 4. Juli 973 starb, kam das Volk der Autorität zuvor und verehrte ihn als Heiligen. Er wurde dann nicht nur der erstkanonisierte, sondern auch der meistverehrte heilige Bischof der deutschen Gebiete. Ulrichskreuz, Ulrichsbrunnen, Ulrichs-Minne-Trank, Ulrichsschlüssel haben große Bedeutung im Volksbrauch. Er ist der größte deutsche Bischof!

4.

HL. ELISABETH VON PORTUGAL

Königin

Die Großnichte der hl. Elisabeth von Thüringen ist ihrer Ahnfrau geistverwandt und doch unähnlich

Elisabeth oder Isabella, geboren 1270 in Aragón, Königin von Portugal, war eine Großnichte der heiligen Elisabeth von Thüringen. Mit ihrer Ahnfrau hat sie die Liebe zum franziskanischen Ideal gemeinsam. Sie wurde nach dem Tod ihres Gatten (1325) Mitglied des Dritten Ordens des heiligen Franziskus. Vielleicht sind Züge ihres Wohltuns, vielleicht sogar die Legende vom Rosenwunder, von der Portugiesin auf die thüringische Verwandte zurückübertragen worden.

Ähnlich der deutschen Elisabeth wurde die portugiesische in früher Jugend – als Zwölfjährige – mit dem König Dionysius von Portugal verheiratet. Sie wurde Mutter einer Tochter Konstanze und eines Sohnes Alfons. Ähnlich ihrer Großtante setzte sie ihr – allerdings viel größeres – Vermögen für die Stiftung von Krankenhäusern, Kinderheimen und Armenanstalten ein, und zwar in Santarem und Leiria (nahe bei Fátima), für die Einrichtung von Kirchen und Klöstern in Lissabon, Coimbra, Alenguer und Almoster.

Während Elisabeth von Thüringen vor Streit und Hader floh, blieb Elisabeth von Portugal vor Ort und vermittelte den Frieden zwischen ihrem Gatten und ihrem Sohn, zwischen Sohn und Schwiegersohn. So ging sie in die Geschichte Portugals als die klassische Friedensstifterin ein.

Die Thüringerin ging freiwillig in die größte äußere Armut hinein, die Portugiesin legte zwar den Franziskanerhabit an, wohnte aber nicht im Kloster von St. Klara in Coimbra, sondern in ihrem Königspalast neben dem Kloster. Sie starb in ihrer spanischen Heimat, in Estremoz, als sie zwischen ihrem Sohn, dem König von Portugal, und ihrem Schwiegersohn, dem König von Kastilien, den Frieden vermitteln wollte, am 4. Juli 1336, sechsundsechzig Jahre alt. Jeder Zoll eine Königin, so steht Isabella in der Geschichte – die ältere Elisabeth in Marburg ganz Mystikerin! In der Caritas ist Elisabeth von Portugal großzügige Stifterin und Spenderin – Elisabeth von Thüringen will Gerechtigkeit schaffen in der Hingabe ihrer selbst. Vier Jahre nach ihrem Tod wurde die ältere Elisabeth heiliggesprochen, aber ihre späteren Nachfahren rissen sie aus ihrem Schrein; ihre Heiligkeit wurde als Neurose erklärt. Die Portugiesin, erst 1625 kanonisiert, war und ist Landesheilige und Landesmutter, in hohen Ehren bei allem Volk.

5.

HL. ANTONIUS MARIA ZACCARIA

Priester, Ordensgründer

Ein Arzt, der Seelenarzt wird und die Arznei der Unsterblichkeit anwendet

Antonius Maria Zaccaria ist ein Zeitgenosse Martin Luthers und ein Vorläufer des heiligen Carlo Borromeo. Nur siebenunddreißig Jahre währt sein Leben. Er wird 1502 geboren und stirbt am 5. Juli 1539. Aber in diesen wenigen Jahren gibt er große Anregungen für die innere Erneuerung der Kirche, die die großen Reformen des heiligen Karl vorbereiten und das Eindringen der Reformation verhindern sollten.

Zaccaria ist ein Sohn der Stadt Cremona. Er studiert Medizin und wird Arzt. Die damalige Zeit in ihrem Eifer für die weltlichen Fakultäten hätte ihm großen Erfolg ärztlicher Tätigkeit versprochen. Aber er wendet sich der Theologie zu. Er will Arzt für die Seele werden. Der junge Mediziner wird 1528 zum Priester geweiht. Seine gewinnende Art weiß Gefährten zu sammeln. So gründet er 1530 den Orden der Regularkleriker vom heiligen Paulus. Meist nennt man die Gemeinschaft „Barnabiten" nach ihrer Zentrale bei San Barnaba in Mailand. Er gründet auch die Frauenkongregation der Angeliken und eine Laienvereinigung zur Erneuerung der christlichen Familie. 1533 bestätigt Papst Clemens VII. die Neugründung. Sie ist heute noch mit großem Erfolg in Europa, Amerika und Südostasien tätig, in Deutschland seit Napoleon unbekannt. Die Barnabiten weisen große Heilige und Kirchenfürsten auf, am bekanntesten ist der Kardinalstaatssekretär Gregors XVI., Lambruschini († 1854).

Antonius Maria Zaccaria lebt in der Glaubenswelt des heiligen Paulus. Von ihm nimmt er den Elan, das Kreuz und den Gekreuzigten zu predigen. Er läßt sich von der paulinischen Kreuzestheologie zur Eucharistie führen. Er versteht es, die Liebe des Volkes zum Altarssakrament zu wecken. Überhaupt wirkt er nicht wie seine nordischen Zeitgenossen als Professor, sondern er steht als Seelsorger, als „Arzt" unter dem Volk. Da macht er das „Vierzigstündige Gebet", das bisher als „Grabeswache" in den Kartagen bekannt war, zu Gebetstagen im Jahreslauf, wenn große Anliegen anstehen. Zaccarias Vierzigstündiges Gebet steht im Mittelpunkt der betenden Kirche bei den Entscheidungen von Lepanto, um Elisabeth I., um Erzbischof Truchseß in Köln. – Er belebt neu das Freitagsläuten zur Erinnerung an die Todesstunde des Herrn. So legt er Fundamente für Trient. Hätte es in Zaccarias Zeit mehr Priester von seiner Art gegeben, wäre die Reformation überflüssig gewesen.

6.

HL. MARIA GORETTI

Jungfrau, Märtyrin

Sie opfert ihr Leben für die Reinheit und Jungfräulichkeit

Sie war zwölf Jahre alt, als sie starb. Ihr Geburtsdatum ist der 16. Oktober 1890, ihr Todestag der 5. Juli 1902, beides in Corinaldo. Der Vater wurde der armen Familie 1900 weggerissen. Die Mutter mußte durch harte Feldarbeit das Brot verdienen. Maria mußte die kleinen Geschwister und die Küche versorgen. Als Zehnjährige hatte sie alle hausmütterlichen Pflichten. Zu ihren vier Geschwistern nahm sie die Kinder einer im gleichen Haus wohnenden Familie noch hinzu. Mehrmals machte der Älteste dieser anderen Familie, ein halbwüchsiger Bursche, ihr Zumutungen gemeiner Art. Sie wußte energisch zu widerstehen. Am 5. Juli überfiel er sie in der Küche. Mit vierzehn Messerstichen ermordete er sie. Marias letztes Wort war ein Wort der Vergebung für ihren Mörder. – Maria Goretti wurde sogleich vom Volk verehrt. Bei ihr suchte man Schutz, als bei Nettuno die Alliierten landeten und den Krieg in die arme Gegend trugen. Sie wurde früh, wie einst die mittelalterlichen Heiligen, seliggesprochen: am 27. April 1947, und bald danach, am 24. Juni 1950 heiliggesprochen. Ihre Mutter war bei der Kanonisation zugegen. Der Mörder hatte nach Verbüßung der Jugendstrafe ein Leben der Sühne im Kloster auf sich genommen. Die Entscheidung Papst Pius' XII., Maria Goretti zu kanonisieren, wurde kritisiert. Eigentlich hatte er nur durchgeführt, was die Frömmigkeit des Volkes ausgesprochen hatte. Als Zwölfjährige hatte Maria Goretti klare Vorstellungen von Reinheit und Jungfräulichkeit, Kampf und Widerstand. Ihr Martyrium um der Jungfräulichkeit willen ist kein kindlicher

Unfall, sondern ein gewußtes und bewußtes Sterben für Christus. Ihre Gestalt bedeutete Großes für die italienische Nachkriegsjugend. Bis heute ist ihr Grab umlagert vom Volk, von den Familien, von den Müttern, von den jungen Mädchen einer armen Gegend, die sich reich wissen durch den Protest eines armen Mädchens gegen einen maßlosen Sexualismus. Maria Goretti wurde zur zweiten Agnes.

Als Pilger in Nettuno kann man die Leistungen der Kirchenarchitekten und der Kleinkunst der Andenken weniger erfreulich finden. Glücklich ist das Land, das Großmütter und Mütter, das junge Mädchen hat, die mit glutvoller Innigkeit am Grab der heiligen Maria Goretti beten.

7.

HL. WILLIBALD

Bischof, Glaubensbote

Pilger und Eremit wollte er werden. Er schuf Ruhe für den pilgernden Menschen als Eichstätter Bischof

Der heilige Eichstätter Bischof Willibald gehört zur Verwandtschaft des heiligen Bonifatius, war Bruder der heiligen Walburga und des heiligen Wunibald. Er wurde um 700 in Südengland geboren. Von seinem 5. bis zum 20. Lebensjahr war er als Oblate im Kloster Waltham. Da packte ihn die Idee der asketischen Pilgerschaft und Heimatlosigkeit. Mit seinem Vater (Richard?) und seinem Bruder Wunibald ging er 720–723 nach Rom und Italien, 723–727 ins Heilige Land, 727–729 nach Konstantinopel. So lernte er die lateinische, griechische und biblische Welt kennen. Papst Gregor III. berief ihn 739 auf Bitten des heiligen

Bonifatius von Montecassino, wo er 730–739 als Mönch lebte, in die deutsche Mission. 740 empfing er zu Eichstätt die Priesterweihe. Am 21. Oktober 741 erhielt er in Sülzenbrücken bei Erfurt die Bischofsweihe. – Sein Missionszentrum und Bistum wurde Eichstätt. Bayern, Franken und Schwaben wohnten in seinem Gebiet. Außer Heidenheim, wo Wunibald und Walburga die Doppelabtei leiteten, war Solnhofen sein Stützpunkt, wo in jüngster Zeit wichtige archäologische Entdeckungen aus der Zeit vor Willibald gemacht wurden. Der Eichstätter Bischof nahm am berühmten Concilium Germanicum und an der Synode von Attigny teil. Am 23. Juni 778 diktierte er der Nonne Hugeburc den Bericht über sein Pilgerleben. Er starb zu Eichstätt am 7. Juli 787. Sein Grab ist im Eichstätter Dom. Bemerkenswert ist, daß er als Bischof das Rationale trug, eine Nachahmung eines alttestamentlichen hohepriesterlichen Brustschmucks, der heute noch den Eichstätter und Paderborner Oberhirten eigen ist.

Wie seine Geschwister Wunibald und Walburga, wie auch die gesamte bonifatianische Verwandtschaft war Willibald geprägt vom römisch-angelsächsischen religiösen Kulturideal. Er brachte das Christentum und die lateinische Bildung. In Eichstätt verstand er es, die widerstrebenden Interessen der fränkischen, bayrischen und schwäbischen Einwohner zu versöhnen. Er trug zum Frieden zwischen Bayern und Franken wesentlich bei. Der Pilger Willibald, der die „Heimatlosigkeit“ exerzieren wollte, schuf den Menschen eine Heimat trotz aller Stammesgegensätze und wurde selber Zentralfigur eines diözesanen Heimatbewußtseins. Er wollte Eremit auf Wanderschaft werden und bildete, mehr als andere, Familie und Heimat in der Kirche, als wäre schon das Ziel ewiger Heimat erreicht.

8.

HL. KILIAN
Bischof
UND GEFÄHRTEN
Glaubensboten, Märtyrer

Wie der Täufer starben sie für die Einheit der Ehe – eine Predigt für damals und heute

Der Patron von Würzburg, „der Winzer-Schutzherr“ Kilian, der für Christus um 689 starb, weil er die Einzigkeit der Ehe verteidigte, bereitet dem Historiographen etliche Schwierigkeiten.

Der Altmeister der frühmittelalterlichen Geschichte, besonders der Heiligengeschichte, Wilhelm Levison, datiert die Vita des heiligen Kilian auf 840 (also nicht 788, wie bisher gesagt). Danach erhebt der Bericht, fast zweihundert Jahre nach Kilians Tod geschrieben, weniger Anspruch auf Augenzeugenschaft. Hinzu kommt, daß manche Angaben der Vita mit der übrigen Geschichte nicht übereinstimmen. – Muß man sich also damit abfinden, daß St. Kilians Geschichte der Forschung nicht standhält? Ist es nicht mehr wahr, daß Kilian dem Herzog Gozbert entgegentrat mit dem Vorwurf: „Es ist dir nicht erlaubt, die Frau deines Bruders zu dir zu nehmen!“ Was lehrt, wenn sie es ist, diese Legende?

Die merowingische und karolingische Zeit, die Zeit der großen Germanenmissionen, ist voll von Schwierigkeiten, die das Eherecht betreffen. Die Fürstenautorität vor allem wollte sich nicht unter die Autorität der Kirche beugen. Denn gerade im Bereich der Ehe dünkte man sich absolut selbständig. Da genügte ihnen die alte germanische Staatsautorität. Die Gestalt des heiligen Kilian zeigt nun: Für die Einzigkeit der Ehe geht ein Missionsbischof in den Tod! Vielleicht wird diese Katechese um Kilian sogar an Karl den Großen und seine

Familie gehalten, die hier ihre dunklen Punkte aufweisen.

Man muß aber auch den Inhalt dieser Kiliankatechese bedenken. Er ist so modern wie nur möglich. Er ist so biblisch, wie man nur wünschen könnte. Ein iroschottischer Wanderbischof Kilian kommt mit seinen Gefährten und predigt im Land des Thüringerherzogs Gozbert. Der Herzog hatte die Frau seines Bruders genommen. Kilian macht ihm Vorhaltungen. Die Herzogsgattin läßt ihn deshalb ermorden. – Eine Wiederholung der Passio Johannes' des Täufers! Sie ist auch für unsere Zeit beachtlich, weil die Modernen anders denken als das Gesetz der Ehe. Sie verurteilen Kilian, weil er zu streng über die Einheit der Ehe denkt. Wer stirbt schon für die Einheit der Ehe?

Glaubensboten aus Irland kommen ins Franken- und Thüringerland. Sie sterben den Martertod. Ihre Gebeine werden am 8. Juli 752 von Bischof Burkhard erhoben und auf dem Marienberg beigesetzt. In Anwesenheit Karls des Großen werden die heiligen Märtyrer 788 in den Salvatordom, das heutige Neumünster, übertragen. Das Sterben der Missionare ist ihre letzte Konsequenz. Diese Konsequenz muß auch das heilige Sakrament der Ehe umfassen. Es gibt kein Christentum in Form von Auswahlkollektionen. Man kann nicht weniger angenehme Teile des Evangeliums ausschalten. Wie Kilian und seine Gefährten für das ganze Christentum starben, so haben wir das konsequente Christentum in allen seinen Bereichen zu leben.

10.

HL. KNUD VON DÄNEMARK
Märtyrer

HL. ERICH VON SCHWEDEN
Märtyrer

HL. OLAF VON NORWEGEN

Die drei nordischen Könige gaben das Leben für die Christianisierung ihrer Länder

Der deutsche Regionalkalender hat auf den Gedenktag des Königs Knud (oder Kanut) von Dänemark auch die Feier des Schwedenkönigs Erich und des norwegischen Herrschers Olaf angesetzt. So wird die Vertretung Nordeuropas im Kalender ansehnlich. Die Bistümer des deutschen Sprachgebietes werden sich ihrer seit St. Ansgar traditionellen Sorgepflicht für die Kirche im Norden bewußt.

Der heilige König Knud von Dänemark wurde geboren 1040. Zur Königswürde gelangte er 1080. Er starb am 10. Juli 1086 in der Albankirche zu Odense auf Fünen. Knud der Heilige (nicht zu verwechseln mit Knud dem Großen von England und Dänemark, †1035) war ein tatkräftiger, begabter Regent und ein eifriger Christ. Er sorgte für den Bau von Kirchen, für das Ansehen der Geistlichen, für die Befolgung der Gesetze der Kirche. Zugleich war er ein König, der sich nicht damit begnügte, eine schmückende Figur seines Reiches zu sein. Er setzte das Königtum als tragende Macht des Volkes durch. Das mißfiel den Fürsten, die sich nach altem germanischem Recht als Kleinkönige (oder Großbauern) fühlten und einen Herrscher über sich nicht für notwendig hielten. Vor allem wollten sie einen absolut christlichen König nicht über sich dulden. Sie lehnten sich gegen Knud auf und erschlugen ihn beim Gottesdienst in der Kirche. Schon 1100 wurde Knud als Märtyrer heiliggesprochen. Er wurde als Patron Dänemarks angerufen. Über seinem Grab baute man die Knudskathedrale. Dort hat der Reliquienschrein des heiligen Königs heute noch seinen Ehrenplatz.

Der heilige König Olaf Haraldsson von Norwegen hat seinen Gedenktag eigentlich am 29. Juli. Er wurde geboren 995. Als Zwölfjähriger ging er auf große Wikingerfahrt. Sie wurde ihm zur Fahrt ins Christusreich: 1014 wurde er in der französischen Normandie zu Rouen getauft. Von 1015 bis 1030 waltete er des Königsamtes. Er wurde der Einiger des Reiches, er löste Norwegen von der dänischen Oberherrschaft. Streng ging er gegen das Heidentum vor. Er bestrafte alle, die die Taufe verweigerten. Englische und deutsche Glaubensboten berief er in sein Land. Er baute viele Kirchen. Er schaffte ein „Christenrecht" für Norweger. Sein Eifer für das Christentum kostete ihn die Krone. Er wurde vertrieben. Als Rückeroberer kehrt er heim. Da fiel er im Kampf 1030 am 29. Juli, bei Stiklestad. Sein Grab war zuerst in der Nikolauskirche zu Drontheim. Erzbischof Eystin baute ihm zu Ehren den neuen Dom zu Drontheim. Olaf ist Norwegens Schutzpatron.

Des heiligen Königs Erich IX. Jedvardsson von Schweden wird ursprünglich am 18. Mai und 24. Januar gedacht. Nach der Überlieferung hielt er einen Kreuzzug nach Finnland, um die Finnen zu bekehren (und wohl auch zu erobern). Mit ihm zog Bischof Heinrich von Uppsala. Am 18. Mai 1160 fiel er im Kampf gegen den dänischen Feldherrn und Prinzen Magnus. Wieder ergänzt die Überlieferung: Er wurde in der Kirche erschlagen. Schon 1198 wird Erich als Heiliger verehrt. Sein goldener Schrein wurde im Dom von Uppsala hinter dem Hochaltar aufgestellt. Erich ist Schwedens Patron.

11.

HL. BENEDIKT VON NURSIA

Vater des abendländischen Mönchtums

Gedenktag

Sein Werk ist unvergänglich, sein Wappen die Eiche „Succisa virescit – abgeschlagen, grünt sie neu!"

Benedikt ist Patron Europas, Ordensvater des Benediktinerordens, bekannt in der ganzen Welt. Die Darstellungen Benedikts zeigen ihn so erhaben, daß man die Frage des Grundschulkindes versteht: „Ist das Gottvater?" Aber diese Würde fing an mit einer Flucht. Der Sohn eines Latifundienbesitzers, 480 in Norcia (= Nursia) bei Perugia geboren, zog nach Rom zum Studium. Die Sittenlosigkeit der dekadenten römischen Studenten veranlaßte ihn zur Flucht in das Einsiedlertum. Er ging nach Affile (= Enfide) und schloß sich einer Asketengemeinschaft an. Er vollendete die Flucht in die vollkommene Einsamkeit einer Höhle im Aniotal. Dort weilte er drei Jahre einsam in Buße und Gebet. Seine Höhle lag gegenüber dem ehemaligen Landschloß des Kaisers Nero. Die alte Pracht war noch erkennbar.

Ein Attentat folgte: Eine Eremitengemeinde holte Benedikt als ihren Vorsteher nach Vicovaro. In dieser Aufgabe kam der alte Etrusker aus ihm hervor, sicher auch sein juristisches Studium. Er versuchte, Ordnung in das Leben dieser Eremiten zu bringen. Sie antworteten mit – Gift. Benedikt holte das Gift aus dem Weinbecher durch das Zeichen des Kreuzes. Dieses Erlebnis ließ ihn zum Gegner eines ungeordneten Eremitentums werden. Er sah, daß es sogar in das Verbrechen führen konnte. Er ging nach Subiaco zurück und sammelte die Einsiedler der Gegend in zwölf kleinen Klostergemeinschaften. Der Eremit Benedikt wird zum Organisator des Mönchtums. Die in ihm wohnenden Ordnungskräfte sagen ihm, daß die Sittenlosigkeit einer Zeit nicht mit Eremitenflucht zu beheben ist, sondern nur, indem man eine „Neue Stadt" baut. Das nimmt er erst recht in Angriff, als er mit seinen Mönchen nach Montecassino zieht. Das geschieht im gleichen Jahr 539, in dem Athen seine alte, immer noch heidnische Universität schließt: Das neue Kulturzentrum ist der Ordo Sancti Benedicti. Hier entsteht die heilige Regula des Benediktinerordens, hier die neue Stadt Gottes, die von der Ordnung des geistlichen und geistigen Menschen durchwaltet ist. Die Gottesstadt wird Zuflucht vieler, vieler Menschen, die der Großstadt entfliehen. Die Klöster Benedikts werden bald allenthalben zu Gottesburgen, um die sich das neue Abendland und Europa bilden.

Wohl am 21.3.547 stirbt Benedikt in Montecassino. 673 sollen am heutigen Tage 11.7. seine Gebeine nach Fleury in Frankreich gebracht worden sein. Der neue archäologische Befund plädiert für das Verbleiben in Montecassino. – Der Bedrohung durch die Goten hatte Benedikt sein Kloster entrissen. Die Bedrohung durch die Deutschen ließ einen Steinhaufen zurück. Aber: succisa virescit – abgeschlagen, blüht sie neu – die Eiche, die das Wappen zeigt. So wird es über Montecassino hinaus der Sache Benedikts gehen.

13.

HL. HEINRICH II.

Kaiser

Er war kein bequemer Heiliger, aber sehr demütig, ganz auf die Sache des Ewigen Königs bedacht

Heinrichs II. Vater war der Bayernherzog aus dem sächsischen Kaiserhause, Heinrich der Zänker. Etwas vom Temperament des Vaters steckte auch in Heinrich dem Heiligen. Er war jedenfalls kein bequemer Heiliger, kein kaiserlicher Sakristan der Römischen Kirche. Durch seine Großmutter, die heilige Mathilde, war er aus Widukinds Blut, geboren 6. 5. 973 in Hildesheim. Seit 995 Bayernherzog, war und blieb er Kämpfer. Die Reichsinsignien mußte er als nächster Verwandter nach Ottos III. frühem Tod aus dem Gewahrsam des Kanzlers Erzbischof Heribert von Köln erkämpfen. Nicht der zuständige Heribert von Köln, sondern Willigis von Mainz krönte ihn 1002 in Aachen. Bis 1018 hatte er in Polen gegen Boleslaw zu kämpfen; ohne Rücksicht setzte er gegen diesen Verwandten und Mitchristen die heidnisch gebliebenen polnischen Stämme ein. In Kämpfen erlangte er 1004 die langobardische Königskrone. Ein Kampfzug war seine Romfahrt zur Kaiserkrönung am 14. Februar 1014 durch Benedikt VIII.

Gleichzeitig war der rastlose Kämpfer auch Kämpfer für das Gute. Er setzte sich für die von Gorze bei Metz und St. Maximin in Trier ausgehende Klosterreform ein. Er schuf die Diözese Merseburg als Neugründung, in Vollstreckung des Gelöbnisses Ottos d. Gr., und 1007 die Diözese Bamberg als Missionsausgangspunkt. Seine Burgen waren die Dome in Basel, Straßburg und die Alte Kapelle in Regensburg, die er als Stifter bedachte. Im kirchlichen Bereich kämpfte er mit der gänzlich anderen Waffe der demütigen Bitte: Er warf sich wegen der Gründung Bambergs vor den versammelten Bischöfen auf die Knie, er bat den falsch beschuldigten Heribert von Köln kniefällig um Verzeihung. Damit zeigte er, daß er in der Schule eines Heiligen, Wolframs von Regensburg, groß geworden war, einen Heiligen, Willigis von Mainz, zum Kanzler, eine Heilige zur Gattin hatte. Vielleicht ist doch der Bamberger Reiter eine Idealfigur dieses Kaisers. Jedenfalls ist das harte Antlitz seines Bildes auf dem Hochgrab im Westchor des Bamberger Domes ein Abbild seines rauhen, redlichen, durch und durch religiösen Wesens „in der Welt und doch nicht von dieser Welt“. Papst Eugen III., Zisterzienser, Schüler des heiligen Bernhard, selbst ein Heiliger, vollzog 1146 die Kanonisation des heiligen Heinrich, der am 13. Juli 1024 im Alter von dreiundfünfzig Jahren zu Grona bei Göttingen gestorben war. Die Liebe des Volkes zum heiligen Kaiser und zu seinem Vornamen ist geradezu eine Bestätigung dieser Kanonisation.

HL. KUNIGUNDE

Kaiserin

Ganz Kaiserin, wird sie Klosterfrau,
nach dem Sterben wieder Kaiserin,
gekrönt von Kirche und Volk

Weder die heilige Kunigunde noch der heilige Heinrich wird am 13.7. gefeiert, sondern das heilige Kaiserpaar Heinrich und Kunigunde. Der Kalender will bewußt das heilige Ehepaar vor das Gedenken der Kirche stellen.

Sogleich tritt die Legende dazwischen. Sie sagt: Kaiser Heinrich II. und Kunigunde von Luxemburg lebten in einer Josefsehe – Kunigunde habe ihre Jungfräulichkeit bewiesen, indem sie über zwölf glühende Pflugscharen geschritten sei. Die Ehe war kinderlos, vermutlich infolge einer Krankheit des Kaisers, aber sie war eine echte Ehegemeinschaft. Ja, es handelte sich um eine ideale Ehe, auch in der gemeinsamen Erfüllung des Berufes und der Berufung. Kunigunde, zur Königin gekrönt am 10. August 1002 zu Paderborn, war Statthalterin des Gatten, wenn er auf Feldzügen weilte. Zusammen empfingen sie am 14. Februar 1014 zu Rom die Kaiserkrone. Gemeinsam planten und verwirklichten sie die Stiftung des Bistums Bamberg. Kunigunde brachte in diese Stiftung ihre Morgengabe ein, ihr väterliches Hochzeitsgut, das nun – statt an ihre Kinder – an die Mutter Kirche ging. Diese gute Ehe wird künstlerisch sichtbar gemacht durch das unvergleichliche Doppelgrab im Westchor des Bamberger Domes.

Nach dem Tod Heinrichs wurde Kunigunde Benediktinerin in der von ihr 1017 gestifteten Abtei Kaufungen bei Kassel. Ihre vorbildliche Ehe ging nun über in die „Brautschaft" ihrer monastischen Gotteshingabe in den benediktinischen Gelöbnissen. Ein Jahrzehnt, von 1024 bis zu ihrem Tod am 3. März 1033 (ihr Geburtsjahr ist unbekannt), lebte die Kaiserin als Klosterfrau. Vielleicht ergibt sich hier die Deutung der Legende der heiligen Kunigunde: Sie geht über die glühenden Pflugscharen, das heißt durch die Bedrohungen des weltlichen höfischen Lebens ohne Schaden hindurch zu ihrer eigentlichen, der jungfräulichen Berufung. – Im 20. Jahrhundert (1919) hat wieder eine Luxemburgerin, die Großherzogin Maria Adelheid, die Krone niedergelegt und den Nonnenschleier als Karmelitin genommen. Die Kaiser aus der luxemburgischen Familie, Heinrich VII., Karl IV., Sigismund, brachten Kunigundes Erbe noch einmal zur Geltung. Anläßlich der Kanonisation am 29. März 1200 durch Papst Innozenz III. erfolgte 1201 ihre Überführung in das Bamberger Kaisergrab: die Klosterfrau wird von neuem Kaiserin. Die Kalendererneuerung stellt die heilige Kunigunde wieder in die liturgische Feier durch das ganze deutsche Sprachgebiet hinein: auch eine Krönung.

14.

HL. KAMILLUS VON LELLIS
Priester, Ordensgründer

Eine verelendete Existenz wird Ordensstifter, Organisator der Krankenpflege

Kamillus von Lellis hatte sein letztes Geld verspielt. Die Spielleidenschaft hatte ihn verzehrt. Er war fünfundzwanzig Jahre alt, geboren am 25. Mai 1550. Da war er am Ende seiner Laufbahn. Als Neunzehnjähriger hatte er sein Heimatdorf Bucchianico in den Abruzzen beim Gran Sasso verlassen. Was hielt ihn da? Er hatte seine Eltern verloren. Das Heimatdorf, selber in äußerster Armut, hatte nichts für ihn übrig. So ging er weg und verdingte sich als Soldat bei der venezianischen Armee. Da hatte er seinen Sold, sein Essen und Trinken, ein Dach über dem Kopf, und die rauhen Sitten des Soldatenhandwerks waren nicht rauher als die im Abruzzendorf. Fünf Jahre diente er der Signoria und dem Dogen von Venedig und half, die Türken zu schlagen. Am Ende hatte er ein kleines Sparsümmchen. Aber das ging in die Spielhöllen. Wie ein Landstreicher zog er von Ort zu Ort und suchte Gelegenheitsarbeit.

1575 kam er nach Manfredonia beim Sporn des italienischen Stiefels. Als Gelegenheitsarbeiter fand er Beschäftigung an einem Neubau, den die Kapuziner errichteten. Während dieser Arbeit wurde er nachdenklich. Die Kapuziner waren ihm gut. Er begann zu beten. Er suchte seine Hilfe bei Gott. Er wurde ein anderer. Aus dem Handlanger wurde ein Ordensmann. Kamillus trat in den Kapuzinerorden ein. Die Irrfahrt war noch nicht zu Ende. Kamillus wurde wegen eines unheilbaren Fußleidens von den Kapuzinern wieder entlassen. Sie schickten einen Heiligen weg.

Camillo wanderte nach Rom. Er mußte

sich dort seinen Unterhalt verdienen. Aber seine Bekehrung hielt stand. Er ging als Krankenwärter in das römische Jakobsspital. Bald konnte er zum Spitalmeister aufsteigen. Da begegnete er dem großen Apostel Roms, dem heiligen Philipp Neri. Mit sicherem Blick erkannte Neri die Begabung des Kamillus. In etwa acht Jahren gelangte er zur Priesterweihe (1584). Schon zwei Jahre vorher war seine Gründung, der Orden der Kamillianer, vollzogen. Nun stand der venezianische Soldat im Kampf um das Gottesreich. Er leitete eine umfassende caritative Tätigkeit zur Pflege und Seelsorge ein. Bis dahin waren sich die Kranken in den Spitälern fast selber überlassen. In Notfällen kamen Ordensleute und andere fromme Menschen, um sich der Kranken anzunehmen. Es gab einfach noch keine Organisation, keinen Orden von Krankenpflegern. Kamillus hat einen neuen Weg gefunden. Heute noch setzt ihn sein Orden in aller Welt fort. – Am 14. Juli 1614 starb Kamillus von Lellis. Er wurde bestattet in der römischen Magdalenenkirche. 1742 wurde er seliggesprochen, 1746 kanonisiert. Er ist der Heilige der Kranken und Krankenpfleger. In den Sterbegebeten ruft ihn die Kirche herbei.

15.

HL. BONAVENTURA

Bischof, Kirchenlehrer

Gedenktag

Der „Seraphische Kirchenlehrer“ hat die Glut seines Vaters Franziskus und gießt sie in Ordnung und Theologie

Bonaventura trägt als Kirchenlehrer den Titel „Doctor seraphicus“. Darin kommen seine Zugehörigkeit zu seinem Ordensvater Franziskus, der durch einen Seraph die Wundmale empfing, aber auch sein geistlicher Höhenflug und seine Glut zur Aussage.

Nahe bei Viterbo, in Bagnoreggio, ist er gebürtig, etwa 1217. Sein Taufname war Johannes. Von 1236–42 studierte er in Paris. Dort trat er 1243 in den Franziskanerorden ein. Paris wurde seine Heimat. Man könnte ihn einen „ewigen Studenten“ nennen. Als Fünfunddreißigjähriger wurde er Doktor der Philosophie. Mit Thomas von Aquin zusammen war er Magister Regens des Pariser Theologiestudiums. Von Paris aus regierte er als General den Franziskanerorden siebzehn Jahre lang 1257–74. Papst Gregor X. ernannte ihn 1273 zum Kardinal-Bischof von Albano für die Vorbereitung und Durchführung des Lyoner Konzils 1274. Dort bemühte er sich besonders um die Union mit den Griechen. Vierzehn Tage nach Vollzug dieser Union, bei der Bonaventura gepredigt hatte, starb er in Lyon am 15. Juli 1274. Papst Sixtus IV., Franziskaner, kanonisierte ihn 1482, Sixtus V., Franziskaner, erhob ihn 1588 zum Kirchenlehrer.

Bonaventura und Thomas waren in herzlicher Freundschaft verbunden. Dennoch blieben sie in ihrem theologischen Lebenswerk verschieden; aristotelisch der Dominikaner, mehr platonisch-augustinisch der Franziskaner. Vor allem ist Bonaventura der große Kopf der mystischen Theologie. Seine Werke „Itinerarium mentis in Deum“, „Lignum vitae“, „De sex alis Seraphim“, „Hexaemeron“ gehören zu den einflußreichen der spirituellen Theologie. Sie machen ihn zum „Fürsten unter den Mystikern“, wie Papst Leo XIII. sagte. Er inspirierte die Devotio moderna, Seuse, Franz von Sales und viele andere. Sein Lukaskommentar, sein „Breviloquium“, seine Questionen über Christi Wissen, über die Dreifaltigkeit, über die evangelische Vollkommenheit sind hohe Gipfel der mittelalterlichen Theologie.

Bonaventura schreibt auch die Legenda minor über seinen Ordensvater Franziskus. Aber in Bonaventura wird die Überwindung der ursprünglichen franziskanischen Bewegtheit ebenso sichtbar wie die neue franziskanische Ordnung. Der General und Kardinal Bonaventura weicht sicher vom visionären, charismatischen Franz von Assisi und Alverna ab. Doch ist er in seiner Spiritualität und Mystik, in Glut und Höhenflug der genuine Deuter seines heiligen Ordensvaters.

16.

UNSERE LIEBE FRAU AUF DEM BERGE KARMEL

Die Tradition des Elija wird in die Kirche eingebracht

Die Zahl der Marienfeste, die je in Ost und West zu Ehren der Mutter Gottes eingerichtet waren, wird mit tausend angegeben. Einige dieser Gedenktage waren Kirchweihfeste, andere Patrozinien bestimmter Gemeinschaften, andere verkündeten die Stationen und Mysterien des Marienlebens. Der Gedenktag Unserer Lieben Frau vom Berge Karmel ist das Patrozinium des Karmeliterordens. Papst Benedikt XIII. gab diesem Eigenfest der Karmeliten 1726 Verpflichtung für die ganze Kirche. Die Kalenderreform des Zweiten Vatikanischen Konzils hat es erhalten, um dem Ideal des Karmelitenordens in der Kirche zu dienen. Die Verehrung der Gottesmutter gehört so wesentlich zum geistlichen Leben der katholischen Christen, wie sie zur religiösen Existenz der Karmeliten gehört. Mit der Gottesmutter stehen an diesem Tage die Heiligen vor uns, die den braunen Habit und den weißen Mantel der Karmeliten trugen, vor allem Johannes vom Kreuz und die beiden Theresia, von Ávila und von Lisieux, die sechzehn Märtyrinnen von Compiègne in der Französischen Revolution und – der Seligsprechung nahe – Theresia Benedicta = Edith Stein. Fünfundzwanzig beträgt die Zahl der Heiligen und Seligen, die unter dem Schutz unserer Lieben Frau vom Karmel heranwuchsen. Sie alle geben uns die Worte ihrer Regel: „Jeder bleibe in seiner Zelle, Tag und Nacht das Gesetz des Herrn betrachtend und wachend im Gebet." So wird das Karmelfest ein Lob der Innerlichkeit und der Stille.

Man möchte statt „U. L. Frau vom Berge Karmel" gern umändern: „U. L. Frau vom Heiligen Land" oder „U. L. Frau vom Alten Bund" – ein Gegenstück zum 21. 11.: „U. L. Frau von Jerusalem". Der Berg Karmel mit seinem weichen Kalkboden bot seit unvordenklichen Zeiten seine vielen Höhlen als Einsiedeleien an. Dort wohnte nach dem 2. Buch der Könige der Prophet Elija mit seinen Schülern. Die altchristlichen Eremiten übernahmen die alttestamentliche Tradition. Am „Brunnen des heiligen Elija" sammelten sich in der Kreuzfahrerzeit Mönchsgemeinschaften, die von Honorius III. zur Zeit des Franziskus und Dominikus in ihrer Regel bestätigt wurden. Der Druck der Sarazenen zwang sie, ins Abendland auszuweichen. Hier wurden sie zu einem der großen Orden des späten Mittelalters – immer unter dem Schutz Unserer Lieben Frau, deren Heimat, deren alttestamentliches Erbe sie in die Kirche einbringen wollten.

20.

HL. MARGARETA

Jungfrau, Märtyrin

Sie heißt „Perle" und ist „Perle", kostbar für die Kirche, sie trägt die „Perle" der Taufgnade

Margareta, eine Märtyrin aus der Reihe der heiligen Vierzehn Nothelfer, wird nach altem deutschem Kalender am 13. 7. oder am 17. 7., nach römischem am 20.7. gefeiert. Ebenso unklar wie ihr Namenstag ist ihre historische Persönlichkeit.

Margareta heißt „Perle". Das ist ein Name, der die Freude der Eltern am Kind widerspiegelt. Das Kind ist nicht „Plage", sondern „Perle".

Christus hat von der kostbaren Perle gesprochen. Man darf sie nicht den Tieren vorwerfen (Mt. 7, 6). Der Perlenhändler verkauft seine ganze Habe, wenn er besonders kostbare Perlen findet (Mt. 13,46). Im Perlenschatz erkennt man ein Gleichnis für die Gnade des Glaubens und der Taufe.

Diese biblische Fülle des Namens findet einen harten Kontrast in dem Drachen unter den Füßen der Märtyrin. Der Drache ist Zeichen für das Böse, mehr noch für den Bösen, den Teufel. Selbst das zarte Geschlecht überwindet den Bösen, wenn es eben Margareta, Perle, ist, wenn es den Schatz der Taufgnade wahrt.

Die Überwindung des Bösen wird in vielen Darstellungen auch durch das Kreuz angezeigt, das Margareta in ihren Händen hält: Kreuz und Opfer Christi helfen, den Taufglanz zu wahren.

Die Märtyrin Margareta stammt nach der Überlieferung aus Antiochien in Pisidien, wo Paulus predigte (Apg. 13,14–52). Es liegt mitten in Kleinasien am Nordhang des Taurus. Aus dieser Stadt wurde der Apostel vertrieben, vor allem durch eine Hetze unter den Frauen. Nun steht aus diesem

Antiochien die Blutzeugin Margareta auf, als wollte sie wiedergutmachen, was ihre Ahnen dem Apostel angetan hatten. – Nach der Legende war Margareta Tochter eines heidnischen Priesters. Der Vater verstieß seine christlich gewordene Tochter. Auch hier spricht wieder ein biblisches Motiv: um Christi willen muß man auch den Vater verlassen (Mt. 19,29).

Die heilige Margareta hat in der Diokletianischen Verfolgung um 300 gelitten. Zu ihrer Qual kam nach der Legende der Kampf mit dem Drachen. Zu ihrem Martyrium wegen des Glaubens kam der Kampf um ihre Jungfräulichkeit. An jeden tritt heran auch die Versuchung, der innere Kampf! Die Überwindung aber besteht in dem Grundsatz: „Soli Deo!" Martyrium ist tiefste Gottesliebe.

Die heilige Margareta ist eine der Vierzehn Nothelfer. Mit Barbara und Katharina ist sie eine der heiligen Frauen unter den Nothelfern. Sie hilft vor allem den jungen Müttern in der Stunde der Geburt. So steigt ihre Persönlichkeit aus den Jenseitigkeiten der Bibel in die kleine Welt des leidenden, kämpfenden Menschen, damit er den Weg finde nach oben.

21.

HL. LAURENTIUS VON BRINDISI

Ordenspriester, Kirchenlehrer

Ein Kapuziner macht große europäische Politik

Der ursprüngliche Name des Heiligen ist: Julius Caesar Russo (Russo = Rot). Im Kapuzinerorden erhielt er den Ordensnamen Laurentius, dem der Name des Heimatortes Brindisi hinzugefügt wurde. Hier wurde er am 22. Juli 1559 geboren.

Wenn man die fünfzehn Bände Predigten des heiligen Laurentius durchsieht und ihre Gediegenheit und Schriftkenntnis auf sich wirken läßt, wenn man seine auf dem Geheimnis der Gottesmutterschaft aufbauende Mariologie und seine Christusinnigkeit erkennt, dann scheint der Vorname Julius Caesar gar nicht zu ihm zu passen. Auch sein ungeheuer kenntnisreiches Werk über das Hexaemeron, das Schöpfungswerk, erinnert wahrhaftig nicht an Julius Caesars Bellum Gallicum. Doch dann messen wir die Bahnen, die er in den sechzig Jahren seines Lebens von Brindisi nach Lissabon, wo er am 22. Juli 1619 starb, durchlaufen hat, und können seinen weiten Weg kaum begreifen. Sein ausgeglichenes und doch stürmisches Temperament gibt ihm Kraft, in der Toskana, in Venedig, der Schweiz, in Genua als Provinzial tätig zu sein. Er ist Generaloberer von 1602–05. Er ist der erste Kapuziner im deutschen Sprachgebiet, er führt seinen Orden in Österreich, Bayern, Tirol, Böhmen, Ungarn ein. Laurentius von Brindisi spricht Latein und Italienisch, und mit diesen Sprachen meistert er jede Predigt und jede diplomatische Verhandlung. Als Prediger begleitet er die Truppen in den türkischen Kämpfen. Man nannte ihn den eigentlichen Sieger von Stuhlweißenburg 1601. In diesem Jahrzehnt seines Lebens ist er ganz Julius Caesar. Seine Führungs- und Verhandlungsfähigkeiten lassen ihn zum entscheidenden Berater der katholischen Fürsten werden. Vor allem Maximilian I. von Bayern bedient sich der diplomatischen Dienste des Kapuziners. Ihm ist die Katholische Liga der Fürsten zu verdanken. Für sie reist er nach Spanien und Portugal.

Laurentius stirbt auf einer politischen Reise in Lissabon. Er findet sein Grab in Villafranca bei Astorga in Spanien. Eben ist der große Krieg ausgebrochen, von dem damals noch keiner ahnt, daß er dreißig Jahre dauern soll. Sein Wirken steht an der Schwelle des Dreißigjährigen Krieges, seine Seligsprechung 1783 an der Schwelle der Französischen Revolution. Seine Kanonisation 1881 findet ein geeintes und doch zerrissenes Italien.

22.

HL. MARIA MAGDALENA

Gedenktag

Wir finden sie unter dem Kreuz und am offenen Grab. Die Buße führt dorthin

Die Liturgie sieht im Anschluß an Gregor den Großen in Maria Magdalena auch die Maria von Betanien und die Sünderin, die nach dem Bericht des Lukas dem Herrn die Füße salbt. Der Liturgie folgen auch die Kunst und die Legende. Diese läßt die Geschwister Lazarus, Maria und Marta nach Aix in der Provence kommen, wo sie Christus verkünden und für ihn leiden. Auch St-Maximin in der Provence und Vézelay rühmen sich des Besitzes der Gräber der Geschwister von Betanien.

Wir begnügen uns heute mit dem Gedenken an die eigentliche Maria Magdalena, die unter dem Kreuz stand und den Auferstandenen im Garten sah. Sie hat vieles zu sagen: von Sünde und Schuld, von Buße und Sühne, von der Befreiung durch Christus, von Kreuz und Auferstehung. Vielleicht stellt sie mehr als andere Heilige den Menschen in seiner ganzen Armut und Hilfsbedürftigkeit dar, den Menschen, der Sünder ist und der Buße bedarf, den Menschen, der durch das Kreuz Christi befreit wird in die Auferstehung. Damit wird sie zur Trostbringerin für den gefallenen Menschen, in Parallele zum reumütigen Schächer und zum heimkehrenden verlorenen Sohn.

Jedem ist zu helfen. Denn Christus ist für alle am Kreuz gestorben. Wie er Magdalena im Garten am Ostermorgen anruft: „Maria", so spricht er jeden Menschen unmittelbar und persönlich an. Der Garten will hier an den verlorenen Paradiesgarten erinnern. Wir gewinnen ihn wieder, wenn Christus uns mit Namen ruft.

Leider hat man, schon von der frühen Gnosis an bis in die heutige Roman- und Filmliteratur, Maria Magdalena als „Vertraute" des Herrn gesehen; man hat ihr so die Rolle zugedacht, die nach Auffassung des liberalen Denkens an die Seite des Genies gehört. Dadurch sucht man sich selber zu entschuldigen und zu rechtfertigen. Magdalena ist ein Lob der verzeihenden Barmherzigkeit Gottes, eine Aufforderung zu Bekehrung, Buße und Sühne. Sie zeigt die „Auferstehung" des Büßers.

Wer, geführt von der Liturgie und Gregor dem Großen, in der Heiligengestalt des 22.7. Maria von Betanien und die „Myrrhiphora" = die Salbende sehen wollte, ergänzt das Bild der Büßenden. Auf Jesu Wort zu lauschen und ihm alle Ehre zu bringen, sind Formen der Buße und Sühne, die nicht vergessen werden dürfen, wenn die Bekehrung echt sein soll. Man kann nicht büßen, ohne zu hören, ohne zu ehren.

23.

HL. BIRGITTA VON SCHWEDEN

Ordensgründerin

Eine Mystikerin und Visionärin, die Hofmeisterin des Königs war und viel wallfahrtete

Die heilige Birgitta ist nicht zu verwechseln mit der irischen heiligen Brigida. Sie ist die große Heilige Schwedens und zugleich eine weltkirchliche Heilige, deren Reisefreudigkeit sie mit Spanien, Italien, Palästina verbindet. Sie ist Zeit- und Gesinnungsgefährtin der heiligen Katharina von Siena und die Vorgängerin der heiligen Franziska von Rom. Alle drei sind Mystikerinnen in einer verworrenen Zeit der Kirchen- und Papstkrise.

In Finstad bei Uppsala wurde Birgitta 1302 geboren. Als Vierzehnjährige heiratete sie Ulf Gudmarsson. Sie wurde Mutter von acht Kindern. Ihre Tochter Katharina wurde Heilige, ein Sohn Lebemann. Im Jahre 1341/43 wallfahrtete Birgitta nach Santiago de Compostela. Nach der Rückkehr trat ihr Mann in das Zisterzienserkloster Alvastra ein. Dort starb er am 12. Februar 1344.

Für Birgitta begannen nun ihre großen Visionen oder Offenbarungen, die ihr nach ihren Gebeten ohne Ekstasen zuteil wurden. Sie alle standen unter dem Generalnenner, sie solle Gottesbraut und Gottesbotin sein. Sie diktierte oder schrieb ihre übernatürlichen Kenntnisse in Schwedisch, ihre Beichtväter übersetzten es ins Lateinische. Nun bereitete sie ihre Ordensgründung vor. Der Schwedenkönig Magnus Eriksson, dessen Hofmeisterin sie gewesen war, schenkte ihr für die Klostergründung das Königsgut Wadstena. Das Vorbild ihrer Klöster war eher das mittelalterliche Damenstift als das Monasterium. Die Leitung des Hauses oblag der Äbtissin – ein Primat der Frau. 60 Nonnen lebten im Frauenkloster, 13 Mönche, 4 Diakone, 8 Laienbrüder waren im Männerkloster, wo der „Generalbeichtiger" (Spiritual) Regime führte. 1349 reiste Birgitta in das papstlose Rom; der Papst residierte in Avignon. Vierundzwanzig Jahre lebte sie in Rom. Die Bestätigung ihres Birgittenordens erlangte sie von Papst Urban VI. zu Rom. Dafür hat sie gebetet und gelitten. Sie hatte den Mut, 1372/73 ins Heilige Land zu pilgern. Birgitta starb 1373 in Rom, das Jahr danach wurde sie nach Wadstena überführt. 1391 wurde sie von Papst Bonifaz IX. kanonisiert.

Ihr Orden wurde in der Großen Revolution aufgelöst, aber im 19. Jahrhundert von der Konvertitin Elisabeth Hesselblad neu gegründet. An ihrem Grab in Wadstena beten lutherische und katholische Christen um die Einheit im Glauben.

24.

HL. CHRISTOPHORUS

Märtyrer

Nicht nur Legende, sondern Leben

Der heilige Christophorus hat gelebt. Er war Märtyrer. Das muß man als Geschichte anerkennen. Denn am 22. September 452 wurde in Chalcedon, gegenüber von Konstantinopel am kleinasiatischen Ufer, eine Kirche zu Ehren des heiligen Christophorus geweiht. In damaliger Zeit war es rechtlich unmöglich, einem Nichtmärtyrer eine Kirche zu weihen. Es geschah elf Monate, nachdem das meistbesuchte der alten Konzilien zu Ende gegangen und die Augen der Welt nach Chalcedon gerichtet waren. Darf man vielleicht vermuten, die Christophoruskirche von Chalcedon könnte als Konzilsgedächtniskirche konzipiert gewesen sein?

Um diese geschichtliche Persönlichkeit Christophorus rankt sich die Legende. Doch ist Legende kein Roman, sondern eine katechetische Aussage, die eine Wahrheit der Glaubenswelt in faßlicher, erzählender Form einprägen will. – Die Legende sagt in der Urform: Ein Riese und Unhold, der einen Hundskopf hat und nicht sprechen kann, empfängt das Sakrament der Taufe, erhält den Namen Christophorus und kann sprechen. – Die Ägypter verehrten den hundsköpfigen Gott Anubis. Die Juden nannten darum die Heiden „Hunde“. So tut es Christus vor der bittenden Frau (Mt 7,6) u.a. Der Hundsköpfige ist also der Heide schlechthin. Der Mensch ohne Taufe kann nicht in rechter Weise Gott loben. Er muß erst sprechen lernen. Darum wird bei der Taufe heute noch die Zeremonie der Öffnung des Mundes vorgenommen. – Bei der Taufe erhält der Mensch einen Namen. Darum berichtet die Legende von dem Namen Christophorus. Sie deutet darin das Taufmysterium: Der Mensch wird Christusträger. Die Urlegende ist also eine Taufkatechese. – Die mittelalterliche Legenda aurea von dem berühmten Dominikaner Jakob de Voragine, Erzbischof von Genua, † 1298, weiß von einer anderen Variante der Christophorusgeschichte: Ein Riese will nur dem Mächtigsten dienen. Er geht erst zum König – dann zum Teufel –, da verlangt ein Kind von ihm getragen zu werden. Er geht in die Knie, weil es ihm so schwer wird. Er hat Christus getragen, den Allmächtigen, und ihm dient er nun. Die Legende ist zunächst eine Paraphrase des Namens Christophorus, des Taufnamens überhaupt, dann auch eine Deutung des Taufmysteriums.

So braucht die Moderne keine Angst zu haben, den heiligen Christophorus zu verehren. Christophorus hat Christus in der Taufgnade auf sich genommen. In der Kraft der Taufgnade hat er für Christus gelitten. Deshalb haben schon die Christen der Kirchenväterzeit ehrfürchtig zu ihm aufgeschaut.

Der heilige Christophorus gehört zu den Vierzehn Nothelfern. Man ruft ihn heutzutage zum Schutz für die Autofahrer (nicht für die Schnellstfahrer) an. Da geht es nicht um Magie, sondern um eine Predigt: Fahre so, als sei Christus in deinem Wagen!

25.

HL. JAKOBUS

Apostel

Fest

Der erste Apostel, der für Christus starb,
ist Patron der Pilger, was wir alle sind

Der heilige Jakobus, der ältere Bruder des Evangelisten Johannes, Sohn des Zebedäus und der Salome, gehörte mit seinem Bruder Johannes und mit Petrus zur bevorzugten Dreiergruppe der Apostel: er war Zeuge der Verklärung, der Auferwekkung der Tochter des Jairus und des Ölbergleidens Jesu. Mit Johannes wurde er in seiner Heimat Bethsaida vom Fischerhandwerk weg zur Lebensgemeinschaft mit Christus berufen. Johannes und Jakobus tragen zusammen den Namen „Boanerges – Donnersöhne" wegen ihres zürnenden Temperamentes. Vielleicht haben die Brüder es von ihrer Mutter Salome geerbt. Sie erscheint mit ihren Söhnen vor Christus und erbittet ihnen bevorzugte Plätze an der Seite des Messias im Gottesreiche. Auf die Frage Jesu nach ihrer Bereitschaft zum Kelchtrinken, d.h. Leiden, antworten Jakobus und Johannes mit einem frohgemuten „Possumus – Wir können es!" Um Ostern 44 wurde Jakobus als erster der Apostel zum Martertod geführt, unter Herodes Agrippa I. Die Überlieferung versichert, die Jerusalemer Jakobskirche sei an der Stelle der Hinrichtung des Jakobus erbaut.

Als Grab des heiligen Jakobus wird die Kathedrale von Santiago de Compostela angesehen. Vom 10. bis 15. Jahrhundert war das Jakobusgrab das Ziel größerer Wallfahrten als der nach Rom und Jerusalem. Durch ganz Europa gehen die Pilgerstraßen nach Compostela, ausgezeichnet durch Kirchbauten gleichen Typs, die gleichzeitig als Herberge dienen. Der heilige Jakobus selber wird als Pilger mit Stab und Trinkmuschel dargestellt – zeitweilig der volkstümlichste aller Apostel. Leider läßt sich die Überlieferung, hier handele es sich um das echte Jakobusgrab, nicht beweisen. Doch sollte man behutsam sein, die Überlieferung einfach zu verwerfen. Es läßt sich nicht entziffern, welche untergründigen Ereignisse den Anlaß zu dieser Legendenbildung gegeben haben. – Heute ist die Wallfahrt zum Apostelgrab in Compostela nur ein Schatten ihrer Vergangenheit. Immer noch schwingt das riesige Weihrauchfaß durch die Kathedrale, um die Luft zu reinigen.

Immer noch amtiert der Apostel Jakobus als Patron von Spanien und Portugal. Er ist Schützer der Winzer. Der hierzulande schon im Juli geerntete Apfel heißt „Jakobusapfel". Der Mittwoch als aposteleigener Wochentag ist ihm gewidmet. Er ist ein Stück spanischer Geschichte und spanischen Selbstbewußtseins bis in die spanischen Kolonien hinein, bis nach Santiago in Chile. Von den Apostelbildern sind die Darstellungen des heiligen Jakobus fast am leichtesten zu entziffern, wenn man von Petrus und seinem Schlüssel absieht. Jakobus weist die Muschel als das Pilgerabzeichen vor. Er ist nicht nur Pilgerpatron, sondern Pilger schlechthin. Er wird zur Wesensaussage des Christseins: Wir sind pilgernde Kirche, Pilger und Fremdlinge.

26.

HL. JOACHIM UND HL. ANNA

Eltern der Gottesmutter Maria

Gedenktag

Ihr Haus stand in Jerusalem an der Tempelmauer

Die Überlieferung von Joachim und Anna, den Eltern Marias, geht weit zurück in die christliche Frühzeit, bis in die Zeit um 150. Die apokryphen Evangelien lieferten manche Züge dazu. Besonders fallen die Mitteilungen auf, das Haus Joachims und Annas, das Geburtshaus Mariens, habe an der Stelle der alten Marienbasilika Jerusalems gestanden, deren Weihefest am 21.11. (U.L. Frau von Jerusalem) gefeiert wird. Heute steht dort die El-Aksa-Moschee. Schwer durchschaubar sind die vielen Verflechtungen der Legende. Doch die Namen der Eltern Mariens sind unanfechtbar. Die Überlieferungen von Joachim und Anna gehen eigenständige Wege. Auch die Gedenktage der beiden entwickeln sich unabhängig. Erst die Kalenderreform des Zweiten Vatikanischen Konzils legte die beiden Gedenktage auf den 26. Juli zusammen, wie es sich anbot.

Die einzelnen Berichte und Ereignisse, die Perikopen und Abschnitte der Heiligen Schrift haben ihren Platz im Jahr des Herrn, an seinen Festen und Sonntagen. Der Tag von Joachim und Anna mutet an wie eine Feier des Stammbaumes Christi. Wenn auch diese Namen weder im lukanischen noch im mattäischen Stammbaum vorkommen, so weisen sie doch hin auf die Herkunft des Neuen Bundes aus dem Alten Bund, auf die Abstammung des Sohnes Gottes dem Fleische nach aus dem Volke und aus den Familien Israels. Die alttestamentliche Verheißung ist in Christus und im Neuen Bund erfüllt.

So stehen denn Joachim und Anna im Kalender

eines Konzils des 20. Jahrhunderts. Ihre schönsten Bildwerke wurden in der Spätgotik geschaffen. Das Patrozinium der heiligen Anna beschützt die Bergleute und die Schiffer, die Mütter und die Kinder. Der Annentag ist Muttertag in der Kirche, Jahrhunderte bevor man den modernen Muttertag erfand. Die Annenwallfahrtsorte in Düren, in Schlesien, in der Bretagne, in der Provence, in Kanada ziehen zahllose betende Frauen an. Wie unrecht hat die Behauptung, die Kirche sei zu klerikal-männlich, wenn sie solche Mütterlichkeit in St. Anna vorstellt. Für die gegenwärtige Zeit wurde der Gemeinschaftstag von Joachim und Anna zu einem Fest der heiligen Ehe, zu einem Fest der Familie.

29.

HL. MARTA

Gedenktag

Fest geschwisterlicher Treue, hausfraulicher Sorge

Dieser Gedenktag hätte vielleicht bei der Neuordnung des Kalenders nach dem Zweiten Vatikanischen Konzil einer liebevolleren Vorüberlegung bedurft. Geschichte und Exegese sagen, am 22.7. sei Gegenstand des Gedenkens Maria Magdalena, die unter dem Kreuz stand und dem Auferstandenen begegnete. Dann hätte man für den 29.7. das Gedenken der Schwestern von Betanien, Marta und Maria, einrichten können. Vielleicht hätte man gemäß der Tradition in der Provence die heiligen Geschwister Maria, Marta und Lazarus feiern können. Der Tag hätte noch ein besonderes Schwergewicht bekommen als Tag der Geschwister. Angefangen von den Apostelbrüdern, bedeuten die Geschwister in der Heilsgeschichte und

Kirchengeschichte viel für die Sache des Guten. So hätte der 29.7. dagestanden als eine gefeierte Seite der Heiligen Schrift von Lukas und Johannes. Schließlich bedarf es für das liturgiefeiernde Herz keiner neuen Verordnungen, um am 29.7. einen Tag der heiligen Freunde Christi von Betanien zu begehen und zugleich einen Danktag für die Geschwisterliebe im Gottesreich.

Doch bleibt heute zunächst einmal ein Gedenken der heiligen Marta, der Patronin der Hausfrauen, der Patronin besonders der Pfarrhausfrauen, einer fast aussterbenden „Zunft". Der Martatag wäre ebenfalls ein Danktag für die reiche Güte Gottes, die in der Arbeit der Türhüterinnen der Ordensgemeinschaften sichtbar und spürbar wird. Die heilige Marta, emsig bemüht um den Herrn, gibt eine feine Sicht der Menschlichkeit des Herrn und um den Herrn. Sie bewahrt das kirchliche Leben vor verstiegener Hochgeistigkeit, gibt ihm Deftigkeit und Erdhaftigkeit. Zugleich offenbart sie eine Gläubigkeit, die noch heute an vielen Gräbern, wie damals am Grab des Bruders Lazarus, beispielhaft wird: „Ja, ich glaube, daß du der Messias bist, der Sohn Gottes, der in die Welt kommt." Sie gibt ein Vorbild des Vertrauens: „Ich weiß, daß Gott dir geben wird, was immer du von Gott erbittest." Sie zeigt ihren anspornenden Geist, wenn sie ihre Schwester Maria anspricht: „Der Meister ist da und ruft dich." Sie ist das Bild eines Frauentums, das aus der Begegnung mit Christus gereift ist und zur Vollendung kam. Der Legende nach, deren Hintergründigkeit wir nicht vergessen dürfen, vertritt sie im Chor der Heiligen das Land Provence, das Brückenpfeiler zwischen Ost und West, Süd und Nord war.

30.

HL. PETRUS CHRYSOLOGUS

Bischof, Kirchenlehrer

Wenn ihm beim Predigen die Stimme versagte, weinten die Leute

Der Chrysologus, d.h. Goldredner, von Ravenna hat diesen seinen Titel empfangen, um als lateinisches Gegenstück zum griechischen Chrysostomus von Konstantinopel und Antiochien in der Geschichte zu stehen. – Tatsächlich haben ihn die Leute in der damaligen Kaiserresidenzstadt Ravenna sehr gern gehört. Petrus sprach ein Latein, das der Mann aus dem Volk verstand. Die 183 erhaltenen Predigten bezeugen es. Zugleich war der Inhalt so klar, anschaulich, greifbar, ohne Belastung mit tiefsinniger Theologie, daß ihn sogar die kaiserlichen Hofleute in Ravenna verstehen konnten. Seine Predigten liest man auch heute noch gern, wenn sie im Stundengebet vorkommen. Zeitgenosse des Goldredners war Papst Leo der Große. Mit ihm hat er manche Gemeinsamkeit des Predigerstiles, des Auftretens und der Auffassungen in den dogmatischen Fragen seiner Zeit um Eutyches, Chalkedon und den Monophysitismus. Mit Chrysologus fing der golden-dämmernde Glanz von Ravenna an, den wir immer noch bewundern. Er war der erste Träger des erzbischöflichen Titels in Ravenna. Man hat ihm den Vorwurf gemacht, er sei zu sehr Hofbischof gewesen, der Hof habe ihn mehr interessiert als das Kirchenvolk. Seine volksnahe Predigt beweist das Gegenteil. Er predigte, bis ihm die Stimme versagte, und die Zwischenpausen füllten die Zuhörer mit Tränen und Klagen, zu denen das Gehörte sie veranlaßte. Ein Hofbischof hätte kaum das scharfe Wort gegen die Zirkusspiele gefunden, das Chrysologus sprach: „Wer mit dem Teufel spielen will, kann sich nicht mit Christus freuen!" Die Bautätigkeit, mit der Chrysologus begann, aus der neuen Kaiserresidenz ein kirchliches Zentrum zu machen, wurde vom Kaiserpaar Valentinian und Galla Placidia lebhaft gefördert.

Petrus Chrysologus stammte aus Imola, der späteren Bischofsstadt der Päpste Pius VII. und Pius IX. In seiner Vaterstadt, wo er 380 geboren worden war, wollte er auch sterben. Es war am 3. Dezember 450. Vorher hatte er auf dem Altar seiner Heimatstadt kostbare Weihegeschenke niedergelegt.

31.

HL. IGNATIUS VON LOYOLA

Priester, Ordensgründer

Gedenktag

Er ist Visionär und Christusmystiker,
zugleich Soldat und Praktiker,
dem Herrn die Welt zu erobern

Sankt Ignatius ist nicht Spanier, sondern Baske. Loyola war das Stammschloß seiner Familie. Seine Mutter hatte sich, wie viele religiöse Mütter der Zeit, zur Niederkunft (1491) in den Stall ihrer Burg bringen lassen, um ihr Kind in das Geheimnis des Stalles von Betlehem zu stellen. Die Wünsche gingen nicht in Erfüllung. Ignatius wurde Hofpage, dann Soldat. Bei der Belagerung von Pamplona 1521 wurde er an seinem Bein schwer verwundet. In der Krankheit las und las er – aus Verzweiflung schließlich auch fromme Bücher, Ludolf von Sachsens Leben Jesu, die Legenda aurea des Jacobus de Voragine. Die Bücher bekehrten ihn. Er ging nach Montserrat, hängte vor dem Gnadenbild die Waffen auf, hielt eine volle Nachtwache und dachte über seinen neuen Kriegsdienst für Gottes Reich nach. Dann hielt er in dem nahen Manresa ein Jahr lang bei Wasser und Brot unter einem Felsvorsprung unter der Dominikanerkirche seine „geistlichen Übungen", die er später schriftlich niederlegte: das „Exerzitienbüchlein". Eine Wallfahrt zum Heiligen Land vollendete die Exerzitien.

Ignatius blieb nicht bei grundlegenden Erwägungen über Frömmigkeit. Er zog die Konsequenzen für das Apostolat. Als Dreiunddreißigjähriger ging er in die Lateinschule. Der Erfolg war entmutigend. Dann versuchte er es als freier Seelsorger in spanischen Universitäten. Das endete mit einer Verhandlung vor der Inquisition, bei der er als Alumbrado, Angehöriger einer paramystischen, sektiererischen Bewegung, angezeigt worden war. Für Ignatius ergab sich jetzt noch einmal die Frage nach der Konsequenz aus den Exerzitien. Als Siebenunddreißigjähriger – man kann wohl sagen – floh er nach Paris. Mit geändertem Namen – Ignatius statt Iñigo – begann er sein siebenjähriges Theologiestudium, das ihn zur Magisterwürde führte. In Venedig wurde er 1537, sechsundvierzig Jahre alt, zum Priester geweiht. Bis dahin war dieses Leben wahrhaftig kein Erfolg und kein Sieg für das Gottesreich. – Schon an Mariä Himmelfahrt 1534 hatte der große Gang des Ignatius in die Geschichte begonnen, als er mit sechs Gefährten auf dem Montmartre in Paris die Gelübde ablegte. 1540 gab Paul III. der Gesellschaft Jesu die Apostolische Approbation. Vorher, 1537, hatte Ignatius seinen Wohnsitz nach Rom verlegt. Auf der Wanderung dorthin hatte er in La Storta die Vision „Zu Rom werde ich euch gnädig sein!" Von 1541 ab leitete er als gewählter Generalpräpositus den Jesuitenorden. Nur fünfzehn Jahre dauerte diese Hochwanderung. Unerwartet starb Ignatius am 31. Juli 1556, einsam, aufgezehrt von der Arbeit und von qualvollem Gallenleiden, fünfundsechzig Jahre alt.

Aus diesem Leben, das man kaum außergewöhnlich nennen kann, wächst ein Heiliger auf, der mehr als andere der Kirche und ihrer Erneuerung gedient hat. Das Zeitalter der katholischen Restauration hob mit ihm an. Ignatius ist ganz und gar Christusmystiker, aber er weiß sich Christus nahe in der Kirche. Er ist Mystiker, aber seine Mystik ist der Dienst. Er lebt aus der Kontemplation, doch seine tröstlichste Schau ist ihm die Erkenntnis des Willens Gottes. Er geht auf in den jenseitigen Dingen, zugleich siedelt er das Jenseitige in der Welt an, wie sie ist: in der Jugend, in der Politik, in der Bildung, in der Mission. Der Hinkende wird zum Marschall, der Visionär zum Eroberer.

AUGUST

1.

HL. ALFONS MARIA VON LIGUORI

Ordensgründer, Bischof, Kirchenlehrer

Gedenktag

Der „Eifervolle Lehrer" der Moraltheologie ruft die überreiche Erlösung aus

Alle Kirchenlehrer tragen einen Titel, der sie in der Reihe der Doctores charakterisieren soll. Bei Alfons lautet er: „Der eifervolle Lehrer – Doctor zelantissimus". Wenn man jedem der Kirchenlehrer ein eigenes Fach zuweisen wollte, dürfte man Alfons den „Kirchenlehrer der Moraltheologie" nennen.

Seine Lebenszeit (27. September 1696 bis 1. August 1787) füllt das Jahrhundert des Rationalismus und des Jansenismus aus. Gegen die Überbewertung des Verstandes stellte Alfons das Herz und die schlichte Frömmigkeit. Gegen den überstrengen Rigorismus des Jansenismus (der einen katholischen Brückenschlag zum Calvinismus hin versuchte) stellte er seine Theologie der Barmherzigkeit Gottes. Hier war die Grundlage seiner seelsorgerlichen Einzelerfolge, bei denen man von echten Wundern der Umkehr sprechen konnte. Hier waren die Fundamente seines Ordens, der Redemptoristen (Erlöserorden), dessen Wappen gebildet wird von dem Wort „Überreich ist bei ihm die Erlösung!" Sein volksmissionarisches Werk blieb nicht schlichte Landpastoral, es wurde – Moraltheologie! Alfons wollte gute Beichtväter und Volksmissionare heranbilden. Für diese Schulung bedurfte es durchdachter Theologie. Die wußte er in 111 Schriften in 61 Sprachen und 17125 Ausgaben zu bieten. Sein System des Probabilismus beweist Lebenskraft bis heute.

Der Weg dieses großen Kirchenlehrers führte aus einer altadeligen Neapler Familie über das juristische Doktorexamen des Sechzehnjährigen in eine elegante Anwaltspraxis. Nach einem verlorenen Prozeß wechselte Alfons die Fakultät. Mit dreißig Jahren wurde er Priester und wirkte dreißig Jahre lang als Missionar, vor allem auf dem Lande. Von 1762 bis 1775 war er Bischof von Sant'Agata dei Goti. Er verzichtete auf das Bischofsamt und wohnte in seinem hohen Alter in seinem Ordenshaus zu Pagani, bis er als Neunzigjähriger vom Tode abberufen wurde. Sein Grab ist in Pagani.

Seine Werke: die Redemptoristinnen, ein Orden strenger Klausurschwestern, die Redemptoristen (1732), die „Theologia moralis", sind geblieben in aller Welt. Ihr bleibendes Verdienst sind die Abwehr und Überwindung der großen geistigen Revolution des Jahrhundertendes und der Aufbau nach dem Wiener Kongreß in das 19. Jahrhundert hinein. Der altadelige junge Advokat wurde zum Patron der Beichtväter, wurde Advokat des schwachen Menschen vor dem erlösenden Herrn und Richter.

2.

HL. EUSEBIUS VON VERCELLI
Bischof

Ein schmächtiger Sarde – nicht durch Lob, nicht durch Angst zu erschüttern

Eusebius, geboren 283 auf Sardinien, aufgewachsen in Rom, gestorben 371 in Vercelli, wo er von 340 an Bischof war, als Verbannter in Palästina, Kleinasien – Kappadokien, Ägypten – Thebais, als Synodale in Alexandrien und Antiochien, umfaßt in seinen Lebensjahren fast ein Jahrhundert, umfaßt in seinen Lebensorten die damals bekannte Welt, jedenfalls das römische Imperium. An den Orten seiner irdischen Wanderung erkennt man, wie sehr wir mit unseren heutigen Europagedanken im Hintertreffen sind, wenn man vergleicht mit der um 300 verwirklichten „einen Welt".

Gelegentlich wurde gesagt, Eusebius stehe in der großen Kirchenväterzeit als fast idyllische Gestalt: der hochbetagte Bischof – aus der Märtyrerzeit kommend, von Jugend auf im Dienst der Kirche, klösterlichen Lebensformen des Klerus zugetan, unberührt von den Gewittern seiner Zeit. Eusebius ist vielmehr der italienische Athanasius. Als er aus der Verbannung (355–362) heimkehrte, legte Italien seine Trauerkleider ab, so sehr war er geistige Führerpersönlichkeit seiner Heimat. Gewiß, er war einer der ersten, der den Wert der vita communis des Klerus unter dem Bischof so erkannte, wie es später Augustinus verwirklichte. Gewiß, er war römischer Lektor, aber nicht als Knabe, nicht um zum Priestertum aufzusteigen, sondern als Lehrer in Theologie und Katechese.

Eusebius, der schmächtige Sarde, war eine Kämpfergestalt. „Nicht durch Lob, nicht durch Angst" ließ er sich erschüttern. Man holte ihn zur Mailänder Synode von 355, als bedürfe man seiner

Mitwirkung – und sprach dort das Anathem über ihn, weil er Athanasius nicht bannte. Mag es Legende sein, daß die Arianer ihn in Vercelli zu Tode gesteinigt hätten, die siebenjährige „Marter“ der Verbannung mit all ihren Qualen von Hunger, Durst und Schlägen war kühne Lebensverachtung um des Glaubens willen. Man stellt sich den Weg der Kirche unter der Diktatur der weltlichen und arianischen Machthaber als ein vornehm bequemes Bekennertum vor, das die katholischen Bischöfe leicht ertragen hätten, kraft der ihnen von Konstantin verliehenen Staatsprivilegien. Die athanasianischen Kämpfer waren ebenso echte „Märtyrer“ wie die Insassen der modernen Konzentrationslager. Es imponiert, daß die athanasianischen Bischöfe mitten in der Verfolgung Gelehrte waren.

Eusebius ist der Kampfgefährte des Athanasius, Vorgänger des Hieronymus in seinen Bibelstudien, Vorgänger des Ambrosius in der Vermittlung östlicher Theologie. Solche Heiligen wie Eusebius dürfen nicht vergessen werden.

4.

HL. JOHANNES MARIA VIANNEY

Priester

Gedenktag

In ihm leuchtet die übernatürliche Welt auf

Vianneys Lebenszeit steht zwischen Napoleon I. und Napoleon III., zwischen der Großen Revolution 1789 und der von 1848, zwischen Rationalismus-Aufklärung und Rationalismus-Staatsomnipotenz. Er wurde geboren am 8. Mai 1786, geweiht 13. August 1815, Pfarrer 13. Februar 1818, heimgerufen 4. August 1859. Das große Aufleuchten des Supranaturalen, das 1856 von Lourdes und 1818 bis 1859 von Ars ausging, geschah vor einem sehr selbstbewußten Hintergrund des Triumphes der Natur, der Ratio, des Staates – omnipotent und liberal.

Man darf sich den Pfarrer von Ars nicht als einen weltfremden, unpraktischen, kontaktarmen „Frömmler" vorstellen. Er gründet 1824 in Ars eine Volksschule für Mädchen. Er gründet das Waisenhaus La Providence. Er richtet Pfarrvereine für die Männer und für die Frauen ein. Er macht aus dem vergessenen Ars eine Musterpfarre. Er ahnt, daß die Anziehungskraft seines Beichtstuhls, seiner „Sprechstunde" und seines Gottesdienstes ein Wirtschaftsfaktor ersten Ranges für das arme Dorf sind. Es stecken in ihm Gedanken des gleichzeitigen Sozialreformers Kolping und anderer Sozialkatholiken. Die Ausstattung seiner Kirche verrät einen erlesenen Geschmack. Wenn der Bischof ihn gegen lieblos hetzende Mitbrüder in Schutz nehmen muß, dann geht es nicht um Gegensätze im Religiösen, sondern eher im Sozialen. Der Bischof erzeigt seine Anerkennung durch die Ernennung zum Ehrendomherren. Der Staat verneigt sich vor Vianney durch die Verleihung des Kreuzes der Ehrenlegion.

Dennoch ist der Pfarrer von Ars eine nur im Supranaturalen verstehbare Persönlichkeit. Seine Entscheidungskraft und sein Rat im Beichtstuhl sind eingegossene Weisheit. Seine Armut und Bedürfnislosigkeit sind von Betlehem und Nazaret geformt. Seine Predigt kommt aus tiefer Meditation. Sein Gebetsleben ist reinste Mystik. Viermal versucht er, der Gemeinde zu entfliehen, um in einem beschaulichen Kloster ganz dem Gebet und der Gottinnigkeit zu leben. Jedesmal weiß seine Gemeinde, weiß Gottes Walten ihn zurückzuhalten. Sein Leben kommt mit geringstem Maß an Schlaf und Nahrung aus. Ein

Übermaß an Kasteiung nimmt er auf sich als Sühne für das Böse, das ihm im Beichtstuhl begegnet. Es bringt ihn in unbegreifliche Konflikte mit dämonischen Anfechtungen. Sie machen seine Tage und Nächte zur Qual und zu immer neuem Sieg über das Böse.

Pius XI. machte den Pfarrer von Ars zum Patron aller Pfarrer und Seelsorger – nicht den Organisator, sondern den ganz und gar übernatürlich Ausgerichteten.

5.

Weihe der Basilika SANTA MARIA MAGGIORE in Rom

Memorialbau von Ephesus –
Lob der Gottesmutterwürde Mariens

Die Legende, die dieses Fest umhüllt, sagt: Frischer Schnee fiel im August, zur Zeit der größten römischen Hitze, und zeigte an, wo der geplante Kirchbau auf dem Esquilinhügel errichtet werden sollte. Die Legende wollte ein Bild Mariens sein: In der Hitze der Leidenschaften, die die Menschheit verzehren, steht Maria da wie der Schnee, unberührt in ihrer Jungfräulichkeit – Virgo intemerata.

Der eigentliche Inhalt des Tages ist der Dank für die Kirchweihe der römischen Basilika Santa Maria Maggiore, gegründet 358 von Liberius, erweitert 432–440 von Sixtus III. Dadurch steht die Geschichte vor uns auf. Deren Atem wehte seither durch diese Basilika. Das Kirchweihjahr 358 entspricht der Rückkehr des Papstes Liberius aus dem Exil. Er hatte die Freiheit erlangt durch die Unterschrift unter unklare, nicht eindeutig nizänische Dokumente. Wie zur Sühne widmet er der Mutter des Sohnes Gottes diese Basilika. – Hier, vor allem in der Krypta der Sakramentskapelle, hat Rom sein „Betlehem", wo die mitternächtliche Weihnachtsmesse gefeiert wird. Hier verehrt man die „Krippe", genauer die „Wiege" des Erlösers. Hier errichtet Papst Sixtus III. nach dem glücklichen Verlauf des Konzils von Ephesus 431 den Memorialbau der Theotokos. Hierher bringt man das erste Gold von Amerika und vergoldet damit die Decke der Marienbasilika. Hier ist Hieronymus beigesetzt. Hier residiert Martin V. nach dem Ende des Schismas. Hier lassen sich Pius V. und Sixtus V. ihr Grab bereiten. Hier läßt Benedikt XV. in der Not des Ersten Weltkriegs seine „Friedenskönigin" aufstellen. Hier feiert Eugenio Pacelli – später Papst Pius XII. – seine Primizmesse. Santa Maria Maggiore hat jahrhundertelang die Würde, nach dem Lateran die zweite Kathedrale des Papstes zu sein.

Maria Schnee, das Kirchweihfest der großen römischen Marienkirche, steht im Jahr des Herrn als Lob der Jungfräulichkeit und der Mutterwürde Mariens. Zugleich werden bewußt die Gleichung Ecclesia–Maria und die Aussage: „Maria, Mutter der Kirche", die Paul VI. an den Schluß des II. Vaticanum stellte. Die Basilika von Ephesus wird Basilika des Vaticanum.

6.

VERKLÄRUNG DES HERRN

Fest

Todestag Pauls VI., Triumphtag der Christenheit, Lichttag Jesu Christi

Das altchristliche Verklärungsgedenken ist am zweiten Fastensonntag. Doch steht dann nicht so sehr die Verklärung als Ereignis im Herrenleben vor dem Auge des Feiernden. Vielmehr wird dem Taufkandidaten wie im Gleichnis erschlossen, daß auch er durch die heilige Taufe verklärt wird. Darum dachte man in älterer Zeit an ein Verklärungsfest ebensowenig, wie man an ein Heimsuchungsfest dachte, da doch der Gedanke an die Visitatio durch den Adventquatemberfreitag genügend zur Geltung kam. Die Begegnung mit den heiligen Stätten in Palästina seit der Kreuzfahrerzeit rückte auch die dort geschehenen Heilsereignisse in neues Licht und weckte das Verlangen nach einer eigenen Gedenkfeier. Daher kommt es, daß eine Reihe von nachträglich angefügten Gedenkfeiern aus Kreuzfahrerzeiten und Kreuzfahrerbewandtnissen stammte. Das gilt auch vom Verklärungsfest.

1457 wurde Christi Transfiguratio von Papst Calixtus III. (Borja) als Festum für die gesamte Kirche vorgeschrieben, nachdem 1456 Belgrad vor den Türken gerettet worden war. Damals war der treueste Helfer des Papstes der Prediger St. Johannes von Capestrano. Dabei knüpfte er auch an liturgische Traditionen seiner spanischen Heimat an. Auch könnte ihm die griechische Gewohnheit einer Verklärungsfeier aus dem 5. bis 6. Jahrhundert bekannt gewesen sein. Sicher wußte er um das Titularfest der Lateranbasilika, das am 6. 8., am Datum des Sieges in Belgrad, begangen wurde.

Der 6. August steht neben dem 9. November.

Das Titularfest tritt neben das Kirchweihfest der Kathedrale des Papstes, „aller Kirchen des Erdkreises Mutter und Haupt“. Um die römische Kirche leuchtet der Verklärungsglanz Christi – nicht wegen eines Sieges über die Türken, sondern weil durch Kreuz und Leid die Verklärung der österlichen Herrlichkeit Christi im Leben der Kirche immer neu sichtbar wird.

Die Idee des Festes wird nicht etwa von einem jubelnden Osterbild illustriert. Vielmehr gehört zur Verklärung das wundersam milde und gütige Salvatorbild. Es ist eine Vorstufe der Herz-Jesu-Darstellung – es strahlt die Humanitas Salvatoris aus, spricht von der Güte Gottes, die in Christus aufleuchtet.

Christi Verklärung 1978 war der Todestag Papst Pauls VI., der sich um die neue Verklärung Christi in der Liturgie bemühte, indem er Verkennung auf sich nahm.

7.

HL. XYSTUS II.

Papst

UND GEFÄHRTEN

Märtyrer

Hingerichtet am Altar – Opfer zum Opfer

Nur etwa ein Jahr lang, 257 bis 6. August 258, waltete Papst Xystus II. (= Sixtus) des Petrusamtes. In dieser Jahresfrist schaute man in der gesamten katholischen Christenheit auf ihn. Denn er baute die Härte seines Vorgängers ab. Papst Stephan I. tadelte heftig die Wiedertaufen der kleinasiatischen und nordafrikanischen Bischöfe. Sie bestritten die Gültigkeit der durch Ketzer gespendeten Taufen, während Stephan die Anerkennung der

Ketzertaufen forderte. Diesen Gegensatz zu den Bischöfen wußte Xystus abzubauen.

Die ruhige Zeit nach der Decischen Verfolgung, die gute Früchte des innerkirchlichen Lebens verhieß, wurde bald durch den noch heftigeren Sturm der Valerianischen Verfolgung abgelöst. Kaiser Valerian, durch seinen Finanzminister Makrian angeführt, griff nach den Finanzen und nach dem Besitz der Kirche. Gleichzeitig ging man gegen die Amtsträger der christlichen Gemeinden vor. Xystus, umgeben von vier Diakonen, wurde am 6.8. während des Gottesdienstes, wohl in der Papstgruft der Calixtuskatakomben, von den Häschern überrascht. Am Altar wurde er hingerichtet. In unvordenkliche Zeiten ging der Rechtsgrundsatz zurück: Niemand, der schutzsuchend einen Altar anfaßt, darf weggerissen werden. Hier wird sogar die Hinrichtung am Altar vollzogen! Als Grund des Urteils genügt, daß Xystus Träger des Amtes ist. Mit dem Papst Xystus werden auch die vier assistierenden Diakone exekutiert. Die Namen der Diakone Felicissimus und Agapitus werden hier genannt. Der Diakon Laurentius wurde vier Tage später verhaftet und hingerichtet. – Sein Grab fand Xystus wohl an seinem Sterbeort, in der Papstgruft der Calixtuskatakomben. Im 6. Jahrhundert wurde der Titulus Crescentianae nach ihm benannt. Unter Leo IV. wurden nach San Sisto, nahe den Thermen Caracallas, die Gebeine des Märtyrerpapstes überführt. Hier fand Dominikus seine Heimat in Rom. Durch den heiligen Liudger gelangten Reliquien des heiligen Xystus nach Vreden in Westfalen. Von dort ging eine Welle der Xystusverehrung aus. Vor allem die Winzer erbaten am Sixtustag die Segnung der ersten Trauben. So werden Xystus und Urban gemeinsam Winzerpatrone. Doch die Größe dieses heiligen Papstes besteht in seinem Martyrium. Da wird „hostia ad hostiam“ gefügt – zum Herrenopfer das Opfer des Menschen.

7.

HL. KAJETAN

Priester, Ordensgründer

Sein Ideal: Nur Priester sein, stark durch Gemeinschaft

Man nannte Kajetan den „Patriarchen der Regularkleriker". Mit diesem Namen wird der Heilige interessant für die gegenwärtige Zeit. Im Klerus lebt weithin eine Sehnsucht nach dem gemeinsamen Leben. Zugleich weiß man um die Notwendigkeit des Selbständigseins für die Aufgaben des Studiums und der Seelsorge. Man fragt nach Kloster und Klause mit offener Tür, offen nach außen, offen nach innen. Diesen Regularklerus hatte das Mittelalter in seinen Stifts- und Kollegiatkirchen. An ihre zu seiner Zeit verstummende Tradition knüpft Kajetan an.

Kajetan stammte aus Tiene bei Vicenza, geboren am 7. August 1480. Er starb am 7. August 1547 in Neapel. Er wurde Jurist, geschult in Padua. Dann ging er nach Rom. Dort erschloß sich ihm eine glanzvolle Laufbahn. Er wurde Geheimsekretär Julius' II. und Protonotar. Aber er ließ sich nicht vom Renaissanceklima Roms betören. Er ging den Weg der geistlichen Reform. 1514 wurde er Priester und bald Mitglied des Oratoriums der göttlichen Liebe – Wegbereiter für Philipp Neri. 1519 gründete er in seiner Heimat Vicenza die Bruderschaft vom heiligen Hieronymus. Es war seine erste Flucht aus Rom. 1524 war er wieder in Rom tätig. Da traf er mit einem Gleichgesinnten zusammen: Bischof Gian Pietro Caraffa von Theate (= Chieti), später Papst Paul IV. Mit ihm und anderen Gefährten gründete er die Gemeinschaft der Theatiner, oft Kajetaner genannt. Die Theatiner waren damals, um die heutige Parlamentssprache zu benutzen, die äußerste Rechte unter denen, die der Reform der Kirche dienten. Als der Mitgründer Gian Pietro Caraffa 1555 Papst Paul IV. wurde, brauchte der heilige Ignatius, wie er schrieb, bis zum Abend, um sich zu beruhigen. Aber Kajetan erlebte den Triumph seiner Stiftung unter Paul IV. nicht. 1527 wurde er von Clemens VII. aus Rom verwiesen. Er lebte in Neapel und in Venedig, zwanzig Jahre lang ganz dem priesterlichen Dienst in der erneuerten Kirche zugetan.

Der heilige Kajetan wurde zum Patron des Kurfürstentums Bayern bestellt. Daher steht im Zentrum Münchens die Theatinerkirche Sankt Kajetan. Die Theatiner könnten mit ihren Prinzipien heute von vorbildhafter Bedeutung sein.

8.

HL. DOMINIKUS

Priester, Ordensgründer

Gedenktag

Er selbst ist Stille und Bescheidenheit,
sein Werk ein lautes Rufen

Wenn man den heiligen Ordensstifter der Predigermönche, Dominikus, kennenlernen will, muß man die Bilder betrachten, die der Sohn seines Ordens, der selige Fra Angelico da Fiesole, von ihm geschaffen hat: ganz Sammlung, Studium, ganz nach innen gekehrt – gesichtslos, weil ohne Pose und Dramatik dem Buch zugekehrt –, man spürt die Verklärung, die aus dem Wort des Buches auf ihn übergeht und ihn bald aufstehen läßt, zu rufen und zu künden.

Wahrhaftig, die Persönlichkeit des heiligen Dominikus bleibt hinter der weltumfassenden Kraft seines Predigerordens in tiefer Bescheidenheit zurück. Sein Werk zur Zeit der Gründung und heute noch hallt durch die Weltkirche. Aber der das Rufen begann, ist still und tief wie ein Bergsee.

Er stammt aus Caleruega in Kastilien, aus der altspanischen Familie Guzmán. Sein Geburtsjahr ist 1170. Seine Mutter und sein Bruder werden als Selige verehrt. Er studierte in Palencia und wurde 1200 Domstiftsherr in Osma. Als er seinen Freund, Bischof Diego von Azevedo, auf einer Reise nach Rom begleitete, lernte er in Südfrankreich Not und Gefahr der waldensischen und albigensischen Wirren kennen. Da faßte er den genialen Plan, die Irrlehrer nachzuahmen in apostolischen Wanderpredigten, in Armut und Volksnähe. Er wollte zugleich wiedergutmachen, was der geringe Seelsorgsklerus durch zu geringe Predigttätigkeit versäumt hatte. Die erste, von Bischof Diego gegründete Station zur Unterrichtung von jungen Mädchen lag in Prouille bei Toulouse. Hier ließ sich Dominikus mit seinen ersten Gefährten nieder. Das Jahr 1215 ist der Beginn des Predigerordens in Toulouse. Dominikus schreibt als erster Ordensstifter systematisches Studium für seine Söhne vor. Noch im gleichen Jahr 1215 wanderte er nach Rom. Er erbat die Bestätigung des Ordens von Papst Innozenz III. Der Papst stellte eine etwas enttäuschende Bedingung, die den Beschlüssen des IV. Laterankonzils entsprach: Der neue Orden muß eine alte Regel annehmen. Dominikus entschloß sich für die Augustinusregel. Daraufhin bestätigte Honorius III. am 22. Dezember 1216 den Orden der „Predigerbrüder". 1220 war das erste Generalkapitel in Bologna. Schon beim zweiten Generalkapitel wurde der Predigerorden in acht Provinzen aufgeteilt. In Bologna starb Dominikus am 6. August 1221.

Sein Grab in der Dominikanerkirche neben dem vom Staat enteigneten Kloster ist kostbar, aber kühl. Kaum einer wallfahrtet zu diesem Ordensstiftergrab. Der weiße, marmorne Sarkophag umschließt einen der ganz Großen der Kirche. Aber Dominikus ist hier ganz von der Stille umgeben, die sein Wesenszug war, damit sein Werk rufe.

10.

HL. LAURENTIUS

Diakon, Märtyrer

Fest

*Diener der Armen, Diener der Freude,
noch im Sterben zum Scherzen aufgelegt*

Die Griechen nennen Laurentius einen „Großmärtyrer". In Rom ist Laurentius Stadtpatron. Die Weltkirche begeht seinen Tag als Fest.

Auf mehrfache Weise kam sein großes Ansehen vor der Christenheit zuwege: Sein Martyrium am 10. August 258, vier Tage nach Papst Xystus II., erregte Rom und die Christenheit. Seine hohe Tapferkeit wurde bewundert. Zuerst dachte er an die Armen und übermachte ihnen das vom Verfolger gesuchte Vermögen der Kirche. Die Rettung der Gebeine der Apostel Petrus und Paulus war wohl sein Werk. Überlieferung und Legende haben das alles ausgemalt. Nach einem halben Jahrtausend gab die Schlacht auf dem Lechfeld (10. August 955) der Laurentiusverehrung mächtige Impulse, Kaiser Otto der Große gelobte vor Beginn der Kämpfe, dem Tagesheiligen Laurentius das Bistum Merseburg zu stiften. Nicht nur der Merseburger Dom, landauf, landab wurden Dome und Pfarrkirchen dem Großmärtyrer geweiht. Sein Name hatte und hat viele Träger. Vor allem wird die Laurentiusverehrung beschwingt von dem Thema des Feuers und der doppelten Liebe. Das Wort Papst Leos des Großen wird gern wiederholt: „Das Feuer, das in ihm brannte, half ihm, das äußere Feuer des Martyriums zu bestehen." Wenn er die Schätze der Kirche Roms rettet, indem er sie an die Armen verschwendet, sieht man, daß er als echter Diakon der Kirche denkt: er ist Diener der Armen und dient ihnen auch mit der Preisgabe des kirchlichen Besitzes.

„Das wahre Antlitz der Heiligen" schildert uns ein kostbarer Band mit Totenmasken und Heiligenporträts. Er zeigt auch den Kopf des heiligen Laurentius, der in der Sancta Sanctorum, der Hauskapelle des alten Lateranpalastes in Rom, erhalten ist. Nach dem leisen Schrecken, der von jedem Totenkopf, seiner beginnenden Verwesung, seiner Mumifizierung ausgeht, spürt man die Frische, die Jugendlichkeit, das Lächeln. Er hatte die Courage, der staatlichen Habgier ein Schnippchen zu schlagen, indem er die Schätze der Kirche den Armen brachte und damit unzugänglich machte. Von dieser Fröhlichkeit weiß auch die Legende zu erzählen. Sie läßt Laurentius vom glühenden Rost her zu den Henkern sagen: Der Braten ist fast fertig gebraten, wendet ihn um, und kommt dann zum Essen. So kann man den klassischen Text Leos des Großen vergröbernd übersetzen. Hier hat Laurentius jene Schule geöffnet, in die später auch der scherzend sterbende Thomas Morus ging.

Besitzverwalter und Besitzverschwender, Freund der Armen und Verspötter der Verfolger, gequält und jugendlich fröhlich, mehr als das Marterinstrument glühend von Liebe zu Gott und den Menschen – das ist Laurentius: Großmärtyrer. Selbst der Himmel weint über ihn, wenn am 10. August die Sternschnuppen als „Laurentiustränen" fallen. Es sind Tränen ergriffener Freude.

11.

HL. KLARA

Jungfrau

Gedenktag

Franziskanischer als die Franziskaner!

In der Nacht vor dem 19. März 1212 floh die achtzehnjährige Klara aus dem Elternhaus in Assisi. Sie floh aus dem Reichtum in die Armut. Die glühenden Ideen ihres Landsmannes Franziskus hatten sie angesteckt: die Armut, die Braut Armut! Klara floh nach Portiuncula. Dort reichte ihr Franziskus den Schleier. In dieser Nacht und in dieser Flucht vor dem Wohlstand wurde der Klarissenorden geboren, der zweite Orden, der eigentliche Frauenorden des heiligen Franz. Klara blieb draußen vor den Mauern der Stadt. Sie übernahm das ursprünglichste franziskanische Erbe, das Kirchlein und Klösterchen von San Damiano. Hier hüteten und hüten die Klarissen die Klarheit der Quellwasser des heiligen Franz. Nebenan erhebt sich heute das große Kloster der braunen Franziskaner, der Observanten. Klaras Schwestern Agnes und Beatrix und ihre Mutter Hortulana zogen mit ihr in San Damiano ein. Später sucht der fast erblindete Franziskus auf der kleinen Terrasse der Klarissen Linderung für seine großen Schmerzen. Klaras kleiner klösterlicher Lebensraum wurde für achtundzwanzig Jahre beschränkt auf die schmale Zelle und das Krankenbett. Von 1225 an bis zu ihrem Heimgang am 11. August 1253 war sie bettlägerig krank.

Der Triumph über die Sarazenenhorde, den man von ihr berichtet, ist viel zu feierlich für ihre Armut. Klara betete und flehte. Eine andere Schwester trug den Feinden das heiligste Sakrament entgegen. Sicher haben die Nonnen gesungen: „Defensor noster aspice." Die Feinde wankten und wichen.

Klara fand später ihr Grab in Santa Chiara innerhalb der Mauern. Ihre Töchter waren wegen der Gefahren draußen gezwungen, mit den Gebeinen ihrer Mutter nach drinnen zu ziehen. Heute noch muß man, um Franziskus zu finden, zum Haus der heiligen Klara in San Damiano gehen. Das quellklare Franziskanertum ist vielleicht eher bei den Klarissen als bei den gelehrten und gewaltigen Patres zu entdecken. Wenn jemand in Not ist, findet er auch heute immer noch bei Klaras Töchtern mächtige Gebetshilfe – deshalb wohl, weil immer noch das Hungerglöckchen im Turm hängt und gar nicht selten rufen muß.

13.

HL. PONTIANUS, Papst, UND HL. HIPPOLYT, Priester, Märtyrer

Papst und Gegenpapst bauen die Brücke über das Schisma

Zwei vergessene Persönlichkeiten der Papstgeschichte geben dem Kalender heute einen inhaltsreichen Gedenktag. Hippolyt von Rom ist der erste Gegenpapst und Pontianus wohl der erste Papst, der abdankte.

Aus Kleinasien oder aus Ägypten kam Hippolyt. Er war Schüler des großen Irenäus. Von Geburt und Sprache war er Grieche. Seine Geistesart war streng konservativ. Seine in den Katakomben an der Straße nach Tivoli gefundene Porträtstatue zeigt ihn in der Toga, die damals schon aus der Mode gekommen war. Hippolyt war Presbyter, Gelehrter, Schriftsteller. Da begann seine Tragik: sein Griechisch wurde wegen der Rückkehr der lateinischen Sprache im römischen Westreich jener Tage fast nicht mehr verstanden. Er stieg in Rom zum Berater des gestrengen, konservativen Papstes Viktor I. auf (189–199). Als dessen milder Nachfolger Zephyrinus den ehemaligen Sklaven Kallistus als Berater wählte, setzte sich die Tragik Hippolyts fort. Als dann 217 Kallistus Papst wurde, zerbrach Hippolyts Welt. Er wollte und konnte den ehemaligen Sklaven Kallistus nicht nur als Papst nicht anerkennen, er hielt die Wahl für unrechtmäßig. Denn Hippolyt übertrug das römische Staatsgesetz auf die Kirche: Ein einst Unfreier kann nicht Vorgesetzter werden. Ebenso kann ein ehemals Unfreier keine Ehe mit einer Freien eingehen. In diesem letzten Punkt verfügte Kallistus ausdrücklich im Sinne der christlichen Menschenrechte. Hippolyt ließ sich noch 217 zum Gegenpapst wählen. Zu seiner Weihe verfaßte er ein heute im Canon II teilweise benutztes Hochgebet, das nach älterer Weise ohne Sanctus war. Die römische Kirche war gespalten und blieb es nach dem Tod des Kallistus unter Papst Urban I. und noch unter dessen Nachfolger Pontian. Im Jahre 235 verbannte Kaiser Maximinus Thrax Papst und Gegenpapst, Pontianus und Hippolyt, nach Sardinien. Dort besprachen sich die Verbannten. Pontianus verzichtete auf seine päpstliche Würde. Hippolyt tat das gleiche. Beide starben in Sardinien an den Qualen der Verschleppung, wohl auch der Zwangsarbeit. Am 13. August 235/236 wurde Pontianus in der Papstgruft von San Callisto beerdigt. Hippolyt wurde an der Straße nach Tivoli begraben. Nach guter Überlieferung wurden seine Gebeine in spätkarolingischer Zeit in die Stiftskirche Düsseldorf-Gerresheim übertragen, von dort für Jahrhunderte bis 1957 nach St. Ursula in Köln geflüchtet. Hippolyt ist der größte römische Schriftsteller griechischer Sprache. Seine vergessenen Schriften kamen in neuerer Zeit wieder ans Licht, zuerst im Athoskloster seine

„Philosophumena“, die Ignaz Döllinger neu vorstellte. Seine anderen Werke, vor allem die „Apostolische Überlieferung“, sind fromm, gelehrt, überreich an Anregungen.

Pontian und Hippolyt, Papst und Gegenpapst, der Papst, der abdankte und den Gegner mitriß, der Gegenpapst, der heute als Vorbeter der Gesamtkirche waltet – das ist ein einzigartiges Kalenderblatt. Solche Seiten schreiben nur die Heiligen.

14.

HL. MAXIMILIAN MARIA KOLBE

Ordenspriester, Märtyrer

Gedenktag

Der Heilige des Konzentrationslagers und des Opfers für den Mithäftling

Wenn der Gedenktag des Märtyrers Maximilian Kolbe, Franziskanerminorit, im deutschen Regionalkalender zur Feier präsentiert wird, dann liegt darin eine Sühne. Denn er, der polnischen Geblüts war, wurde von der nationalsozialistischen deutschen Gewaltherrschaft gemartert. In diesem Gedenktag wird nicht nur eine Persönlichkeit geehrt, vielmehr steht Kolbe stellvertretend für die vielen, vielen Opfer dieser ungerechten Gewalt da.

Maximilian Kolbe wurde am 7. Januar 1894 zu Zdunska-Wola geboren. Er trat in den Franziskanerminoritenorden ein und wurde 1918 zum Priester geweiht. Als Hauptaufgabe stellte er sich das Apostolat der Presse und des Schrifttums. Er widmete sich diesem Ziel mit Feuereifer. Von 1922 bis 1930 arbeitete er in Polen. Dann rief ihn sein missionarischer Drang nach Japan. Sechs Jahre lebte er dort dem gleichen Ziel, dem Aufbau katholischen Schrifttums. 1936 verlegte er seine Tätigkeit wieder in die polnische Heimat. Nach dem Einmarsch der Deutschen und mit dem Beginn des nationalsozialistischen Terrors begann für Maximilian Kolbe eine Zeit des Wagemutes und der Untergrundarbeit. Als Mann der Presse hatte er jeden Tag mit dem Zugriff der Gewalt zu rechnen. Er schaffte, was er schaffen konnte. 1940 wurde er verhaftet und in das Konzentrationslager Oranienburg eingewiesen. Im Jahr danach kam er nach Auschwitz. Als dort ein Häftling entwich, sollte ein junger polnischer Familienvater als Geisel, besser: aus Rache, in den Hungerbunker gebracht werden. Kolbe meldete sich kurzentschlossen als Stellvertreter unter Hinweis auf Familie und Kinder des Verurteilten. Lange Tage hörte man Kolbe und andere zum Hungertod Verurteilte in dem verschlossenen Kellerraum sprechen, beten und singen. Über den Todgeweihten lagen eine jenseitige Ruhe und Gelassenheit. Am 14. 8. 1941 gab man Maximilian Kolbe, obwohl er kein Lebenszeichen gab, die tödliche Phenolspritze.

Der Heilige hatte sein Apostolat nach der Priesterweihe begonnen mit der Sorge um marianische Vereinigungen. Nun endete sein Apostolat am Vorabend von Mariä Himmelfahrt. Er ist ein Märtyrer unserer Tage, Märtyrer der Caritas, Märtyrer der rohen Gewalt.

15.

MARIÄ AUFNAHME IN DEN HIMMEL

Hochfest

Hier beginnt das Ostern der Menschen

Zwei geschichtsgewaltige Kaiser wurden am 15.8. geboren, Augustus und Napoleon. Heute noch heißen in Italien diese Tage um die Augustmitte „ferragosto“, d.h. feriae Augustales, Augustusfeiertage, und der gesamte Monat hat von des Kaisers Geburtstag den Namen August bekommen. Natürlich war zu Zeiten des Korsen der 15. August als Kaisers Geburtstag Staatsfeiertag in allen von ihm unterworfenen oder angegliederten Ländern. Das mag zur Beachtung des großen Marientages beigetragen haben.

Doch welch ein Unterschied zwischen den Kaisergeburtstagen und dem Geburtstag Mariens für den Himmel! Dort die verherrlichte Gewalt – hier die Magd. – Da die getrennten nestorianischen Kirchen das hohe Marienfest in ihrem Kalender haben, darf man an seinen Ursprung vor Ephesus denken. Die Überlieferung verweist auch in die Zeiten des Konzils von Chalkedon. Kaiserin Pulcheria baute damals die Konstantinopler Marienkirche. So wäre der 15.8. eine Erinnerung an Chalkedon, wie der 1.1. auf Ephesus hinweist. Kaiser Mauritius hat um 600 für den 15.8. als Feiergegenstand die Koimesis (Heimgang, Entschlafung) angeordnet. Schon 630 steht es in einem Kalender von Reims. Papst Sergius I. († 701), der Urheber des Agnus-Dei-Gesanges, hat das Fest nach Italien gebracht. Die Mainzer Synode von 813 sichert die Assumptio als allgemeines Fest. Der Gegenstand der Feier, die leibliche Aufnahme Mariens in den Himmel, wird schon in nachchalkedonischer Zeit bezeugt, wird im Westen von Gregor von Tours († 594) verkündet. Die Erhebung der Lehre von der Assumptio zum verpflichtenden Glaubensgut durch Pius XII. am 1.11.1950 gab zwar dem Fest den strahlenden Glanz. Zugleich ließen die staatlichen Gesetzgebungen den Schutz des Feiertages immer öfter fallen.

Die Kräuterweihe an Mariä Himmelfahrt ist ein Erntedankritus. Auch die heilkräftigen Kräuter müssen sorgsam gesammelt und geerntet werden. Doch in diesem Dank wird die Kräutermedizin unter den Schutz der Frau gestellt, die in der Oration als Fürbitterin um Gesundheit der Seele und des Leibes gepriesen wird. Die heutige Zeit sollte diese Kräuterweihe erweitern zur Segnung aller Medizinen. Der kaiserlich paradierende 15.8. wird in der Kräuterweihe zum Volkstag, zum Heiltag der Kleinen.

16.

HL. STEPHAN VON UNGARN

König

„Apostolische Majestät", im Titel,
mehr noch in Leben und Werk

Wie so manche Heilige ist auch Stephan von Ungarn von einer Heiligen-Familie umgeben. Seine Gattin ist die heilige Gisela von Passau, Schwester des heiligen Kaisers Heinrich II., sein Sohn der heilige Emmerich, um nur einige Namen zu nennen. Stephan bedeutet für Ungarn, was Chlodwig für die Franken ist. Er ist der Erstgetaufte, der Kirchengründer, der vom Papst mit der Krone Beschenkte. Er ist der heilige König schlechthin. Er ist Inbegriff der Nation und des Staates. Seinen Feiertag als Nationalfeiertag abzuschaffen, wagte auch der Kommunismus nicht, er konnte nur eine Umbenennung in „Verfassungstag" wagen. Stephans unverwester rechter Arm und seine Krone sind auch heute noch Staatssymbol.

Der heilige Stephan, Sohn des Arpadenfürsten Géza, geboren 969, hieß ursprünglich Vajk. Als etwa Vierjähriger wurde er getauft durch einen Priestermissionar aus Passau, der von Bischof Pilgrim gesandt war. Der heilige Adalbert von Prag hat ihn gefirmt. Eine Überlieferung verlegt Taufe und Firmung durch Adalbert nach Köln. 995 führte er Gisela von Bayern, aus dem ottonischen Kaiserhaus, Schwester Heinrichs II., heim. 997

übernahm er die Herrschaft. Seine Siege über die ungarischen Teilfürsten machten ihn zum König. Er ließ sein Königtum von Papst Silvester II. im Einvernehmen mit Kaiser Otto III. bestätigen. Der Papst sandte ihm Krone und Vortragekreuz. Darum hieß der ungarische König „Apostolische Majestät“. Weihnachten 1000 ließ sich Stephan in Gran krönen, eingedenk der weihnachtlichen Krönung Karls des Großen und Ottos III. Stephan stiftete zwei Erzbistümer und acht Bistümer. Er schuf eine vorbildliche, bis heute erhaltene kirchliche Organisation. Stephan starb am 15. August 1038. Sein Grab ist in der Basilika von Stuhlweißenburg.

Auch die Reformation mit starken Erfolgen der evangelischen Konfession vermochte nicht, die Einheit von Thron und Altar, wie sie Stephan geplant und verwirklicht hatte, zu zerstören. So haben auch die wiederholten Einbrüche der Türken Ungarns Kirchenstaat und Staatskirche nicht zerbrechen können. Das gelang erst Hitler und Stalin, letztlich nur mit Hilfe der östlichen Panzer. Ist nun der heilige Stephan zum zweiten Male gestorben? Wurde das abendländische, romverbundene, christliche Ungarn zurückversetzt in die Zeit vor Stephan? Gott geb's: Nein!

19.

HL. JOHANNES EUDES

Priester, Ordensgründer

Sein Ideal und Apostolat: das Herz

„Urheber, Lehrer und Apostel der liturgischen Herz-Jesu-Verehrung“ nannte der heilige Papst Pius X. den von ihm seliggesprochenen Johannes Eudes.

Der Heilige stammt aus der Normandie, geboren zu Ri am 14. November 1601, er starb am 19. August 1680 zu Caen. Er war Zeitgenosse der heiligen Margareta Maria Alacoque, von der die Anregung zum Herz-Jesu-Fest stammt. Noch vor Alacoque arbeitete Eudes an der Verbreitung der Herz-Jesu-Verehrung, wobei er immer auch das Herz Mariens nannte. Doch die Ordensfrau hat ihn in der Konzentration auf das Fest übertroffen. Johannes Eudes ging in die Kirchengeschichte ein vor allem durch drei Aktionsziele: die Priesterseminare, der Jansenismus, die aszetische Theologie. Um der Priesterseminare willen trat er aus dem Oratorianerorden aus, in den er 1623 eingetreten war. Er stiftete 1643 die Kongregation von Jesus und Maria, eine Weltpriestergemeinschaft. Deren einziges Gelübde war der Gehorsam gegenüber dem weltpriesterlichen Oberen. Hauptwerk waren die Einrichtung und Leitung von tridentinischen Priesterseminarien. Die Diözesen der Bretagne und der Normandie hatten siebzehn solcher Seminare, als der Orden nach 1789 aufgehoben wurde. Von diesen Häusern ging eine intensive Bekämpfung jansenistischer Frömmigkeitshaltung aus. Das Herz und die Liebe setzte Eudes der Überstrenge des Jansenismus entgegen. Er hielt 110 Volksmissionen, denen es nicht so sehr um die Bekehrung als um die Entfachung der Liebe zu Jesus ging. So ist es selbstverständlich, daß er von den Jansenisten scharf angegriffen wurde. Über die Volksfrömmigkeit hinaus erwies sich Eudes in vielen Schriften als geistiger Schüler von P. de Bérulle, einem der Großen in der aszetischen und mystischen Theologie. Da ging es ihm um den „amour affectif" und um eine johanneische Gottesschau.

Ohne Eudes hätte sich der Jansenismus mit seiner Pädagogik und Frömmigkeit noch mehr ausgewirkt. In Eudes setzt die Überwindung dieses „katholischen Calvinismus" an. Eine Ehre für die Eudisten, die Gemeinschaft des heiligen Johannes

Eudes, war, daß sie in der Großen Revolution aufgelöst wurden, daß vier von ihnen hingerichtet wurden, daß sie 1880 und 1903 von neuem aus Frankreich ausgewiesen wurden, daß sie sich großen Missionsaufgaben widmeten. Die gezielte Verfolgung zeugt für die Qualität des Werkes seines Urhebers.

20.

HL. BERNHARD VON CLAIRVAUX

Abt, Kirchenlehrer

Gedenktag

Papst und Kaiser, Marschall und Vorbeter seiner Zeit

Man nannte Bernhard den „ungekrönten Papst und Kaiser seines Jahrhunderts" und den „Führer und Richter seiner Welt" (J. Lortz), „das religiöse Genie seiner Zeit" (A. Harnack). K. Hampe sagt: Er bleibt „mit seiner eifernden Liebe, der von Dante gepriesenen vivace carità, und der fast übermenschlichen Kraft seiner Hingabe ein leuchtendes Vorbild". Bernhard selbst nennt sich „Chimäre seines Jahrhunderts", geteilt zwischen Mönchtum und Rittertum, Mystik und Politik. Die alte kirchliche Titelvergabe macht ihn zum „honigfließenden Lehrer". Neuere Kritik tadelt im Gegensatz dazu, er sei zu fordernd, zu hart, zu unduldsam. Jedenfalls gehört Bernhard zu den ganz Großen in der Kirche, und zwar seiner Inwendigkeit und seiner Öffentlichkeitsentfaltung nach.

Bernhard, geboren in Fontaines etwa 1090, stammt aus burgundischem Adel. Vier seiner Brüder und dreißig junge Leute zog er mit sich in den neuen, noch nicht lebensfähigen Zisterzienserorden. Nach drei Jahren schon wird er Gründerabt von Clairvaux. Es folgen 69 Klosterneugründungen zu seinen Lebzeiten. Bernhards geistige Quellen sind die cluniazensische Ideenwelt und die Theologie eines Hugo von St. Viktor. Er lebt in Schrift, Liturgie und Vätern und wird selber „der letzte der Kirchenväter" (Mabillon). Aber sein Bereich ist die mystische Theologie, die charismatische Schau, die Christusinnigkeit. Davon künden seine 500 Briefe, seine Predigten, Opuscula. Für seinen Schüler Papst Eugen III. schreibt er sein schönstes Werk: „De consideratione". Seine Gedanken beeinflussen Jahrhunderte, von Thomas von Aquin und Meister Eckhart bis Ignatius, Theresia, Franz von Sales, Fénelon, nicht zuletzt Luther. Aus der Kreuzesmystik wächst seine Kreuzzugspredigt. 1146 gewinnt er zu Vézelay Ludwig VII. von Frankreich, zu Speyer Konrad III. von Deutschland für den zweiten Kreuzzug. Man will Bernhard zum Bischof von Genua oder von Mailand machen. Er bleibt Mönch. Sein ganzes Denken ist monastisch.

In seiner Gründung Clairvaux stirbt er am 20. August 1153, etwa dreiundsechzig Jahre alt, aufgezehrt von seinem Eifer, aufgerieben von seinen Leiden, und geht in die Welt, in der er schon auf Erden gelebt hatte, und bleibt in der Kirche, für die er sich hingegeben, als Ideal des Kirchenmannes, der „in contemplatione activus" ist.

21.

HL. PIUS X.

Papst

Gedenktag

Ein Pfarrer auf Petri Stuhl

Giuseppe Sarto, Patriarch von Venedig, wurde am 4. August 1903 in einem stürmischen Konklave zum Papst gewählt. Kardinal Rampolla war durch die ungerechte Exklusive Österreichs disqualifiziert worden. Man rief nach einem Seelsorger und stimmte für Sarto. Ein Pfarrer auf Petri Stuhl!

Sarto, geboren am 2. Juni 1835 in Riese bei Treviso, war etwa alle zehn Jahre auf der hierarchischen Leiter eine Stufe weiter emporgestiegen: 1858 Weihe, 1867 Pfarrer, 1875 Domherr, 1884 Bischof von Mantua, 1893 Kardinal, Patriarch von Venedig, 1903 Papst, 1914, am 20. 8., drei Wochen nach Beginn des Ersten Weltkrieges, gestorben, neunundsiebzig Jahre alt.

Ebenso schlagartig wie die „Beförderungen“ folgen nun im Leben des Papstes Pius X. seine Unternehmungen. Sein Generalprogramm heißt: „Alles in Christus erneuern!“ Er verwirklicht es klar und zielbewußt, unterstützt von seinem Staatssekretär Merry del Val. Es erhebt sich sein innerliches Reformwerk: Erneuerung des Gregorianischen Chorals, Erneuerung des Stundengebetes, des Meßbuches, des Kalenders, die Sorge um die Ausbildung des Klerus, die Kodifikation des kirchlichen Rechts, die Dekrete über die rechtzeitige, frühe Erstkommunion und über den häufigen Kommunionempfang. Aus der Seelsorgeerfahrung schafft er hier eine Instauratio, die dem Trienter Konzil und dem Varicanum II gleicht. Ebenso bahnbrechend waren seine Entscheidungen: über die Beteiligung der Katholiken am Leben des italienischen Staates, über die Modernisierung der

Römischen Kurie, über die Anpassung an die Notwendigkeiten der Missionskirche.

Andererseits werden heftig getadelt: die Borromäusenzyklika, der Anti-Modernisteneid, die Verurteilung der Action française, die Mißbilligung konfessionell gemischter Gewerkschaften, die Kirchlichkeit der Sozial- und Caritasarbeit, das schlechte Verhältnis zu Wissenschaft und Professoren. Man weist auf den Bruch mit Frankreich, Spanien und Portugal hin. Diese negativen Punkte lasten manche seinen Mitarbeitern an. Doch übersieht man die Einheit seiner Persönlichkeit. In allem geht es ihm um die kirchliche Erneuerung. Auch in der Lehre möchte er eine völlig klare Kirchlichkeit sehen ohne Kompromisse mit Moderne oder Rationalismus.

In Pius X. setzt sich die Kirchenerneuerung des mittleren 19. Jahrhunderts durch. Sein Werk wird durch seine Heiligsprechung anerkannt und vom Vaticanum II fortgesetzt und ausgewogen. Er ist der kühnste der modernen Päpste. Der Heilige dient dem heiligen Glanz der Kirche.

22.

MARIA KÖNIGIN

Gedenktag

Gefeiertes Salve Regina

Wenn man die geschichtlichen und die modernen Königinnen beobachtet, wehrt man sich gegen den Titel Maria Königin. Zieht er nicht die Mutter des Herrn auf die Ebene einer oft unwahrhaftigen Staatsrepräsentation oder eines kaum verborgenen Machtbewußtseins herab? Sie nennt sich „Magd des Herrn“. Können wir sie Königin nennen? Sie steht unter dem Kreuz, können wir ihr einen Thronsessel bereiten? –

An unser Ohr dringt der Psalm: „Die Königin steht dir zur Rechten in golddurchwirktem Gewand." Am Fest der Assumptio wurde er angestimmt. Man kann nicht anders, als ihn mitsingen. Die Assumptio erhält darin statt der alten Oktav Echo und Ausklang. – Es wird sichtbar, was Mariens Assumptio beinhaltet, was aus ihr folgt: Maria verdient das Vertrauen des christlichen Volkes, nicht nur weil sie ein Herz, sondern auch eine bittende Macht für uns hat.

Wir erleben den Zug der Weisen aus dem Morgenland. Sie finden das Kind mit Maria, seiner Mutter. Das Fest schließt sich ihnen an und rückt Gold, Weihrauch und Myrrhe ein klein wenig auf die Mutter zu.

Wenn der Donner der Apokalypse dröhnt, wird der Königstag Mariens zur Schilderung der Frau, die auf ihren Armen das Kind rettet vor den Schlünden Satans. Die Theologie diskutiert das Fest des 22. August mit und spricht von der aufbauenden Aktivität Mariens.

Wir sehen vor uns die tausend Kronen, die in aller Welt für Mariens Bilder bereitet wurden. Sie alle werden vom Tag Maria Königin zu einer einzigen großen Krone zusammengefaßt.

Papst Pius XII. hat den Tag Maria Königin eingeführt und ihm den 31.5. angewiesen. Er sollte ein Denkmal des Marianischen Jahres 1954 sein. Die Erneuerung des Kalenders hat statt dessen den achten Tag nach Mariä Himmelfahrt gewählt.

Viele Feste gleichen einem Instrument, auf dem man ein Lied, ein Gebet der singenden Kirche spielt. Maria Königin ist Feiertag des Salve Regina, Regina coeli, Ave Regina coelorum.

23.

HL. ROSA VON LIMA
Jungfrau

Die erste Heilige Südamerikas – ihr Leben ein einziges Gebet

„Die erste Blüte der Heiligkeit in Südamerika" nennt das frühere Brevier Rosa von Lima. Auch heute noch steht die Heilige als Repräsentantin Südamerikas vor der Liturgiefeier der Weltkirche.

Die regionalen Rücksichten genügen nicht. Rosa von Lima gehört zu den sühnenden, opfernden, betenden Heiligen, die uns oft in der modernen Heiligengeschichte begegnen. Mitten in den politischen Verwirrungen, mitten in allen ergebnislosen Verhandlungen sagen sie uns etwas von der Kraft des Gebetes. Mehr als Entwicklungshilfe, mehr als Befreiungstheologien und Gesellschaftsideologien bedeutet für die Länder der Dritten Welt die betende, sühnende Heilige.

Rosa wurde am 20. April 1586 zu Lima in Perú geboren. Ihr Taufname war Isabella. Sie starb dort in Lima am 24. August 1617, einunddreißig Jahre alt, etwas jünger als Katharina von Siena. Wie diese ihre geistige Verwandte gehörte sie dem Dritten Orden des heiligen Dominikus an, und zwar seit 1606. Sie lebte in ihrem Elternhaus.

In den letzten Lebensjahren weilte sie in der Familie des Königsbeamten Gundisalvi. Fast absolute Nahrungslosigkeit machte die Umwelt auf sie aufmerksam. Ein paar Körnchen eines Granatapfels waren ihre tägliche Speise. Das Brot der Eucharistie genügte auch für ihr leibliches Leben. Sonst war ihr Dasein nichts als Gebet. Mancherlei Krankheiten und Schmerzen quälten sie. Verdächtigungen und Vorwürfe der Umwelt blieben nicht aus. Die schwerste Last waren ihre seelischen Leiden, eine oft völlige Verlassenheit und Trockenheit des Gebetes. Die Last verwandelte sich in lauter Gnade und Freude bei ihren mystischen Erlebnissen und Visionen. Sie wird in ihrem supranaturalen Leben eine Schelte für den Goldhunger des europäischen Kolonialismus und für die unchristliche Gewalt der Konquistadoren.

Was Las Casas als beredter theologischer Mahner seiner Zeit sagte, setzt Rosa von Lima fort in der Sprache der Mystik: Es gibt nur einen europäischen Export, der sich lohnt – die Liebe Gottes.

24.

HL. BARTHOLOMÄUS

Apostel

Fest

Michelangelo porträtierte sich selbst
in des Bartholomäus abgezogener Haut

Man kann getrost bei der Tradition bleiben, daß der Apostel Bartholomäus mit dem Natanael, den Philippus zu Christus ruft, identisch ist. Der Name Bartholomäus war wohl sein „Vatername": Sohn des Furchenziehers. Der Name „Natanael = von Gott gegeben" war wohl der Eigenname.

Von diesem Apostel gilt das Lob Christi bei der ersten Begegnung: „Seht, ein wahrer Israelit, an dem kein Falsch ist. Als du unter dem Feigenbaum warst, sah ich dich." Ihm gilt die gleichzeitige Verheißung des Herrn: „Wahrlich, ihr werdet den Himmel offen und die Engel über den Menschen auf- und niedersteigen sehen." Als Bartholomäus für seinen Herrn starb, war der „offene Himmel" qualvoll. Er litt die persische Form der Todesstrafe: Die Haut wurde ihm bei lebendigem Leib abgezogen. Dann folgte noch die Enthauptung oder

Kreuzigung. Er darf unter den Aposteln, die Meister Michelangelo in der Sixtinischen Kapelle neben den richtenden Christus treten läßt, als einer der ersten dastehen und dem Herrn seine abgezogene Haut demonstrieren. Man versteht den Maler, daß er in die Falten der Haut sein Selbstporträt hineingezeichnet hat: Er birgt sich in das Leiden des Apostels!

Die Reliquien des heiligen Bartholomäus-Natanael kamen im Mittelalter über Sizilien nach Benevent und durch Kaiser Otto III. nach Rom, die Hirnschale 1238 in den Frankfurter Bartholomäusdom. So wird der Apostel zum „Helfer" bei der Krönung der deutschen Könige in Frankfurt. 1572 standen sein Name und sein Fest in Verbindung mit der „Bluthochzeit" oder „Bartholomäusnacht" in Paris, bei der Admiral Coligny und etwa 10000 Calvinisten-Hugenotten ermordet wurden. Der Apostel spricht jeden, der sein Fest feiert, an: Sei wahrer Christ, an dem kein Falsch ist.

25.

HL. LUDWIG
König

Er war Idealgestalt unter den Gekrönten.
Sein Ideal war die Dornenkrone

Zu seinen Lebzeiten hieß Ludwig IX. schon „der ungekrönte Kaiser des Abendlandes". Er war eine religiöse und ritterliche Idealgestalt unter den Herrschern.

Ludwig wurde zu Poissy am 25. April 1219 geboren. Elf Jahre war er alt, als er zum König gekrönt wurde. Seine kluge heiligmäßige Mutter Bianca führte zunächst die Regentschaft. 1234 heiratete er Margarete von der Provence. Dadurch fiel die Provence an Frankreich. Ludwig siegte 1242 über England. Dadurch sicherte er die eigene Königsautorität. Seine größere Leistung waren die innerstaatlichen Reformen: Er verbot den Zweikampf. Er erneuerte die Verwaltung. Er schuf als oberste unabhängige Justizbehörde das Parlament. Er schuf eine Münzreform. In seinem Verhältnis zur Kirche war er bestimmt von seiner religiösen Persönlichkeit. Doch er blieb als König Herr der Kirchenfürsten und wahrte die Königsrechte. Gegenüber der Römischen Kurie blieb er in ihrem Kampf gegen den Staufer Friedrich II. unparteiisch. – Sein Kreuzzug 1248 über Zypern–Damiette scheiterte vor Kairo. Mit dem Rest des besiegten Heeres geriet er selber 1250 in ägyptische Gefangenschaft. Mit hohem Lösegeld mußte er sich freikaufen. Vier Jahre lang, 1250–54 weilte er in Palästina, um dem Kreuzfahrerreich durch seine Verhandlungen beizustehen. Durch geheime Gesandte nahm er Verbindung mit den Mongolen auf, um die Araber vom Rücken her zu bedrohen. Als neue Gefahren für die Kreuzfahrer aufstanden, brach er 1270 wieder zum Kreuzzug auf. Er belagerte Tunis, eroberte die Burg von Karthago. Dort starb er am 25. August 1270 an einer Seuche.

Nicht durch die politischen und kriegerischen Unternehmen wurde Ludwig IX. groß. Man schaute empor zu seiner Persönlichkeit. Mit eigener Hand pflegte er Kranke. Einfach und bescheiden stand er unter dem Volk. Jedermann wußte, wie asketisch und bedürfnislos er lebte, wie er fastete und betete. Sein Stolz war, die Dornenkrone des Herrn für die Sainte-Chapelle in Paris gewonnen zu haben. Er trug mit seinem Herrn die Dornenkrone. So war er König nach Christi Maß.

25.

HL. JOSEF VON CALASANZA

Priester, Ordensgründer

Für die Schule hat der Stifter der Piaristen sein Opfer eingesetzt

Josef von Calasanza ist ein Heiliger der Schule. Er hat für sein Lebenswerk in der Schule gelitten und gestritten.

Aus Spanien kam er nach Rom. Er wurde 1556/57 in Peralta geboren, studierte in Lérida, Valencia und Alcalá, empfing 1583 die Priesterweihe und wirkte als bischöflicher Visitator. 1592 zog es ihn nach Rom. Er wurde Theologe des Kardinals Marcantonio Colonna. Dann fand er 1597 seine eigentliche Lebensaufgabe. Im Pfarrhaus von Santa Dorotea in Trastevere gründete er die erste unentgeltliche Volksschule Europas. Er fand Mitarbeiter und schloß sie zum Piaristenorden zusammen. „Piaristen" ist eine abgekürzte Form des Titels „Genossenschaft der Regularkleriker von den frommen Schulen". Die Päpste Paul V. und Gregor XV. genehmigten seine Gründung. Urban VIII. ernannte den Stifter zum Generaloberen auf Lebenszeit. In raschem Wachstum breiteten sich die Piaristen in ganz Italien, Böhmen, Polen, Ungarn aus.

1642 brachen Verfolgungen herein. Der greise Ordensgeneral Josef von Calasanza wurde abgesetzt. Die Ordensgemeinschaft wurde in eine einfache Kongregation zurückgestuft. Die Oberste Glaubensbehörde sprach sich gegen den Stifter und sein Werk aus. Ein Gemisch von Verleumdungen, Entstellungen, von Neid und Mißgunst hatte obsiegt. Die Piaristen verfielen einem raschen Auflösungsprozeß. Nur ein kleiner Kern blieb übrig. Papst Innozenz X. rehabilitierte Josef von Calasanza. Am 25. August 1648 starb er, zweiundneunzig Jahre alt. Sterbend sagte er die baldige Wiederherstellung seines Werkes voraus.

Sein Grab fand er in der kleinen Kirche St. Pantaleon, nicht weit vom Corso Vittorio Emmanuele, der früher Via Papale hieß. Millionen fahren auf dem Weg von der Stazione Termini nach St. Peter an der Grabkirche des heiligen Josef von Calasanza vorüber. Wer weiß von ihm? Aber viele, viele Kinder in aller Welt sind in den Schulen der Piaristen. Sie wissen vom heiligen Josef von Calasanza, sie leben von seinem Werk und von seinem Opfer.

27.

HL. MONIKA

Gedenktag

Mutter über den Müttern!

Noch immer heißt die Zeitschrift für Frauen und Mütter „Monika". Der Vorname „Monika" ist heute so beliebt wie nie zuvor. Doch dazu ist nicht das Ideal der Frau und Mutter der Anlaß, wie bei dem Zeitschriftennamen, sondern eher der Klang der Vokale. Wer mag die Persönlichkeit kennen, die hinter dem Namen steht? Selbst beim Kalender und Gedenken knistert die Frage: Sagt man nicht Monika und meint Augustinus?

Aller Glanz der Mutter kommt vom großen Sohn. Das Datum scheint dies zu bestätigen. Vor der Kalenderneugestaltung feierte man Monika am 4.5., weil am 5.5. bei den Augustinern der Bekehrungstag des heiligen Augustinus begangen wurde. Heute ist für die heilige Monika der 27.8. anberaumt, weil am 28.8. Augustinustag ist. Wenn wir auch Monika nur aus den „Confessiones" des heiligen Augustinus kennen, so ist sie mehr als nur Mutter eines großen Sohnes.

Monika wurde in Tagaste in Numidien, dem heutigen Tunesien, um 332 von christlichen Eltern geboren. Sehr wahrscheinlich lautet ihr Name eigentlich Monnika. So kennen ihn die Handschriften der „Confessiones"; so entspricht er der Herkunft des Namens aus der Sprache der nordafrikanischen Ureinwohner, der Berber. Darf man daraus schließen, daß Monika berberischen Geblütes war? Dann wäre sie keine stille, blasse Dulderin gewesen, sondern energiegeladen, heißblütig, aufbegehrend. Die Monika, die Augustinus zeichnet, hätte dann schon eine tapfere Selbsterziehung hinter sich. Ein kleiner Zug könnte diese Zeichnung bestätigen: als junges Mädchen neigte sie dazu, am Wein zu naschen, verstand es aber, sich diesen Fehler willensstark abzugewöhnen. In jungen Jahren heiratete Monika den Beamten Patricius. Er war Heide. Eine Mischehe! Doch starb Patricius 371 als Christ. Monika hatte ihn wohl zur Taufe geführt. Sie schenkte ihrem Mann drei Kinder, die Söhne Navigius und Augustinus und eine Tochter, vermutlich Perpetua mit Namen. Ihr Stolz war Augustinus. Sie freute sich an seinen Studienerfolgen und an seiner Professorenlaufbahn. Doch seine manichäischen Eskapaden schufen eine Entfremdung zwischen Mutter und Sohn. Monika begleitete ihn nach Mailand. Da sagte Ambrosius, als sie sich über ihren Sohn beklagte: „Ein Sohn so vieler Tränen kann nicht verlorengehen." Ihre Tränen und Gebete holten ihn heim. Auf der Heimreise nach Afrika starb Monika im Herbst 387 zu Ostia.

Ihr Grab ist in der römischen Kirche S. Agostino seit 1430, ihre Reliquien werden auch im Kloster Arrouaise bei Arras verehrt. Die gewaltige Laufbahn ihres Sohnes in der Kirche erlebte Monika nicht. Nachdem sie Mann und Sohn zu Gott geführt, hatte sie ihr Werk getan.

28.

HL. AUGUSTINUS

Bischof, Kirchenlehrer

Gedenktag

Man kann ihn nicht ausschöpfen

Die berühmte Legende um Augustinus erzählt von dem Knaben, der das Meer in ein Sandgrübchen schöpfen wollte. So kommt sich vor, wer Leben und Persönlichkeit dieses Heiligen auf einer Kalenderseite zusammenfassen will.

Aurelius Augustinus, Sohn des heidnischen Beamten Patricius und der Christin Monika, wurde am 13. November 354 zu Tagaste in Numidien geboren. Nach seinem Studium in Madaura und Karthago wurde er Hochschullehrer in Tagaste, dann in Karthago, dann in Rom, schließlich in der Residenzstadt Mailand. Als Kind war er christlicher Katechumene ohne Taufe. Er verlor sich an eine Konkubine. Von ihr hatte er den Sohn Adeodatus (372–389). Er verlor seinen Glauben und wurde von 374–383 Manichäer, dann Skeptiker. In Mailand hörte er die Predigten des heiligen Ambrosius und erlebte wieder die christliche Botschaft. Er las Plotin und Porphyrius. Durch ihren Neoplatonismus kam er wieder dem Christentum nahe. Im Sommer 386 hatte er im Garten sein Bekehrungserlebnis, vermittelt durch die Kinderstimme: „Nimm und lies!“ und durch die Lesung von Röm. 13,13. Er verließ sein Professorenamt. Am 25. April 387 wurde er durch Ambrosius getauft. Im gleichen Jahr machte er sich mit seiner Mutter wieder auf den Heimweg nach Afrika. Monika starb in Ostia.

Noch in Mailand hatte er das in Nordafrika kaum bekannte Mönchsleben kennengelernt. In Tagaste begann er sogleich dessen Verwirklichung. Auch als er 391 in Hippo zum Priester und 395 zum Bischof (Koadjutor) geweiht wurde, auch im leitenden Bischofsamt ab 396 lebte er in einer monastischen Kommunität. Augustinus war vorbildlicher Hirte und Seelsorger, auch um die alltäglichen Sorgen der Seinen bemüht. Er waltete unermüdlich als Prediger. Er ging ins Land hinaus, beriet auf den Synoden. So wurde er der maßgebende Mann für Nordafrika. Gegen die Manichäer, Donatisten, Pelagianer, Semipelagianer trat er auf. Aus seinen Predigten und „Vorlesungen" und seinen Schriften wuchsen viele Bände. Augustinus ist der fruchtbarste theologische Schriftsteller! Er behandelt die ganze Breite der theologischen Probleme von der Dreifaltigkeit bis zur Rechtfertigung und bis zur Geschichtstheologie. Hinzu gibt er noch eine liebevolle Zeichnung des Gottesdienstes seiner Zeit. In alldem spürt man einen überaus liebenswürdigen Menschen, den tiefschürfenden Denker, den glühenden Beter. Augustinus ist das Fundament des christlichen Mittelalters und seiner Theologie und Philosophie.

Als er am 28. August 430 in Hippo starb, wurde seine Stadt von den Vandalen belagert. Er war sechsundsiebzig Jahre alt, vierunddreißig Jahre als Bischof tätig. Seine Reliquien sind seit dem 8. Jahrhundert in Pavia. Sein Geist lebt in der Kirche. Niemand hat ihn „der Große" genannt. Er ist mehr als das!

29.

ENTHAUPTUNG JOHANNES' DES TÄUFERS

Gedenktag

Märtyrer für Lauterkeit und Einheit der Ehe

Der zweite Gedenktag des Täufers ist, ähnlich wie viele andere Heiligengedächtnisse, ein ursprüngliches Kirchweihfest, und zwar der Grabeskirche des heiligen Johannes in Samaria. In Rom gibt man dem 29.8. den Namen Passio oder auch Decollatio des Täufers. In Irland wurde der Todestag des Johannes wie ein Karfreitag begangen. Die vatikanische Liturgieerneuerung hat den Namen „Passio" dem Namen Decollatio wieder vorgezogen.

Das Martyrium des Vorläufers Christi führt eine Sprache, die gegenwartsnah ist. Johannes tritt auf der Höhe seines gewaltigen Wirkens dem König Herodes Antipas entgegen und sagt ihm: „Es ist dir nicht erlaubt, die Frau deines Bruders Philippus zu dir zu nehmen." Deswegen wird er auf der Burg Machärus östlich des Toten Meeres gefangengesetzt. Bei der Geburtstagsfeier des Herodes verlangt Salome als Belohnung für eine Tänzerei das Haupt des Täufers. Ihre Mutter stiftet sie dazu an. So wird Johannes im Kerker enthauptet. Seine Jünger begraben ihn. Der Täufer ist also ein Märtyrer für die Einheit der Ehe. Er ist ein Opfer des Hasses einer ehebrecherischen Frau und einer Tänzerin und der Schwäche eines Lebemannes. Er mahnt die Kirche zu treuem Festhalten an der Lauterkeit und Einheit der Ehe, überhaupt an der Institutionalität der Ehe. So wird der Tag der Passio Johannes' zu einer Predigt: Herodes und auch viele andere fürchteten nach dem Mord an Johannes seine Auferstehung. Würde sein Geist doch auferstehen in Kirche und Menschheit dieser Tage!

In vergangenen Zeiten lebte am Gedenktag des Täufers folgender Brauch: Man fertigte Teller an und stellte in ihnen das Haupt des Johannes dar, setzte diese Teller auf den Kopf und umschritt den Altar. Mit diesem „Opfergang" waren allerlei Fürbitten verbunden: um Kindersegen, um Befreiung von Kopfleiden. Der alte Brauch wird zur modernen Vision: Wir setzen uns das Haupt des heiligen Johannes des Täufers mit seiner Gesinnung, seinen Einsichten auf. So weihen wir unser Leben und Schaffen dem Herrn für Ehe und Familie.

31.

HL. PAULINUS VON TRIER

Bischof

Der deutsche Athanasius

Wenn das Bistum Trier seine Kirchenzeitung „Paulinusblatt" nennt, ist damit schon gesagt, was man dort vom heiligen Paulinus hält. Er ist einer der großen Bekennerbischöfe, der treu blieb, als nach des Hieronymus Wort die Welt erstaunt feststellte, daß sie arianisch geworden sei.

Paulinus, vermutlich aus Aquitanien wie sein Vorgänger Maximin, wurde um 346 Bischof von Trier. Da seine Bischofsstadt Kaiserresidenz war, war Paulinus unter seinen Mitbrüdern entsprechend eingestuft, jedenfalls über den heutigen Rang eines Erzbischofs. Kein Jahrzehnt früher hatte in Trier der große Athanasius sieben Jahre im Exil gelebt. Man darf vermuten, daß Paulinus, noch nicht Bischof, ihn hier kennengelernt hat. Dem später in Rom exilierten Athanasius übermittelte er 347 die Unterwerfungserklärung der führenden arianischen Bischöfe Valens von Mursa und Ursacius von Singidunum unter Papst Julius I. Er nahm teil an der bedeutenden Synode von Arles 353, die unter kaiserlichem Druck arianische Tendenzen entwickelte. Hier war Paulinus von Trier der einzige Bischof, der sich weigerte, Athanasius zu verurteilen. Deshalb wurde er seines Amtes enthoben. Kaiser Konstantius II. beeilte sich, Paulinus auch nach weltlicher Justiz zu verurteilen. Er wurde verbannt und nach Phrygien verwiesen. Das Exil war für ihn mit vielen Leiden und Entbehrungen verbunden. Paulinus starb 358 in Phrygien nach fünfjähriger Verbannung. Einem seiner Nachfolger, Felix (386–398), gelang es, die Gebeine des heiligen Paulinus aus Kleinasien nach Trier zu überführen. Im Jahre 1072 fand man in der Krypta der Trierer Paulinuskirche einen Zedernsarg mit altchristlichen Zeichen und Beschriftungen vom Ende des 4. Jahrhunderts. So kann man an der Echtheit des Paulinusgrabes nicht zweifeln.

Man darf Paulinus einen „Athanasius" nennen. Gegen staatskirchliche Bevormundung steht er klar und konsequent zum athanasianischen Glaubensbekenntnis, zur Kirche des Sohnes Gottes, nimmt dafür Schmach und Qual auf sich.

SEPTEMBER

3.

HL. GREGOR DER GROSSE

Papst, Kirchenlehrer

Gedenktag

Die Idealgestalt eines Papstes

„Consul Dei“ nannte man Gregor, der vor seiner geistlichen Laufbahn Praefectus Urbis (Stadtkommandant oder Oberbürgermeister) für das Jahr 572/573 war. Er war im Leben und Auftreten altrömischer Grandseigneur. Er kam aus der Familie der Anicier, die drei Päpste stellte. In ihm kulminiert das Papsttum des Frühmittelalters.

540 wurde Gregor zu Rom geboren. Als sein Vater Gordianus, der das Amt eines Regionarius (Provinzoberhaupt) innehatte, starb, stiftete Gregor zu seinem Gedenken das römische Andreaskloster und sechs Klöster auf Sizilien. In das Andreaskloster zu Rom zog er sich 575 als Fünfunddreißigjähriger zurück zu einem monastischen, wenn auch noch nicht benediktinischen Leben. Seine Mutter Silvia lebte ebenfalls in klösterlicher Zurückgezogenheit beim nahen Sabaskloster. Sie brachte ihrem Sohn jeden Mittag ein Schüsselchen abgekochten Gemüses. Damals litt also Gregor schon an seinen Magenschmerzen. 579–585 weilte er als Apokrisiar, also päpstlicher Nuntius, in Konstantinopel. Vorher hatte er die Diakonenweihe empfangen, war also in unserer Sprache „Kardinaldiakon“. Dann wirkte er wieder in Rom als Berater Pelagius' II. Am 3.

September 590 wurde er zum Bischof geweiht, er wurde Papst. Sein Weihetag ist heute auch sein Gedenktag statt des früher durch die Fastenzeit umflorten Sterbetages am 12. 3.

Drei Völker führte Gregor zur katholischen Kirche: Engländer, Spanier, Langobarden. Nach England sandte er seinen Nachfolger im Andreaskloster, Abt Augustinus. In Spanien vollendete er das Werk der Katholisierung des Königs Reccared 586. Von den Langobarden erlitt er noch die Belagerung Roms 592/593, konnte aber mit ihnen Frieden schließen und mit ihrer katholischen Königin Theodelinde von Bayern die Katholisierung anbahnen. Großartig war sein Werk der Reformen der riesigen päpstlichen Besitzungen und zum Schutz der kleinen Pächter. – Das mittelalterliche Europa wuchs aus Gregors Werk.

Sein innerkirchliches Schaffen gipfelt in der Sorge für die Liturgie. Das Hochamt, das wir bis heute feiern, ist letztlich gregorianische Liturgie. Wenn auch der Name Gregorianischer Choral u.a. späterer Herkunft und Gregors Sorge um den gottesdienstlichen Gesang nicht mehr faßbar ist, so geht doch wohl sicher die Schola der Sänger in Rom auf ihn zurück. Vielleicht hat er für sie Einzelheiten in Text und Melodie geschaffen, deren Urkunden nicht mehr erkennbar sind. Noch größer als Gregors liturgisches Werk ist seine schriftstellerische Ernte. Ihr Einfluß bestimmt das Mittelalter. Seine Lehre legt die Geleise gerade in typisch katholische Positionen: Ehe, Engel, Fegfeuer, Geistesgaben, Christus. Seine Liebe zum monastischen Leben bestimmt das benediktinische Mönchtum. Er ist Benedikts Biograph. Dabei führt ihn seine mittelalterlich unkritische Vorliebe zur Legende. – Man muß zusammenfassen: Gregor der Große.

Nach Gregor beginnt die Flut des Islams. Gregors Person und Werk sind dagegen als Mole und Flutdamm eingerammt.

8.

MARIÄ GEBURT

Fest

„Mariens Geburtstag im gleichen Jahr wie der der Stadt Köln"

Am Fest Mariä Geburt kann man nur weniges aus der Geschichte des Tages berichten. Er wird im Osten vom Meloden Romanos († 560), dem „Sänger der tausend Lieder", erwähnt. Im Westen hält schon Augustinus eine Predigt zu diesem Tag. Er gehört also zu den drei ältesten Marienfesten. Das Mittelalter liebte den 8. 9. und übergab ihm viele Marientitularfeste in den Marienkirchen. Aber seit der Barockzeit, vor allem seit 1854, lief der 8. 12. mit dem gedanklich ähnlich gelagerten Fest der Unbefleckten Empfängnis dem 8. 9. den Rang ab.

Die liturgischen Erneuerungen des Vaticanum II gaben der Nativitas BMV als Evangelium den Stammbaum Jesu Christi (nach Mattäus). Dadurch wird es näher an die Heilige Schrift herangezogen. Man könnte sagen, Mariä Geburt sei das Fest des Stammbaumes Jesu. Heute könnte man mit Maria auch Anna und Joachim begehen. Aus den Generationen der Vorzeit stehen die vier Frauennamen auf: Tamar, Rahab, Rut, Batseba. Sie stehen nicht auf der Linie des alttestamentlichen Gesetzes, auch Rut nicht, da sie als Moabiterin Ausländerin und Andersgläubige war. Der Fluch Evas wird in den vier Stammüttern sichtbar. Dagegen steht die fünfte Frau, die der Stammbaum nach Mattäus nennt, Maria, im Glanz der Gnade da. Sie wandelt die Geschlechterreihen – und das nicht nur in diesem israelitischen Stammbaum – in Segen um.

Sobald man am Fest der Nativitas BMV vom „Geburtstag der Mutter" spricht, spürt man den familiären Klang dieses Marientages. Christsein ist nicht nur feierliche Liturgie, nicht nur Theologie in Gedanke und Leben, sondern mehr noch „Familia Dei", familiäre Verbundenheit. Da ist Gott unser Vater, Christus unser Bruder, Maria unsere Mutter, wir sind untereinander Brüder. Die liturgischen Feste sind Familientage.

Familiären Klang hat auch die Kölnische Überlieferung: die Stadt habe im gleichen Jahr ihren Stadtgründungsgeburtstag wie Maria ihren Geburtstag. Diese Tradition entspricht dem Psalm 86 und gilt deshalb für jeden Christen: Maria ist Sion, die Stadt des Neuen Bundes; ein jeder ist in ihr geboren, die Völker haben ihren Ursprung bei ihr; alle Stammbücher der Nationen verzeichnen: Sie sind dort geboren!

12.

MARIÄ NAMEN

Wiens Befreiung von den Türken war am heutigen Tag

Dem Geburtstag folgt rasch der Namenstag der Mutter. Fest und Termin sind kalendergewordene Kirchengeschichte. Am 12. September 1683 standen die Türken vor Wien. Die Stadt und damit der gesamte Süden Deutschlands waren aufs äußerste gefährdet. Die Bedrohung wuchs, weil Ludwig XIV. mit den Türken im Bündnis stand. Die Situation von 955 schien sich zu wiederholen. – Da traf aus Polen König Johann Sobieski mit seinem Heer ein. Wien wurde gerettet. Das Abendland war befreit. Wesentlichen Anteil an der Rettung hatte der selige Papst Innozenz XI. Zur Erinnerung machte er den 12. 9. zum Festtag Mariä Namen.

Wegen seiner besonderen Verbundenheit mit der deutschen Geschichte blieb der Gedenktag im Meßbuch für die Bistümer des deutschen Sprachgebietes erhalten. Anderwärts wird Mariens Namenstag nicht mehr erwähnt, weil er eine unnütze Wiederholung von Mariens Geburtstag sei. So bleibt denn glücklicherweise der sogenannte „Mariendreißiger" erhalten. Jahrhundertelang freute man sich an der Aufeinanderfolge vieler Marienfeste im Sommer: nach dem Vorspiel „Maria Schnee" (5.8.) waren das Hochfest der Assumptio und früher dazu die Oktav, heute Maria Königin (22.8.), dann Mariä Geburt, Mariä Namen, Mariä Schmerzen, Maria de Mercede (von der Gefangenenbefreiung) eine Gipfelwallfahrt von etwa dreißig Tagen. Dieser „Mariendreißiger" wurde übernommen von der dreißigtägigen „Maiandacht". Sie lag günstiger – fern von den Erntearbeiten. Doch blieb die Zeit des „Mariendreißigers" an den meisten Wallfahrtsorten bevorzugte Pilgerzeit.

„Der Name der Jungfrau war Maria." Dieser lukanische Satz wird zur Feier, die als Brückenpfeiler das Verkündigungsfest vom 25.3. mit den Verkündigungsliedern im Advent verbindet. – Was Lukas, der Maler, im Evangelium schreibt, wird am Festtag zum Gemälde.

Fast möchte man an Mariens Namenstag ein Plädoyer halten zugunsten des Brauches, Namenstag zu feiern, der immer mehr verdorrt. Eine Verbindung mit den Heiligen geht da verloren. Verloren geht auch die Spontaneität des Glückwunsches, zu dem der Heiligenkalender einlädt, wenn man auch die Geburtsurkunde nicht kennt.

13.

HL. JOHANNES CHRYSOSTOMUS

Bischof, Kirchenlehrer

Gedenktag

Der Patron der Prediger ist auch Vorbild aller sozialen Arbeit

Der Wunsch des großen Kirchenlehrers aus Antiochien und von Konstantinopel ist in Erfüllung gegangen. Er hatte ihn ausgesprochen in einem Lob auf den heiligen Petrus: sein Grab wollte er in der Nähe des Apostels finden. Er ruht in der Chorkapelle von St. Peter zu Rom.

Der Geburtsort des heiligen Johannes Chrysostomus ist Antiochien. Das Jahr ist ungewiß: 344 oder 354. Die antiochenischen Jahre waren ungetrübt. Sein früh verstorbener Vater war Offizier. Seine Mutter Anthusa ließ ihn in der Schule des Rhetors Libanius ausbilden. Die hohe Kultur dieser hellenistischen Ausbildung blieb zeitlebens in ihm spürbar. Er wandte sich der theologischen Schule des Bischofs Meletius und des Diodorus zu. Das war wie eine Konversion. 369 wurde er getauft. 375 wurde er Anagnostes (Lector) der antiochenischen Gemeinde, verantwortlich für liturgischen und katechetischen Dienst. Die Sehnsucht nach dem monastischen Leben führte ihn in ein Kloster nahe der Stadt. Dann ging er in die Einsamkeit. Doch seine Gesundheit war dem Eremitenleben und dem Übereifer seiner Aszese nicht gewachsen. 381 ließ er sich wieder nach Antiochien rufen. Er wurde Diakon seines Patriarchen Flabianos, 386 wurde er zum Priester geweiht. Er nahm die Stelle ein, die man heute „Domprediger“ nennen würde. Doch war es mehr als das, weil der Bischof sein Predigtamt an Johannes delegiert hatte. Von der antiochenischen Predigt ging sein Ruf um die Welt.

Da wurde er 397 als Bischof nach Konstantinopel berufen. Dort sah er seine Aufgabe in der Predigt, aber auch in der Seelsorge, in Caritas- und Sozialarbeit. Für die Goten, von denen viele als Gastarbeiter in der Kaiserstadt wohnten, ließ er ein eigenes Gotteshaus mit gotischer Predigt bereitstellen. Er ließ Hospize und Spitäler bauen. Er kümmerte sich um die Mission. Weil er sich gegen den Luxus und die Habsucht des Hofes wandte, geriet er in Konflikt mit dem Kaiserhof. Kaiserin Eudokia, Tochter eines heidnischen Rhetors aus Athen, intrigierte mit Theodosius von Alexandrien so lange, bis Johannes 403 von der „Eichensynode" abgesetzt und verbannt wurde. Rasch wurde er zurückgerufen, weil eine Fehlgeburt die Kaiserin erschreckte. Doch nach zwei Monaten wurde er von neuem verbannt, zuerst nach Kukusus an der armenischen Grenze, nach drei Jahren in strengeren Gewahrsam nach Pityus. Auf dem Weg dorthin starb er in Komana am 14. September 407. Er war 53 (oder 63) Jahre alt. Sein letztes Wort war: „Ehre sei Gott in allem!"

Schon hundert Jahre nach seinem Tod nannte man ihn „Chrysostomus = Goldmund". In seinen Predigten steht er auf der Höhe antiker Beredsamkeit. Ja eine Predigt, wie er sie bei der Flucht des abgesetzten Ministers Eutropius in die Kirche aus dem Stegreif hielt, gehört zu den Gipfeln der Rhetorik überhaupt. Seine Abhandlungen über Buße, Mönchtum, Priestertum formten das kirchliche Denken. Die 236 Briefe aus der Verbannung sind klassische Literatur. Vor allem ist er der Kirchenvater der Eucharistie. Sein Konflikt mit dem Hof macht ihn zum Märtyrer der sozialen Gesinnung.

14.

KREUZERHÖHUNG

Fest

Ein Kreuz-Ostern im Spätsommer

Nach einem Bericht aus der Zeit um 600 ist die Auffindung des heiligen Kreuzes unter Helena am 14. September 320 geschehen. Konstantin baute für das Kreuz das Martyrion, auch „Ad Crucem" genannt, neben der Anastasis, der Auferstehungs- oder Grabeskirche. Diese Kirchbauten wurden am 13. September 335 geweiht. Der Kirchweihgedenktag war folglich der 14. September. Es geht also heute um den Dank für die Weihe dieser Jerusalemer Gotteshäuser, in denen die Christenheit Heimat hat.

Die gallische Pilgerin Egeria berichtete, mit welch großem Volkszulauf um 390 am Karfreitag in diesen Kirchen die Kreuzverehrung gefeiert wurde. Viele Diakone führten die Aufsicht, damit nicht jemand unter dem Deckmantel der Andacht einen Teil des Kreuzes, etwa durch Abbeißen während des Kusses, raubte.

Dieses Kreuz ging 614 verloren durch den Einfall des Perserkönigs Chosroas. Am 3. Mai 628 wurde das Kreuz von Kaiser Heraklius nach einem Feldzug gegen Persien wiedergebracht und am 21. März 629 am alten Platz in Jerusalem wiederaufgestellt. Ein Festtag wurde zunächst für diese Rückführung nicht angesagt. Übrigens ging 1187 in der Schlacht bei Hattin in Galiläa das heilige Kreuz, das der Bischof von Betlehem getragen hatte, endgültig in nichtchristliche Hände verloren.

Das Fest der Kreuzauffindung und der Kirchweihe des Kreuzheiligtums blieb am 14. September. In Gallien entwickelte sich der Brauch, diese Kreuzauffindung am 3. 5. zu feiern: Man irrte sich in den Daten und hielt die Wiedereroberung des Kreuzes am 3. Mai 628 für den Tag der Auffindung. Diese Fassung des Kalenders ging von Gallien nach Rom und führte zur Verdoppelung des Festes: 3.5. und 14.9. Schon 1960 verfügte Papst Johannes XXIII. die Berichtigung dieser Festordnung: der 3.5. wurde abgeschafft. Der 14.9. blieb das einzige Fest des heiligen Kreuzes. – Die Auffindung des Kreuzes durch die heilige Kaiserin Helena wird meist als Legende bezeichnet. – Vermutlich ist hier das letzte Wort noch nicht gesprochen.

Die Zeit der Ernte bringt die Besinnung auf die Frucht, die vom Kreuz kam. Das Kreuz ist der Paradiesesbaum der Neuen Schöpfung. Seine Frucht ist Christus, uns dargeboten in der Eucharistie. Das Kreuz ist die Kelter, in der Christus, der Weinstock, zertreten wird; damit uns sein Blut zum Trank bereitet wird.

15.

GEDÄCHTNIS DER SCHMERZEN MARIENS

Gedenktag

In der Pest um 1347 und in den Kriegen um 1800 holte man sich Trost bei der Mater dolorosa

Im alten Byzanz gab es eine Kalenderregel für Feste: Ein Heiliger, der zu einem Festgeheimnis eine besondere Beziehung hat, soll am Tag nach diesem Fest gefeiert werden. Diese Regel setzt sich auch durch für den Gedenktag der Schmerzen Mariens. Die Feier der Schmerzensreichen gehört hinter den 14.9., in das Gefolge des Kreuzfestes.

Lokale Initiative war dieser Regel schon gefolgt. 1688 folgte die Autorität: Der selige Papst Innozenz XI. gestattete dieses Marienfest zunächst für den Orden der Serviten. Pius VII. schrieb 1814 diesen Tag der Dolorosa für die ganze Kirche vor. Er sah darin sein Dankfest für die Rückkehr aus der Gefangenschaft Napoleons. Die Römer hatten jahrelang darum gebetet, und zwar straßenweise vor den Madonnenbildern, die man heute noch in allen Straßen der Altstadt an irgendeiner Häuserwand findet. Das Gedenken der Schmerzen Mariens ist also ein kirchengeschichtlich bedeutungsvoller Tag. – Schon 1423 ist zu Köln der „Schmerzensfreitag" bekannt: am Freitag vor Karfreitag ein Gedenken an die schmerzensreiche Mutter, deren Bild damals in vielen Kunstwerken aufgestellt wurde. Die Bilder der Mater dolorosa tragen wohl in sich das grauenvolle Erlebnis der großen Pest 1347–52 mit ihren 25 Millionen Toten. Vielleicht verweben sich in die Feier des Schmerzensfreitags Erinnerungen an das Konzil von Konstanz 1414–18, an die Beilegung des abendländischen Schismas und an die Hussitenkriege. Vielleicht wird das Bild der Dolorosa an die Schwelle der Renaissance gestellt, damit von vornherein deren Idee und Lebensart zurechtgerückt werde.

Im Stundengebet der Gläubigen und in den Volksstundenbüchern wird der Vesper die Illustration mit dem Bild der Beweinung Christi oder der Mater dolorosa zugeordnet (Vesperbild). Gerade in den spätgotischen Jahrzehnten wurden die Horenbüchlein sehr verbreitet. Da wird Mariä Schmerzen als ein Fest zum Vesperbild gelten. Der Feiertag verkündet im Jahreslauf, was man im Tageslauf bei der Vesper täglich vor Augen hatte.

Die Feste sind aufgeschlagene Seiten des Evangelienbuches. Die Feste sind Reliquienschreine der Kirchengeschichte. Die Feste sind Gebet- und Bilderbücher für die Beter im Gottesvolk.

16.

HL. KORNELIUS

Papst

Gedenktag

Kornelius hatte den 2. Gegenpapst: Novatian. Die Milde stand gegen die Härte

Kaum war die Wunde des ersten römischen Schismas, das durch die Wahl des Gegenpapstes Hippolytus entstanden war, verheilt, da entstand ein neues Schisma, das bis in das 7. Jahrhundert fortwährte. Wie die mittelalterlichen Sekten nannten sich diese Abtrünnigen: Katharoi – die Reinen. Sie kamen also, wie auch heute manche Bewegungen, aus der „Rechtsopposition". Ihr Bischof-Gegenpapst hieß Novatian. Sie kämpften für äußerste Strenge in der Bußpraxis. Manche ihrer Lehrer forderten sogar unwiderruflichen Ausschluß aus der Kirche für jeden Todsünder. Der Häresiarch Novatian war übrigens der erste Theologe lateinischer Sprache. Bis dahin schrieben die römischen Theologen in griechischer Sprache. Novatian verschaffte der lateinischen Sprache den Durchbruch in der Kirche. Damals war sie anstelle der griechischen Koiné = Allgemeinsprache wieder die Sprache des Volkes im Westreich und in Rom geworden. Infolge der unglaublichen Wirrsal der Decischen Verfolgung war der Stuhl Petri fünfzehn Monate verwaist. Die Mehrheit von Klerus und Volk wählte den Priester Kornelius zum Bischof von Rom, obwohl Novatian mit seiner eigenen Wahl gerechnet hatte. So schritt er zu einer verhängnisvollen schismatischen Wahl.

Der Partner des schillernden Novatian war also Kornelius, ein milder, gütiger Mensch. Er leitete die römische Gemeinde und die Weltkirche nur zwei Jahre, von März 251 bis Juni 253. Die Kaiser Gallus und Volusianus schufen eine neue Verfolgungswelle. Papst Kornelius wurde nach Centumcellae = Civitavecchia verbannt. Dort starb er, nicht durch blutige Streiche, sondern durch die unvermeidlichen Qualen der Verbannung. In seiner kurzen Regierungszeit hielt Kornelius im Herbst 251 eine römische Synode mit sechzig Bischöfen. Hier wurde Novatians Anklage, der Papst sei ungültig gewählt, zurückgewiesen. Mit Cyprian von Karthago, Flavius von Antiochien und anderen führenden Bischöfen stand Kornelius im Briefwechsel. Er konnte seine milde, aber konsequente Bußpraxis für die in der Verfolgung schwach Gewordenen durchsetzen. Sein Wirken ist ein Sieg der Barmherzigkeit über die Strenge, ein Sieg des „für alle dahingegeben".

Der heilige Kornelius hat als Schutzpatron in seinem Nachleben großes Ansehen gehabt. Er ist einer der vier „heiligen Marschälle". Er heilt die Fallsüchtigen. Er ist Namengeber von Kornelimünster, wo man sein Haupt verehrt, und von Saint-Corneille bei Compiègne. Weil der Name Kornelius von „cornu – Horn" kommt, hat man Reliquien des großen Märtyrers in St. Severin zu Köln in ein kostbar geschmücktes Horn eingefügt und feiert jeden Montag im Angesicht dieses Reliquiars die „Hörnchensmesse".

16.

HL. CYPRIAN

Bischof, Märtyrer

Gedenktag

Er belohnte seinen Henker mit zwei Goldstücken

Cyprian ist der geistige Vater des heiligen Augustinus: der Latinität, dem Volkscharakter und der Theologie nach. Sein Gedenken reißt den

Schmerz auf, daß sein Nordafrika der Kirche verlorenging.

Cyprian ist Weltmann, Advokat aus angesehenem Hause, vielleicht aus altpunischem, phönizischem Blut, vielleicht römischer Adel. Er legt alles nieder und stellt sich in den Dienst des Reiches Gottes. Als Bischof von Karthago ist er das Oberhaupt der nordafrikanischen Kirche. Er erbt vom alten Karthago ein wenig antirömischen Affekt. Er vertritt zwar, einig mit Papst Cornelius, die milde Bußpraxis für die in der Verfolgung Abgefallenen. Aber in der Frage der Ketzertaufe sind ihm die Römer zu weich und zu nachgiebig. Darum steht Cyprian im Konflikt mit Papst Stephan I. Der Martertod des Papstes Cornelius, mit dem er Briefe gewechselt hat, bewegt ihn freudig, da er sein eigenes Martyrium voraussieht. Bei der Vorbereitung der Hinrichtung läßt er dem Henker zwei Goldstücke überreichen für die Vermittlung der großen Wohltat des Sterbens für Christus. Er gehört zu den imponierenden Gestalten der Verfolgungszeit.

Cyprian wurde geboren zu Karthago zwischen 200 und 210. Sein eigentlicher Name ist Caecilius Cyprianus, sein Beiname Thascius, wohl eine Herkunftsangabe. Etwa 248/249 wird er getauft und bald danach zum Bischof gewählt. In der heftigen Verfolgung durch Kaiser Decius geht er in den „Untergrund“ und leitet die Gemeinde durch Briefe. In der bald aufbrennenden Verfolgung durch Kaiser Valerian wird er zunächst nach Curubis verbannt, nach vierzehn Tagen nach Karthago gebracht, abgeurteilt, am 14. September 258 enthauptet. – Er schenkte uns 81 Briefe. Sechzehn sind eine Sammlung von Schreiben, die er erhielt. Er schrieb über die „Lapsi“, über die Jungfräulichkeit, über die Einheit der Kirche, über das Vaterunser, Ad Demetrianum, über das Almosen, über das Sterben, über Neid und Mißgunst, Ad Fortunatum über das Martyrium, vor allem das unsterbliche De bono patientiae. Er neigt zu einem gewissen Episkopalismus und steht doch treu zum Petrusamt, von dem er sagt: Hier entspringt die priesterliche Einheit.

Man kann die Frühkirche nicht studieren, ohne Cyprian kennenzulernen. Man kann nicht von Cyprian lesen, ohne die Frühkirche zu lieben.

17.

HL. HILDEGARD VON BINGEN

Äbtissin, Mystikerin

Mystikerin und Naturwissenschaftlerin,
Predigerin und Kirchenpolitikerin –
wohl Deutschlands größte Frau

Die heilige Hildegard ist eine der großen Frauen des deutschen Sprachgebietes, der Weltkirche, der Menschheit. Trotz des paulinischen „Die Frau soll schweigen“, hat sie laut und vernehmlich in der Kirche gesprochen.

Hildegard ist eine Tochter des Rheingaus, geboren 1098 in Bermersheim. Die meiste Zeit ihres Lebens verbrachte sie in Rupertsberg. Ihr Klostergelände lag nahe beim Bahnhof Bingerbrück. Ihre klösterlichen Anfänge waren in Disibodenberg. Ihre Zweitgründung ist Eibingen (1165). Dort werden ihre Reliquien in der alten Kloster-, jetzigen Pfarrkirche aufbewahrt. Sie starb in Rupertsberg am 17. September 1179. In der neuen Abtei St. Hildegard am Berg über Rüdesheim lebt sie, dem Geist nach, in lebendiger Frische, wahrhaftig, das Gegenstück zu der benachbarten nationaldeutschen Germania, dem Niederwalddenkmal. – Das geistige Antlitz der heiligen Hildegard ist nicht von der weichen Art, die in billiger Literatur als rheingauisch ausgegeben wird. Hildegard ist eine herbe, fast harte Persönlichkeit. Von Kind an ist sie visionär begabt. Nie lebt sie ohne visionäre Zustände. Sie nennt ihre Visionen „umbra lucis viventis – Schatten des lebendigen Lichtes". Ihre Bücher sind Diktate ihrer visionären Erlebnisse. Sie bedarf des Sekretärs, da ihre lateinischen Kenntnisse nicht ausreichen. So entstehen ihre Werke: Scivias, Liber vitae meritorum, Liber divinorum operum, Liber subtilitatum diversarum naturarum u.a. Man meint Ezechiel oder Johannes hier reden zu hören. Es ist eine prophetisch dunkle Sprache. Aber dann überraschen Hildegards naturwissenschaftliche, medizinische Kenntnisse, vielleicht aus der Sorge um die Klosterapotheke geboren und dem Kräutergärtlein abgelauscht. Hier ist sie so naturverbunden, so sachlich und exakt, wie es die damalige Zeit wenig kannte. Überraschend ist auch ihr Eingreifen in die Kirchenpolitik ihrer Zeit. Sie besucht den Kaiser Friedrich Barbarossa und „predigt" vor ihm. Sie geht nach Trier und Köln und spricht die Domkapitel an, die dazu zu ihr nach draußen vor den Dom kommen müssen. Da weiß sie echte Bußpredigten zu halten. Auch ihre dreihundert Briefe greifen in das Tagesgeschehen ein. Die Visionärin wird zur Ärztin und Politikerin. Sie ist dabei eine ausgezeichnete Äbtissin, die mütterlich um das leibliche und geistige Wohl ihrer Töchter und auch um ihre Fröhlichkeit besorgt ist.

Die verworrenen Zeiten ließen keinen Heiligsprechungsprozeß zu. Erst dreihundert Jahre nach ihrem Tod wird ihr Name in das Martyrologium eingefügt. Bis in unsere Tage dauerte es, ehe sich die Kirche in Deutschland des Besitzes dieser großen Frau bewußt wurde.

Der Gesellenvater Adolf Kolping schrieb über die heilige Hildegard: „Man müßte ihre Liebe zu Gott und den Seelen haben, um sich mit ihr in die Bilder des Ewigen zu vertiefen."

17.

HL. ROBERT BELLARMIN

Bischof, Kirchenlehrer

Man konnte sein Wissen nicht entbehren und schob ihn ab. Heilige waren seine Schüler

Robert Bellarmin, Neffe des Papstes Marzellus II., wurde geboren am 4. Oktober 1542 in Montepulciano bei Siena. Er starb am 17. September 1621 zu Rom, neunundsiebzig Jahre alt. Er war Jesuit, Kardinal, der große päpstliche Theologe seiner Zeit. Papst Pius XI. erhob ihn nach der Seligsprechung und Kanonisation 1931 zum Kirchenlehrer.

Man kann auch die Heiligen an ihren Früchten erkennen. Bellarmin hatte als Professor in Löwen seine theologische Laufbahn begonnen. Sein aufsehenerregendes Neuangebot war der Unterricht in der hebräischen Sprache, in der er „seinen Hörern immer gerade um eine Stunde voraus war". Zwölf Jahre dozierte er am Collegium Romanum, der heutigen Gregoriana. Zugleich war er Spiritual der Scholastiker des Jesuitenordens. Einer seiner Schüler war Aloisius Gonzaga. Kardinal Bellarmin befürwortete dessen Seligsprechungsprozeß und wünschte, zu des Aloisius Füßen begraben zu werden. Der Wunsch wurde 1930 nach der Heiligsprechung Bellarmins erfüllt. Er wurde aus seinem schönen Grab Al Gesù umgebettet in das Grab unter dem Altar zu Füßen des heiligen Aloisius in S. Ignazio. – Reife Frucht seines Wirkens war sein Katechismus, eine Parallele zum Katechismus des heiligen Canisius. 400 Auflagen und 56 Übersetzungen erlebte das kleine einflußreiche Werk, das er 1587 schrieb. Noch steht in seiner Titelkirche S. Maria in Via Lata der bescheidene Holzsessel, von dem aus der weltberühmte Kardinal die Kinder seines Bezirks katechisierte. – Die Frucht seines professoralen schriftstellerischen Wirkens sind seine Werke: über die Gewalt des Papstes, über politische Fragen in England und Venedig u.a. Sie sind zeitgebunden. Auch seine Werke gegen Bajus, seine gewaltige Kontroverstheologie sind heute verstaubt. Aber sein Katechismus blieb für Jahrhunderte.

Das Geheimnis seiner Fruchtbarkeit ist wohl seine Demut, mehr noch – seine Verdemütigungen. Der Rektor der Jesuitenuniversität wird als Provinzial nach Neapel versetzt. Der römische Kardinal und Theologe wird als Erzbischof nach Capua verbannt. Allerdings gereichte das sehr zum Nutzen von Capua, denn Bellarmin befaßte sich mit sozialen Initiativen, wie Landparzellierung und Arbeitsbeschaffung, er wird ein sozialer Bischof mitten in der Barockzeit. An der Kurie wirkt er als Präfekt der Ritenkongregation: der Heilige arbeitet für die Heiligen. In seinem hohen Alter ist er unermüdlich tätig, seine aszetischen Erfahrungen niederzuschreiben. Es entstehen seine frommen Schriften: „De arte moriendi" u.a. An seinem Sterbelager am 17. September 1621 stehen Papst Gregor XV. und die Kardinäle. Dann wird Bellarmin, dessen Seligsprechungsprozeß 1627 eröffnet wurde, noch einmal zurückgesetzt – dreihundert Jahre muß seine Kanonisation warten.

Bellarmin gilt als der scharfe Kirchenlehrer. Selbst nach seinem Tod ist er noch gefürchtet. Aber die klare Sicherheit der Kirche in der Zeit zwischen Trient und Revolution ist die Frucht seines Werkes.

18.

HL. LAMBERT

Bischof, Glaubensbote, Märtyrer

Der Heilige des Grenzlandes zwischen Rhein und Maas, der für seine Peiniger betete

Lambert wurde zweimal zum Martyrium gerufen. Beim Vormarsch der Revolutionsarmee 1794 wurde in Lüttich die kostbar gestaltete Grabkammer des heiligen Lambert zerstört, seine Gebeine vernichtet. Tausend Jahre früher (705/706) starb Bischof Lambert in seiner Bischofsstadt Lüttich den Martertod von der Hand der Mörder, die der Landesherr, Graf Dodo von Brabant, ausgesandt hatte. Lambert hätte sich verteidigen können. Er tat es nicht. Er kniete nieder und betete. So erreichte ihn der Todesstreich. Als Heiliger der Gewaltlosigkeit steht er vor uns.

In seinem bischöflichen Leben war Lambert keineswegs passiv oder bequem. Schon sein Onkel hatte des Bischofsamtes in der alten Römerstadt Trajectum-Maastricht gewaltet. 672 übernahm Lambert die Nachfolge. Er wurde bald wieder aus seinem Amt entfernt. Der fränkische Hausmeier Ebroin setzte ihn ab. Sieben Jahre mußte er wie ein Inhaftierter in der Abtei Stablo verbringen. Dann setzte ihn Pippin der Mittlere wieder in seine Rechte ein. Lambert war sich seiner Missionsaufgabe bewußt. Er bemühte sich um die Bekehrung der letzten Reste des Heidentums in Nordbrabant. Dabei geriet er in Schwierigkeiten mit dem Grafen wegen der bischöflichen Gerechtsame. Letztlich ging es um die Freiheit der Kirche. Als zwei gräfliche Dienstmannen erschlagen wurden, nahm das der Graf als Zeichen zum Kampf. Er ließ den Bischof töten. Der heilige Märtyrer lebt weiter in zahllosen Lambertuspatrozinien. An der Spitze stehen St. Lamberti in Münster und die Lambertuskirche in Düsseldorf. Im ganzen einstigen Frankenreich, vor allem in Holland, am Niederrhein, in Belgien, ist Lambert in hohen Ehren. Sein Haupt ist irgendwann an den Oberrhein übertragen worden und bildet heute den kostbarsten Schatz des Freiburger Münsters.

Lambert ist so etwas wie ein europäischer Heiliger. Er starb nicht für eine Wahrheit des Glaubensbekenntnisses. Er wurde verfolgt um der Gerechtigkeit willen und wurde um der Freiheit der Kirche willen getötet. Darin ist er vielen modernen Märtyrern ähnlich. Sein Tod als Blutzeuge hat nichts Lautes an sich. Man kann ihn nicht zum politischen Bischof machen, der in Konflikte mit der Staatsgewalt gerät. Lambert stirbt, einem Stephanus gleich, betend und Verzeihung spendend.

19.

HL. JANUARIUS

Bischof, Märtyrer

Sein Blut wird wieder lebendig

Der heilige Januarius ist mehr bekannt durch das Blutwunder als durch seine Geschichte. Die sicherste Grundlage für Person und Martyrium ist wohl der Brief eines Presbyters Uranius von 432. Er spricht von „Januarius, Bischof und zugleich Märtyrer, der Ruhm der Kirche von Neapel". Die verbreitete Angabe, Januarius sei Bischof von Benevent gewesen, läßt sich wohl nicht aufrechterhalten. Um 432 wurden von Bischof Johannes I. in Neapel Reliquien aufgefunden. Sie wurden in der Katakombe von Capodimonte beigesetzt, dann nach Benevent, nach Montevergine, schließlich 1497 wieder nach Neapel übertragen.

Das „Januariuswunder“ ist seit 1389 nachweisbar. Es besteht darin: Eine typische Blutampulle aus der Märtyrerzeit, aufbewahrt im Dom, wird in feierlicher Prozession nach Santa Chiara gebracht. Dort befindet sich das Haupt des Heiligen. Die Prozession findet dreimal im Jahr statt: am 1. Maisonntag, am 19. September, am 16. Dezember. Unter vielen Gebeten, Rufen und Liedern hält das Volk, unter Umständen tagelang, bei seinem Heiligen aus. Während dieser Betstunden wird das vertrocknete und verkrustete Blut flüssig und rotfarben wie frisch vergossenes Blut. Tritt das miracolo sehr spät oder, wie es selten vorkommt, gar nicht ein, dann fürchtet man unheilvolle Ereignisse. Der Gebetseifer ist bewundernswert. Mag es auch unerklärbar sein, wie das Blutwunder zustande kommt. Sicher dient es für den kindlichen Sinn der Beter als Zeichen: Das gütige Walten Gottes und die Erhörung des Gebetes werden erkennbar. Das immer wieder erneuerte Glaubensbekenntnis zeigt die innere Ausrichtung des Gebetes. Magische Vorstellungen mögen einfließen. Doch ist letztlich die kindliche Freude an der „zwecklos“ sich verströmenden Macht Gottes und der Heiligen das Entscheidende. Der heilige Paulus schreibt: „Wir sind Mitbürger der Heiligen und Hausgenossen Gottes!“ Das wird im Erlebnis des „Januariuswunders“ sichtbar. Der heilige Januarius starb für Christus und für das Volk. Er lebt und wirkt für sein Volk.

21.

HL. MATTHÄUS

Apostel und Evangelist

Fest

Der Zöllner gab uns das Evangelium „Als die Zeit erfüllt war"

Die evangelische Exegese ist der Auffassung, der Zöllner Levi der Evangelisten Markus und Lukas sei nicht identisch mit dem Zöllner Matthäus, von dem das Evangelium nach Matthäus erzählt. Die katholische Tradition in Liturgie, Patristik, Exegese ist sich einig, daß Matthäus gleich Levi ist. Die Verschiedenheit der Namen ist nicht von Belang gegenüber der Einheitlichkeit des Berichtes.

Levi-Matthäus war ein Verräter gegenüber seinem Volk, denn er übernahm das Amt des Zöllners oder Steuereinnehmers im Dienst der Besatzungsmacht. In einem einzigen Augenblick wird er zum Hirten seines Volkes: er hört den Ruf zur Nachfolge Jesu Christi, er steht sogleich auf und läßt die Zollbank ebenso im Stich, wie die anderen die Boote und Fischernetze verlassen haben. Von nun an nimmt er den Leuten nicht mehr den Zinsgroschen für das Römische Reich ab, sondern schenkt den goldenen Denar des Gottesreiches. Er gibt der Menschheit das Goldtalent seines Evangeliums. Clemens von Alexandrien weiß zu datieren: Zwölf Jahre nach der Himmelfahrt hatte Matthäus den Hebräern gepredigt. Dann drängte es ihn in die Weite. Aber zuvor hinterließ er seinem Volk die Niederschrift der frohen Botschaft. Das wäre denn im Jahr 42 gewesen. So einfach war die Geschichte des Matthäusevangeliums wohl nicht. Aber man darf aus den frühen Berichten sicher heraushören: Da lebt im Apostel der Drang, in die Weite zu gehen. Zuerst will er aber für sein Volk die Botschaft hinterlassen. Gerade in seinem Evangelium geht er in die unermeßbare Weite der Völker und der Zeiten. – Er reist tatsächlich nach Äthiopien und vielleicht nach Persien. Doch er bleibt für jeden Christen erreichbar nahe in seinem Werk, im Evangelium. Alte Nachrichten meinen, Matthäus sei nicht als Blutzeuge gestorben. Aber er war Zeuge für den Herrn. Sonst hat von den Aposteln nur noch Johannes das schriftliche Zeugnis für Jesus im Evangelium abgelegt. Die Reliquien des heiligen Matthäus werden im Dom von Salerno, der Universitätsstadt des Mittelalters für die Mediziner, verehrt.

In den Kalenderweisheiten alter Zeit sagt man, Matthäus habe das Weihwasser in den kirchlichen Gebrauch gebracht. Vielleicht lebt da eine Erinnerung an allerlei Spiele am Wasser, die man um den Matthäustag vornahm, um die Zukunft zu erforschen. – Wie die anderen Evangelisten ist Matthäus Patron der Reisenden. Das Gasthaus „Zum Engel" will sagen: Hier waltet der Evangelist, den der „Engel" begleitet. Da wird nicht Weihwasser, sondern kräftiger Wein angeboten.

22.

HL. MAURITIUS UND GEFÄHRTEN

Märtyrer

In ihrem Tod bleibt die Römerzeit in der Schweiz lebendig

Die Schweiz führt ihre großen Soldatenmärtyrer in die Heiligenfeier der Kirche ein. Es geht wohl um die gleiche innermilitärische „Säuberungsaktion", die an die Namen Ursus und Viktor in Solothurn, Felix und Regula in Zürich, Gereon und seine Gefährten in Köln, Thyrsus und seine Gefährten in Trier, Viktor und Mallosus in Xanten, Cassius und Florentius in Bonn geknüpft ist. Mauritius vertritt all diese Soldatenmärtyrer, die der Name „Thebaische Legion“ zusammenfaßt. Er hat als Reichspatron aus der ottonischen und salischen Kaiserzeit den Rang dazu. An seinem Altar in St. Peter wurde dem gekrönten Kaiser das Schwert überreicht. – Man darf das gleichnamige St. Moritz im Engadin nicht verwechseln mit dem Grab des heiligen Mauritius in Agaunum. Das ist die berühmte Augustiner-Chorherren-Abtei St. Maurice im Wallis. Der zuständige Bischof hatte seinen Sitz in Octodurum (Martigny oder Martinach am Großen St. Bernhard). Heute ist Sitten der Bischofssitz. Der heilige Bischof Theodor erhob um 380 die Gebeine der Soldatenmärtyrer in Octodurum und erbaute eine Basilika. Die Ausgrabungen erweisen, daß am Gedenktag des heiligen Mauritius nicht Legenden und vage Ortstraditionen zu uns sprechen, sondern Geschichte.

Allerdings ist das Martyrium der tapferen Helden noch nicht klar zu entziffern. In der Diokletianischen Reichsreform wurde tatsächlich die Thebaische Legion als Grenzhüter eingesetzt. Unter ihnen waren afrikanische Legionäre. Viele waren Christen. Bei der Verfolgung um 300 wurden sie „dezimiert“, jeder zehnte hingerichtet. Die Überlieferungen der verschiedenen Standorte von Xanten bis Octodurum sprechen die gleiche Sprache. Das letzte Wort der Geschichte ist noch nicht gesprochen.

Der Tradition folgt die Verehrung dieser Soldatenmärtyrer in vielen Mauritius- und Moritzkirchen, in den Ritterorden, in den Klöstern. Dabei wird in erfreulicher Weitherzigkeit auf die schwarze Hautfarbe der Thebäer hingewiesen. Von den schwarzen Legionären kommt der frühbarocke Brauch, einen der heiligen Weisen als schwarzen König an die Krippe zu stellen.

24.

HL. RUPERT UND HL. VIRGIL

Bischöfe

Rupert kam von Worms.
Virgil war Gelehrter großen Wissens.
Aus ihrem Werk wurde Salzburg

Die Völkerwanderung hatte in den Ostprovinzen des Römerreiches viel größere Zerstörungen hinterlassen als in den meisten gallischen Westteilen. Darum mußte man in Österreich, Bayern, Ungarn wieder neu mit der kirchlichen Organisation beginnen, nachdem die germanischen Völker seßhaft und der Kirche eingegliedert worden waren.

Das alte römische Juvavum war in Trümmer gesunken. Nur ein kleiner Ort blieb übrig. Da kam vom Rhein der Wormser Bischof *Rupert* oder Hrodpert nach Salzburg. Er gehörte dem Wormser Grafengeschlecht der Robertiner an, einem Zweig der Karolinger. Rupert wollte missionieren. In welchem Nichts er begann, zeigen vielleicht noch die Grotten über dem Friedhof von St. Peter in Salzburg. Ob es ihm gelang, den Bayernherzog Theodo zu bekehren, steht in Frage. Ob er auch bis Regensburg und Lorch wanderte, um zu predigen, wird bestritten. Aber er schenkte Salzburg die heute noch blühende Abtei St. Peter und das Frauenstift Nonnberg. Er selber amtierte als Abt. Seine Nichte Erentrud wurde Äbtissin der ältesten Frauenabtei des deutschen Sprachgebietes. Nach irischem Brauch war er Abtbischof, der von seinem Kloster aus auch als Bischof waltete, ohne eine festumrissene Diözese zu haben. Erst im 10. Jahrhundert wurde die Doppelung Abt und Bischof getrennt. Rupert starb 720. Als sein Nachfolger ihn am 24. September 774 im eben begonnenen Dom bestattete, kam dies einer Heiligsprechung gleich.

Virgil, der Nachfolger Ruperts, kam aus Irland. Vielleicht ist sein Name eine Latinisierung des irischen Fergal. Als Pilger kam er um 742 ins Frankenreich. 743 hielt er sich bei Pippin dem Jüngeren auf und wird von ihm zu Herzog Odilo von Bayern gesandt. Virgil übernimmt, wohl ohne jede Weihe, das seit Ruperts Tod vakante Bistum Salzburg. Zugleich ist er Abt von St. Peter. In bischöflichen Funktionen läßt er sich von einem irischen Wanderbischof vertreten. Schon dadurch erregte er den Unwillen des Päpstlichen Legaten Bonifatius. Zugleich schafft er Anstoß durch seine Lehre, die Erde habe die Gestalt einer Kugel und an der anderen Seite der Kugel lebten Menschen als unsere Antipoden. Diese Erkenntnisse waren damals schon verbreitet. Bonifatius wandte sich an Papst Zacharias, der in den kirchenrechtlichen Fragen gegen Virgil entschied. Bald nach dem Tod des heiligen Bonifatius konnte Virgil 755 zum Bischof geweiht werden. Er bemühte sich um die Christianisierung der Slawen, vor allem in Kärnten; stets blieb er in Verbindung mit seiner irischen Heimat. Er starb am 27. November 784 – Pilger, Mönch, Gelehrter, Missionar, Bischof.

25.

HL. NIKLAUS VON FLÜE

Einsiedler

Bruder Klaus ist geographische
und geistige Mitte der Schweiz

Wenige Heilige begegnen heute noch einem solchen Unverständnis, solcher Ablehnung wie Bruder Klaus, der „Landesvater“ und „Friedensstifter“ der Eidgenossenschaft. Aber man muß vor allem bedenken: es geht um einen Mystiker, den letzten spätmittelalterlichen Mystiker. Er lebt in einer Welt der Gottinnigkeit und ist doch zugleich ein kluger Ratgeber in allen Fragen der Politik. Er lebt nicht nur in unvorstellbarer Armut, sondern auch neunzehn Jahre lang in völliger Nahrungslosigkeit. Er lebt und betet und schaut in die jenseitige Welt, aber wenn einer an seinem Fensterchen klopft, steht er auf, um zu hören und zu raten.

Bruder Klaus wurde geboren um 1417 auf dem Flüeli bei Sachseln, in dessen Umkreis sein Leben verblieb. Er war verheiratet mit Dorothea Wyss. Zehn Kinder gingen aus dieser Ehe hervor. Er war ein angesehener Mann als Ratsherr, als Richter und bei der „Tagsatzung". Als Fünfzigjähriger, als seine Ältesten schon gestandene Männer waren und Klaus, sein Jüngster, später Priester, sechzehn Monate alt war, verließ er am 16. Oktober 1467 Haus und Hof und Familie, um irgendwo eine Klause zu suchen. In Liestal vor Basel fühlte er sich heimgeschickt. Er baute seine Klause zu Hause, im Ranft, einen Spazierweg vom Hof entfernt. Zwanzig Jahre lebte er dort und starb am 21. 3. 1487. Er verließ die Klause nur, um in Sachseln zur hl. Messe zu gehen – der Weg führte an seinem Anwesen vorbei. Am 22. 12. 1481 schickte er den Stanzer Pfarrer Heini am Grund, seinen Freund, mit einer Botschaft zur „Tagsatzung". Sein Wort rettete die Einheit der Eidgenossenschaft.

Schon lebten die meisten Reformatoren. Längst hatte sich die Renaissance erhoben mit ihren Idolen. Da lebt Bruder Klaus das Ideal vor, das er in seinem Gebet formuliert hat: „Mein Herr und mein Gott, nimm alles von mir, was mich hindert zu dir. Mein Herr und mein Gott, gib alles mir, was mich fördert zu dir. Mein Herr und mein Gott, nimm mich mir und gib mich ganz zu eigen dir." Das Gebet wurde für ihn harte Wirklichkeit. Darum half es der Kirche, Renaissance und Reformation zu überstehen und Kirche konsequenter Christushingabe zu werden.

26.

HL. KOSMAS UND HL. DAMIAN

Märtyrer

Die heiligen Ärzte, die auffielen, weil sie kein Geld nahmen

Die Mediziner kommen nicht in Verlegenheit, unter den Heiligen Kollegen und Patrone zu finden. Lukas, der Evangelist, empfängt von Paulus den Ehrennamen „Medicus carissimus". Der heilige Erzengel Rafael waltet bei Tobias des ärztlichen Dienstes. Der Nothelfer Pantaleon ist Märtyrer und Arzt. Martin von Porres, südamerikanischer Dominikanerfrater, hat Medizin studiert. Sie alle aber kommen nicht an gegen den medizinischen Ruhm der heiligen Kosmas und Damian.

Kosmas und Damian sind Zwillingsbrüder, wie es alle Ärzte in ihrer Zusammenarbeit sein sollten. Die beiden Märtyrer heißen „Anárgyroi – Geldlose". Fiel es schon vor zweitausend Jahren auf, wenn Ärzte ohne Honorar schafften? Das „Anárgyroi" will sagen: sie helfen, ohne irdische Mittel, auf das Gebet hin. Sie walten als Patrone der Medizin und werden darum mit dem Ärztebarett und dem Salbenfläschchen dargestellt; das Schwert wird hinzugefügt als Zeichen ihres eigenen Martyriums, nicht dessen ihrer Patienten. – Das Leben dieser Ärzte und Märtyrer ist schwer, ja kaum zu entziffern, so schwer wie die private Telefonnummer eines gesuchten Arztes. Man kennt nur die Legende.

Sie berichtet, Kosmas und Damian stammten aus der Heimat des heiligen Paulus, aus Zilizien, aus Aigai. Dort sind sie unter Diokletian gemartert worden, weil sie, gedeckt von ihrem Beruf, viele Bekehrungen anregten. Man sagte ihnen später arabische Herkunft nach; denn die arabische Medizin, Nachfahre der griechisch-syrisch-ägyptischen Arzneikunst, galt als besonders erfolgreich.

Große Basiliken wurden zu Ehren der heiligen Kosmas und Damian gebaut, z. B. in Konstantinopel und Rom. Zwei Tempel wurden zum Bau von Santi Cosma e Damiano zusammengefügt. St. Altfrid von Hildesheim brachte Reliquien der heiligen Ärzte nach Hildesheim und nach Essen. Darum sind Kosmas und Damian Patrone des jüngsten deutschen Bistums Essen. Die Hansestädte und andere Verkehrszentren, die für eingeschleppte Seuchen anfällig waren, sorgten für die Verehrung der heiligen Ärzte.

Moderne Zeit und Welt lächeln über diese Gläubigkeit, die sie Aberglaube und Magie schelten. Dennoch darf man sagen: Vielen Menschen würde mehr als alle Schlaftabletten ein ordentliches Abendgebet nützen, um gut einzuschlafen – und: ärztliche Kunst ohne „Martyrium" – ohne Zeugenschaft für Gott – kann bald Schall und Rauch sein.

27.

HL. VINZENZ VON PAUL

Priester, Ordensgründer

Gedenktag

Er wollte „sich leer machen von sich selber" und wurde erfüllt von der Liebe Gottes

„Lieben wir Gott, aber es sei auf Kosten unserer Arme und im Schweiße unseres Angesichtes" – „Instrument Jesu Christi sein!" – „Sich leer machen von sich selber!" Diese Worte des heiligen Vinzenz von Paul charakterisieren ihn mehr als die Aufzeichnung der Lebensdaten: Er ist ein Heiliger der ganz praktisch gesehenen Gottesliebe. Er ist einer aus der „französischen Schule"; in geistiger Verbindung mit Franz von Sales und P.

de Bérulle zieht er aus den Grundlagen der Geschöpflichkeit des Menschen und der Menschwerdung Christi die Konsequenzen für das alltägliche Leben. Vinzenz ist nüchtern, sachlich, ein glänzender Organisator.

Die Anfänge sind nicht so glücklich. Vinzenz wurde geboren am 24. April 1581 in Puy. Er studierte in Dax, in Toulouse, wurde etwa 1600 Priester, studierte weiter, weilte einige Jahre in Rom. Seine Absichten schienen auf eine kirchliche Karriere auszugehen. In dieser Zeit von 1605 bis 1607 soll er in maurische Gefangenschaft geraten sein; das wird von manchen Historikern als Phantasie abgetan, von anderen lebhaft als Tatsache vindiziert. Jedenfalls gibt es in diesem Leben eine „Bekehrung“. Diese Wende bewirkt Bérulle. Vinzenz geht in die Seelsorge. Er wird Pfarrer von Clichy, später von Châtillon-lès-Dombes. 1613–26 nimmt er eine Stelle als Hausgeistlicher und Lehrer beim Kommandeur der königlichen Galeeren an. In diesem Jahrzehnt wächst seine volle Hingabe an den Dienst Gottes. 1617 legt er das Gelübde ab, sein Leben den Armen zu widmen. 1625 gründete er die Congregatio Missionis, nach ihrem Hauptsitz in St-Lazare Lazaristen (heute oft Vinzentiner) genannt. Die Kongregation breitete sich in der ganzen Welt aus und gehört zu den großen Orden der Kirche. Die Häuser des heiligen Vinzenz standen für Priesterexerzitien und persönliche Einkehr zur Verfügung, und seine Patres bemühen sich um die Seminare. Berühmt wurden seine Dienstagskonferenzen, die dem geistlichen Leben dienten; aus ihnen gingen viele Bischöfe hervor. – Schon 1617 gründete er einen Verein von bürgerlichen Frauen für caritative Arbeit. Daraus wurde 1633 der größte Frauenorden der Kirche, die Vinzentinerinnen oder „Filles de la Charité“. Die Gründung war eine Revolution. Ohne Klausur, ohne Ordenstracht (sie trugen die Tracht der bretonischen Landfrauen, die in Paris als Hausangestellte tätig waren) gingen sie von Haus zu Haus, um zu sorgen, zu pflegen, zu unterrichten. Ihre Oberin war die heilige Louise de Marillac. Ihre ehrwürdige, wunderreiche Zentrale liegt in der Rue du Bac in Paris. Vinzenz hatte seine größte Leistung in Kriegszeiten zu vollbringen: Lazarette, Volksküchen, Kinderheime – und den Wiederaufbau. Der bescheidene alte Pater wurde Mitglied des Regentschaftsrates für das Königreich. Er starb am 27. September 1660.

Heute waltet Vinzenz als Patron aller caritativen Werke der Kirche. – Er hat Karriere gemacht, wie er sie als junger Mann suchte, aber auf eine völlig andere Weise. Er wurde Mitglied des Regentschaftsrates, aber als Heiliger, „leer von sich selber, Christi Instrument".

28.

HL. LIOBA

Äbtissin

Die heiligen Frauen der bonifatianischen Mission schufen Größeres als Grafen und Herzöge

Lioba war Angelsächsin, verwandt mit dem heiligen Bonifatius. Ihre Heimat war Kent. Im Kloster Thanet wurde sie erzogen. Sie wurde Klosterfrau in Wimborne. Bis dahin ging ihr Leben in Strenge, Vornehmheit und Gottversunkenheit den Weg, der sich widerspiegelt in den Werken des heiligen Beda oder in den Briefen des heiligen Bonifatius.

Da erreichten das Kloster die Hilferufe aus der germanischen Mission, aus dem Kampf des heiligen Bonifatius. Lioba ging nach Germanien, um bei dem gewaltigen Missionswerk zu helfen. Etwa 735 gründete sie die Frauenabtei Tauberbischofsheim im Frankenland. Vermutlich war es ihr ähnlich ums Herz, wie wenn heute eine Benediktinerin nach Uganda oder in den Sudan entsandt wird. Das Klösterchen war bescheiden, die kleine Kirche strengen Stiles; die Menschen ringsum erweckten nicht immer Vertrauen. Es war noch nicht allzulange her (689), seit in dieser Gegend die irischen Missionare Kilian und seine Gefährten für Christus das Leben hingegeben hatten, und zu Liobas Zeiten wurden die Märtyrer feierlich im Salvatordom im Neumünster zu Würzburg beigesetzt. Lioba und ihre Mitschwestern hatten tief in sich aufgenommen das „Fürchtet euch nicht!" ihres Herrn. Sie schuf die abteiliche Heimat. Sie gründete andere Klöster. Sie errichtete Schulen. Sie umsorgte den Gottesdienst. Gerade das goldene Netz der Liturgie ließ sie viele Fischlein für Christus fangen. Die Erzieherpersönlichkeit Liobas wirkte auf die Frauenjugend der Thüringer und Mainfranken. Durch die christlich gewordene weibliche Jugend ging ein tiefgreifender Verchristlichungsprozeß durch das Land, der sich in den Familien und in den Klöstern auswirkte. Die Klosterfrau wird zur Landesmutter. Als Lioba auf einer üblichen Visitationsreise war, starb sie am 28. September etwa 782 in Schornsheim bei Mainz. Man überführte sie nach Fulda. Dort fand sie ihr Grab in der Krypta der Frauenklosterkirche auf dem Petersberg. 838 wurde sie dorthin übertragen.

Die vielen heiligen Frauen jener Epoche leisteten mit den Mitteln der Erziehung, Bildung und Religion Größeres für die Kirche als Könige und Herzöge mit ihren Waffengängen. Ist es anders geworden?

28.

HL. WENZEL

Herzog, Märtyrer

Zerrieben zwischen Ost und West

Wer den 28. September 1938 erlebt hat, an dem der Zweite Weltkrieg trotz der schrecklichen Krise noch nicht ausbrach, vergißt den Heiligen jenes Tages, St. Wenzel, nicht. Auch nicht, wer als Kind in der Heiligenlegende von St. Wenzel gelesen hat, daß er an einem eiskalten Wintertag auf dem Weg zur heiligen Messe seinem verfrorenen Diener sagte, er solle nur in seine Schneefußspur hineintreten, und der alte Knecht bekam warme Füße. – Man muß die Gestalt des heiligen Böhmenherzogs liebhaben!

Der heilige Wenzel (tschechisch Václav) ist der erste slawische Heilige. Er stammt aus dem böhmischen Hochadel der Přemysliden, geboren 903/905, gestorben am 28. September 935. Er war Sohn des Herzogspaares Wratislaw und Drahomira, Enkel der heiligen Ludmilla. Er wurde ausgebildet auf der Lateinschule zu Budeč. In früher Jugend erlebte er den Tod des Vaters, eine selbstbewußte Vormundschaft seiner Mutter, die Ermordung seiner von ihm geliebten Großmutter St. Ludmilla. Der Bayernherzog Arnulf mußte im Auftrag Heinrichs I. eingreifen, um Drahomira auf die Regentschaft zugunsten Wenzels verzichten zu lassen. Wenzel war westlich und lateinisch ausgerichtet. Er bemühte sich intensiv um den kulturellen und sozialen Fortschritt seines Landes. Mit dem zuständigen Bistum Regensburg war er sehr verbunden. So zog er sich den Haß altheidnischer Kreise seines Volkes und seines jüngeren Bruders Boleslaw zu. Unter Beteiligung seines eigenen Bruders und Nachfolgers wurde er ermordet, wohl in Altbunzlau. Boleslaw sühnte seine schreckliche Tat. Er vollendete als Grabmal für Wenzel den von Wenzel gestifteten Veitsdom zu Prag und war bemüht um die Gründung des Bistums Prag. Ein Sohn und eine Tochter wurden Benediktiner. Doch bleibt die Last des Andenkens an den Brudermord.

Sogleich verehrte das Volk seinen Herzog Wenzel. Er wurde der Landespatron des Böhmerlandes und ist es bis heute. Das Volk nennt sich „Familia des heiligen Wenzel". Als das Luxemburger-Geschlecht Böhmen übernahm, konnte sich Kaiser Karl IV. mit dem Namen Wenzel für seinen Sohn und Nachfolger beliebt machen. Der heilige Herzog und Märtyrer wurde zum Symbol der Einheit von Böhmen und Mähren mit Europa und mit der römisch-katholischen Kirche.

29.

HLL. MICHAEL, GABRIEL, RAFAEL

Erzengel

Fest

Drei Erzengel an einem Fest:
der mit dem Schwert, der mit dem Botenstab,
der mit der Arznei

Aus vier Erzengelfesten wurde eines. Vor 1969 gab es ein Michaelsfest am 8.5., ein zweites am 29.9., ein Gabrielsfest am Vortag von Verkündigung, dem 24.3., ein Rafaelsfest am 24.10. Um dem Gedenken der heiligen Erzengel mehr Kraft zu geben, wurden alle gemeinsam auf den 29.9. angesetzt. Die gutbedachte Lösung bereitet Schwierigkeiten für die Patrozinien und Namenstage; eine gewisse Zurücksetzung für Gabriel und Rafael scheint leider unvermeidlich zu sein. – Ursprünglich ist der 29.9. das Kirchweihfest eines römischen Michaelsgotteshauses an der Via Salaria im Norden Roms. Die Mainzer Synode 813 übernahm den Festtag für Deutschland.

Der heilige Erzengel Michael wird seit dem 5. Jahrhundert, seit einer Erscheinung auf dem Monte Gargano, dem „Sporn" des italienischen „Stiefels", sehr verehrt in der lateinischen Kirche, schon früher in der östlichen Liturgie. Man behauptet, der heilige Erzengel sei in den Gebieten deutscher Sprache an die Stelle der Germanengötter Wotan oder Ziu auf Berghöhen getreten. Dagegen spricht, daß sich germanische Götternamen in vielen Ortsnamen erhielten, daß auch der Orient Michaelsverehrung auf Berghöhen kennt. Der Monte Gargano war sicher kein Wotansberg! Eher war er selber das Vorbild für die Michaelsberge Europas. Wichtig für die Michaelsverehrung war in Süddeutschland das Gebet zu ihm bei den Ungarneinfällen. Der „deutsche Michel" weist wohl nur auf die Verbreitung des Vornamens hin. Michaelsbruderschaften bildeten sich in der Napoleonischen Ära und ganz besonders in den Kämpfen um den Kirchenstaat unter Pius IX. und noch unter Leo XIII. Dessen „Vision" von den kämpfenden Geistern über Rom führte zu dem jahrzehntelang gebeteten Gebet „Heiliger Erzengel Michael". Die ganz breite Volkstümlichkeit des hohen Erzengels beginnt in Spätgotik und Barock.

Der heilige Erzengel Gabriel erhielt sein Fest erst am 24. März 1921 durch Papst Benedikt XV. Ihn zum Patron des Rundfunk- und Fernmeldewesens zu machen (Pius XII. 1952) war wohl eine etwas überfeinerte Idee. Eher ist er als Patron aller christlichen Verkündigung und ihrer Boten zu sehen. Die Heilige Schrift, vor allem in Daniel und Lukas, bietet dafür reichste Anregung. – Der Islam hat seine Legenden, die Gabriel als Boten göttlicher Weisungen an Mohammed walten lassen. So kann mit Maria auch Gabriel am Brückenschlag zum Islam beitragen.

Dem heiligen Erzengel Rafael wurde sein Fest am 24. Oktober 1921 auch von Benedikt XV. zugewiesen. Eine erste Rafaelsverehrung dürfte es hierzulande erst seit dem 18. Jahrhundert geben – erinnert sei an die Bilder von Michael und Rafael am Turm der Abteikirche von Zwettl in Niederösterreich. Ihn als Schützer der Kranken, Geleiter der Reisenden, Helfer der Brautleute anzurufen, entspricht biblischer Gebetsausrichtung. In dieser Gesinnung sorgt der Raphaelsverein für die Auswanderer.

Die Heilige Schrift macht über die Erzengel Michael, Gabriel, Raphael so tiefe Aussagen, daß Meditation, Fürbitte und Verehrung davon lebendig werden und unser Glaubensbekenntnis emporsteigt: Ich glaube an Gott, den Schöpfer des Unsichtbaren.

30.

HL. HIERONYMUS

Priester, Kirchenlehrer

Gedenktag

Er zog dem Löwen den Dorn aus der Pfote –
er selber – kämpferisch wie ein Löwe

Wenn man den heiligen Hieronymus auf Gemälden und Plastiken des Barocks in verschwenderischem Kardinalspurpur oder in allzu sparsamer Einsiedlerkleidung sieht, wenn man die bissigen Bemerkungen seiner Briefe liest, versteht man das bittere Wort: Hieronymus ist ein großer Mann, aber kein Heiliger, sicher nicht nach heutigen Vorstellungen.

Sophronius Eusebius Hieronymus kam aus dem heutigen Jugoslawien, geboren 347 zu Stridon an der dalmatinisch-pannonischen Grenze. Er starb am 30. September 420 in Betlehem, dreiundsiebzig Jahre alt. Er studierte in Rom Philosophie und Rhetorik. Auf einer Reise lernte er in Trier das monastische Leben kennen. In Aquileja schloß er sich mit seinen Gefährten zu einem asketischen „Chor der Seligen" zusammen. Pilgerfahrten führten ihn in den Orient. Da ließ er sich in der Wüste bei Aleppo in strengster Abgeschiedenheit und Armut nieder. Nun erzählt die Legende vom Löwen, dem er einen Dorn aus der Pfote holte und damit einen treuen Wächter gewann. Die theologischen Streitereien der Mönche vertrieben ihn. Er pilgerte nach Antiochien und Konstantinopel. Die größten Geister seiner Zeit, wie Gregor von Nazianz und Origenes, lernte er kennen. 382–385 kehrte er nach Rom zurück und nahm an der Synode des Papstes Damasus teil und wurde sein Sekretär. Darum wird er in Kardinalsgewandung dargestellt.

Hieronymus hatte gehofft, die Wahl zum Nachfolger des heiligen Damasus auf sich zu ziehen. Das Gegenteil trat ein: er fand wegen seiner Attacken auf die Verweltlichung des römischen Klerus solche Opposition, daß er 385 Rom verließ. Er ließ sich in Betlehem nieder und gründete ein Männer- und drei Frauenklöster. Nun war die große Zeit seines Studiums gekommen. Er konnte seinen monastischen Idealen leben und der Seelsorge hochstehender Frauen dienen. Hundertsiebzehn Briefe hinterließ Hieronymus, allein neunzehn Briefe an Augustinus. Er übersetzte Origenes und polemisierte gegen ihn. Biographien heiliger Mönche entstammen seiner Feder. Sein bedeutendstes Werk ist „De viris illustribus", die erste Patrologie. Zur vollen Größe wächst Hieronymus empor in seinen Bibelübersetzungen. Er verbessert die alten lateinischen und griechischen Übersetzungen und folgt dabei der hebraica veritas. Das Psalterium Gallicanum ist sein Werk. Die Krone seines Schaffens ist die Vulgata. Dazu kommen die exegetischen Schriften, zumal sein überragendes Kommentarwerk zur Mehrzahl der Bücher der Schrift. Die theologischen Streitschriften und Homilien sind kaum überschaubar, gerade seine kleinen Predigten, „im Klosterwinkel geflüstert", sind Zeugnisse seiner Frömmigkeit.

Einen Kanonisationsprozeß hätte er nicht überstanden ob seiner Reizbarkeit. Aber groß ist die Kirche, die ihn ihren Kirchenvater nannte und seine glühende Liebe zu Christus, zur Wahrheit, zum Gotteswort als heilig bekannte. Wer zu ihm wallfahren will, findet ihn im Betlehem Roms, in Santa Maria Maggiore.

OKTOBER

1.

HL. THERESIA VOM KINDE JESUS

Ordensfrau

Gedenktag

Rosen vom Himmel – sonst nur Dornen

Die hl. Theresia von Lisieux wurde zur Zeit ihrer Heiligsprechung im Heiligen Jahre 1925 anders gesehen als heute. Das Volk sah sie als die Heilige, die „Rosen vom Himmel wirft". Papst Pius XI. stellte sie der Kompliziertheit des technisierten Zeitalters gegenüber als die Heilige der Gotteskindschaft, der unbekümmerten, strahlenden Hingabe an Gott, des vertrauenden Gebetes. Das alles hatte und hat eine große Bedeutung für das innere Leben der Kirche. Die kindliche Beterin Theresia wurde neben dem Missionar Franz Xaver Missionspatronin. Dadurch wurde ersichtlich, daß Theresia mehr ist als nur Heilige, die Rosen vom Himmel wirft.

Die neuere Forschung (und selbst für diese Heilige, die eine der „Jüngsten" ist, gibt es Forschung) stellte heraus, daß die Kindhaftigkeit nur ein einzelner Zug in ihrem Antlitz war. Sie litt an Tbc, an Verkennung und Zurücksetzung in ihrem Konvent, an Verdunklung des Glaubenslebens bis an den Rand des Unglaubens und der Verzweiflung. Der Konvent, in dem sie lebte und der ihren Kanonisationsprozeß erlebte, hat diese Züge im Antlitz Theresiens nicht sehen wollen. Gerade in der Dunkelheit und Bitterkeit reifte sie zur Heiligkeit. Ihre Gottkindhaftigkeit kommt vom Kreuz!

Therese von Lisieux lebte in einer Zeit, in der Skepsis und Zweifel herrschen. Diese Zeitkrankheiten sühnte und heilte sie durch das Martyrium ihrer Trostlosigkeit. Sie lebte ihr völliges Zunichtewerden in Leid und Demut in eine stolze, selbstbewußte Zeit hinein. So wurde sie zur Heiligen unserer Tage und auch zu einer der Großen dieser Zeit. Sie gab sich als „Ganzopfer der Liebe des gnädigen Gottes" hin.

Therese Martin wurde geboren am 2. Januar 1873 zu Alencon in der Normandie. Als Fünfzehnjährige trat sie 1888 in den Karmel von Lisieux ein. Dazu war päpstliche Erlaubnis notwendig. Im Karmel waren bereits ihre Schwestern eingetreten. Man vertraute ihr das Amt der Novizenmeisterin an. Vierundzwanzig Jahre alt, starb sie am 30. September 1897. Sie wurde 1944 zweite Patronin Frankreichs. Ihr Leben hat die historische Aufgabe der letzten Überwindung des Jansenismus in ihrer Heimat erfüllt.

2.

HEILIGE SCHUTZENGEL

Gedenktag

Hier ist keine strenge Glaubenspflicht,
aber Glaubensweisheit und Jenseitigkeit

„Jeder Getaufte, ja jeder Mensch hat einen eigenen, ihm persönlich zugeordneten Engel." Diese Lehre hat ihre Begründung in Schrift und Tradition. Die Apostelgeschichte (5,19; 12,7 – 10,15), der Hebräerbrief (1,14), das Evangelium (Mt. 18,10) sprechen davon. Clemens von Alexandrien und Origenes sind Zeugen dafür. Auch nach der Klärung der Lehre vom Schutzengel durch Thomas von Aquin handelt es sich nicht um eine im Glauben verpflichtende definierte Lehre. Sie ist eine Lehre aus dem Gebetsgut und der Frömmigkeit der Kirche. Man kann sie nicht ablehnen, ohne gegen den Strom der Frömmigkeit zu schwimmen.

Auch die Heortologie des Schutzengelgedenkens steht nicht ohne Schwankungen da. Leo X. bestätigt dem Bischof von Rodez in Spanien ein Schutzengelfest. Pius V. kennt weder in Missale noch Brevier eine Feier der heiligen Schutzengel. Gregor XIII. gewährt 1582 dem Erzbistum Valencia eine Feier zu Ehren der Schutzengel. Paul V. gibt 1608 der Gesamtkirche ein Schutzengelfest. Für die kaiserlichen Länder wird auf Bitten Kaiser Leopolds I. 1667 der Schutzengeltag auf den 1. Septembersonntag von Clemens IX. festgelegt. Clemens X. gibt dem Schutzengelfest den Rang eines Duplexfestes. Leo XIII. läßt es zum Duplex maius aufsteigen. Aber schon die Kalenderordnung Johannes' XXIII. läßt es absinken in den Rang 3. Klasse. Das Kalendarium nach dem Zweiten Vatikanischen Konzil gibt ihm die Stufe der Memoria. Immer noch bleibt das Unbehagen, daß der September Schutzengelmonat heißt, der Schutzengelgedenktag aber am 2.10. begangen wird.

Die modernen Menschen, auch innerhalb der Kirche, halten es mit jenem Zweieinhalbjährigen: er steigt allein die Treppe hinunter; auf die erschreckte Frage der Mutter: „Hast du auch zum Schutzengel gebetet?" antwortet er überlegen: „Ich brauche nicht zum Schutzengel zu beten, ich halte mich am Geländer fest." Aber wenn nun einmal das Geländer kippt! Wenn unsere Technik versagt und der TÜV nicht kontrolliert, da wäre es klüger, unmodern zu sein und sich an das Geleit der Engel zu halten. Mag es auch keine Glaubenspflicht gegenüber dem heiligen Schutzengel geben. Es gibt auch eine Glaubensweisheit! Von der wissen tausend Mütter und tausend Techniker zu erzählen, die ersteren bestätigt in der Hoffnung auf die jenseitigen Mächte, die anderen enttäuscht von der zu großen Hoffnung auf die diesseitige Welt.

4.

HL. FRANZ VON ASSISI

Ordensgründer

Gedenktag

Er trägt das Christussiegel der Wundmale, in ihm geht ein neues Licht Christi auf

„Wie eine Sonne ging er in der Welt auf!" sagte Dante vom heiligen Franz. Sein Leben bringt eine „Neuentdeckung des Evangeliums". Seine Ideen enthalten nicht nur ein religiöses, sondern auch ein soziales, weltgestaltendes Programm. Sie bringen einen Neubeginn der Heidenmission. Aus ihm geht ein neues Ostern der Kirche und der Christusliebe auf.

Wie eine Sonne? Der zwanzigjährige Kaufmann von Assisi, geboren 1181/82 als Sohn des reichen Tuchhändlers Pietro Bernardone und der Französin Johanna Pica (darum, statt mit seinem Taufnamen Johannes, Francesco = Französlein genannt), der 1202 in den Krieg mit Perugia zieht, ist ein sensibler, musisch begabter, feinsinniger, hochintelligenter junger Mann. – Die einjährige Gefangenschaft in Perugia formt ihn um. Doch erst nach zwei Jahren (1205) kann man von einer Bekehrung sprechen, als Franz sein visionäres Erlebnis von der königlichen Vaterschaft Gottes hat. Aber Sonne? – Er zieht umher und baut Kapellen auf, als erste San Damiano. Er wird von seinem Vater vor das Gericht des Bischofs gezogen und wird enterbt

(1206/07). Nackt und bloß liegt er auf dem Boden, vom Mantel des Bischofs eingehüllt. Nun will er nur noch Gott seinen Vater nennen. Die Aussätzigen, bei denen er wohnt, sind ihm Brüder. Hier geht eine Sonne auf, die Sonne des neuen Ideals der Armut, der neue Sonnenaufgang des Evangeliums. Aber Sonne für die Welt? – Das Erlebnis der Entäußerung des Sohnes Gottes bei seiner Menschwerdung (24. Februar 1209) vertieft Franzens Bekehrung. Mit zwölf Gefährten zieht er 1210 zum großen Innozenz III. und stellt seine neue Gründung vor „mit wenigen und einfältigen Worten". Er empfängt die Bestätigung der ersten Regel, die so bescheiden war, daß sie einfach verlorengehen konnte. Das alles ist noch keine Sonne für die Welt! – Aber dann bricht von dem Klösterchen Portiuncula bei Assisi irgendwo im Feld das Leuchten hervor. 1212 wird die heilige Klara davon erfaßt. Das ganze Land wird davon entflammt. Die Mission geht bis nach Dalmatien. Die Heidenmission erwacht neu und geht in die unfaßbaren Fernen Asiens. 1213 will Franz selber nach Afrika übersetzen, wird aber durch Krankheit gehindert. 1219 weiß er bis zum ägyptischen Sultan vorzudringen. 1221 wird der Dritte Orden gegründet. Da tagt das „Mattenkapitel": weil man für die große Schar der Brüder keinen Raum in Kirchen und Häusern findet, versammelt man sich im Freien. Bruder Jordan wird nach Deutschland gesandt. Nun hat Dante recht: „Wie eine Sonne ging er in der Welt auf."

Aber erst 1224 ist der Sonnenaufgang der Stigmatisation in den Felsgrotten des Monte Alverno. Die Sonne des Gekreuzigten übergießt und prägt Franz durch die Wundmale, das wundersame „Christussiegel". Für Franz beginnen zwei Jahre großer Schmerzen und Qualen, ein Sonnenuntergang in das Sterben. Er ist fast blind, sehr gehbehindert. Auf dem blanken Boden der Portiunculakapelle stirbt er am Abend des 3. Oktobers 1226, vierundvierzig Jahre alt. Ein Sonnenaufgang für die Welt! Schon 1228 wird er von Papst Gregor IX. heiliggesprochen. 1230 erfolgt seine Überführung in die neue Basilika von Assisi. Immer wieder orientieren sich Beter und Aszeten, Romantiker und Organisatoren, Mystiker und Missionare, Orden und Gesamtkirche an Franz von Assisi. Immer noch und immer wieder – eine Sonne für die Welt.

6.

HL. BRUNO

Mönch, Einsiedler, Ordensgründer

Sein immer wiederholtes Gebet „O bonitas" ist ihm Leben

Bruno Hardefust war einer Kölner Patrizierfamilie entsprossen, geboren 1030/35. In Köln hatte er die Schule besucht – irgendeine der vielen Stiftsschulen. Zum Studium der Theologie ging er nach Reims. Dort leitete Herimann die Domschule. Vielleicht brachten den jungen Bruno verwandtschaftliche Beziehungen nach Reims. Vielleicht genügte die europäische Verbundenheit seiner Zeit, den Kölner nach Reims zu führen. Nach vollendetem Studium kehrte er in seine Heimat Köln zurück, wurde Stiftsherr – ob Priester wird bezweifelt – wenn, dann war es der hl. Anno, der ihm den Ordo spendete. Auf den Ordo weist wohl die Albe – die weiße Mönchssoutane hin. Er erhielt ein Kanonikat an der Stiftskirche St. Kunibert. Schon 1057 – er war noch keine dreißig Jahre alt – berief ihn Erzbischof Gervasius wieder nach Reims, an die Schule der französischen Krönungskathedrale, deren Leitung er nach Herimann übernahm. Zwei fruchtbare Jahrzehnte widmete Bruno der theologischen Lehrtätigkeit. Wertvolle Kommentare der Psalmen und der paulinischen Briefe zeugen von seiner Versenkung in Gottes Wort. Unter seinen

Schülern war Odo von Châtillon, der spätere Papst Urban II. Der neue Erzbischof Manasses ernannte Bruno zum Kanzler der Erzdiözese. Mit der Stille der Lehrtätigkeit war es vorbei. Auf den Synoden von Clermont 1076 und Autun 1077 mußte Bruno gegen seinen Erzbischof als Ankläger auftreten. Grund waren die Kämpfe um die Kirchenreform Gregors VII. (1073–85). Bruno mußte fliehen. Der Erzbischof konfiszierte alle Besitzungen seines Kanzlers. Wieder ging Bruno zurück in seine Kölner Heimat. Das war 1078. Erst 1080 kehrte Bruno nach Reims zurück, als Manasses von Gregor VII. abgesetzt worden war. 1081 wählte das Domkapitel von Reims den Deutschen Bruno von Köln zum Erzbischof. Der König setzte dagegen seinen Kandidaten Helinand von Laon ein.

Nach etwa zwei Jahren ging Bruno auf Wanderschaft in das Mönchtum. Seine Erlebnisse in Reims ließen ihn die Flucht ergreifen. So ging er zunächst zum heiligen Abt Robert von Molesme, wurde von ihm als Mönch aufgenommen, lebte aber in einer Eremitenkommunität bei Sèche Fontaine. Bald schon wanderte er weiter. Mit sechs Gefährten kam er 1084 zu Bischof Hugo von Grenoble. Der überließ ihm die unwirtlichste Wildnis, die Grande Chartreuse, die erste Kartause. Sechs Jahre später, er war schon ein Sechziger, rief ihn Papst Urban II., sein einstiger Schüler, nach Rom. Da ließ er sich in der Wildnis der Ruinen der Diokletiansthermen (beim heutigen Hauptbahnhof Termini) nieder. Es entstand die zweite Kartause bei der alten Stationskirche San Cyriaco. Wieder mußte er wandern, zusammen mit dem Papst nach Unteritalien. Da war er päpstlicher Theologe auf den Reformsynoden. Hier gründete er in La Torre bei Squillace die dritte Kartause. Dann errichtete er noch seine vierte Kartause, seine Grabstätte: Santo Stefano in Bosco. Hier starb er am 6. Oktober 1101.

Brunos Lieblingsgebet war das Wort „O bonitas". Er sprach es immer wieder vor sich hin. Die Bonitas füllte seine Einsamkeit, strömte über in seinen Orden, der der tiefgründigste, nie einer Reform bedürftige Orden der Kirche blieb.

7.

UNSERE LIEBE FRAU VOM ROSENKRANZ

Gedenktag

Rosenkranz – älter als man denkt,
ein Meditieren und Bitten mit der Kirche

Die Geschichte des Gedenktages Unserer Lieben Frau vom Rosenkranz läßt sich rasch berichten. Am 7. Oktober 1571 fand bei Lepanto eine Seeschlacht zwischen einer türkischen und einer christlichen Flotte statt. Papst Pius V. hatte eine Koalition der christlichen Mächte dafür zustande gebracht. Er erkannte, daß man das Vordringen der Türken aufhalten müsse, wenn nicht die gesamte italienische, französische und spanische Küste unter türkische Vorherrschaft gelangen sollte. Es ging um Europa. Pius V. war als Dominikaner dem Rosenkranzgebet verbunden. Darum forderte er die Christenheit, besonders die Rosenkranzbruderschaften, auf, mit dem Rosenkranzgebet Gottes Hilfe zu erlangen. Er selber ging mit gutem Beispiel voran. Während er am 7.10. mit dem römischen Volk zum Rosenkranzgebet versammelt war, fiel die Entscheidung zugunsten der christlichen Flotte. Bald danach gestattete er, am 7.10. zum Gedenken an diesen Sieg das Rosenkranzfest zu feiern. Clemens XI. machte 1716 dieses Fest verpflichtend. Leo XIII., der fast jedes Jahr seines Pontifikates mit einer Rosenkranzenzyklika bedachte, gab dem Fest höheren Rang. Zu seiner Zeit wurden manche Rosenkranzkirchen gebaut. Der nachvatikanische Kalender stufte den Tag als Memoria obligatoria ein. Das Rosenkranzgebet ging unter den rationalistischen Tendenzen der neuesten Zeit leider sehr zurück.

Die Geschichte des Rosenkranzgebetes ist erheblich komplizierter. Sie beginnt mit den Gebetsschnüren und ihren Knoten am israelitischen Gebetsmantel. Sie wandert in den fernen Osten und wird zur Gebetsmühle. Sie wird aus der Perlenschnur, die dem Spiel dient, zur Perlenschnur, die dem Pilger und Reisenden Halt bieten soll für seine Gebetsgedanken. Während er die Perlen gleiten läßt, zählt er die Kyrie eleison, das Christusgebet oder das Vaterunser. Dieser Vaterunserrosenkranz war unentbehrlich für die Klöster. Die Ordensbrüder beteten ihn, um am lateinischen Chorgebet der Patres teilzunehmen. Während die Hörer des Stundengebetes mit Psalmen und Hymnen der Mysterien des Herrenlebens gedachten, vollzogen die Ordensbrüder das gleiche Gedenken an Menschwerdung, Leiden und Himmelfahrt mit vorgeschriebenen Zahlen von Vaterunsern am Paternosterrosenkranz.

Dominikus stellte neben die Paternosterschnur den marianischen Rosenkranz, der vom damaligen Ave, dem Vorgänger unseres heutigen Ave, getragen wurde. Im 15. Jahrhundert entstand schließlich die heutige Rosenkranzform: die fünfzehn Geheimnisse verwoben mit dem Ave. Die Kartäuser von Trier, die Dominikaner von Köln und andere hatten einen mächtigen Anteil daran. Die Völkergeschichte machte dann 1571 den Rosenkranz zu einem „kirchenpolitischen“ Gebet. Zugleich blieb er eine der brauchbarsten Formen persönlicher Christusmeditation. Die Jugendbewegung vor dem Zweiten Weltkrieg schuf im

Altenberger Rosenkranz eine glückliche Zubringerform. Das Rosenkranzfest ist jährliche Anfrage an das meditative Gebet und Ruf zur Fürbitte für das aktuelle Leben der Kirche.

9.

HL. DIONYSIUS, Bischof, und Gefährten, Märtyrer

Einer der Vierzehn Nothelfer, er bringt eine Osterbotschaft

„Er trägt seinen Kopf schon in den Händen!" Diese sprichwörtliche Redensart hat ihren Ursprung in den Bildwerken vom heiligen Dionysius: er stand nach seiner Enthauptung auf, nahm seinen Kopf in die Hände und ging durch die Stadt. Deutlicher kann man es nicht sagen: Alles ist zu Ende! Aber er geht durch die Straßen. Deutlicher kann man die Auferstehung nicht aussprechen. Der Märtyrer lebt und kündet, auch wenn man ihn enthauptet. In etlichen Beispielen geht dieses Legendenthema mit dem griechischen Namen „Kephalophoren" durch die Hagiographie. Das ist mehr als Legende – hier ist Glaubensaussage über die Sieghaftigkeit des Martyriums.

In unseren Landen ist diese Glaubensaussage verbunden mit dem Gedenken des heiligen Dionysius. Wer ist dieser Dionysius, französisch Denis, in vielen deutschen Familiennamen widergespiegelt als Nys und Niessen? Er gab der nordwestlichen Vorstadt von Paris den Namen Saint-Denis. Dort hat er sein Grab in der Abteikirche. Bei ihm ruhen seine Gefährten Rusticus und Eleutherius. Er ist Patron von Paris und von Frankreich. Denn er wurde von Rom ausgesandt, um in Paris den christlichen Glauben zu verkünden. Schon im 5./6. Jahrhundert wird von seiner Kirche und von den Wundern an seinem Grab gesprochen. Zur gleichen Zeit ist seine Legende schon bekannt. Doch man meinte, Dionysius von Paris sei der gleiche wie Dionysius von Athen, der Paulus predigen hörte. Die mit dem Namen des Dionysius Areopagita geschmückten Schriften, die 827 nach Paris kamen, gaben der Verehrung des Märtyrers weiteren Auftrieb. Drei Gestalten: der Märtyrer, der Paulusschüler, der Theologe verschmolzen in der einen Dionysiusverehrung.

Die Legende will nicht Historie sein, sondern „Legendum", das heißt: was man lesen und merken soll. In diesem Fall heißt das: Das Zeugnis für den Herrn geschieht in der Welt durch Passio und Martyrium, wie es Dionysius in Paris erduldet hat. Ferner: Die Übernahme der Lehre der Apostel ist ein Zeugnis für Christus, den Lehrer der Apostel; Dionysius von Athen hat der Apostellehre gedient. Die Theologie, das Nachdenken und Weiterdenken, ist das dritte Zeugnis für Gott und Christus: so hat es der Namenlose, der sich Dionysius der Areopagit nannte, erwiesen. – Aber wenn wir einmal „den Kopf auf den Händen tragen", genügt der heilige Märtyrer mit seiner österlichen Botschaft, daß wir den Kopf nicht verlieren.

9.

HL. JOHANNES LEONARDI

Priester, Ordensgründer

Ein Apotheker, der Priester wird,
sinnt auf Arznei für die Kirche

Johannes Leonardi gehört geradezu zu den unbekannten Heiligen. Das zeigt schon die Tatsache, daß er erst mehr als dreihundert Jahre nach seinem Tod (9. Oktober 1609) kanonisiert wurde

(1938). Hierzulande kennt man kaum seinen Namen. Es lohnt sich aber, ihn kennenzulernen. Kein Heiliger ist zu finden, bei dem es sich nicht lohnte.

Johannes Leonardi, geboren in der Toskana zu Diecimo bei Lucca 1541, wollte Apotheker werden. Er wurde Apothekerlehrling. Aber er sattelte um und wurde Priester. 1573 empfing er die heilige Weihe. In dieser Zeit der katholischen Erneuerung blieb ihm das pharmakologische Denken eigen. Er empfand im Rom Gregors XIII. und Pauls V., daß noch vieles in der Kirche krank war. Da sann er auf Arzneien. In einem an Paul V. aus der Familie Borghese gerichteten Brief, der im Brevier zu finden ist, kommt diese Denkart Leonardis zum Ausdruck: „Wie kluge Ärzte mögen die Erneuerer als Pfleger auftreten, um jeglicher Krankheit, an der die Kirche leidet, ihr Medikament zu bereiten, jeder die geeignete Arznei zuzuwenden!" Er fährt fort: Vor allem solle man oben und unten beginnen, bei den Vorgesetzten und bei den Kleinen, bei den Häuptern und bei den Kindern zarten Alters; Gesundheit des religiösen Lebens bei den Vorstehern und bei der Jugend müsse das Ziel sein. – Johannes Leonardi wußte noch um eine andere Arznei, deren die Kirche bedurfte: den Missionseifer. 1603 gründete er ein Missionskolleg „De propaganda fide". Von ihm aus wollte er Missionare in die Ferne senden. Seine bescheidene Gründung wurde zur Keimzelle der großen römischen Universität, die heute noch die Elite der Missionsvölker ausbildet. Die Großzahl der Bischöfe und Kardinäle Asiens und Afrikas dürfte in der „Propaganda" geschult worden sein. Auch die Missionsbehörde der Kirche hat Titel und allererste Grundlegung von Johannes Leonardi empfangen: De propaganda fide. Der Heilige vergaß über der Ferne die Nähe nicht. Er gründete den Orden der Regularkleriker von der Mutter Gottes. Diese Gemeinschaft sollte vor allem den Unterricht der Jugend übernehmen. Sie tut es bis auf den heutigen Tag, wenn sie auch im deutschen Sprachgebiet ebensowenig bekannt ist wie ihr heiliger Stifter.

Wenn man in Rom den Verkehrsknotenpunkt des Largo Argentina (= Straßburger Platz) hinter sich gelassen hat und dem Tiber zustrebt, findet man zur Rechten Santa Maria in Campitelli. Die Kirche wird wenig beachtet. Dabei hat sie eine der schönsten Fassaden und eine der schönsten Kuppeln der Stadt. Hier ist der heilige Johannes Leonardi beigesetzt. Er ist – wie seine Grabkirche – wenig beachtet, aber die Schönheit der Gnade macht ihn zu einem Großen im Gottesreich.

14.

HL. KALLISTUS I.

Papst, Märtyrer

Der Papst aus dem Sklavenstand, begraben bei den armen Leuten in Trastevere

Oft wird der Kirche der Vorwurf gemacht, daß sie in ihrer Frühzeit die Sklaverei nicht abgeschafft habe. Man könnte diesen Vorwurf fast noch steigern. – Das Frühchristentum hat das soziale Recht der Zeit zunächst einmal übernommen. So wurden die Ehen von Freien und Sklaven nicht anerkannt. Ebenso wurden Sklaven, sogar Freigelassene, nicht zum Ordo, zur Weihe, zugelassen. Diese Rechtsauffassungen waren für den Übergang nicht anders möglich.

Da kam ein Papst, der dieses Recht in seiner eigenen Laufbahn als menschliche Bitterkeit und christliche Unkonsequenz gekostet hatte: Kallistus I. Sein Name ist nicht lateinisch, hat nichts mit „calix“ zu tun. Er ist vielmehr griechisch: kallistos – der Schönste. Ihm gelang es, die Hürde eines unverstehbaren Weiherechtes zu überwinden. Er war Sklave, gewiß längst Freigelassener. Trotzdem wurde er Diakon. Sein Amtsbereich waren die Katakomben bei der späteren Sebastiansbasilika. Sie tragen noch heute seinen Namen: „Kallistuskatakomben“. Weil hier die Papstgruft war, gelangte Kallistus zu besonderem Ansehen. Als der sehr konservative Papst Viktor I. gestorben war (198), wählte man den milden Zephyrinus. Mit dem Wechsel der obersten Leitung war auch ein Wechsel der Hauptberater verbunden: An die Stelle des Hippolyt trat Kallistus. Er war so etwas wie ein „Kardinalstaatssekretär“. Als Zephyrinus starb, wählte man Kallistus zum Papst: aus dem Sklavenstand zur Papstwürde! Der konservative Flügel der römischen Gemeinde ging ins Schisma. Der erste Gegenpapst der Geschichte, Hippolyt, wurde gewählt (217). Kallistus erließ eine Verfügung, die die Ehen von Freien mit Sklaven anerkannte. Hippolyt wandte sich aufs schärfste dagegen. Er machte Kallistus die heftigsten Vorwürfe, bezichtigte ihn sogar der Unzucht und eines unlauteren Vorlebens. Papst Kallistus befaßte sich mit den damaligen trinitarischen Irrlehren, Monarchianismus und Sabellianismus. Ihm machte man den Vorwurf falscher Lehren. Kallistus scheint die Osterfeier oder die Quatemberfeier intensiviert zu haben. Er ordnete drei Sabbate als Fasttage an. Das kann sich nur auf Ostern oder Quatember beziehen. So waren die fünf Pontifikatsjahre Kallistus' I. reich an Ereignissen und Arbeiten, Zeugnis für eine energische, schaffensfrohe Persönlichkeit. Wir wissen nicht, ob Kallistus als Märtyrer gestorben ist. Schon hundert Jahre später wurde er als solcher bezeichnet.

Die Beisetzung des heiligen Kallistus erfolgte in Santa Maria in Trastevere 222. Auch damals war

Trastevere schon Vorstadt, besiedelt von einfachem Volk. Der Papst, der aus den unteren Schichten kam, fand sein Grab inmitten der Armen und Unfreien.

15.

HL. THERESIA VON AVILA

Ordensfrau, Kirchenlehrerin

Gedenktag

Eine der größten Frauen der Kirchengeschichte, Mystikerin, Gründerin, Kirchenlehrerin

Die große heilige Theresia starb an zwei Daten, am 4. und am 15. Oktober 1582. Denn die Kalenderreform Gregors XIII. hatte eben verfügt, daß zehn Tage in der Datierung weggelassen werden mußten, um den Julianischen Kalender auszugleichen. So fielen der 4. und 15. Oktober 1582 zusammen.

Die heilige Theresia vereinigt auch in ihrer großen Persönlichkeit zwei Gegebenheiten: sie ist Mystikerin und Organisatorin, sie ist ganz gottzugewandt und ganz Mensch, sie ist hohe Intelligenz und durchaus charismatisch. – Sie wurde geboren am 28. März 1515 in Ávila – ihr Familienname lautet Cepeda y Ahumada. Das stürmische Wesen brach schon bei der Siebenjährigen durch. Mit ihrem Lieblingsbruder Rodrigo ging sie heimlich von Hause fort, um bei den Mauren den Martertod zu suchen. Ein Versuch, die Fünfzehnjährige bei den Augustinerinnen anzusiedeln, scheiterte an Theresens Krankheit. Am 2. November 1535 trat sie im Karmel von Ávila ein. Ihr Klosterleben war erfüllt von Gebet und Buße und – Krankheit. Ihre „Bekehrung“ erlebte sie 1539 vor einem Bild des „Schmerzensmann“. Jetzt wuchs in ihr das Bewußtsein der ständigen Anwesenheit Gottes. Vorzügliche Theologen hatten Theresiens spirituelle Leitung. Aber Ordensleitung und Spirituale waren von höchstem Mißtrauen erfüllt. Bei aller Enttäuschung darüber fand Theresia ihren Trost bei Gott in den Ekstasen ihres Gebetslebens. Sie war 45 Jahre alt, als 1560 ein neuer Weg begann. Eine Vision von der Hölle erschütterte sie. Ihre Antwort war der Vorsatz, immer das zu tun, was das Vollkommenere ist. Eine Abendversammlung fand in ihrer Zelle statt – eigenartiges Zeichen für die Verhältnisse im Kloster. Theresia und die teilnehmenden Gesinnungsgefährtinnen und Theologen, unter ihnen der heilige Petrus von Alcántara, Franziskaner, beschlossen, innerhalb des Karmelitenordens wieder Eremitenklöster zu errichten. Hier ist die Geburtsstunde des Ordens der Unbeschuhten Karmeliten, der strengen Observanz. Petrus von Alcántara holte persönlich in Rom die Erlaubnis des Papstes ein, die 1562 eintraf. Der Karmelitengeneral kam persönlich und sprach die Genehmigung aus. Zugleich brach geradezu ein Aufruhr gegen die neue Ordensrichtung aus. Sogar der Stadtrat und andere weltliche Behörden traten gegen Theresia auf. Man versetzte sie strafweise nach Toledo. Ihr Spiritual, der heilige Johannes vom Kreuz, wurde ins Gefängnis geworfen. Aber Theresia gründete Kloster um Kloster, darunter auch Männerklöster. In einem vergitterten und verhangenen Wagen reiste sie durch das Land, visitierte, lehrte, betete, schrieb ihre Bücher, organisierte mit Umsicht, Klugheit, Fröhlichkeit, dabei immer wieder entrückt in jenseitige Welten. – Auf einer Reise starb sie in Alba, wo ihr Grab ist. Ihre Heiligsprechung 1622, zusammen mit Ignatius, Franz Xaver und Isidor, war ein Ereignis – eine Siegesfeier der nachreformatorischen Erneuerung.

Theresiens Mystik besteht letztlich im dauernden Bewußtsein der Verbundenheit mit Jesus

Christus. Hier erreichte sie den Gipfel der Christuseinigung, den überhaupt ein Mensch auf Erden erlangen kann.

16.

HL. HEDWIG

Herzogin

Vom Ammersee kam sie ins polnische Herzogtum Schlesien, Mutter auch beim Tatareneinfall und vom Kloster aus

Die Kunst der Gotik liebte es, die „heilige Sippe" darzustellen: Anna, Maria, Joachim, Josef, Johannes mit dem Herrn. Die Geschichte der Heiligen zeigt oft lebendige heilige Sippen, heilige Familien. Es beginnt bei den griechischen Kirchenvätern – wenn man will, schon bei den heiligen Aposteln. Eine heilige Sippe ist auch um die heilige Hedwig vereint. Ihr Sohn Heinrich wird als Seliger verehrt. Ihre Nichte ist die heilige Elisabeth von Thüringen, ihre Urgroßnichte die heilige Elisabeth von Portugal. Ihr Bruder Burkhart ist Bischof von Bamberg. Diese Sippen und Familien der Heiligen verdienten ein eigenes Studium.

Hedwig wurde 1174 zu Andechs am Ammersee in Bayern geboren. Sie gehörte zum Geschlecht der Meranier. Ihr Vater war Graf Berthold IV. Die Meranier waren mächtig, erfolgreich, doch ebenso gewalttätig. In der heiligen Hedwig kehrte sich die hochstrebende Veranlagung in den göttlichen Bereich. Sie war dreizehn Jahre alt, als sie mit dem Herzog Heinrich I. von Schlesien verheiratet wurde. Schlesien war damals noch nicht eindeutig und endgültig dem deutschen Reichsverband eingegliedert. Herzog Heinrich gehörte der polnischen Jagellonenfamilie an. Schlesien stand unter polnischer Krone. So heiratete Hedwig ins „Ausland". Ihre Familie zählte sieben Kinder. Hedwig war eine gute Mutter und Gattin. Zugleich war sie eine gute Landesmutter. Der Andechs-

Meranier Organisationsfähigkeit und ihre Kraft, sich durchzusetzen, kamen der schlesischen Herzogin sehr zugute. Sie setzte ihre Kraft ein zur Vertiefung des christlichen Lebens und für seinen kulturellen Fortschritt. Besonders widmete sie sich den Werken der Caritas. Sie war schon verwitwet, ihr Sohn Heinrich hatte die Regierung übernommen, da fielen die Tataren vom Osten her in die schlesischen Lande ein. In einem furchtbaren Kampf wurden sie zurückgeschlagen. Doch Herzog Heinrich war gefallen. Seine Mutter Hedwig kam auf das Schlachtfeld, ihn zu suchen, und sie schloß ihn in ihre Arme. Die Jahre ihrer Witwenschaft brachte sie im Kloster der Zisterzienserinnen in Trebnitz zu, nicht als Ordensmitglied, eher als Oblatin, ganz nach innen gerichtet im Gebet mit den Klosterfrauen, zugleich ganz nach außen gewandt in Güte und Wohltun. Sie starb am 15. Oktober 1243, neunundsechzig Jahre alt. Schon 1267 wurde sie von Clemens IV. heiliggesprochen.

Auch in unseren Tagen hat sich Hedwig als Landesmutter und Mutter in der Kirche hoch bewährt: als sie die flüchtenden und vertriebenen Schlesier unter ihren Schutz nahm – als sie an ihrem Tag den Kardinal aus Polen zur päpstlichen Würde führte, Johannes Paul II.

16.

HL. GALLUS

Mönch, Einsiedler, Glaubensbote

Man streitet ihm die Gründung von St. Gallen ab, er bleibt die Mitte von St. Gallen

Schon durch seinen Namen Gallus (oder Callech) weist sich der heilige Missionar als Irokelte aus. Seine Heimat ist Irland, wo er um 550 geboren wurde. Dort lebt er im berühmten Kloster Bangor. Er schließt sich dem heiligen Kolumban und seiner Missionsgruppe an. Aus seiner Heimat nimmt er die Wanderlust und den Tatendrang mit. Er tritt als Dolmetscher der Missionare auf. Sicher beherrscht er die lateinische und alamannische Sprache. Mit Kolumban und seiner Schar kommt Gallus durch das Frankenreich über Luxeuil nach Metz, dann zu den Alamannen nach Zürich und Toggenburg. Nach irischer Sitte benutzen die Missionare meist Wasserwege. Als man sie mit dem Tod bedroht, fahren sie über den Walensee ins Rheintal. In Arbon finden sie den Priester Willemar. Das Land hatte in römischer Zeit das Christentum empfangen. Mit dem Untergang des Reiches war bis auf Reste von Christen das Heidentum wieder herrschend geworden. Da predigt Gallus in Alamannisch. Drei Jahre weilt er in Bregenz, drei Jahre im Bodenseegebiet. Das Land hält ihn fest. Kolumban wandert weiter nach Italien. Er gründet dort Bobbio. Gallus ist krank. Er kann den Weg über die Alpen nicht meistern. Er bleibt bei Willemar in Arbon. Von dort findet er sein Ziel, seine Klause, seine neue Heimat in der Wildnis südlich des Bodensees. Hier lebt er mit dem Diakon Hiltibold. Man will ihn aus der Seligkeit der Wildnis herausreißen. Man bietet ihm die Bischofswürde von Konstanz an. Der Adel sucht seinen Rat und seine Hilfe. Aus Luxeuil kommen Boten, die ihn als Abt mitnehmen wollen. Aber Gallus kehrt zurück in seine Klause. Ein Schweigen von zwei Jahrzehnten hüllt sein Alter ein. Er ist etwa fünfundneunzig Jahre alt, als er 640 in Arbon stirbt. Zwischen Chorwand und Altar wird er beigesetzt. Aus seiner Klause wird die mächtige Abtei Sankt Gallen. Die Tradition des Klosters übernimmt im 19. Jahrhundert das Bistum St. Gallen. Die Pracht der Bischofskirche ist nur eine Andeutung der Kultur, die von dieser Stätte ausgegangen ist.

In heutiger Zeit wird ihm die Gründung des Klosters St. Gallen abgestritten. Die Mission im Arbongau wird bezweifelt. Die Taten des heiligen Gallus sollen nur Reprojektionen aus der mittelalterlichen Größe der Abtei in die Ursprünge hinein sein. Hier darf man noch Fragezeichen setzen. – Auf schweren Pranken geht neben Gallus der Bär, der dem Gottesmann in der Wildnis begegnet und ihn nicht verläßt. So schweren Schrittes geht neben Gallus auch die Tradition in die Gegenwart hinein und verläßt ihn nicht.

16.

HL. MARGARETA MARIA ALACOQUE

Ordensfrau

Die Botin des Herz-Jesu-Fests und Herz-Jesu-Freitags

Bescheidener konnte die Ordensschwester nicht sein, die berufen wurde, die Feier des Herz-Jesu-Festes ins Werk zu setzen, als es Margareta Maria Alacoque war. Das hatte sie gemeinsam mit der Begine, der seligen Juliana von Lüttich, die das Fronleichnamsfest vorbereitete.

Margareta Maria Alacoque stammte aus angesehenem Bürgerhaus. Ihr Vater war Richter und Notar. Aber es waren kleine Verhältnisse in dem burgundischen Ort Lauthecour, wo sie am 22. Juli 1647 zur Welt kam. Als Margareta Maria acht Jahre alt war, verlor sie den Vater. Ihr Leben verlief ohne viel Liebe in vielen Zurücksetzungen und Krankheiten. Im Alter von vierundzwanzig Jahren trat sie in das Kloster des Ordens von der Heimsuchung zu Paray-le-Monial ein; es war 1671. Die neue Heimat liegt nicht weit vom weltbekannten Taizé. Paray war Priorat vom nahen Cluny, das hier eine sehr schöne romanische Basilika errichtete. Bei der Prioratskirche siedelte sich das barocke Heimsuchungsklösterchen an. In dieser benediktinischen Welt nahm sie wohl die Tradition der benediktinischen Christusfrömmigkeit unter dem Zeichen des Herzens in sich auf, die in der heiligen Gertrud von Helfta und Mechtild von Hackeborn ihren Höhepunkt hatte. Ihre Spirituale waren Jesuiten von der hohen Geistigkeit eines heiligen Claudius de la Colombière, eines Rolin, eines Croiset. Von ihnen empfing sie die Christusmystik, die Ignatius von der Devotio moderna der Spätgotik in die Neuzeit trug. Der Heimsuchungsorden trug ihr die Frömmigkeit des heiligen Franz von Sales zu. So war die Vision vom 16. Juni 1675 für sie kein Neuheitserlebnis, sie wuchs organisch aus ihrer Geisteswelt heraus. Es war Fronleichnamsoktav. Da sah sie den Herrn und vernahm seinen Auftrag, am Freitag nach dem Oktavtag von Fronleichnam das Herz-Jesu-Fest einrichten zu lassen. Margareta Maria war längst verstorben, am 16. Oktober 1690, dreiundvierzig Jahre alt, da wurde zum erstenmal eine solche Herz-Jesu-Feier in Besançon verwirklicht. Bis zur offiziellen Anordnung des Herz-Jesu-Festes durch Pius IX. vergingen 150 Jahre. Auch ohne Margareta Maria Alacoque gäbe und gibt es in der Kirche einen tiefen, reichen Strom der Herz-Jesu-Verehrung. Vielleicht wäre es auch ohne sie zu einem Herz-Jesu-Fest gekommen, doch ist ebenso sicher, daß die Einrichtung dieses Festes, wie wir es feiern, und die Herz-Jesu-Freitage bei Margareta Maria in Paray-le-Monial ihren Ursprung haben.

Wieder gilt hier das Wort aus der Mitte des Evangeliums nach Mattäus: „Ich preise dich, Vater, daß du dies den Kleinen geoffenbart hast!"

17.

HL. IGNATIUS VON ANTIOCHIEN

Bischof, Märtyrer

Gedenktag

Er war noch Zeitgenosse Christi,
sicher von Christi Glut erfaßt

Die Legende sagt von Ignatius, er sei das Kind gewesen, das Jesus in die Mitte seiner Apostel stellte und sagte: „Wenn ihr nicht werdet wie dieses Kind, werdet ihr nicht in das Himmelreich eingehen!“ Vielleicht wollte man mit dieser Angabe nur verdeutlichen, daß Ignatius in seiner frühen Jugend wirklich die Tage Jesu Christi gesehen haben könnte. Vielleicht wollte man so den Beinamen „Theophoros – Gottesträger“, den sich Ignatius gab, entfalten.

Ignatius erlitt sein Martyrium unter Kaiser Trajan, der 98–117 regierte. Er starb als Neunzigjähriger. So kommen seine Tage tatsächlich an Jesu Lebenszeit heran. Eine Notiz der frühen Kirchenhistoriker sagt, Ignatius sei als zweiter nach Petrus Bischof von Antiochien gewesen. Sonst wissen wir vom Leben des Heiligen nichts. Doch seine sieben Briefe geben ein reiches Bild von seiner Persönlichkeit und seiner Gedankenwelt. Um 100/110 wurde Ignatius gefesselt zu Schiff nach Rom überführt, um dort hingerichtet zu werden, indem man ihn im Amphitheater den wilden Tieren vorwarf. Die Fahrt dauerte mindestens sechs, vielleicht auch zwölf Wochen. Sie war eine Qual, vor allem für den hochbetagten Ignatius. Die Gefangenen saßen im Inneren des Schiffes bei den Galeerensträflingen, die zum Rudern eingesetzt waren. Der Bischof bemerkt, diese Rudersklaven seien schlimmer als wilde Tiere. Die Galeere diente als Transport- oder als Reiseschiff oder militärischen Zwecken. Sie nahm den Weg zu den Häfen Kleinasiens und Mazedoniens. Beim Aufenthalt in Smyrna schrieb Ignatius seine Briefe an die Gemeinden von Ephesus, Magnesia, Tralles und Rom. In Troas schrieb er an die Gemeinden von Philippi und Smyrna und an Bischof Polykarp von Smyrna. Da ihn Abgesandte der Christengemeinden in den Hafenstädten besuchen durften, konnte der Heilige seine Briefe wohl diktieren. Seine Hände waren ja durch die Fesseln behindert. Aus diesen Briefen tut sich vor uns eine glutvolle Seele auf. Er bekennt, wie die Mystiker späterer Zeiten, ohne Christus sei er nichts. Er sehnt sich nach dem Martyrium, um in Christus zu sein: „Möchte ich doch von den Zähnen der wilden Tiere zermahlen werden, um ein reines Brot Christi zu sein.“ In seinen Briefen wird der gesamte Inhalt unseres Apostolischen Glaubensbekenntnisses klar und kraftvoll dargestellt, von der Gottheit und Menschheit bis zur Erlösung und Eucharistie. Hier kommt zum erstenmal das Wort „katholische Kirche“ vor. Die monarchische Kirchenverfassung unter dem Bischof mit dem Kollegium der Priester und Diakone wird besprochen. Dem römischen Bischof wird Vorrang und Aufsicht zuerkannt.

Nach der Überlieferung ist Ignatius im Kolosseum von den Bestien zerrissen und verzehrt worden. Die übriggebliebenen Beckenknochen hüllte man in Altarlinnen ein. Er war wirklich ein Gottesträger für die Menschheit!

18.

HL. LUKAS

Evangelist

Fest

Ohne Lukas keine Weihnacht und kein Pfingsten, keine Vesper und keine Komplet

Manches über Lukas Gesagte gehört wohl einer fast romantischen Überlieferung an: daß er Maler war, daß er der zweite der Emmausjünger war, daß er zu den zweiundsiebzig Jüngern des Herrn gehörte! Aber es genügt die klare Geschichte, ihn liebzugewinnen: Lukas, Arzt und Evangelist, Apostelsekretär und Apostelnachfolger.

Lukas stammt aus der Weltstadt Antiochien, wo zuerst der Name Christen gebraucht wurde. Dort hat er als Arzt gewirkt und hat sein medizinisches Interesse und seine ärztliche Sachkenntnis in sein Evangelium mit eingebracht. Man merkt es an seinen Berichten über Jesu Heilungen. Darin weiß er die Liebenswürdigkeit Jesu in seinen nur von ihm berichteten Perikopen wundersam zu malen. Der begnadete Schächer, der barmherzige Samaritan, vor allem die Jugendgeschichte Christi mit den drei neutestamentlichen Cantica „Benedictus", „Magnificat", „Nunc dimittis" und so manche andere lukanische Malerei machen nicht nur den Bericht und das Berichtete kostbar, sondern auch den Berichtenden. Die Abwertung des Lukasevangeliums in neuester Zeit bringt eine schmerzliche Verarmung des Christlichen mit sich. – Lukas hat uns neben dem Evangelium die Apostelgeschichte geschenkt. Die Hälfte davon ist Schilderung eigenen Miterlebens (ab 16,10). Wir sehen ihn in Troas zu Paulus stoßen, etwa im Jahre 50/51, sehen ihn bei Paulus in Philippi. Lukas begleitet ihn nach Jerusalem und nach Rom und bleibt bei ihm während der römischen Gefangenschaft. Auch in der zweiten Gefangenschaft Pauli ist Lukas bei ihm (Apg. 16,10–17; 20,5 – 21,18; 27,1 – 28,16; Kol. 4,10–14; Phlm. 24; 2 Tim. 4,11). Insgesamt war er also etwa siebzehn Jahre in der Nähe des Völkerapostels. Er führt uns in die Kenntnis Pauli ein und durch ihn zu Christus hin. – Nach dem Tod des heiligen Paulus weilt Lukas in Böotien – Theben – Achaia. Dort verfaßt er seine beiden heiligen Schriften und waltet des Apostelamtes. Als Vierundachtzigjähriger stirbt er hier im Frieden ohne das Martyrium. Die Gebeine des

Heiligen werden am 3. März 357 zu Konstantinopel in die Apostelkirche gebracht, die Grabkirche Konstantins. Bei der Auflösung des Byzantinischen Reiches und bei der Eroberung der Kaiserstadt wird keine Translation des heiligen Lukas nach Europa vermeldet.

Aber wir besitzen sein Weihnachtsevangelium und seinen Pfingstbericht. Das Stundengebet singt täglich die Cantica aus Lukas, das „Magnificat" und das „Benedictus". Das ist lebendige Gegenwärtigkeit dieses Evangelisten.

19.

HL. JOHANNES DE BRÉBEUF UND HL. ISAAK JOGUES UND GEFÄHRTEN

Märtyrer

Geschichte, Missionsgeschichte, Indianergeschichte, nordamerikanische Geschichte

Die sogenannte Neue Welt hat nicht nur den einen oder anderen Vertreter im Chor der Heiligen. Sie kann zu einer Schar von Märtyrern aufblicken, die ein glanzvolles Zeugnis für Christus unter den Menschen roter Hautfarbe abgelegt haben. Es sind die acht kanadischen Märtyrer, die zwischen 1642 und 1649 von den Irokesen an verschiedenen Orten und bei verschiedenen Gelegenheiten getötet wurden. Sie bilden eine kanadische Gruppe unter Jean de Brébeuf aus Condé-sur-Vire, Normandie, mit Antoine Daniel aus Dieppe, Charles Garnier und Gabriel Lallemant aus Paris, Noël Chabanel aus Mende – und eine amerikanische Gruppe unter Isaak Jogues aus Orléans, sie alle Priester des Jesuitenordens; hinzu kommt der Jesuitenfrater René Goupil aus Angers und der Missionshelfer Jean de la Lande aus Dieppe. Papst Pius XI. hat sie am Peter- und Paulstag 1930 heiliggesprochen.

Indianererzählungen waren einmal der Schwarm jugendlicher Leser. Karl May wußte von Heldentaten und Grausamkeiten zu berichten. In den acht kanadischen Märtyrern steckt mehr als eine Karl-May-Phantasie. Hier ist Geschichte, Missionsgeschichte, Indianergeschichte, nordamerikanische Geschichte in die Tafeln der Heiligen eingeschrieben. Alle Grausamkeiten der Indianer haben die Jesuitenmissionare an sich erfahren. Alles Dunkel der Verlassenheit und des Verrates brach über sie herein. Mehr als irokesische Qualen traf Jean de Brébeuf, daß die Engländer ihn verhafteten und nach Europa zurücktransportierten – ein Opfer der Kirchenspaltung und englischen Kirchenverfolgung. Sie alle trugen in sich den hochgemuten Sinn ihrer französischen Heimat. Sie waren geformt von den ignatischen Exerzitien und ihrem „Nimm alles, was ich bin und habe ..." Sie beweisen, daß Kardinal Richelieu, der sie nach Kanada aussandte, nicht nur Interesse an europäischer Politik, sondern auch am Reich Gottes und seiner Ausbreitung hatte. Brébeuf erweist sich nicht nur als Missionar, sondern auch als Kulturträger, da er, der huronischen Sprache mächtig, Katechismus, Wörterbuch und Grammatik in Huronisch schrieb.

Der Geist der Neuen Welt mutet uns oft an als Gewebe aus Geschäft, Abenteuer, Snob und europäischer Dekadenz. Aber er hat die Bluttaufe der Märtyrer empfangen. Daher ist ihm Glut und Tiefe eigen und die Kraft zur Ausbreitung des Reiches Gottes.

19.

HL. PAUL VOM KREUZ

Priester, Ordensgründer

Als Orden und Klöster aufgehoben wurden, blühte die strenge Stiftung der Passionisten auf

In der Zeit, da die Monarchen Europas den Papst wegen der Aufhebung des Jesuitenordens bestürmten, blühte in der Kirche der bescheidene

Orden der Passionisten unter dem Wirken des heiligen Paul vom Kreuz auf. Mitten im Rationalismus, da man die Ideale des Ordenslebens nicht mehr schätzte, mitten im Josephinismus, da man ein Kloster nach dem anderen aufhob, wurden die uralten Ideen des Eremitentums in der Kirche lebendig durch den heiligen Paul vom Kreuz.

Die letzte Stätte seines Wirkens, sein Grab und der Sitz seines Ordensgeneralates ist die Basilika der heiligen Johannes und Paulus in nächster Nähe von St. Andreas, wo ein anderer großer Ordensmann, Gregor der Große, als Abt gewirkt hat. – Der Passionistenorden ist ein strenger Orden der Buße und der Seelsorge. Deshalb wollte und konnte er nie sehr groß werden und ist es heute noch nicht. Der Stifter, der heilige Paul vom Kreuz, ist ein Piemontese, geboren am 3. Januar 1694 in Ovada. Zu seiner Zeit gab es keine Kreuzzüge mehr. Aber er suchte das Sterben für Christus. Deshalb meldete er sich als freiwilliger Soldat bei der Republik Venedig, um bei deren militärischen Unternehmungen als Soldat gegen die „Ungläubigen“ kämpfen zu können. Damals war er ein junger Mann von einundzwanzig Jahren. Beim Militär hielt es ihn nicht. Er ging weg und empfing in Alessandria, der Heimat des heiligen Papstes Pius V., das schwarze Bußgewand. Nach vierzig Tagen des Eremitentums ging er mit Regel und Idee des Passionistenordens nach Rom. Dort gab ihm 1725 ein Ordensmann, Papst Benedikt XIII. OP, die mündliche Erlaubnis zur Errichtung seines Ordens. 1737 erstand zu Orbetello im Tibertal das erste Ordenshaus der Passionisten. Allerdings ließ der gelehrte, große Papst Benedikt XIV. die strenge Regel des Ordens erheblich mildern, ehe er 1741 die Passionisten endgültig approbierte. 1744–69 lebte Paul in Vetralla, 1769–75 in Rom. Dort starb er am 19. Oktober 1775. Hier ist seine Grabstätte.

Paul vom Kreuz machte viel von sich reden

durch die gewaltigen Missionspredigten, die er in Mittelitalien hielt. Seine Zeit nennt man die „Aufklärung", „Illumination". Der Stifter der Passionisten und mit ihm andere Heilige und Seelsorger schufen im Gegensatz zur Aufklärung die „katholische Aufklärung" – ein Jahrhundert der Seelsorge, der Predigt, der Volksfrömmigkeit, das dann unter dem Winter der Revolution begraben zu sein schien, aber wie eine Wintersaat nach Napoleon mächtig wieder aufsproßte.

20.

HL. WENDELIN

Einsiedler

Lobt den Herrn, ihr Tiere und alles Vieh!
Das ist der Anruf aus Wendelins Leben

Der heilige Wendelin ist der große Bauernpatron des mittelfränkisch-alamannischen Raumes. Wegen seiner Grabkirche, der Basilika St. Wendel, vertritt er im Kalender der Heiligen des deutschen Sprachgebietes das Saarland.

Vor allem im Zeitalter der Spätgotik und des Barock wird er auf dem Lande hoch verehrt. Er sorgt für das kranke Vieh. Er hilft, wenn Pest und Krankheit drohen. Er geleitet die Pferdegespanne, wenn sie gefährliche Fahrten zu bewältigen haben. Dem dürstenden Vieh öffnet er unerwartete Quellen. Viele Wunderberichte zeugen davon. Nach Tausenden zählen die Kirchen und Kapellen, die dem heiligen Wendelin zum Dank errichtet worden sind. Es ist bemerkenswert, daß in der Mitte des 18. Jahrhunderts die Verehrung des heiligen Wendelin verklingt. Der immer mehr vordringende Rationalismus empfiehlt statt des

Weihwassers die Chemikalien, statt des Gebetes die Veterinärkunst. Wenn kaum noch das Gebet für den kranken Menschen anerkannt wird, so scheint das Gebet für das kranke Vieh kaum erträglich zu sein. Franziskus und Antonius haben den Tieren gepredigt. Der Lobgesang der drei Jünglinge und mancher Psalmvers fordern die Tiere zum Lobe Gottes auf. Das Gebet für das kranke Vieh wäre ein Zeugnis franziskanischer und biblischer Gesinnung! Mindestens besteht seine Wirkung darin, daß der Mensch zu getreuerer Sorge für die Tiere, die ihm Gottes Schöpfung gab, aufgerufen wird.

Heute liegt in St. Wendel ein bedeutendes Missionskolleg. Der heilige Wendelin mag den Missionaren in die Ferne das tiefe und echte Schöpfungsbewußtsein des Christentums mitgeben, das ihnen die Herzen der naturreligiösen Völker öffnet.

Rätselvoller als die Verehrung des heiligen Wendelin ist die Geschichte des Heiligen. Seit etwa 1000 sind Grab und Grabkirche St. Wendel bekannt. Die Legende macht ihn zum iroschottischen Prinzen und zum Abt von Tholey. Geschichte ist wohl die Notiz, er habe um 570 zur Zeit des Trierer Erzbischofs Magnerich als Einsiedler in den Vogesen gelebt. Als Einsiedler lebte er ein Leben inmitten von Wald und Feld in Gottes freier Natur. Er dürfte dem modernen Großstädter ein wenig davon mitgeben.

21.

HL. URSULA UND GEFÄHRTINNEN

Märtyrinnen

Legende? Katechese über Jungfräulichkeit und Tapferkeit, aus denen das Schiff der Kirche lebt

Echt ist der Urgrund der Legende: Unter der Grabeskirche der heiligen Ursula war ein Heiligtum der ägyptischen Göttin Isis. Echt ist die Märtyrerbasilika. Schon bald nach 400, so verkündet eine klassische Inschrift, hat ein Römer namens Clematius die Kirche zu Ehren der heiligen Märtyrerjungfrauen neu errichtet, weil sie vom Zerfall bedroht war. Unecht – legendär – ist die Ziffer „Elftausend". Die Märtyrinnenbasilika stand auf dem Nordzömeterium der Römerstadt Köln. Bei jedem Spatenstich stieß man auf Gebeine. So las man nun nicht mehr Ursula und ihre XI Gefährtinnen, sondern elftausend. Unecht – legendär ist auch die Ursulavita. Wie die Cosmaten-Mosaiken Roms verwertet sie viele Gegebenheiten der Geschichte: die Handelsbeziehungen Kölns zu England, die Aussendung der englischen Missionare nach Deutschland, die Erinnerungen an die Hunneneinfälle... Heute noch erzählt eine Nachahmung der englischen Königskrone auf der Turmspitze der Kölner Ursulakirche von der britischen Herkunft der Heiligen. Trotz all dieser geschichtlichen Fäden ist das gesamte Gewebe der Ursulalegende ungeschichtlich.

Die heilige Ursula und ihre Gefährtinnen im Mittelalter hatten eine weite Strahlungskraft. Mit dem Kölner Stadtwappen, das mit elf Hermelinschwanzspitzen auf die Jungfrauen hinweist, gingen sie um die halbe Welt. In entlegenen Weiten trifft man Ursulakirchen. Vor allem gaben sie der Ordensstiftung der heiligen Angela Merici in Brescia den Namen „Ursulinen". Davon wiederum haben zahllose Schulen ihre Benennung empfangen. Dem Ursulaschrein in Brügge könnte zu Köln keine liebevollere Darstellung der Ursulalegende entgegengestellt werden. Die großen Ideale der katholischen Frömmigkeit kommen eben in Ursula zur Sprache: Jungfräulichkeit und Martyrium, frauliche Tatkraft in der Kirche und bräutliche Zartheit, jungfräuliche Freundschaft und Gemeinschaft, die letztlich alle Wildheit überwindet. Diese Ideale weiß die Ursulavita nicht nur darzustellen, sondern auch dafür zu begeistern.

Legende ist Predigt und Katechese. Die Ursulalegende ist Verkündigung der doppelten Liebe: ganz für Gott in der Jungfräulichkeit, Zeichen für die Menschen im Martyrium.

23.

HL. JOHANNES VON CAPESTRANO

Ordenspriester, Wanderprediger

Europaprediger und Feldseelsorger;
der mit dem Kreuz unter die Kämpfer geht

Man nennt Johannes von Capestrano „Apostel Europas". Er predigte von 1451 an in Wien und Wiener Neustadt, in Mähren, Bayern, Thüringen, Sachsen, Schlesien, Polen, Ungarn. An den Reichstagen in Frankfurt 1454 und Wiener Neustadt 1455 nahm er teil. Von 1417 bis 1451 predigte er in Italien: Rom, Neapel, Mailand. Er visitierte im Heiligen Land und in den Niederlanden. Vierzig Jahre predigte er täglich. Wahrhaftig, ein Prediger von europäischem Format! Seine Predigt griff ein in die Politik. Die Rettung Belgrads 1456 war sein Werk. Waffenlos ging er unter die Kämpfer, zeigte ihnen das heilige Kreuz und munterte sie zum Durchhalten auf. Für das innere Leben der Kirche war wichtig seine Predigt unter den Kalixtinern und Utraquisten. Er wußte dadurch die Nachwehen der hussitischen Bewegung zu überwinden. Hier erreicht Johannes von Capestrano weltkirchliches Format. Auch für den Franziskanerorden bedeutet er viel. Denn er setzte die endgültige Unabhängigkeit der Observanten von den Minoriten, der „braunen" von den „schwarzen" Franziskanern durch. Er war befreundet mit dem heiligen Bernhardin von Siena und betrieb dessen Heiligsprechung im Jahre 1450. So wurde er eine der bedeutendsten Gestalten der franziskanischen Bewegung.

Diese große Persönlichkeit begann sich aus bescheidenen Anfängen zu entfalten. Er stammte aus Capestrano, dem heutigen Aquila, in den Abruzzen. Sein Geburtstag ist der 24. Juni 1386. Er wurde also 70 Jahre alt. Sein Vater war ein eingewanderter nordischer (deutscher?) Baron. Daher stammte wohl seine Fähigkeit, sich in die Verhältnisse außerhalb Italiens einzuleben. Vielleicht hatte er daher auch Sprachkenntnisse. Johannes studierte in Perugia Rechtswissenschaften. Seit 1412 war er Richter in Perugia. Er heiratete. Aber die Gemeinschaft mit seiner Gattin kam nie zustande. 1415 wurde er in Kämpfen der Stadt Perugia gefangengenommen. Im Kerker erlebte er seine Bekehrung. Seine Ehe wurde nach dem geltenden Recht der Kirche annulliert. Johannes fand seinen Platz im Orden der Franziskanerobservanten. Da begann nun sein Aufstieg von 1417 an.

So jäh wie sein Aufstieg war sein Ende. Zwei Monate nach dem Sieg von Belgrad, am 23. Oktober 1456, starb Johannes von Capestrano zu Ilok in Ungarn. Seine Gebeine und sein Grab sind verschollen.

24.

HL. ANTONIUS MARIA CLARET

Bischof, Ordensgründer

Er brachte Spanien religiöse Erneuerung

Der volle spanische Name des Heiligen lautet Claret y Clará. Er ist der Gründer des bedeutendsten spanischen Missionsordens der modernen Zeit: er ist für Spanien, was der selige Arnold Jansen mit seinen Steylern für die deutsche Missionsarbeit war.

Als Nordspanier, geboren am 23. Dezember 1807 in Sallent, könnte er gotischen (katalanischen) Geblütes sein. Er wurde 1835 Priester. Seit 1843 widmete er sich der Predigt als Volksmissionar. 1849 gründete er die Missionsgenossenschaft der Söhne des Unbefleckten Herzens Mariä, die man gewöhnlich Claretiner nennt. Im Jahre 1850 empfing er die Bischofsweihe und wirkte sieben Jahre lang als Erzbischof von Santiago auf Kuba. Er wurde 1857 wieder nach Spanien zurückgerufen, um den ehrenvollen, aber äußerst schwierigen Posten des Beichtvaters der Königin Isabella II. auszuüben. Seit 1859 war er auch Präsident des Escorial. So war er die wichtigste Persönlichkeit im spanischen Episkopat. 1870 begab er sich auf die Reise zum Ersten Vatikanischen Konzil nach Rom. Dort wartete auf ihn eine wichtige Aufgabe. Er starb auf der Reise in Fontfroide bei Carcasonne in Frankreich, dreiundsechzig Jahre alt. In Vich bei Barcelona wurde er begraben. Papst Pius XII. sprach ihn heilig im Jahre 1950.

Im Spanischen Bürgerkrieg starben 270 Claretinerpatres. Ihr Seligsprechungsprozeß wurde eingeleitet. Darin darf man ein Zeichen der außerordentlichen Bedeutung der Gründung des Erzbischofs Claret für Spanien erkennen. Sein Werk galt der Mission und der Volksmission. Darin wirkte er fort für die innere Erneuerungs Spaniens, das durch Aufklärung und Liberalismus im 18. und 19. Jahrhundert der katholischen Kirche fremd geworden war. Es wäre ein Wunder gewesen, wenn die Auseinandersetzung des Bürgerkrieges an den Claretinern vorübergegangen wäre. Sie waren ja eine der Hauptstützen der katholischen Erneuerung.

Als aller spanischer Imperialismus und Kolonialismus versank, stiftete Claret den großen Missionsorden, der spanische Religiosität und Kirchlichkeit in allen Weltteilen verbreitete. Deshalb gehört Claret zu den großen Spaniern. Er war keineswegs ein Spanier mit weltpolitischen Ideen. Er war und blieb religiöser Führer. Seine aszetischen Schriften, seine innige Marienverehrung öffneten in Spanien die Quellen der Frömmigkeit, von denen das spanische Volk erfüllt wurde, um nicht Kolonialpolitik, sondern Missionsapostolat zu verwirklichen.

28.

HL. SIMON UND HL. JUDAS

Apostel

Fest

In ihnen werden Bescheidenheit und Demut Fundamente des himmlischen Jerusalem

Der Apostel Simon ist nicht zu verwechseln mit dem „Herrenbruder“ Simon und nicht mit dem Bischof Simon von Jerusalem. Simon trägt den Beinamen „Kananäus“. Das ist gleichbedeutend mit dem anderen Beinamen „Zelotes“. Man kann Zelotes nicht übersetzen mit „Eiferer“, als sei es ein Charakterhinweis. Vielmehr will es sagen, Simon habe zur Partei der Zeloten, d.h. der jüdischen Nationalisten, gehört. Simon hat wohl unter den Juden in der sogenannten Diaspora gewirkt. Sonst ist nichts von seinem Leben und Sterben zu ermitteln. Die Legende machte Simon zum Bräutigam der Hochzeit zu Kana. Sie berichtet von seinem Martyrium, Simon sei zersägt worden und habe so für seinen Herrn gelitten. Deshalb wird er mit der Säge dargestellt, und dadurch wird er zum Patron der Holzfäller und Waldarbeiter.

Der Apostel Judas Taddäus wird außer in den Apostelkatalogen noch bei Joh. 14,22 erwähnt. Er fragt während der Abschiedsreden den Herrn:

„Herr, wie kommt es denn, daß du dich uns und nicht der Welt offenbaren willst?“ Daraus spricht wohl tiefe Bescheidenheit des Apostels. Christus macht ihm klar, daß der Vater und das Wort und der Geist im Apostel wohnen, wenn er voll Liebe zu Gott ist.

Taddäus hat uns das vorletzte Stück des Neuen Testaments geschenkt, den Judasbrief. Er ist voll Sorge um Irrlehrer, die Ausschweifung predigen. Er beschwört Beispiele aus dem Alten Testament. Er spricht vom Erzengel Michael. Wie ein Echo auf die Abschiedsreden klingt der Satz: „Bewahrt euch in der Liebe Gottes!“

Als Marterwerkzeug trägt er die Keule in der Hand. – Seit dem Ende des 18. Jahrhunderts wird Judas Taddäus vom frommen Volk als Helfer in verzweifelten Anliegen angerufen und hoch verehrt. Seine Gottesliebe wurde zur hilfreichen Güte für Menschen in der Not.

Demütig und bescheiden stehen Simon und Judas Taddäus in der Geschichte des Gottesreiches. In ihnen werden Bescheidenheit und Demut zu Fundamenten der Kirche.

31.

HL. WOLFGANG

Bischof

Der Regensburger Bischof visitiert heute noch die verschiedenen Regionen des Bistums

Wie es „heilige Familien“ unter den Heiligen gibt, so verzeichnet man auch „heilige Konsortien“, in denen der eine Heilige dem anderen verbunden ist. Wolfgang studierte auf der Insel der Heiligen, der Reichenau. Er trat in das Kloster Einsiedeln ein. Der heilige Ulrich weihte ihn zum Priester. Wolfgang war Erzieher des heiligen Kaisers Heinrich II. Er stand in Verbindung mit dem heiligen Erzbischof Bruno von Köln und dem großen Bischof

Pilgrim von Passau. Er ermöglichte die Einsetzung des heiligen Adalbert als Erzbischof von Prag. Der heilige Papst Leo IX. sprach ihn heilig. Consortium Sanctorum!

Wolfgang stammt aus Nordschwaben, geboren wohl in Pfullingen. Nach seinem Reichenauer Studium lebte er zunächst in Würzburg. Seinem Reichenauer Studienfreund Heinrich, der 956–964 Erzbischof von Trier war, folgte Wolfgang an die Mosel und wurde Domdechant und Kanzler von Trier. Er wurde Benediktiner in Einsiedeln und Missionar in Ungarn. Dann berief Otto der Große ihn zum Bischof von Regensburg. Als solcher wirkte er 972 bis zu seinem Tod am 31. Oktober 994. Sein Leben galt der kirchlichen und klösterlichen Reform. Mit echtem Weitblick verzichtete er auf die böhmischen Teile seiner Diözese. So konnte das neue, der Mission dienende Erzbistum Prag gegründet werden. In St. Emmeram, Salzburg, Tegernsee, Niederaltaich verwirklichte er eine Erneuerung des monastischen Lebens. Sein Bistum hatte reichen Besitz in Oberösterreich, der Wolfgangsee hat von ihm seinen Namen. In Oberösterreich, in Pupping, wurde der Heilige am 31. Oktober 994 aus dem Leben abberufen. Sein Grab ist in St. Emmeram zu Regensburg. Am 7. Oktober 1052 erhob Papst Leo IX. der Heilige die Gebeine Wolfgangs – die alte Form der Heiligsprechung.

Bis in das 16. Jahrhundert war St. Wolfgang eine der größten Wallfahrten, mit Compostella konkurrierend. In neuester Zeit wurde die Wallfahrt trefflich wiederbelebt durch die Übertragung seines Schreines in die verschiedenen Regionen des Bistums. Der heilige Wolfgang lebte nicht nur in den Wallfahrten weiter, sondern mehr noch in seinem geistigen Werk: in den Regensburger Klöstern und Klosterschulen, in seinen Schülern, die er ausgebildet und wiederum zu Lehrern gemacht hatte.

NOVEMBER

1.

ALLERHEILIGEN

Hochfest

Das „Ostern des Herbstes" und ein Vorausklang des ewigen Ostern

Allerheiligen ist ein Kirchweihfest. Sein Ursprung liegt im Dank für die Weihe der römischen Kirche Sancta Maria ad Martyres am 13. Mai 609/610 durch Bonifaz IV. Der Name dieses Gotteshauses lautet gewöhnlich „Pantheon" (Allgöttertempel). Im Jahre 12 v.Chr. war das Pantheon von Agrippa errichtet worden. 1878 wurde es Grabstätte der italienischen Könige. Es dient als Kollegiats- und Stiftskirche der Geistlichen des römischen Generalvikariates. – Als das alte Marsfeld Siedlungsmittelpunkt des mittelalterlichen Roms wurde, war das Pantheon die große Volkskirche. Deshalb erlangte seine Kirchweihe große Bedeutung. Auf Anregung von Alkuin und Arno von Salzburg wurde das Fest von seinem ursprünglichen Termin im Mai in den Herbst verlegt, auf den 1. November. Nach der Ernte ist in alter Zeit die Feier von Festen leichter als im kargen Frühjahr.

In das Weihefest der Allmärtyrerkirche wurde die griechische Tradition eines Allerheiligengedächtnisses am Sonntag nach Pfingsten eingebracht. Es wird bei Chrysostomus erwähnt. Doch gibt es hier große Varianten in den Regionen der Kirche. – Der Durchbruch des Allerheiligentages zur allgemeinen Feier dürfte aber unter Gregor IV.

durch Ludwig den Frommen (835) geschehen sein. Er nahm das Fest in den Reichskalender auf, wohl in der Freude über die Aussöhnung mit seinen Söhnen.

Die große Popularität wuchs dem Allerheiligentag erst nach 1000 und nach 1545 durch Allerseelen zu. Es wurde zum „Ostern des Herbstes": Mit dem Empfang der Sakramente wollte man des großen Ablasses für die Verstorbenen am Allerseelentag teilhaft werden. Allerheiligen muß jedoch mehr sein als Vorhalle von Allerseelen. Es hat seine eigene triumphale Jenseitigkeit. Es ist die Feier der Apokalypse, der Vorausklang aus der Heimat. Es ist Zusicherung der Erreichbarkeit des Zieles oder die ausgestreckte Hand der Unsern, die uns nachziehen wollen. Es zeigt die Heiligkeit, die aus dem Alltag kam.

2.

ALLERSEELEN

Ein österlicher Tag, der verlorenzugehen droht – Opfer der Diesseitigkeit

Die große burgundische Reformabtei Cluny begann um 1000, nach Allerheiligen den Gedenktag aller Seelen zu begehen. Die Initiative ging aus vom heiligen Odilo von Cluny (994–1048). Dieses Vorbild wurde in allen cluniazensischen Abteien nachgeahmt. Bis zum 14. Jahrhundert war Allerseelen in der ganzen Kirche eingebürgert. Die Päpste gewährten für den Tag reiche Ablässe. Da hierfür der Sakramentenempfang notwendig war, wurde von den Allerseelenablässen her der Allerheiligentag immer mehr zu einem Höhepunkt des Spätjahres. Benedikt XV. gab hinzu die Totenpräfation und das Privileg der dreimaligen Meßfeier an Allerseelen.

Wichtigster liturgischer Brauch am Allerseelentag war der Besuch des Friedhofes. Der klassische Termin der Beerdigung war die Stunde der Laudes, der allmorgendlichen Feier der Auferstehung Christi, woher das Benedictus in den Begräbnisritus kommt mit anderen österlich verstandenen Psalmen (z. B. Miserere). Nun tritt in Konkurrenz dazu das Abendlob der Vesper, die Stunde der Mater dolorosa („Vesperbild") und der Grablegung. Da hält man die Allerseelenprozession zum Friedhof.

Das Allerseelengedenken drängte zu einer Entfaltung und Festlegung der Totenriten. Man übernahm aus der Karfreitagsfeier die schwarze Farbe der Paramente. Die ursprünglich kostbarste (wie auch kostspieligste) Farbe Schwarz wurde nicht mehr als Festfarbe, sondern als Trauerfarbe verstanden. Aus den karfreitäglichen Gebräuchen wurden Totenbräuche, zum Beispiel die Weglassung des Gloria Patri bei den Psalmen und Responsorien, die Weglassung der Segnungen u. a. Manches ist seit dem vatikanischen Missale Romanum wieder eingefügt worden.

Lange Zeit blieb der „Friedhof", das heißt der Freithof (Immunitätszone), um die Kirche angeordnet. Erst die Epidemien des 19. Jahrhunderts gaben Anlaß zur Verlegung der Friedhöfe an das Ortsende. Lange blieb der Brauch, die Toten so beizusetzen, daß sie im Liegen nach Osten schauten, um bei der Auferweckung am Jüngsten Tag gleich auf Christus schauen zu können. Die parkähnliche Anlage der Friedhöfe verhinderte das. Die modernen Friedshofsanlagen der Städte machten auch die religiösen Friedhofsprozessionen am Vorabend von Allerseelen – Nachmittag von Allerheiligen – unmöglich. Dadurch wurde das Allerseelengedenken stark herabgemindert. Rationalismus und Diesseitigkeit taten ein übriges.

Der Allerseelentag ist nicht nur ein liturgischer Termin, sondern auch eine Aufgabe, das Gedenken neu zu beleben. Gewiß, es wird kaum möglich sein, in den Städten Allerseelen als Sippentag zu restituieren. Doch die Familienhaftigkeit des Religiösen verlangt die eigene Dimension der Fürbitte für die Verstorbenen. Man kann vielerorts Säulen mit Armseelenlichtern als „Wegweiser für die Seelen" finden. Das Licht des Gebetes ist schöneres Weggeleit in die Heimat!

3.

HL. HUBERT

Bischof

Das Kreuz im Geweih des Hirsches bekehrte den Jäger zum Christentum.

Als das Zweite Vatikanische Konzil den Gebrauch der Muttersprache bei der Liturgie einführte, wünschte es, daß die Sprachen nicht national begrenzt, sondern nach Sprachgebieten geordnet würden. So gehören denn drei Dekanate der Diözese Lüttich in das deutsche Sprachgebiet, ohne daß die staatliche Zugehörigkeit davon betroffen wird: Eupen, Büllingen und St. Vith. Mit diesen Teilen des deutschen Sprachgebietes wird auch ihr Hauptpatron, der heilige Hubert von Lüttich, gefeiert, und Hubert erinnert an diese Schützlinge im gesamten Sprachgebiet.

Die Vita des heiligen Hubert hat Geschichte, Legende und Volksbrauchtum schwer durchschaubar miteinander vermischt. Der Heilige war Glaubensbote in Südbrabant und in den Ardennen. Sein Geburtsjahr liegt um 655. Die Legende hat hinzugedichtet, Hubert sei vor seiner Bekehrung verheiratet gewesen, sein Sohn Floribert sei sein Nachfolger auf dem Lütticher Bischofsstuhl geworden. Erst im 11. Jahrhundert hat man auf den heiligen Hubert die Eustachiuslegende übertragen: bei der Jagd sei ihm ein Hirsch erschienen, der im Geweih ein leuchtendes Kreuz trug – dadurch sei er zum Glauben bekehrt worden. Die Legende gleicht einer Illustration zum „Benedicite“: All ihr Tiere, preiset den Herrn! Sie will bildhaft zeigen: Christus, der Gekreuzigte, ist Herr über alle Kreatur, Herr über den Menschen, der dem Tier nachjagt. Das wurde dem Heiden, der an viele Herren glaubte, zur Einsicht, die ihn auf die Knie warf.

Die Geschichte des heiligen Hubert setzt dann wieder ein mit den Tatsachen. Er war Bischof von Tongern-Maastricht. Wegen der Normannen- und Friesengefahr verlegte er sein Bistum trotz der römischen Verwurzelung in den Jahren 717/718 nach Lüttich. Die Übertragung der Gebeine des Maastrichter Märtyrerbischofs Lambert war das sichtbare Zeichen der Bistumsverlegung. Am 30. Mai 727 starb Hubert in Tervueren bei Brüssel. Am 3. November 743 wurden seine Gebeine erhoben – die alte Form der Heiligsprechung. Am 30. September 825 wurden die Hubertreliquien noch einmal erhoben und in das Kloster St. Hubert gebracht. Dort dürfen heute noch die Schützen und Jäger mit ihren Pferden und Hunden am 3. 11. in die Kirche kommen.

Seit der Französischen Revolution sind die Hubertreliquien verschollen. Man vermutete sie in der Kapelle auf Schloß Heltorf bei Düsseldorf. Doch hier dürfte es sich um andere Lütticher Reliquien handeln. Als Patron des heute fast ausgestorbenen Berufsstandes der Jäger und Schützen hatte Hubert bis an den Rand der Neuzeit viel zu bedeuten. Sie lernten von ihm, sich vor dem Gekreuzigten zu beugen, der sie auch aus der Welt der Tiere als König anruft.

3.

HL. PIRMIN
Abtbischof, Glaubensbote

Pirmin, der gotische Klostergründer, verbannte die Schlangen

Pirmin ist der Missionsbischof der Franken und vor allem der Alamannen und steht unter den Heiligen als Repräsentant der alamannischen Welt. Er ist Gründer der Reichenau um 724, von Murbach und Hornbach, Mitgründer von Gengenbach und Schwarzach, Erneuerer von Maursmünster und Schuttern. Er ist Patron der Rheinpfalz und des Elsaß. Der pfälzischen Industriestadt Pirmasens gab er den Namen. Er starb in seiner Gründung Hornbach in der Pfalz am 3. November 753. Damals begann eben die karolingische Epoche. Seine Stiftung ging in der Reformationszeit unter. Damals duldete man die Gräber und Reliquien der Heiligen nicht mehr in den reformierten Kirchen. 1575 gelangten seine Gebeine über Speyer nach Innsbruck. Dort haben sie ihre Stätte in der Jesuitenkirche gefunden.

Pirmin stammte nicht wie die anderen Missionare seiner Zeit aus der insularen Kultur Englands und Irlands. Er war Westgote. Aus Aquitanien (Bordeaux) oder aus Katalonien (Barcelona) kam er in den Osten des Frankenreiches. Vielleicht darf man in seinen Gründungen noch einen Niederschlag seines gotischen Erbes erkennen. Pirmin war Benediktiner. Seinen Stiftungen und seinen Klostererneuerungen gab er die Benediktinerregel. Er grenzte sie sorgfältig vom übermächtigen Einfluß der weltlichen Großen und der diözesanen Bischöfe ab. Er selber kam ja als Bischof-Abt in seine missionarische Sendung. Ihm fehlt auch die lebhafte Verbindung mit Rom und Petrusamt. Mit dem gleichzeitig wirkenden Bonifatius und seinen

Gefährten hatte er keinen Kontakt. Das wäre auch schwer möglich gewesen, da sie andere Gegenden und andere Stämme erfaßten.

Die Volksfrömmigkeit späterer Zeit machte ihn zum Helfer gegen Schlangen und Ratten. Heute noch, so heißt es, seien in Pirmins bedeutendster Gründung, der Reichenau, diese Tiere nicht zu finden, weil er sie von der heiligen Insel weggewiesen habe. – Pirmin hat ein Missionsbüchlein verfaßt, die „Dicta Pirmini". Vielleicht hat er dadurch mehr Gift und Unrat weggewiesen als durch die Vertreibung der Schlangen von der Reichenau.

3.

HL. MARTIN VON PORRES
Ordensmann

Mediziner und Ordensbruder, Seelsorger der Armen

Der heilige Martin von Porres vertritt wieder Südamerika, besonders Perú, im Heiligenkalender. Er nimmt sogleich unsere Aufmerksamkeit in Anspruch: er ist Sohn eines Spaniers und einer Negerin. Er ist Ordensbruder und Mediziner.

In seiner Heimatstadt Lima, in der er am 9. Dezember 1569 geboren wurde, lernt er zunächst Heilkunde. Dann tritt er als Ordensbruder bei den Dominikanern ein. Gewiß hätte er als Arzt in der spanischen Kolonialwelt ein angesehenes Wirkungsfeld gehabt. Doch er wird Ordensbruder, er will Knecht der Knechte Gottes sein. er bleibt es bis in sein siebzigstes Lebensjahr. Am 3. November 1639 wird er von Gott heimgerufen. Der Inhalt seines Lebens ist die Krankenpflege, also der Beruf des Heilenden, den er mit Christus, dem Heiland, gemeinsam hat. In grenzenloser Demut und

Bescheidenheit tut er seinen Dienst. Für seine Mitbrüder und für die Mitbürger ist ihm kein Opfer zuviel, keine Last zu groß. Seine Heilkenntnisse kommen ihm sehr zugute. Dabei ist er nicht nur auf das leibliche, sondern immer auch auf das ewige Heil der Menschen bedacht. So begleitet er die Sorge um die Kranken mit großen Bußübungen – Sühne für die Schuld, die Ursache des Unheiles. Er ist unermüdlich in der Verehrung der heiligen Eucharistie. Martin von Porres gehört zwar nicht zu den Lehrern des Dominikanerordens, nicht zu seinen großen Predigern. Der Mediziner und Dominikaner tritt in die Ursprungssituation seines Ordens ein, das Volk, die Kleinen und Einfachen zum Heil zu führen.

Als Martin von Porres kanonisiert wurde, liefen die Konzilsvorbereitungen auf hohen Touren. Es war 1962. Die Entwicklungshilfe für die Völker der Dritten Welt und Werke wie „Adveniat" für Lateinamerika wurden viel besprochen. Aus vielen Worten erhob sich die Gefahr, als gelte es hier großzügige Almosen für Minderbemittelte zu sammeln. Da zeigte die Gestalt des Dominikanerbruders die innere Größe und Würde der Menschen Lateinamerikas. Martin von Porres war zugleich eine Antwort Lateinamerikas: Wir sind fähig, der Kirche zum Dank für die Entwicklungshilfe Heilige zu schenken.

4.

HL. KARL BORROMÄUS
Bischof

Gedenktag

Das Muster eines Bischofs

Karl Borromäus war zweiundzwanzig Jahre alt, als sein Onkel, Papst Pius IV., ihn zum Kardinal machte. Schon ein Jahr früher war er Päpstlicher Geheimsekretär. Eine solche Laufbahn hätte leicht im üblichen Nepotismus und in kirchlicher Weltlichkeit enden können. Aber Gott lenkte es zum Guten.

Karl Borromäus, geboren in Arona am 2. Oktober 1538, hatte in sich ein Erbe tiefer Frömmigkeit. Von 1552 an – er war vierzehn Jahre alt – studierte er in Pavia Rechtswissenschaften und wurde zum Doktor beider Rechte promoviert. Mehr als die Kardinalswürde packte ihn die Ernennung zum Erzbischof von Mailand, ergriff ihn der plötzliche Tod seines Bruders Federigo Borromeo. Der junge Doktor und Kardinal studierte neben seinen Aufgaben als Päpstlicher Geheimsekretär (wenig später hieß dieser Posten: Kardinalstaatssekretär) Theologie, besonders auch Homiletik. Am 17. Juli 1563 empfing er die Priesterweihe, am 7. Dezember 1563 die Bischofsweihe. Von Erzbischof Bartholomäus von Braga ließ er sich durch die Schrift „Stimulus pastorum“ in seine bischöflichen Pflichten einführen, die er zu Mailand im September 1565 übernahm, siebenundzwanzig Jahre alt, und ausübte bis zu seinem Tod als Sechsundvierzigjähriger am 3. November 1584. Als Päpstlicher Sekretär hatte er die Korrespondenz mit dem Trienter Konzil zu führen. Als Mailänder Erzbischof führte er die Bestimmungen des Konzils durch. Seine beiden Hauptmittel waren dabei die Visitationen und die Synoden. In den neunzehn Jahren seines Mailänder Wirkens hielt er fünfzehn Diözesansynoden und fünf Provinzialsynoden. Sie wurden als Acta Ecclesiae Mediolanensis gedruckt und in ganz Europa verbreitet als Musterbeispiel einer kirchlichen Amtsführung von Predigt und Sakramentenspendung bis zu Kirchenausstattung und Vermögensverwaltung. In seinen Visitationen ritt er bis hoch in die Alpengaue hinauf. Außerdem gründete er das Priesterseminar, mehrere Knabenseminare, ein Spätberufenenseminar – seiner Zeit vorauseilend –, ein Seminar für junge Adelige, ein Universitätskolleg in Pavia und die berühmte Brera – das Jesuitenschulkolleg in Mailand, dazu noch zahlreiche Katechismusschulen. Seine Initiative wirkte kräftig für Erhaltung und Erneuerung der Mailänder Ambrosianischen Liturgie.

Karl Borromäus gab seinem Erzbistum eine Prägung, die heute noch spürbar ist und die ihrerseits die von Mailand kommenden Päpste Pius XI. und Paul VI. geprägt hat. Er war „das Muster eines tridentinischen Bischofs, in dem das Konzil gleichsam Fleisch und Blut annimmt". Borromäus war in seinem rastlosen Schaffen Kämpfer, der keinen Konflikt mit unrechter Staatsgewalt scheute; Aszet, der kein Opfer scheute. Bei der großen Pest 1574 setzte er sich wagemutig für alle ein. Schon fünfundzwanzig Jahre nach seinem Tod (noch vor Ignatius und Theresia) wurde er heiliggesprochen. Sein Grab ist in der Krypta des Mailänder Domes.

Der Borromäusverein für das gute Buch erwählte ihn zum Patron. Ein Zufall! Man wollte die Borromäerinnen nach Deutschland holen. Dieses Ziel wollte ein Verein unter dem Namen des hl. Karl erreichen. Die Pläne wurden zerschlagen. Da setzte sich der nun einmal gegründete Borromäusverein das Buchapostolat zur Aufgabe.

6.

HL. LEONHARD
Einsiedler

Die Leonardikapellen sind von Ketten umwunden

Die Geschichte läßt uns völlig im Stich, wenn es um Leben und Werk des heiligen Leonhard geht.

Er soll Einsiedler in Nobiliacum = St-Léonard-de-Noblat bei Limoges gewesen sein, vermutlich im 6. Jahrhundert. Erst im 11. Jahrhundert versucht die Legende, die Lücke der Geschichte auszufüllen: Leonhard stammt aus vornehmer Familie der Franken, wird dem heiligen Remigius von Reims zur Erziehung und Unterweisung anvertraut. Er gründet das Kloster, das seinen Namen trägt: St-Léonard-de-Noblat. Besondere Fürsorge widmet er den Gefangenen.

Seit Verbreitung der Legende wächst die Verehrung des heiligen Leonhard in Frankreich, Italien, England, in Österreich, Schwaben, in Bayern besonders zu Inchendorf. Den Schutz dieses beliebten Heiligen ruft man in allen häuslichen Anliegen der bäuerlichen Lebenswelt an. Für das Vieh, besonders die Pferde, betet man zu ihm, darum der Leonhardiritt. Man bittet um gutes Wetter, um Hilfe für Kranke, um gute Geburt – im Vertrauen auf St. Leonhard. Die Ritter und Soldaten wenden sich an ihn, wenn sie in Gefangenschaft geraten. Viele Kirchen und Kapellen werden ihm geweiht. Dabei entstehen eigenartige Volksbräuche: man bringt ihm als Weihegabe eiserne Figuren. Man legt Ketten um das Leonhardigotteshaus. Man verwendet „Liendl-Schutzen". Da möchte sich die Deutung einmischen, hier seien heidnische Überbleibsel mit der Heiligenverehrung zugedeckt worden. Doch muß der Heilige in der bäuerlichen Welt gesehen werden. Der Landmann lebt oft ein einsames Leben, darum liebt er den Einsiedler. Er ist der Ungeborgenheit des Wetters und der Naturereignisse preisgegeben, darum sucht er Schutz beim Heiligen, der „in der Natur“ lebt. Der Bauer ist ein Namenloser, den man ausnutzen und knechten kann. Deshalb vertraut er dem namenlosen, unbekannten, geschichtslosen Heiligen wie einem Schicksalsgefährten. Mit dinglichen Gaben aus der bäuerlichen Welt will er sein Vertrauen konkretisieren. Da jeder Bauer sein eigener Schmied sein muß, äußert er sich gern mit Zeichen aus Eisen, die er selber hergestellt hat. Das schwere, schutzlose Bauernleben versenkt sich in das Heiligenleben. Es ist ihm Spiegel seines Daseins, aber zugleich Wegweiser zum wahren, ewigen Leben. Leonhard und mancher andere Heilige wollen weniger Person als Katechese sein.

7.

HL. WILLIBRORD

Bischof, Glaubensbote

Echternach – sein Kloster, Utrecht – sein Bistum, Rom – sein Fundament

Die Luxemburger, Friesen und Niederländer wissen sich heute im liturgischen Kalender vertreten. Willibrord ist ihr Mitbürger – nach seinem Tod am 7. November 739 in seiner Gründungsabtei Echternach begraben. Er ist ihr Missionar – von Papst Sergius I. zum Bischof der Friesen geweiht. Er ist ihr Organisator, der in der Bischofskirche von Utrecht die Grundlagen der niederländischen Kirche legte.

Willibrord kam wie so viele große Glaubensboten aus der insularen kirchlichen Welt. Er wurde 658 in Northumbrien geboren. Er wuchs auf im

Kloster Ripon, wo der heilige Wilfrith sein Lehrer war. Er wandte sich nach Irland, wo er in die Schule Egberts ging. Im Jahre 690 zog Willibrord mit elf Gefährten, unter ihnen der heilige Suitbert, in die Friesenmission. Willibrord war zweiunddreißig Jahre alt, die anderen großen Missionare, die von den Inseln zum Festland gingen, waren um vierzig Jahre alt. Mit dem Unternehmen Willibrords begann eine neue Methode der Missionierung. Er stellte sich unter den Schutz der fränkischen Könige und Hausmeier. So ging er zu Pippin dem Mittleren (Vater Karl Martells) und ließ sich das Friesenland als Missionsgebiet anweisen. Er reiste 692 auch nach Rom, um die Bestätigung durch den heiligen Sergius I., den Papst, der das Agnus Dei in die Messe einfügte, zu erlangen. 695 begab sich Willibrord zum zweiten Male nach Rom, von Pippin empfohlen. Am 21.11. gab ihm Papst Sergius die Bischofsweihe und den Titel eines Erzbischofs für die Friesen. Da am 23.11. der Clemenstag folgte, nannte der Papst den neuen Bischof Clemens. Willibrord erreichte nun missionarische Erfolge und errichtete in Utrecht eine Bischofskirche. Doch ähnlich wie sich zu etwa gleicher Zeit das Bistum Maastricht nach Lüttich zurückzog, so schuf sich Willibrord seinen Missionsstützpunkt etwa 700 im Kloster Echternach. Von hier gelangen Willibrord Vorstöße bis zu den Dänen und zu den Thüringern. Der Tod Pippins des Mittleren brachte mit sich den Untergang der fränkischen Macht und der Mission im Friesenland. Erst unter Karl Martell konnte sich die Glaubensverkündigung wieder entfalten. Damals kam ein besonders begabter Helfer von England, Winfried-Bonifatius. In dieser Zeit bekehrte sich der Großvater des heiligen Liudger, Wursing, zum Christentum. Die Verwaltung von Utrecht übernahm ein Chorbischof. Willibrord starb in Echternach.

Ohne Willibrords Vorarbeit ist das Werk des Bonifatius nicht denkbar. Wenn es auch scheint, daß Bonifatius ihn an Wagemut übertroffen hat, sicher an Erfolgen, hatte doch Willibrord die neuen wegweisenden Ideen, die das Mittelalter hindurch bleiben: die Bindung an Rom und die Zusammenarbeit mit dem Staat.

9.

WEIHETAG DER LATERANBASILIKA

Fest

Aller Kirchen der Stadt und des Erdkreises Mutter und Haupt

Unter den zahlreichen Kirchweihgedächtnissen sind drei von besonderer Bedeutung: die Dedicatio der eigenen (Pfarr- oder Kloster-)Kirche, die Dedicatio der Bischofskirche, die Dedicatio der Kathedrale des Papstes. Wir werden daran erinnert, daß unsere Zuordnung zur Kirche in drei konzentrischen Kreisen geschieht: in der Ortskirche, in der Diözese, in der Weltkirche. Wir sind als Christen zugehörig der Papst-Kirche, der Bischofs-Kirche, der Orts-Kirche. Dadurch wird die Laterankirchweihe unser Bekenntnis zur römisch-katholischen Kirche. Hier wächst das Petrusamt in die Liturgie hinein. Hier wird die Liturgie zum Bittamt für den Papst. Am Eingang der Lateranbasilika steht die Inschrift: „Omnium ecclesiarum urbis et orbis mater et caput.“ Der 9.11. macht diese Inschrift zur liturgischen Feier.

Der Lateran ist nicht nur liturgisches, sondern auch geschichtliches Monument. Von Silvester bis Avignon war er auch Wohnsitz des Papstes. Er hieß ursprünglich Erlöserbasilika, übernahm dann von seiner Taufkirche den Namen „St. Johannes Baptist“. Ihn zeichnet in seinem Apsismosaik das erste öffentliche Christusbild aus, das nach der konstantinischen Wende entstehen konnte. Unwägbar ist der Reliquienschatz, mit den mosaischen Gesetzestafeln bis zum Abendmahlstisch des Gründonnerstags, bis zu den Häuptern der Apostelfürsten. Unüberhörbar tönt die Sprache der Gräber: Innozenz III., Martin V., Leo XIII. Während der Jahre von Avignon zerfiel der Lateran. Er wurde als Stall der Schafherden benutzt. Auch in der folgenden Zeit blieb der Lateran trotz mancher Bautätigkeit zweitrangig.

Leben kam wieder in den Lateran, als auf seinem Gelände das Seminar der Diözese Rom durch Pius IX. errichtet wurde. Unschätzbar ist die Schar der Priesterkandidaten aus aller Welt, die in der Basilika oder in der Seminarkapelle die heiligen Weihen empfing. Erst recht lenkte der Abschluß der Verträge zwischen Vatikan und Italien im Lateran 1929 unter Pius XI. wieder aller Aufmerksamkeit auf den ersten Wohnsitz des Papstes. Vor allem die Verlegung der römischen Diözesanverwaltung in den Lateran durch Johannes XXIII. ließen die Erzbasilika wieder zum Mittelpunkt Roms werden.

An eigenem Datum

DAS WEIHEFEST DER EIGENEN KIRCHE

Gott wohnt in unserer Mitte. – Wir wohnen in seinem Hause

Der Jahrtag der Kirchweihe war im ersten Jahrtausend einer der bedeutendsten Feiertage im Herrenjahr. Viele heutige Feste sind aus der Mitfeier der Kirchweihtage religiöser Zentren entstanden. Selbstverständlich wurde das Kirchweihgedächtnis am eigentlichen Jahrestag begangen. Daraus ergaben sich auch Unzuträglichkeiten.

Um der Mitfeier der Kirchweih willen waren die Leutpriester vor allem im Herbst verpflichtet, bald dahin, bald dorthin zu gehen. Natürlich war das Kirchweihfest nicht ohne weltliche Vergnügungen. Da war der rechte Wandel der Pfarrer und der Pfarreien bedroht. Die klugen Oberhirten und ihre Synoden schufen radikale Abhilfe. Sie legten alle Kirchweihfeste im Bistum auf einen Tag. Damit war jede Wanderung von Fest zu Fest unterbunden. – In neuerer Zeit empfand man diese Zusammenlegung schmerzlich. Bedeutende Kirchen mußten am Jahrtag der bekannten Kirchweih Wochentagsmesse feiern. Zum Gesamttag aller Kirchweihen hatte man kein Verhältnis. So schuf die nachkonziliare Gesetzgebung die Neulösung: Wo bei neuen oder alten Kirchen der Weihetag bekannt ist, wird er gefeiert – sonst geht man auf den gemeinsamen Jahrtag. So sind denn wieder viele echte Kirchweihjahrtage möglich.

Im eigenen Kirchweihfest kommt die Fülle der zum Fest gewordenen Theologie und Schrift über Gottes Wohnen bei uns mehr zum Tragen als in Lateran- und Domweihe. Der Bau, der uns Heimstatt ist, wird zum Bild der jenseitigen Heimat. Er wird zur Mahnung an den Kirchbau des eigenen Lebens. Schon der Name Kirche besagt „Haus des Herrn", denn Kirche kommt von Kyriake – Kyrios – Herr. Im Lateinischen will ecclesia sagen „Haus der Kirche", Haus der Bundes-Versammlung des Gottesvolkes; denn ecclesia kommt vom griechischen Wort für Versammlung. So hat denn das geweihte Gotteshaus eine zweifache Dimension. Es ist Eigentum des Herrn und Stätte der Gemeinde des Herrn. Darin liegt der Sinn der Kirchweihe. Durch das geweihte Wasser, durch das heilige Öl, durch das Gebet, vor allem durch das eucharistische Opfer erklärt der Herr die Kirche als sein Eigentum. Zugleich übergibt er sein Eigentum der Gemeinde zur Benutzung, damit sie hier das Gotteswort höre und das Gottesmahl empfange und so heranwachse aus der Taufe zum Vollalter Christi: Die Kirche ist Ort der Kirche und Sinnbild der Kirche, weil hier der Herr der Kirche wirkt.

An jeweils eigenem Datum

KATHEDRALWEIHFEST

Sitz der Weisheit Gottes ist die Kathedrale durch das bischöfliche Lehramt

Drei Namen sind im deutschen Sprachraum für die Bischofskirche verbreitet: der Titel „Kathedrale", der Titel „Dom", der Titel „Münster". „Kathedrale" ist der liturgisch und juristisch richtige Name. „Dom" ist eigentlich die Bezeichnung für die bischöfliche Hauskapelle im domus episcopi. „Münster", lateinisch Monasterium, verrät manchmal, daß der Bau nicht immer Bischofskirche war. „Münster" will sagen, daß eine klerikale Gemeinschaft die Kirche verwaltet und ihren Gottesdienst versieht. Es ist eine Stiftskirche, die einzig und hervorragend ihre Stadt beherrscht. Die Kathedralen der beiden Freiburg, von Aachen, Essen, Solothurn, Straßburg tragen diesen Titel, die einstigen Bischofskirchen von Konstanz und Basel tragen ihn weiter, um einige Beispiele zu nennen.

„Münster" klingt vertraut und heimatlich, zumal im alamannischen Bereich. Jede Bischofskirche sollte den Diözesanen Heimat sein, nicht nur kalte Repräsentationsstätte. – Der Titel „Dom" hat in seiner Einsilbigkeit eher einen wichtigen und majestätischen Klang. Es gibt keine Bischofskirche, die nicht den Stolz der Gläubigen herausforderte. – Aber das Fremdwort „Kathedrale" ist doch der nachdenklichste Titel.

Die Hauptkirche des Bistums umschließt die Kathedra des Bischofs, vor dem Konzil vielfach „Thron" genannt. Hier hat das Lehramt des Bischofs seine Heimat, das er eigentlich, sitzend auf der Kathedra, ausübt. Sicher hat auch der priesterliche und leitende Dienst des Bischofs hier seine Mitte. Auf die Einheit mit der Eucharistiefeier des Bischofs beruft sich jeder zelebrierende Priester im Kanon der Messe. Aus der Kathedrale sendet der Bischof seine Helfer für das Hirtenamt aus. Doch das bischöfliche Lehramt des Bischofs, das er in Einheit mit seinen Priestern unter dem Papst ausübt, ist das spezifisch Bischöfliche der Bischofskirche. Hier thront das Wort, die Weisheit Gottes, und ist für uns gegenwärtig nah!

Die Französische Revolution machte in Frankreich und Deutschland die Dome zu Pferdeställen und Magazinen. Das eigentlich Revolutionäre war, wenn sie in der Kathedrale die „Göttin der Vernunft" auf den Altar setzte. – Im Zweiten Weltkrieg wurde der Straßburger Dom entweiht als „Weihestätte der Nation". Viele Dome wurden von Bomben und Granaten zerstört. Andere erreichte das Schicksal, daß sie dem katholischen Glauben entfremdet wurden. – Als in der Kathedrale von Karthago der Sängerknabe das Alleluia der Osternacht sang, wurde seine Kehle vom Pfeil eines vandalischen Eroberers durchbohrt. Aber die eigentliche Zerstörung der Kathedrale geschieht, wenn hier eine Lehre verkündet würde, die nicht Wort Gottes ist.

10.

HL. LEO DER GROSSE

Papst, Kirchenlehrer

Gedenktag

Von kristallener Klarheit sind Wort, Person und Werk, ein Gipfel des Papsttums

Zwei Päpste wurden von der Geschichte mit dem Beinamen „der Große" ausgezeichnet: Leo I. und Gregor I. Oft wird noch Nikolaus I. hinzugefügt.

Heute noch kann man dieses Urteil voll bestätigen. Von Leo haben Kirche und Papsttum, Glaube und Theologie, Kultur und Weltpolitik bedeutende Anregungen empfangen.

Leo stammte aus Etrurien, der heutigen Toskana. Er wurde Archidiakon seines Vorgängers Cölestin I., hatte somit die Funktionen des heutigen Kardinalstaatssekretärs. Als er zum Bischof von Rom gewählt wurde, war er nicht in der Stadt anwesend. Er befand sich auf einer Legationsreise in Gallien. Am 29. September 440 wurde er geweiht. Seine Hauptsorge war der Glaube. Schon als Archidiakon hatte er den Abt Kassian veranlaßt, seine Schrift „De incarnatione Domini" zu schreiben. Die Inkarnationslehre wurde für Papst Leo der große Auftrag. Im Osten war Eutyches gegen den Nestorianismus aufgetreten – der entgegengesetzte Pendelschlag des Monophysitismus war da. Nach dem peinlichen Zwischenspiel der „Räubersynode", wie Leo sie nannte, wußte er das kirchendiplomatische Kunststück zu vollbringen, daß Kaiserin Pulcheria und ihr Gemahl Makrian der Einberufung des Konzils in Chalkedon 451 zustimmten. Leo richtete an den Konstantinopler Patriarchen Flavian den berühmten „Tomus Leonis", ein Sendschreiben, das vom Konzil gebilligt wurde mit dem Ruf: „Petrus hat durch Leo gesprochen!" Mit gleicher Energie wandte sich Leo gegen die Priscillianer in Spanien, gegen den Pelagianismus und Manichäismus in Italien. Dann ordnete Leo die kirchlichen Verhältnisse in Nordafrika, Gallien und Illyrien. Er lehnte die im can. 28 von Chalkedon vorgenommene Rangerhöhung des Konstantinopler Patriarchen über Alexandrien und Antiochien ab. Von weltpolitischer Bedeutung war sein Auftreten gegen Attila in Mantua 452. Keine wunderbaren Erscheinungen, sondern der Eindruck der Persönlichkeit Leos veranlaßte Attila, sich mit seinen Hunnen über die Alpen zurückzuziehen. Ebenso verhandelte er 455 mit Geiserich, erreichte aber nur, daß die Vandalen Rom von Brand und Mord verschonten. Höhepunkt seiner Weltpolitik war wohl schon vorher 450 der Staatsbesuch Kaiser Valentinians III. mit Kaiserin Eudokia und Kaisermutter Galla Placidia in Rom, wobei der Kaiser dem heiligen Petrus huldigte und die Primatialgewalt reichsgesetzlich verankerte.

Leo hat uns etwa hundert Predigten hinterlassen, eine Sammlung von Briefen und Beiträge zur Liturgie. In allen leuchtet seine kristallklare Formulierung, seine liebenswürdige Redekunst. Predigend wird er zum Dichter, der im Gleichmaß der Verse des Cursus spricht. Wo man ihn studiert, erweist er sich als „der Große". Er starb am 10. November 461. Sein Grab ist in Sankt Peter, links von der Apsis.

11.

HL. MARTIN

Bischof

Gedenktag

Kein Reformer käme auf den Gedanken,
das Martinsfest abzuschaffen.
So tief ist es verwurzelt.

Wenn einer den griechischen Titel des „Großheiligen" verdient, dann Martin von Tours! In ihm leuchtet die Einheit des Römischen Reiches und Europas auf, die Kraft des Mönchtums und des Bischofsamtes, die Liebenswürdigkeit der Volksfrömmigkeit und des Brauchtums.

Martin, Sohn eines römischen Tribunen, wurde 316/317 zu Sabaria, Steinamanger, in Ungarn geboren. Er wuchs auf zu Pavia. Als Fünfzehnjähriger wurde er, vermutlich um die Laufbahn des

Vaters nachzuahmen, Soldat unter den Kaisern Constantius und Julian. Er war also noch ein Jugendlicher, als er in Amiens weilte und einem frierenden Bettler die Hälfte seines Soldatenmantels mitgab. Als Achtzehnjähriger wurde er getauft. In der Nähe von Worms gab er die Militärlaufbahn auf. Er ging nach Poitiers, um Schüler des heiligen Hilarius zu werden. Von dort begab er sich nach Ungarn. Er wollte seine Eltern bekehren und vielleicht auch Missionar werden. Über Mailand wanderte er nach Genua und blieb als Einsiedler auf der Insel Gallinaria. Dann trieb es ihn wieder nach Poitiers zu Hilarius, der inzwischen Jahre im Exil verbracht hatte. Martin war nun etwa dreiundvierzig Jahre alt. In Ligugé gründete er 361 das erste Kloster Galliens. 371 wählten ihn Klerus und Volk von Tours zum Bischof. Nahe bei Tours gründete er das Kloster Marmoutier. Es wurde ein Mittelpunkt monastischen und kirchlichen Lebens. In seinem Bistum und weit darüber hinaus missionierte Martin, um die Überreste des Heidentums, vor allem in der Landbevölkerung, zu christianisieren. Martin begab sich auch an die Höfe der weltlichen Herren. Er protestierte gegen die Hinrichtung des Häresiarchen Priscillian. Dazu reiste er zum Kaiser nach Trier. Bei seinen Reisen bemühte er sich um die Kranken. Man begrüßte ihn als Wundertäter. Doch hatte er auch viele Feinde wegen seiner Strenge und seines Gerechtigkeitssinnes. – Sein Leben war eine Synthese von Aszese und Apostolat, Mönchtum und Mission. Bei einer Wanderreise in seiner Diözese starb er am 8. November 397 in Candes. Tausende von Mönchen und Klosterfrauen und eine riesige Volksmenge wohnten seinem Begräbnis am 11. 11. bei. Sein Grab wurde Wallfahrtsort ersten Ranges.

König Chlodwig erhob Martin zum Patron des fränkischen Königshauses. Der Mantel des Heiligen (lateinisch cappa oder cappella), den man in die Schlacht mitnahm und im Pariser Königspalast aufbewahrte, gab dem Königsoratorium den Namen „Sainte-Chapelle". Dieser Name wurde schließlich jedem kleineren Heiligtum gegeben. Schon als Nationalpatron der Franken wurde Martin am 11. 11. hoch gefeiert. Da dieser Tag kurz vor Beginn des sechswöchigen gallikanischen Adventfastens lag, sammelte sich um das Martinsfest viel volksfrommes Brauchtum: die Lichterprozession (Lucernarium) zur Vesper am Vorabend, die reichlichen fetten und süßen Speisen (Martinsgans, Martinsgebäck), das uralte Recht der Kinder, Gaben zu erbitten, ja sogar karnevalistische Vergnügungen (darum wird mancherorts der 11. 11. irrig als Fastnachtsbeginn aufgefaßt). Die weihnachtlichen Zins- und Gesindetermine wurden auf den Martinstag angesetzt.

12.

HL. JOSAPHAT

Bischof, Märtyrer

Gedenktag

Er ist der Märtyrer der Union zwischen Orthodoxie und Rom

Der Heilige der Union zwischen Ost- und Westkirche wirbt heute im liturgischen Kalender für die Sorgen der verfolgten Gläubigen Osteuropas.

Josaphat, mit Familiennamen Kunzewitsch, stammte aus Wlodzimierz in der Ukraine. 1580 geboren, wurde er 1604 Basilianermönch innerhalb der Orthodoxen Kirche. In Wilna trat er zu der mit Rom unierten ruthenischen Kirche über. Hier wurde er 1609 Priester, 1613 Hegumenos, 1614 Archimandrit, 1617 Koadjutor, 1618 Erzbischof von Polozk. Er starb am 12. November 1623 zu Witebsk, dreiundvierzig Jahre alt. Das priesterliche und bischöfliche Wirken des heiligen Josaphat galt in eifervollem Einsatz der Una sancta, der Wiedervereinigung der getrennten orthodoxen und unierten Christenheit. Das war das eine Thema seiner Predigten, darum warb er als Beichtvater, darum bemühte er sich auf seinen Visitationsreisen. Da er selber von orthodoxen Eltern stammte und dem großen Orden der Ostkirche, den Basilianern, angehörte, war ihm die Geisteswelt der Orthodoxie vertraut. Aber er hielt die Union für unerläßlich. Nur in ihr glaubte er das ruthenische und das polnische Volkstum vor dem immer mächtigeren Druck aus dem Osten, vor Sultan und Zar, retten zu können. Nur in der Union mit Petrus sah er die Reinheit und Klarheit des Glaubens. So wurde er der bestgehaßte katholische Bischof seines Landes. Man lauerte ihm auf, während er auf einer Visitationsreise war. Grausam wurde er erschlagen. Sein Grab in Polozk geriet 1916 in die Kriegsfronten. Darum wurden seine Gebeine zuerst nach Wien, 1949 nach Rom in die Peterskirche übertragen. Auf Wunsch der polnischen Katholiken wurde der Heilige 1964 wieder in seine Heimat überführt. Josaphat wurde 1643 seliggesprochen, 1867 kanonisiert, 1923 von Pius XI. durch eine eigene Enzyklika geehrt. Man machte ihm den Vorwurf unklugen Eifers. Man bezichtigte den Vatikan der Unfreundlichkeit gegenüber Orthodoxie und Rußland, als Josaphat so geehrt wurde.

Die Ereignisse nach dem Zweiten Weltkrieg haben gezeigt, daß der Kampf des heiligen Josaphat ein Kampf um das Überleben des Katholizismus in der Grenzwelt des russischen Reiches war. Heute ist in der Ukraine, in Altrumänien, im einstigen Ostpolen die unierte katholische Kirche griechischen Ritus' vernichtet, wurde und wird grausam verfolgt. Dem Märtyrer Josaphat sind viele gefolgt. Die Hoffnung liegt nur in der vollen Einheit zwischen Orthodoxie und Rom.

15.

HL. ALBERT DER GROSSE

Bischof, Kirchenlehrer

Groß ist Albert als Theologe und Naturwissenschaftler,
groß als Friedensstifter,
am größten als Gottesmann, als Heiliger

Albert trägt den Titel „der Große". Mit Recht! Die Weite seines Wirkens in Europa, die Tiefe seines Wissens über Natur und Theologie waren nicht nur für seine Epoche, sondern sind auch für heute von bleibender Größe.

Albert stammt aus Lauingen an der Donau, geboren um 1200. Er starb am 15. November 1280 zu Köln, gehört also als Achtzigjähriger zu den „alten Heiligen". Er studierte zu Padua und wurde dort vom ersten deutschen Dominikaner, Jordan von Sachsen, 1223 für den Predigerorden geworben. Seine erste Ordensstation war Köln. Ab 1228 war er Professor in Hildesheim, Freiburg, Regensburg, Straßburg. In Paris weilte er ab 1243/44, von 1247 an war er Magister in der Pariser theologischen Fakultät. Im Jahr der Grundsteinlegung des gotischen Dombaues 1248 kam er als Lehrer an die neue Dominikanerhochschule in Köln. Hier war er bis 1254. Seine Schüler waren hier Thomas von Aquin und Ulrich von Straßburg. Danach war er drei Jahre Provinzial der deutschen Ordensprovinz (1254–57). Zeitweise war er in Anagni an der päpstlichen Kurie, wo er mit Thomas die große Verteidigung der Bettelorden hielt. Drei Jahre dozierte er danach wieder zu Köln (1257–60). Auf Wunsch Papst Alexanders IV. wurde er 1260 zum Bischof von Regensburg gewählt. Schon 1262 legte er das Bischofsamt nieder, weil er sich gegen den Hochadel im Domkapitel nicht durchsetzen konnte. Er selber bereitete seinen Nachfolger vor und empfahl ihn. Im Auftrag Papst Urbans IV. hielt er nun in Deutschland und Böhmen Kreuzzugspredigten, dozierte zwei Jahre in Würzburg (1264–66), vier Jahre in Straßburg und kam 1270 wieder nach Köln. Nach der Weise eines Weihbischofs hielt er immer wieder bischöfliche Pontifikalhandlungen. Schon 1252 und 1258 hatte er als Kölner Lehrer das Schiedsrichteramt zwischen dem Rat der Freien Reichsstadt und dem Erzbischof übernommen. 1271 war er von neuem Schiedsrichter und konnte den Erzbischof aus der Gefangenschaft in Nideggen und die Stadt vom großen Interdikt befreien. Zehn Jahre lang hatte er seinen Wohnsitz in Köln. Er verließ ihn nur, um 1274 mit Bonaventura (Thomas starb auf dem Wege) am Konzil von Lyon teilzunehmen – um dort für Rudolf von Habsburgs Wahl zum Kaiser zu sprechen – und um 1277 in Paris beim Heiligsprechungsprozeß für Thomas von Aquin aufzutreten. Er wurde in der Kölner Dominikanerkirche begraben und später in die Andreaskirche überführt, wo er in der Krypta ruht. Papst Gregor XV. gestattete, Albert als Seligen anzurufen. Erst Pius XI. vollzog 1931 die Kanonisation und die Erhebung zum Kirchenlehrer.

Die Schriften des Heiligen werden in der Kölner kritischen Neuedition vierzig Bände betragen. Darin erweist er sich als Kenner der Naturwissenschaften, als Philosoph in der Rezeption des Aristoteles, als theologischer Denker, als liturgischer Schriftsteller, als Mystiker. Legende und Sage machten ihn zum Zauberkünstler. Die Theologen vergaßen ihn, stellten ihn hinter Thomas zurück. Er bleibt „der Große".

15.

HL. LEOPOLD
Markgraf

Er nannte sich stolz „Sohn des heiligen Petrus“

Kaiser Heinrich der Heilige hatte das Bamberger Burggrafengeschlecht mit der Markgrafschaft Österreich belohnt. Aus dieser trefflichen Familie ging 1075 Leopold III. hervor, geboren zu Gars am Kamp, seit 1095 an der Regierung, verunglückt bei einer Jagd am 15. November 1136.

Leopold hatte einen hervorragenden Erzieher und Lehrer, den heiligen Bischof Altmann von Passau, einen Westfalen, den Stifter von Göttweig, wo sein Grab ist. Im großen Investiturstreit war Altmann eine der führenden Persönlichkeiten der päpstlichen Partei Gregors VII. Diese papsttreue Gesinnung übertrug Altmann auf seinen Zögling. Leopold nannte sich stolz „filius sancti Petri“. Doch 1105 ging er zu Heinrich V. über. Dessen Tochter Agnes wurde Gattin des Österreichers. Es war eine gute Ehe. Zwei hervorragende Bischöfe gingen aus ihr hervor: Otto von Freising, der Geschichtsschreiber, und Konrad II. von Salzburg. Die österreichische Stiftsgeschichte ist sehr mit Leopold verbunden. Er residierte auf dem Leopoldsberg bzw. in Klosterneuburg. Dort erbaute er die Stiftskirche, die sein Grab umschließt. Er bewirkte, daß anstelle der Kanoniker des Stiftes 1133 Augustiner-Chorherren einzogen. Leopold gründete die Klöster Heiligen-Kreuz der Zisterzienser 1133 und Klein-Mariazell der Benediktiner 1136. Das Stift Melk unterstellte er dem Papst. Durch diese Stiftungen begründete er die kirchliche Eigenständigkeit Österreichs, allerdings auch das spätere österreichische Staatskirchentum. Wie sehr man aus dem Reich auf ihn schaute und die wachsende Größe der Markgrafschaft anerkannte, zeigt die Tatsache, daß man Leopold 1125 zum deutschen König wählte. Der Heilige lehnte die Wahl ab. Er war wohl zu sehr beeindruckt von Größe und Fall seines Schwiegervaters Heinrich V. – Er starb einundsechzig Jahre alt. Seine Heiligsprechung erfolgte 1485. Kaiser Leopold I., der ihn sehr verehrte, erklärte ihn 1663 zum österreichischen Landespatron. Als solcher wurde er besonders angerufen, als zwanzig Jahre später, 1683, die Türken gegen Wien vordrangen.

Heute scheint der Landespatron in Österreich fast vergessen zu sein, wie die Heiligen überhaupt und die Geschichte insgesamt vergessen werden. Um so bemerkenswerter erscheint es, daß der Heiligenkalender im gesamten deutschen Sprachgebiet den heiligen Leopold von Österreich zur Kenntnis bringt – von den ehemaligen österreichischen Niederlanden-Belgien bis zum ehemals österreichischen Südtirol-Brixen. Der Kalender wurde zum Geschichtsrepetitorium.

16.

HL. MARGARETE VON SCHOTTLAND

Königin

Mutter von acht Kindern, Mutter eines Landes, Abbild der Mutter Kirche

Die heilige Königin Schottlands hat ihren Namen von der heiligen Märtyrin und Nothelferin Margarete (20. Juli). Sie hinterließ ihren Namen der heiligen Margarete von Ungarn, einer Nichte der heiligen Elisabeth. Die schottische Königin Margarete wurde um 1046 in Ungarn zu Reska bei Nádasd geboren. Ihr Vater Eduard Atheling war aus seiner schottischen Heimat als Verbannter geflohen. Er heiratete eine ungarische Prinzessin

Agathe. Margarete kam als junges Mädchen von Ungarn nach England. Ihr Großonkel, der heilige König Eduard der Bekenner, gewährte ihr Asyl. Neun Jahre war sie an seinem Hof. In England kam das Verhängnis der Schlacht von Hastings 1066. Margarete floh jetzt in ihre schottische Heimat zurück. Dort heiratete sie, 1070 etwa, vierundzwanzig Jahre alt, König Malcolm III. Sie war eine vorbildliche Gattin und Mutter von acht Kindern, zugleich eine ausgezeichnete Landesmutter. Gleich der heiligen Elisabeth war sie unermüdlich auf die Armen bedacht. Sie sorgte sich um Unterricht und Erziehung der Jugend. Ihre große Stiftung, die Dreifaltigkeitsabtei in Dumferline, diente auch diesem Ziel. Ihr Hauptwerk war die Mitsorge bei der Reform des kirchlichen Lebens. Die irregulären Gebräuche des alten keltischen Christentums, seiner Liturgie und seines kirchlichen Rechts mußten durch römisch-katholisches Kirchentum ersetzt und erneuert werden. Margarete war die Seele dieses Reformwerks. Ihr Aufenthalt in Ungarn und in England hatte ihr gezeigt, daß Schottland zur Einheit des römisch-katholischen Abendlandes gehören müsse. In ihrem persönlichen Leben waren ihr Gebetseifer und ihre Bußgesinnung Beispiel für alle. Denkmal ihrer Kirchlichkeit und Frömmigkeit sind ihre Kapelle im Edinburgher Schloß und ihr Evangelienbuch in der Oxforder Bibliothek. Margarete starb, verwitwet, am 16. November 1093 in Edinburgh. Sie wurde 1249 heiliggesprochen. Als die letzten Stuarts aus Schottland in Rom lebten, wurde 1693 Margaretes Fest auf die Liturgie der Gesamtkirche ausgedehnt.

So vertritt sie heute die schottische Kirche, eine kleine Minderheit in der streng puritanischen Christenheit Schottlands, im Kalender der Una sancta catholica. Ihr Gedenktag ist Bittag, daß in Kirche und Volk, Familie und Ehe Güte und Wohltun mächtig bleiben.

17.

HL. GERTRUD VON HELFTA
Ordensfrau, Mystikerin

Sie heißt „die Große" wegen ihrer Christusmystik, deren Mitte das „Herz" ist.

Die heilige Gertrud hat ihren Beinamen von ihrem Kloster Helfta in Sachsen. Ihr Geburtsort ist Eisleben in Thüringen, die gleiche Stadt, aus der Martin Luther stammt. Aus der kleinen Stadt zwei religiöse Gipfel, aber völlig anders in der Art!

Gertruds Geburtstag ist der Epiphanietag, 6. Januar 1256, kennzeichnend für ein ganzes Leben in der „Erscheinung" ihres Herrn. Als fünfjährige Klosterschülerin kam sie nach Helfta, wo sie zeit ihres Lebens blieb. Die Abtei gehörte dem Zisterzienserorden an. (Gewisse Zweifel kamen auf, ob die Klosterfrauen nicht Benediktinerinnen waren.) Hier starb sie am 13. November 1302, sechsundvierzig Jahre alt. – Das Kloster gab dem Kinde eine ausgezeichnete humanistische und theologische Ausbildung. Die Äbtissin des Klosters war Gertrud von Hackeborn, eine Heilige, die ihr Haus zur Blüte der Frömmigkeit und Bildung führte, eine weise und liebevolle Mutter. Fünfundzwanzig Jahre war Gertrud von Helfta alt, als sie am 27. Januar 1281 ihre erste Christusvision hatte. Bis zu ihrem Tode blieb sie in mystischer Christusverbundenheit. Von 1289 an legte sie ihre seherischen Erlebnisse schriftlich nieder. Sie gebrauchte eine klare, kultivierte lateinische Sprache. Ihre mystischen Erhebungen schlossen sich an die Feier der Liturgie an. Inhalt waren vor allem die Eucharistie und das Herz Jesu. Alle Anrufungen der heutigen Herz-Jesu-Litanei sind in Gertruds Schriften zu finden. Sie ist durchdrungen von bernhardinischer Frömmigkeit. Sie trägt die Christusinnigkeit der Kirchenväter in das Mittelalter hinein. Dabei bleiben ihre Schriften lesbar ob ihrer Einfachheit, Kindlichkeit, Geistesfreiheit und Freudigkeit. Doch bei aller Mystik zieht sie jeden Dienst schwesterlicher Liebe dem Gespräch mit Christus vor. Der Gehorsam gegenüber ihren Oberen und gegenüber der Ordnung der Gemeinschaft rangiert bei ihr vor den Erhebungen ihres Geistes. Sie ist die größte deutsche Mystikerin. Ihre Geistigkeit lebt weiter in der Herz-Jesu-Verehrung der Gesamtkirche. Sie ist ein Zenit deutschen Frauenlebens und katholischer Frömmigkeit im Mittelalter.

Die heilige Gertrud von Helfta heißt „die Große". Ihre Gefährten in diesem Titel sind Leo I., Gregor I., Albert und wohl auch der Mönchsvater Antonius und Papst Nikolaus I. Aber Gertrud die Große hat kein Grab in einem Gotteshaus. Ihr Schrein gehört zum Museum des Welfenschatzes.

18.

WEIHETAG DER BASILIKEN ST. PETER UND ST. PAUL ZU ROM

Vom Neubau der Peterskirche ging die Reformation aus,
vom Neubau der Paulskirche die Romantik,
von beiden ein Strom apostolischer Begeisterung

Die Peterskirche wurde 326 durch Papst Silvester geweiht. Konstantin hatte die Basilika über dem ursprünglichen Armengrab des Apostels Petrus nach Abtragung von Familiengrabmonumenten und großer Erdmassen des vatikanischen Hügels errichtet. Für die neue Peterskirche wurde die Grundsteinlegung vollzogen durch Julius II. Die Kirchweihe nahm 1626 Urban VIII. vor.

Die Paulskirche war zunächst als kleiner Bau von Konstantin errichtet worden. Bald wurde ein größerer Bau ins Werk gesetzt, den man als Monument der Überwindung des Arianismus nach unsäglichen Wirren und Leiden bezeichnen kann, zumal die Initiative von Kaiser Theodosius ausging. Papst Siricius konsekrierte die Basilika am 18. November 390. Ein Großbrand vernichtete St. Paul 1823. Die sofort neu errichtete Basilika wurde von Pius IX. 1854 geweiht unter Teilnahme aller Bischöfe, die zur Verkündigung des Dogmas von der Immaculata nach Rom gekommen waren.

Wichtiger als die Daten ist der Dank für das göttliche Wirken in diesen seinen heiligen Häusern. Unmeßbarer Segen ist von der Peterskirche ausgegangen. Man braucht sich nur zu erinnern an die beiden Vatikanischen Konzilien 1869–70 und 1962–65, die in St. Peter tagten. Man braucht nur an die benediktinischen Gründungen zu erinnern, die von St. Paul ausgingen, oder an die erste Ankündigung des Vaticanums II, die in St. Paul geschah. Die Pilger nach St. Peter und St. Paul in vielen Jahrhunderten brachten apostolische Begeisterung zu allen Völkern heim.

Zugleich wird das Weihefest zum Sühnetag. Als 1506 Julius II. den Grundstein zur neuen Peterskirche gelegt hatte, begann die unselige Ablaßpredigt, die der zündende Funke zur Glaubensspaltung war. Vorher hatten nicht nur die Araber (846) St. Peter völlig ausgeplündert, es hatten auch die Kaiser das Gotteshaus verwüstet: Heinrich V. (1111) veranstaltete eine regelrechte Schlacht und nahm Papst Paschalis II., der ihn nicht krönen wollte, gefangen; Barbarossa (1167) erstürmte die Basilika und legte Feuer an. Gregor IX. wurde Ostermontag 1228 vom Altar weggerissen; der Sacco di Roma der Deutschen (1527) raubte den Schatz von St. Peter aus, und die Franzosen ließen 1798 die Geräte einschmelzen, die Bücher abtransportieren. St. Peter ist ein Spiegel der Wirrsale der Gesamtkirchengeschichte und der Schuld in Hirten und Herde der Kirche. Aber es überwiegt der Dank, daß diese beiden Grabeskirchen immer mehr die Quellen des Heils öffneten.

19.

HL. ELISABETH VON THÜRINGEN

Landgräfin

Gedenktag

Bevor sie Heilige der Caritas wird,
ist sie die Heilige der Gerechtigkeit

Die heilige Elisabeth war die erste, die größte Blüte aus der Saat des heiligen Franz. Ihre Gestalt und ihr Leben bedeuteten für die deutschen Lande den Durchbruch der franziskanischen Bewegung.

Nichts war für Elisabeth weniger selbstverständlich als die Gedanken des heiligen Franz. Sie wurde geboren 1207 auf der Burg Sáros Patak in Ungarn. Mütterlicherseits entstammt sie dem machtbewußten Geschlecht der Grafen von Meranien in Andechs. Väterlicherseits erbte sie von den ungarischen Arpaden Freude an Kampf und Herrschaft. Aber ihre Veranlagung explodierte in den geistigen Bereich. Sie tut Gewalt um des Himmelreichs willen. Ihre jugendliche Frömmigkeit ist so ungestüm, daß man sie, als einjähriges Kind verlobt mit dem Landgrafen (Herzog) Ludwig von Thüringen, als Vierjährige in die neue Heimat gebracht, vor der Heirat 1221 nach Ungarn zurückschicken will. Doch sie wird Braut, Gattin und Mutter in vorbildlicher Innigkeit. Mit zwanzig Jahren, nach sechsjähriger Ehe, ist sie Witwe. Sie trauert um den Gatten, der in Brindisi am 11. Juli 1227 auf dem Kreuzzug am Fieber stirbt, als gehe die Welt unter. Dann wird sie zur Kämpferin für die Gerechtigkeit, weil sie nicht dulden will, daß unrechtes Gut für den Tisch der Wartburg verwendet wird. Aus ihrem Heim wird sie nicht vertrieben – sie verläßt es. Dann verläßt sie auch ihre drei Kinder. Man raubt ihr die Witwengüter. Sie leidet Not. Als man ihr eine Abfindung gibt, verwendet sie alles für die Stiftung des Hospitals in

Marburg. Ihre Frömmigkeit läßt sich von der übergroßen Strenge ihres Lehrmeisters Konrad von Marburg geradezu auf das Kreuz nageln. Ihre Caritas ist „eine gekreuzigte Bermherzigkeit". Als Siechenpflegerin dient sie in ihrem Marburger Hospital. Sie stirbt am 19. November 1231, vierundzwanzig Jahre alt. – Im Grab leidet sie noch Gewalt. Ihr eigener Nachkomme, Philipp von Hessen, läßt ihre Gebeine aus dem Elisabethschrein wegnehmen. Sie sind verschollen.

Elisabeth lebte auf den Satz hin: Die Gewalt brauchen, reißen das Himmelreich an sich. Sie ist in ihrer Konsequenz so franziskanisch wie der heilige Franz.

21.

GEDENKTAG UNSERER LIEBEN FRAU IN JERUSALEM

Das Hausfest im Elternhaus Mariens an der Tempelmauer

Auch die Kunst mit ihren liebenswerten Bildern der Darbringung Mariens zum Tempeldienst kann uns nicht damit versöhnen, daß die einstige Überschrift dieses Gedenktages auf reiner Legende beruht. Es gab in Jerusalem keine Tempeljungfrauen. Deshalb kann auch Maria nicht zu diesem Dienst dargebracht worden sein. Das Fest wollte man darum als Aussage über die Wesensart Mariens sehen. Sie nennt sich „Magd des Herrn". Die Katholiken im einstigen Königreich Preußen mußten den Tag Mariä Opferung am evangelischen Buß- und Bettag als „Ersatz" für „Mariä Aufnahme in den Himmel" feiern; doch das gab dem Tag keinen bewegenden neuen Gehalt. Darum wurden bei der konziliaren Kalenderreform die Stimmen laut, den Gedenktag Praesentatio BMV abzuschaffen. Dagegen erhob sich kräftiger Widerspruch von den Griechen und von den Kennern der griechischen Liturgie. Ein Tag, der uns mit den Griechen im Gebet vereint, kann nicht entfallen.

Nun kam die Entdeckung: am 21.11. wird das Weihefest der Marienkirche an der Jerusalemer Tempelmauer im Gelände der El-Aksa-Moschee begangen. Dieses Kirchweihfest ist aus dem 5. Jahrhundert. Mit der Jerusalemer Marienkirche verbinden sich hundert Überlieferungen, die davon sprechen, daß hier das Haus der Eltern Marias gestanden habe. Jetzt war es unmöglich, das Fest zu streichen. Man gab ihm den ansprechenden neuen Titel „Unsere Liebe Frau von Jerusalem". Er prägt den Tag zur Heilig-Land-Fahrt. Die Bilder der Heiligen Stadt stehen auf und die Lichter vor den Ikonen der Griechen, der Armenier, der Russen und der Kopten. Daß Unsere Liebe Frau ihr israelitisches Volk, das Gottesvolk aus Lateinern und Griechen, ja auch aus dem Islam zusammenführe zum Lobe Christi, ihres Sohnes, erfleht dieser Gebetstag an der Tempelmauer der katholischen und orthodoxen Liturgie.

22.

HL. CÄCILIA

Jungfrau, Märtyrin

Gedenktag

Legende? Katechese über die Kirchenmusik aus dem Kreuz und für das Kreuz

Cäcilia ist eher eine Verwechslung als eine Heilige. So sagt man. Der Name einer römischen Gens oder Familie, die ihr Haus als „Titulus" (etwa: Pfarrkirche) für die christliche Gemeinde in Trastevere zur Verfügung stellt, führt zur Namensgebung: Titulus Caeciliae. Man hält nun den Namen „Cäcilia" nicht mehr für einen Familiennamen, sondern glaubt, es sei ein Vorname. Man sieht hinter dem Vornamen eine Frau, eine Heilige namens Cäcilia. Der nächste Schritt ist die Annahme, eine heilige Cäcilia habe hier gelebt und den Tod erlitten. Das noch vorhandene Bad dieses Adelssitzes bildet rasch die Legende aus, Cäcilia sei im Bad erstickt worden. Dabei ist natürlich nicht ausgeschlossen, daß es ein solches Mitglied der Gens Cäcilia gegeben hat. Es kann durchaus sein, daß man über eine Einzelpersönlichkeit Cäcilia einmal greifbare Entdeckungen macht.

Längst wird die Liturgie des Stundengebetes von St. Cäcilia gesungen. Da fällt im Antiphonentext das Wort „Cantantibus organis" auf: beim „Klang der Orgel, der Instrumente" sang Cäcilia das Gotteslob. Die Maler machen daraus die Darstellung St. Cäcilias mit der Orgel. Cäcilia wird zur Patronin der Kirchenmusik. Die Antithetik steht da: die im Bad Erstickte wird zur Vorsängerin. Die im Bad Enthauptete singt das Gotteslob. Im Cäcilienbild der Krypta von Santa Cecilia liegt die Märtyrin, wie sie eben vom Todesstreich niedergeworfen wurde; ihre Finger sind ausgestreckt, drei an der einen, einer an der anderen Hand. Sie zeigen den Glauben an, für den sie stirbt und den sie besingt: das Geheimnis des Einen und Dreifaltigen. Sie gibt also der Kirchenmusik nicht ein Patronat aus bürgerlicher Sangesfreudigkeit. Vielmehr zeigt sie Kreuz und Leid als den klarsten Quell des Gotteslobes an. Cäcilia ist also nicht eine Symbolfigur oder eine getaufte griechische Muse. Sie ist eine Verkündigung über den Grundcharakter der Musica sacra.

Man erzählt, Papst Paul VI. habe sehr persönlich eingegriffen, um das Cäciliengedächtnis im Kalender zu erhalten. Er wußte, daß Liturgie und Gotteslob, die er so großartig erneuerte, auf dem Ölberg Wurzel schlagen.

23.

KOLUMBAN

Abt, Glaubensbote

Unbequem, hart, rastlos, aber ohne ihn fehlte ein Grundpfeiler Europas von Irland bis Italien

In Bobbio südlich von Mailand hat Kolumban die letzte Ruhe nach seinen langen Wanderungen gefunden. Er starb hier am 23. November 615 als Zweiundsiebzigjähriger. Sein Grab ist in der Krypta der einstigen Abteikirche, jetzigen Kathedrale, deren Funktion als Bischofskirche nun durch die Neuordnung der italienischen Diözesen beendet wurde.

Kolumban ist eine europäische Figur. Er hat auch als erster das Wort „totius Europae" verwendet. In Irland wurde er um 543 geboren. Er wuchs im Kloster Bangor auf. Dreißig Jahre lang wirkte er hier als Lehrer. Von der Ruhe dieser Lebensepoche zeugen die Gedichte, die er hier verfaßte. Als Achtundvierzigjähriger machte er sich 591 mit zwölf Gefährten auf die Wanderung. Er stellte sich dem Merowingerkönig Childebert zur Verfügung. Der wies ihm zunächst Annegray, dann Luxeuil und Fontaines an. Allerorts strömen ihm die Menschen zu, die nach einem asketischen Leben verlangten. Zweihundert Mönche umgaben ihn. Ihnen widmete er seine Mönchsregel und seine Zönobitenregel, dazu zwei Bußbücher von einer für uns unfaßbaren Strenge irischer Bußdisziplin. Später wird Kolumbans Regel von der Benediktinerregel, die maßvoller ist, abgelöst. – Im Aufbau seiner Gemeinschaften geriet Kolumban in eine Differenz mit den Bischöfen des Landes. Nach irischer Sitte befolgte er einen anderen Ostertermin. Kolumban erbat die Entscheidung des Papstes. – Unter Theuderich wurde Kolumban zum unbequemen Mahner, weil er den Konkubinat der

Könige öffentlich anprangerte. Er machte sich wieder auf den Weg. Er kam an den Züricher See, wanderte nach Bregenz an den Bodensee. Jetzt wurde er von den noch und wieder heidnischen Alamannen bekämpft. Wieder machte sich Kolumban auf den Weg und wanderte über die Alpen. Seinen Schüler Gallus ließ er im Alamannengebiet zurück. Kolumban ließ sich in Bobbio in der Lombardei nieder. Hier verbrachte Kolumban seine letzten Lebensjahre. Seine Stiftung überdauerte die Jahrhunderte.

Ebenso wichtig ist das kolumbanische Erbe in seinen Briefen, Ordensregeln, Gedichten und Predigten, die heute wieder im Stundengebet gelesen werden. Sie zeigen, daß der Abt Kolumban bei aller Unrast seines Wanderns und maßlosen Strenge seiner Buße ein ausgeglichener, gebildeter, klarer Charakter ist. Man liest ihn gern. Er wandert, weil er weiß: Wir haben hier keine bleibende Stätte. Er meditiert und schreibt, weil er in der „europäischen Kultur" und Kirchlichkeit einen Aufgang der jenseitigen Bleibe sieht.

23.

HL. KLEMENS

Papst, Märtyrer

Der Klemensbrief ist sein Denkmal.
Mit dem 4. Papst beginnen
die päpstlichen Friedensmissionen

Clemens Romanus war der dritte Nachfolger des heiligen Petrus als Bischof von Rom und als Träger des Oberhirtenamtes der Kirche. Vor ihm walteten Linus und Anenkletus des Petrusamtes. Die Jahre seines Pontifikates waren von 92–101. Nach Tertullian hatte Petrus selbst noch Klemens geweiht.

Damit beginnen erst die Fragen. Im Philipperbrief (4,3) wird von Paulus ein Klemens genannt. Ist es der spätere Papst? – Hat Klemens an der Abfassung des Hebräerbriefes mitgewirkt? Solche Vermutungen wurden von Eusebius und Origenes geäußert. – War Klemens ein Prinz des flavischen Kaiserhauses? War er vielleicht gar identisch mit dem von Domitian hingerichteten Konsul T. Flavius Clemens? So heißt es in Pseudoschriften. – Ehrenvoll nennen ihn Origenes und Irenäus einen Apostelschüler, Klemens von Alexandrien sogar Apostel. Aber war er Märtyrer? Davon sprechen viele altchristliche Quellen und die gesamte römische Tradition. Es schweigen davon Kenner wie Hieronymus und Irenäus. – Was ist es mit der Klemensbasilika nahe dem Flavischen Amphitheater, dem Kolosseum? Sie war ursprünglich ein Haus der flavischen Familie und wurde als Gedenkstätte für Papst Klemens benutzt. Ist es nur Legende, daß Klemens zur Krim verbannt und dort ins Schwarze Meer gestürzt wurde? Der heilige Missionar Kyrill war im 9. Jahrhundert überzeugt, die Reliquien des heiligen Klemens aus dem Osten mit nach Rom zu bringen, wo er selber beim Märtyrerpapst in San Clemente beigesetzt wurde. So ist das Leben des heiligen Papstes Klemens Frage über Frage. Vollkommen sicher sind jedoch die Existenz und das Wirken seiner Persönlichkeit. Sicher stehen wir in San Clemente auf dem Boden seiner Zeit – und vielleicht doch noch seiner Familie?

Sicher ist vor allem der Brief an die Gemeinde von Korinth, zwischen 93 und 97 verfaßt, ein Werk des heiligen Papstes Klemens. Der Klemensbrief gibt uns ein kostbareres Denkmal des vierten Papstes, als jede Basilika es sein könnte. In Korinth war ein großer Kirchenstreit. Man hatte Presbyter abgesetzt, obwohl sie ohne Schuld waren. Klemens fordert ihre Wiedereinsetzung und die Buße der aufrührerischen Geister. Dabei spricht er über die Themen Frieden, Hierarchie, göttliche Ordnung in der Kirche. Viele Hinweise auf andere Punkte des Glaubens und der Geschichte sind zu finden, z.B. über die Martyrien von Petrus und Paulus. Auch für die Liturgiegeschichte ist der Brief sehr ertragreich. Adressat des Klemensbriefes ist nicht nur Korinth, sondern die Gesamtkirche, nicht nur das 1. Jahrhundert, sondern die Gegenwart. Deshalb lesen wir nun mit Recht wieder aus diesem Brief des vierten Papstes im Gottesdienst des Stundengebetes, wie es auch die Frühzeit getan hat.

Lange Zeit, ehe die Nikolausverehrung nach dem Westen kam, war Klemens Schifferpatron. Zusammen mit Martin I. ist er: Papst, der in Rußland starb. Das Schifflein Petri kennt die russischen Ufer.

25.

HL. KATHARINA VON ALEXANDRIEN

Jungfrau, Märtyrin

Sie ist Patronin der Schneiderinnen und der Philosophen. Das eine heilt das andere

Von der heiligen Katharina berichtet nur die Legende. Sie lebte in Alexandrien und wurde wegen des Glaubens vor Gericht gezogen. In einer glanzvollen Disputation überwand sie die Philosophen, die gegen die christliche Religion sprachen. Man flocht sie aufs Rad und enthauptete sie. Das war um 300 in der großen Verfolgung des Diokletian. Ihr Leib wurde von Engeln im Kloster auf dem Sinai bestattet.

St. Katharina wäre fast ein zweites Mal einen „Martertod“ gestorben. Man hatte sie schon zum Ausgelöschtwerden aus dem lateinischen Kalender veruteilt. Da wurde sie gerettet von den Griechen. Sie haben ihr eines ihrer schönsten und geschichtsreichsten Klöster, das auf dem Sinai, und viele, viele Ikonen gewidmet. Einen Verzicht auf das Katharinengedächtnis hätten die Griechen nicht verstanden.

Die Heilige ist für die alte Zeit die Weisheit unter den Frauen. Sie ist heute noch die Patronin der Schulen und der philosophischen Fakultäten. Sie trägt zum Rad und zum Schwert, die ihr den Tod brachten, das Buch des Wissens als ihr Symbol. – Das Rad erinnert nicht nur an ihre grausamen Todesqualen. Es ließ die Zeit vor der Technik an das Spinnrad denken. Dadurch wurde Katharina zur Patronin der Näherinnen und Putzmacherinnen. Da kann das Rad wieder zum Zeichen des Verderbens werden, des seelischen Verderbens, das durch Mode und Putzsucht heraufbeschworen wird. In Frankreich nennt man die Schneiderinnen und andere Angestellte boshaft „Midinetten", weil sie über Mittag Herrenbekanntschaften suchen. So kommt St. Katharina zu dem etwas zweifelhaften Patronat der Midinetten. Aber da zeigt sie das Buch: das Rad wird überwunden vom Buch, das heißt, die Eitelkeit und alle anderen Süchte werden überwunden von der fraulichen Weisheit und Klugheit. „Mit dem Buch gegen die Sucht!" so spricht inmitten der heiligen Vierzehn Nothelfer St. Katharina.

Ihre trefflichste Weisheit bleibt dann die Jungfräulichkeit, ihre ungeteilte Liebe zu Gott. Sie vollendet den Akkord: Buch und Rad und Schwert und die restlose Gottesweihe!

26.

HL. KONRAD UND HL. GEBHARD

Bischöfe

Heimatliche Heilige – nicht nur, weil sie aus der Heimat stammen, sondern eher, weil sie Heimat bereiten

Die beiden großen Konstanzer Bischöfe stehen für das Nachfolgeerzbistum Freiburg, für Baden und das Bodenseegebiet im Kalender.

Konrad, Sohn eines Welfengrafen aus Altdorf bei Weingarten, wurde geboren um 900. Konrad starb am 26. November 975 als Fünfundsiebzigjähriger. Er wurde im Beisein des heiligen Ulrich von Augsburg zum Konstanzer Bischof gewählt. In seiner Bischofsstadt stiftete er die Kirchen St. Paul, St. Johann, St. Mauritius und das Hospital. Er war sehr verbunden mit Kaiser Otto dem Großen. Dreimal wallfahrtete er in das Heilige Land. Konrad hat Konstanz groß gemacht.

Unter den Heiligen ist Konrad durch zwei Geschehnisse, die von der Legende berichtet werden, volkstümlich geworden: In seinem Bistum lag das neue Kloster Einsiedeln, von der Reichenau aus gegründet. Konrad wollte die neue Einsiedeler Klosterkirche weihen. In der Nacht vor der Kirchweih hatte er ein Traumgesicht, die Gottesmutter sei mit den Engeln herabgestiegen und habe den Bau geweiht. Darum unterließ Bischof Konrad die Weihehandlungen. Die Engelweihe von Einsiedeln schien ihm wirksamer zu sein. – Als Konrad eines Tages die heilige Messe feierte, ließ sich eine giftige Spinne in den Kelch hineinfallen. Tapfer nahm er den Kelch mit dem heiligen Blut, ohne Schaden zu leiden. Deshalb stellt man den heiligen Konrad mit Kelch und Spinne dar.

1526 wandte sich der Zorn der Reformation gegen den vom Ersten Laterankonzil 1123 heiliggesprochenen Konrad, der 1089 im Konstanzer

Münster beigesetzt worden war, und warf seine Reliquien in den Bodensee. Nur das Haupt wurde gerettet und in das Konstanzer Münster gebracht.

Der heilige Gebhard, sein zweiter Nachfolger, setzte Konrads Werk fort. Er stammte aus dem Bregenzer Grafengeschlecht, geboren 949, und wuchs an der Konstanzer Domschule auf. Durch Kaiser Otto II. wurde er 979 Bischof von Konstanz. Er stiftete die Abtei Petershausen und setzte sein Familienerbgut dafür ein. In Petershausen war sein Lieblingsaufenthalt. Als er am 27. August 995 gestorben war, wurde er in seiner Kirche zu Petershausen bestattet. In den Jahren 1134 und 1259 wurden seine Gebeine erhoben. Damit war seine Kanonisation ausgesprochen.

Wie St. Konrad ging auch St. Gebhard in den Volksbrauch ein: das alte Konstanzer Rituale sah eine Segnung von Gebhardsbrötle vor, die mit einer Fürbitte der Kirche um Genesung von Halsleiden verbunden war. Zum heiligen Gebhard beteten die jungen Mütter. Der Heilige war (wie Julius Cäsar) durch Kaiserschnitt auf die Welt gekommen; so hoffte man auf seine Fürbitte in der schweren Stunde.

Konrad und Gebhard sind große Bischofsgestalten, kaiserlich wie ihr Dom und ihre Zeit, aber verbunden mit dem schlichten Volk und dem Land, darum liebenswert bis heute.

34. Sonntag im Jahreskreis

CHRISTKÖNIGSSONNTAG

„Christkönig" war einmal das Abwehrfest gegen den Nationalsozialismus –
Liebe zu Christus gegen die Macht und Gewalt

Das Hochfest des Königs Christus wurde im Jahre 1926 angeordnet von Papst Pius XI. Der Anlaß zu diesem neuen Fest war das Heilige Jahr, das 1925 mit ausgezeichnetem Erfolg gefeiert worden war. Das Heilige Jahr hatte in noch nie erlebter Zahl die Pilger nach Rom geführt und dort das Gottesreich aus allen Nationen sichtbar gemacht. Die Idee der Gemeinschaft der Völker, nachdem der Erste Weltkrieg mit seiner Zerrissenheit eben erst vorüber war, wollte Pius XI. im Christkönigsfest in dankbarer Erinnerung halten.

Neben den Zusammenhängen des Heiligen Jahres 1925 hatten dem Christkönigsfest den Weg bereitet: Anregungen aus Paray-le-Monial und Marseille. In Paray-le-Monial wurde der Christkönigsgedanke gepflegt in Ergänzung der Verinnerlichung durch die Herz-Jesu-Frömmigkeit. In Marseille war es das Apostolat einer Beterin, die mit ihren Briefen an höchste kirchliche Würdenträger das Fest propagierte. – In Deutschland wurde das Christkönigsfest bald der pfarrliche Tag der Jugend. Während der nationalsozialistischen Verfolgung ging vom Christkönigsfest, das fast zur „Konkurrenz" für Allerheiligen wurde, eine lebendige Stärkung des Glaubens für die katholische Jugend aus. Papst Paul VI. gab dem Fest einen neuen Platz am letzten Sonntag des Herrenjahres.

Das Christkönigsfest wurde oft als überflüssig erklärt. Denn Epiphanie und Himmelfahrt, nicht zuletzt Ostern selber sind vom Charakter der königlichen Herrlichkeit Christi geprägt. Doch ging es Pius XI. nicht so sehr um das heilsgeschichtliche Königtum Christi, sondern um den sozialen und staatspolitischen Wert der Christkönigsidee:

die Völker können in sich und untereinander den Frieden nicht finden, wenn sie sich nicht Christus unterordnen. Die Texte des Christkönigsfestes wurden durch Ildefons Kardinal Schuster von Mailand, damals Abt von St. Paul, und von Abt Quentin des Vulgataklosters San Girolamo zusammengestellt. In diesen Texten überwiegt der biblische und eschatologische Glanz der Christkönigsidee.

HINWEISE ÜBER DIE LEGENDE

Jedes Sichbefassen mit dem Heiligenleben führt notwendig zur Beschäftigung mit der Legende. Um statt wortreicher Erörterungen den Stand der Frage nach der Legende rasch und kurz zu klären, wurde die folgende Tabelle zusammengestellt. Gern sei zugegeben, daß dieser Überblick über die Legende von einem großen Optimismus ausgeht. Doch ist diese Höherbewertung der Legende gerechtfertigt. Manche archäologischen Funde haben die Heiligenvita in neues Licht der Geschichte gestellt, wodurch das rationalistische Mißtrauen überwunden wurde. Ferner haben sich in der historischen Forschung Grundsätze herausgebildet, die manche ungeschichtlich scheinenden Angaben neu erhellten. Die Tabelle versucht alle Möglichkeiten, die in der Legende stecken, herauszuholen. Dabei bleibt sicherlich noch ein Residuum ungeklärter Fragen. Doch scheint sich eine weite Vertrauensbasis gegenüber den Legenden zu ergeben, wenn man erkennt, zu welchem Genus litterarium sie gehören. Es geht bei der Legende nicht um Gehalt an historischer Berichtswahrheit, sondern um ihren Gehalt an Verkündigungswahrheit.

ÜBERBLICK ÜBER DIE LEGENDE

LEGENDE

Wortsinn: Das, was beim Gottesdienst (bes. des Stundengebets) vorzulesen (= legendum) ist

heutige Sachbedeutung: Ungeschichtliche (unwahre) Erzählung über Heilige u. a.

QUELLEN DER LEGENDEN

Aus der Hl. Schrift des AT und NT		Aus dem Leben anderer Heiligen	Aus anderer Literatur	Aus Poesie und Phantasie	Aus örtl. o. a. Überlieferungen	Noch unerkannte Historie
Begebenheiten	Leitsätze Ideen					
Beispiel: Raben ernähren Elias/ Antonius/ Meinrad	Beispiel: Das habt ihr mir getan: Der Pestkranke bei der hl. Elisabeth/ Landgraf sieht Christus	Beispiel: Hirsch mit Kreuz im Geweih v. Eustachius auf Hubert übertragen	Beispiele aus Sagen u. Märchen: Ring des Polykrates/Domschlüssel Bennos von Meißen, im Maul des Fisches wiedergefunden. Vgl. Petrus u. die Tempelmünze	Beispiel: Fioretti des hl. Franz/ Hauptmotiv: Heiliger bringt Paradies zurück NB: Nicht Roman, sondern theol. Dichtung zur Katechese, in der Übernatürliches anschaulich gesagt wird	Beispiel: Ursulalegende Handel mit England, Schiffsverkehr, Hunneneinfälle, Verbindung mit Rom wird verwoben zu einer Erzählung	Beispiel: fehlt noch archäol. Untersuchung, z. B. Severin von Köln Kölner Brevier 1929 sagte noch: Severin soll diese Kirche gebaut haben, 1934 sagen die Ausgrabungen: Er hat sie gebaut

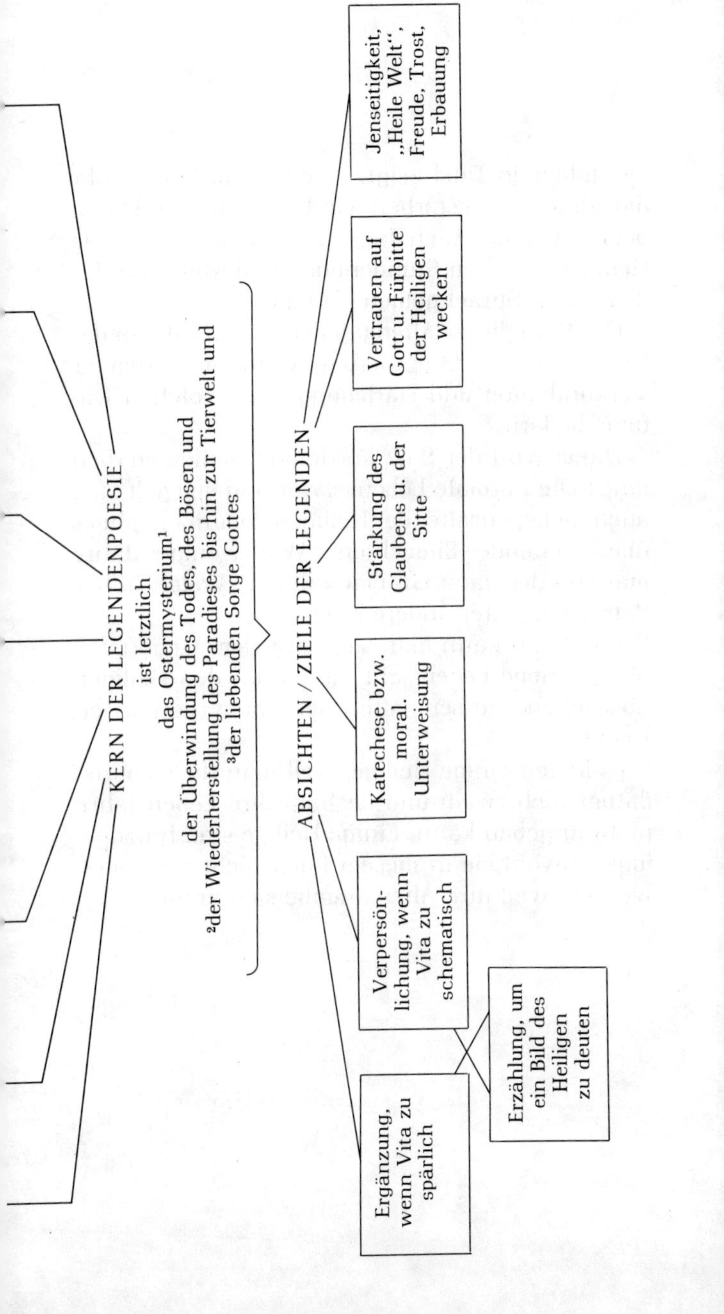
KERN DER LEGENDENPOESIE
ist letztlich
das Ostermysterium[1]
der Überwindung des Todes, des Bösen und
[2]der Wiederherstellung des Paradieses bis hin zur Tierwelt und
[3]der liebenden Sorge Gottes
ABSICHTEN / ZIELE DER LEGENDEN
Ergänzung, wenn Vita zu spärlich
Erzählung, um ein Bild des Heiligen zu deuten
Verpersönlichung, wenn Vita zu schematisch
Katechese bzw. moral. Unterweisung
Stärkung des Glaubens u. der Sitte
Vertrauen auf Gott u. Fürbitte der Heiligen wecken
Jenseitigkeit, „Heile Welt", Freude, Trost, Erbauung

ALTERSTAFEL

Die folgende Tafel zeigt, in welchem Lebensjahr die Heiligen gestorben sind, sofern die Daten bekannt sind. Auch hier werden meist nur die Heiligen aus dem Stundenbuch und Meßbuch des deutschen Sprachgebietes erfaßt.

Der Sinn dieser Alterstafel besteht wieder in der Hilfe zu rascher Orientierung, wenn man etwa für Verkündigung und Darlegung eines solchen Datums bedarf.

Dabei wird der Satz korrigiert: Heilige sterben jung! Die normale Lebenserwartung spiegelt sich auch im Lebensalter der Heiligen. Dennoch gibt es überraschende Einsichten: Wie wenige Jahre manche der ganz Großen zählten! Welch hohes Patriarchenalter andere erreichten!

Immerhin kann man sich an jedem Geburtstag für das neue Lebensjahr als Patron den Heiligen aussuchen, dessen Altersziffer man gerade erreicht.

Es fehlen einige Heilige, weil man ihr Geburtsdatum nicht weiß und deshalb ihre Lebensjahre nicht angeben kann. Einige Heilige sind hinzugefügt, obwohl sie in diesem Buch nicht behandelt werden, weil ihre Altersangabe sich anbot.

Jahre		*Heilige*
bis 10	2	Die Unschuldigen Kinder 28. 12.
	7	Vitus (oder 14) 15. 6.
10–20	12	Maria Goretti 6. 7.
	12	Jahre und mehr Märtyrer von Uganda 3. 6.
	13	Agnes 13. 1.
	18	Stanislaus Kostka 13. 11.
20–30	21	Perpetua (Felizitas) 7. 3.
		Karl Lwanga 3. 6.
	22	Johannes Berchmans 13. 8.
	23	Aloisius 21. 6.
	24	Elisabeth 19. 11.
		Theresia von Lisieux 1. 10.
	26	Kasimir 4. 3.
30–40	30	Bernhard von Baden 15. 7.
		Wenzeslaus 28. 9.
	31	Rosa von Lima 23. 8.
	33	Paul Miki 6. 2.
		Katharina von Siena 29. 4.
	35	Bruno von Querfurt 9. 3.
		Olav von Norwegen 10. 7.
	36	Antonius von Padua 13. 6.
	37	Antonio Maria Zaccaria 5. 7.
	38	Peter Chanel 28. 4.
	39	Isaak Jogues 19. 10.
40–50	41	Adalbert von Prag 23. 4.
		Maria Magdalena von Pazzi 25. 5.
	43	Fidelis von Sigmaringen 24. 4.
		Johannes Nepomuk 16. 5.
		Josaphat 12. 11.
		Margareta Maria Alacoque 16. 10.
	44	Franz von Assisi 4. 10.
	46	Knud von Dänemark 10. 7.
		Gertrud d. Gr. 17. 11.
		Gebhard von Konstanz 26. 11.
		Franz Xaver 3. 12.
		Karl Borromäus 4. 11.

Jahre		Heilige
40–50		Maximilian Kolbe 14. 8.
	47	Margarete von Schottland 16. 11.
	49	Thomas von Aquin 28. 1.
		Johannes vom Kreuz 14. 12.
50–60	50	Basilius 2. 1.
	51	Hieronymus Aemiliani 8. 2.
		Heinrich II. 13. 7,
		Dominikus 8. 9.
		Ludwig IX. von Frankreich 25. 8.
	52	Hilarius 13.1.
		Papst Leo IX. 19. 4.
		Norbert 6. 6.
		Thomas von Canterbury 29. 12.
	53	(oder 63) Joh. Chrysostomus 13. 9.
	54	Bonaventura 15. 7.
	55	Franz von Sales 24. 1.
		Johannes von Gott 8. 3.
	56	Franziska 9. 3.
		Johannes de Brébeuf 19. 10.
	57	Thomas Morus 22. 6.
	58	(oder 48) Cyprian 16. 9.
	58	Ambrosius 7. 12.
	59	Klara 11. 8.
60–70	60	Gregor von Nazianz 2. 1.
		Laurentius von Brindisi 21. 7.
		Odilia 13. 12.
	61	Leopold von Österreich 15. 11.
	62	(etwa) Cyrill von Alexandrien 27. 6.
	63	Beda 25. 5.
		Bernhard von Clairvaux 28. 8.
		Antonius Maria Claret 24. 10.
	64	Ansgar 3. 2.
		Bernhardin von Siena 20. 5.
		Gregor d. Gr. 3. 9.
		Kamillus 14. 7.
	65	Anno von Köln 5. 12.
		Petrus Damiani 21. 2.
		Juliane von Lüttich 5. 4.
		Gregor VII. 25. 5.
		Hemma von Gurk 27. 6.
		Ignatius von Loyola 31. 7.

Jahre	*Heilige*
60–70	66 Angela Merici 27. 1. Elisabeth von Portugal 4. 7. John Fisher 22. 6. 67 (etwa) Paulus 29. 6. Kajetan 7. 8. Theresia von Ávila 15. 10. Ludger 26. 3. Benedikt 11. 7. 68 Turibio von Mongrovejo 23. 3. Joh. Bapt. de la Salle 7. 4. Pius V. 30. 4. Johannes Leonardi 9. 10. 69 Walburga 25. 2. Klemens Maria Hofbauer 15. 3. Vinzenz Ferrer 5. 4. Stephan von Ungarn 16. 9. Johannes Eudes 19. 8. Hedwig 17. 10. Johanna Franziska von Chantal 12. 12.
70–80	70 Petrus Chrysologus 30. 7. (etwa) Benno von Meißen 16. 6. Johannes von Capestrano 23. 10. Martin von Porres 3. 11. Niklaus v. Flüe 25. 9. 71 (etwa) Bruno der Kartäuser 6. 10. Heinrich Seuse 23. 1. Franz von Paola 2. 4. Birgitta von Schweden 23. 7. 71–72 Petrus 29. 6. 73 Don Bosco 31. 1. Mathilde 14. 3. Isidor 4. 4. Konrad von Parzham 21. 4. Johann Baptist Vianney 4. 8. Cyrill von Jerusalem 18. 3. Hieronymus 30. 9. 75 Romuald 19. 6. Konrad von Konstanz 26. 11. 76 Severin von Norikum 8. 1. Rabanus Maurus 4. 2. Anselm von Canterbury 21. 4. Kanisius 27. 4. Augustinus 28. 8.

Jahre	*Heilige*
70–80	78 Athanasius 2. 5.
	Godehard von Hildesheim 5. 5.
	79 Otto von Bamberg 30. 6.
	Pius X. 21. 8.
	Robert Bellarmin 17. 9.
	Vinzenz von Paul 27. 9.
	Damasus I. 11. 12.
80–90	80 Albert d. Große 15. 11.
	Philipp Neri 26. 2.
	Martin von Tours 11. 11.
	81 Bonifatius 5. 6.
	Hildegard 17. 9.
	Paul vom Kreuz 19. 10.
	Willibrord 7. 11.
	83 Ulrich 4. 7.
	Johannes von Krakau 23. 12.
	84 Evangelist Lukas 18. 10.
	86 Polykarp 23. 2.
	87 Willibald 7. 7.
	88 Eusebius v. Vercelli 4. 8.
90–100	über 90 Johannes 27. 12.
	um 90 Ignatius von Ant. 17. 10.
	91 Alfons von Liguori 1. 8.
	92 Josef von Calasanza 25. 8.
	94 Titus 26. 1.
	100 Raimund von Peñafort 7. 1.
	104 Johannes von Damaskus 4. 12.
	105 Antonius 17. 1.

VERZEICHNIS DER ZERSTÖRTEN GRÄBER

Die traurigste Zerstörung der Gräber und Reliquien der Heiligen geschieht da, wo sie vergessen und vernachlässigt werden. Wenn es eine Ordensgemeinschaft nicht mehr als notwendig erachtet, das Grab ihres Stifters zu ehren, zu besuchen, zu zieren, wiegt das sicher so schwer, wie wenn Kinder die Ruhestätten ihrer Eltern vergessen. Gewiß, wichtiger ist das Wirken und Schaffen aus dem Geist des Gründers. Doch auch die Pietät gegenüber den geistigen und familiären Ahnen ist ein Wert, der nicht vernachlässigt werden darf. Wie viele Gräber hat man verkommen lassen, wie viele Schreine und Gebeine vor dem Zugriff kriegerischer Ereignisse nicht gerettet! Dieser Bußakt gehört an die Spitze dieses Kapitels.

Vier große Wellen gingen zornig über die Heiligengräber hinweg: Reformation in England und Deutschland, Hugenottenkriege, Französische Revolution. Sicherlich hat übertriebene, unkirchliche Reliquienverehrung manchmal dazu den Anlaß gegeben. Doch bleibt es unbegreiflich, welches Ungestüm hier wütete. Waren es aufgebrachte Glaubenskämpfer oder tobende Landsknechte?

Die Liste von fast fünfzig Namen wurde hier zusammengestellt nach: „Der große Namenstagskalender" von Dr. Jakob Torsy, Benziger–Herder ^{6}1978. Sicherlich ist die Zahl noch größer. Sie ruft nach einer Wiedergutmachung. Der Ehrfurchtslosigkeit und Pietätlosigkeit gegenüber den Heiligen sollten Ehrfurcht und Pietät die Antwort geben. Walter Nigg ist darin beispielhaft vorangegangen.

Gedenk-tag	*Name*	*Todes-jahr*
3. 1.	Odilo v. Cluny	1148
3. 1.	Genoveva	502
4. 1.	Roger SOCist	1162
10. 1.	Wilhelm von Donjeon	1209
15. 1.	Maurus OSB	6. Jh.
16. 1.	Tillo, Mönch	700
22. 1.	Gaudenz	4. Jh.
24. 1.	Eberhard von Schaffhausen	1078
3. 2.	Ansgar	865
	Werburg	700
4. 2.	Rabanus Maurus, Mainz	865
4. 2.	Johanna von Valois	1505
5. 2.	Elisabeth von Wertheim	1335
13. 2.	Ermenhild von Ely	700
15. 2.	Sigurd	1030
1. 4.	Hugo von Grenoble	1132
2. 4.	Franz von Paola	1507
5. 4.	Juliana von Lüttich	1258
15. 4.	Huna	1520
17. 4.	Rudolf von Bern	1294
19. 4.	Werner von Bacharach	1287
17. 5.	Paschalis Baylon	1592
19. 5	Dunstan	988
25. 5.	Beda	735
27. 5.	Augustinus	604
28. 5.	Germanus von Paris	576
4. 6.	Klothilde, Königin	544
6. 6.	Norbert	1134
16. 6.	Benno	1106
23. 6	Edeltraud (Etheldred)	679

Grab	*Vernichtet durch:*
Souvigny	Frz. Revolution
Paris	Frz. Revolution
	Kirche wurde Pantheon
Alaint	Frz. Revolution
Bourges	Hugenotten
St-Germain-des-Prés	Frz. Revolution
Solignac	Hugenotten
Casaccia	Reformation
Schaffhausen	Reformation
Bremen	Staub seiner Gebeine verschollen
Chester	engl. Reformation
Halle	Reformation
Bourges	Hugenotten
Grünau	Reformation?
Ely	engl. Reformation
Växjo (Norw.)	Reformation
Grenoble	Frz. Revolution
Plessis-lès-Tours	Hugenotten
Villers	Frz. Revolution
Hunaweier (Elsaß)	Reformation
Bern	Bildersturm
Bacharach	spanische Soldaten 1621
Villareal bei Valencia	Spanischer Bürgerkrieg 1936
Canterbury	engl. Reformation
Jarrow	engl. Reformation
St. Peter u. Paul	engl. Reformation
St-Germain-des-Prés	Frz. Revolution
Paris	Frz. Revolution
von Magdeburg nach Strahow	aus Sorge vor Reformation verlegt
von Meißen nach München	aus Sorge vor Reformation verlegt
Ely	engl. Reformation

Gedenk-tag	*Name*	*Todes-jahr*
11.7.	Sigisbert von Disentis	8. Jh.
13.7.	Mildred v. Minster	734
20.7.	Wilmar	700
28.7.	Samson v. Dol (Bretagne)	565
14.8.	Maximilian Kolbe OMin	1941
14.8	Eberhard v. Straßburg	958
16.8.	Theodor v. Octodurum (Schw.)	6. Jh.
19.8.	Sebald v. Nürnberg	8. Jh.
9.10.	Gunter	1045
8.11.	Willehad v. Bremen	789
8.11.	Gregor v. Einsiedeln	996
19.11.	Elisabeth v. Thüringen	1231
26.11.	Konrad v. Konstanz	975
5.12.	Attala	741
5.12.	Sola	794
12.12.	Vizelin v. Oldenburg (Holstein)	1154
16.12.	Adelheid, Kaiserin	999
16.12.	Ado v. Vienne	875
29.12.	Thomas Becket	1170
30.12.	Germar, Abt	660

Grab	*Vernichtet durch:*
Disentis Canterbury Gent Dol	Frz. Revolution engl. Reformation Reformation Hugenotten/Revol.
nach Ermordung in Einsiedeln Sitten Nürnberg	Auschwitz verbrannt 1. Reform. 2. Frz. Revolution Frz. Revolution Reformation
Břevnov b. Prag	Hussiten
Bremen Einsiedeln Marburg Konstanz	Reformation 1. Reformation 2. Frz. Revolution Reformation Reformation
Straßburg Solnhofen Bordesholm Selz Vienne Canterbury St-Germer-de-Flay	Reformation Reformation Reformation Reformation Hugenotten engl. Reformation Frz. Revolution

ZEITTAFEL

Die folgende Zeittafel stellt die Heiligen in die Zusammenhänge der Papstgeschichte und der politischen Geschichte. Man erkennt, in welche Zeit der Heilige hineingeboren und hineingesandt war, mit welchen Zeitereignissen er sich auseinandersetzen mußte, welche Obrigkeiten regierten. Dadurch wird der Heilige schon in vielem begreifbar.

Die Zeittafel kann natürlich keinen Anspruch auf Vollständigkeit erheben. Sie dient nur der raschen Orientierung.

Wir beschränken uns auf die Heiligen, die im Stundenbuch und Meßbuch des deutschen Sprachgebietes vorkommen. Da die Daten des Lebens eines Heiligen nicht immer bekannt oder nur teilweise bekannt sind, kann die Liste auch die Heiligen der Liturgie in der Zeittafel nicht lückenlos erfassen.

Politik/Kaiser o. ä.	*Päpste/ Konzilien*	*Jahrzehnt*	*Heilige (Todesjahr)*
Augustus 30. vC. – 14 nC.		10	Kinder von Bethlehem
Tiberius 14–37		20	
Caligula 37–41		30	
		40	Stephanus
Claudius 41–54		50	Apostel Jacobus d. Ält. (44)
Nero 55–68 1. Verfolgung	hl. Petrus († 64/67)	60	Apostel Andreas (60)
Vespasian 69–79 Zerstörung Jerusalems 70 Zerstörung Pompeiis 79	hl. Linus (64–79)	70	Apostel Petrus (67) Apostel Paulus (68)
		80	
Titus 79–81	hl. Anaklet (79–90/92)		
Domitian 81–96 (will Titel „Herr u. Gott")	hl. Klemens I. (90/92–101)	90	Papst Klemens I. (101)
Trajan 98–117	hl. Evaristus (99/101–107)	100	Apostel Johannes
Hadrian 117–138	hl. Alexander I. (107–116)	110	Ignatius (115)
	hl. Xystus (116–125)	120	
Antoninus Pius 138–161	hl. Telesphorus (125–138)	130	
	hl. Hyginus (138–142)	140	
	hl. Pius I. (142–154/155)	150	Polykarp (155)
Marc Aurel 161–180	hl. Anicet (154/155–166)	160	Justin der Philosoph (165)

Politik/Kaiser o. ä.	*Päpste/ Konzilien*	*Jahr- zehnt*	*Heilige (Todesjahr)*
	hl. Soter	170	
	(166–174)		
Commodus	hl. Eleutherus	180	
180–191	(174–189)		
	hl. Viktor I.	190	
Septimius Severus	(189–198/199)		
193–211	hl. Zephyrinus	200	
Sonnengott als	(199–217)		
Reichsgott	hl. Kallistus I.	210	Perpetua und
	(217–222)		Felizitas (202)
			Irenäus (202)
	hl.Urban I.	220	Kallistus I.
	(222–230)		(222)
	hl. Pontianus	230	
	(230–235)		Pontianus
	hl. Anterus		(235)
	(235–236)		Hippolyt (235)
	hl. Fabianus	240	Dionysius
Decius	(236–250)		(250)
249–251	hl. Cornelius	250	Christophorus
Erste allgem.	(251–253)		(250)
Chr.-Verfolg.	hl. Lucius I.		Cäcilia
Um 250 Völker-	(253–254)		(250)
bünde der Sach-	hl. Stephanus I.		Fabian
sen, Franken,	(254–257)		(250)
Alamannen,			Agatha
Goten			(250)
Valerian			Kornelius
251–260			(253)
Neue Verfolgung	hl. Xystus II.		Cyprian (258)
ab 257	(257–258)		Laurentius (258)
			Papst Xystus II.
		260	(258)
	hl. Dionysius		
	(259/260–267/268)		
Aurelian	hl. Felix I.	270	
270–275	(268/269–273/274)		
	hl. Eutychianus		
	(274/275–282/283)		
Diokletian	hl. Cajus	280	Mauritius u.
284–305	(282/283–295/296)		Gefährten (280)
Reichsteilungen		290	Sebastian (288)
Christen-	hl. Marzellinus	300	Kosmas u.
verfolgungen	(296–304)		Damian (303)

Politik/Kaiser o. ä.	*Päpste/ Konzilien*	*Jahrzehnt*	*Heilige (Todesjahr)*
			Ursula (304)
			Pankratius (304)
			Januarius (304)
			Nereus u.
			Achilleus (304)
			Florian (304)
			Georg (304)
			Vinzenz (304)
			Agnes (304)
			Vitus (Veit)
			(304)
			Luzia (304)
			Marzellinus u.
			Petrus (303)
	hl. Marzellus I.		Barbara (306)
Toleranzedikt	(307–308)	310	Margareta (307)
v. Nicomedien 311	hl. Eusebius		
Milvische	(308, 309, 310)		Blasius (316)
Brücke 312	hl. Miltiades		
Toleranzedikt	(310–314)	320	
v. Mailand 313			
	hl. Silvester I.		Katharina
Konstantin	(314–335)	330	v. Alexandrien
324–337	Nizäa 325		(312)
	hl. Marcus		Silvester (335)
	(336)		
	hl. Julius I.	340	
	(337–352)		
	hl. Liberius		
Konstantius II.	(352–366)	350	Nikolaus v.
353–361			Myra (350)
Julian der	Felix II.		Antonius (356)
Apostat 361–363	(355–358)		Paulinus von
	hl. Damasus I.		Trier (358)
	(366–384)	360	Hilarius v.
	Konstantinopel I		Poitiers (367)
	381		Ephräm der
375 Beginn der			Syrer (373)
Völker-		370	Eusebius (371)
wanderung	hl. Siricius		
Hunnen nach	(384–399)	380	Basilius (379)
Europa			Athanasius
			(373)
Theodosius d. Gr.			Gregor v. Na-
379–395			zianz (390)

Politik/Kaiser o.ä.	*Päpste/ Konzilien*	*Jahrzehnt*	*Heilige (Todesjahr)*
			Cyrill v. Jerusalem (386) Damasus I. (384)
um 400 Reich der Westgoten Spanien Reich der Vandalen Nordafrika	hl. Anastasius I. (399–402)	390	Monika (387) Martin v. Tours (397) Ambrosius (397)
		400	
410 Alarich in Rom	hl. Innozenz I. (402–417) hl. Zosimus (417–418)	410	Johannes Chrysostomus (407)
	hl. Bonifatius I. (418–419)	420	Hieronymus (420)
	hl. Coelestin I. (422–433) Ephesus 431	430	Augustinus (430) Paulinus von Nola (431)
	hl. Sixtus III. (432–440)	440	Cyrill v. Alexandrien (444)
450 Angelsachsen in England	hl. Leo I. (440–461) Chalkedon 451	450	Petrus Chrysologus (450)
452 Attila in Mantua			
	hl. Hilarus (461–468)	460	Patrick (461) Leo der Große (461)
476 Ende des röm. Westreichs durch Odoaker	hl. Simplicius (468–483)	470	Valentin (475)
	hl. Felix II. (III.) (483–492)	480	Severin (482)
494 Ostgotenreich in Italien Theoderich d. Gr.	hl. Gelasius I. (492–496) Anastasius II. (496–498)	490	

Politik/Kaiser o.ä.	*Päpste/ Konzilien*	*Jahrzehnt*	*Heilige (Todesjahr)*
um 500 Frankenreich Taufe Chlodwigs	hl. Symmachus (498–514)	500	Luzius von Chur
		510	
	hl. Hormisdas (514–523)	520	
	hl. Johannes I. (523–526)		Johannes I. (526)
Justinian 527–565 529 Gründung v. Montecassino Schließung der Athener Hochschule	hl. Felix III (IV.) (526–530 Bonifatius II. (530–532)	530	
	Johannes II. (533–535)		
	hl. Agapet I. (535–536) hl. Silverius (536–537)	540	Scholastika (547) Benedikt (547)
	Vigilius (537–555) Konstantinopel II 553	550	Leonhard v. Limoges
555 Justinian vernichtet Ostgoten	Pelagius I. (556–561)	560	
568 Langobardenreich in Italien	Johannes III. (561–574)	570	Wendelin
	Benedikt I. (575–579)	580	
Mohammed * 570	Pelagius II. (579–590)	590	
596 England missioniert	hl. Gregor I. (590–604)	600	Augustinus v. Canterbury (604)
	Sabinian (604–606)		Gregor der Große (604)
Weihe des Pantheon (609)	Bonifatius III. (607)		
614 Damaskus u. Jerusalem erobert von Persern	hl. Bonifatius IV. (608–615) hl. Deusdedit (615–618)	610	Kolumban (615)

Politik/Kaiser o.ä.	*Päpste/ Konzilien*	*Jahr-zehnt*	*Heilige (Todesjahr)*
622 Mohammeds Flucht	Bonifatius V. (619–625)	620	
	Honorius I. (625–638)	630	Isidor (633)
	Severinus (640)	640	Fridolin v. Säckingen Gallus (640)
	Johannes IV. (640–643)		
	Theodor I. (643–649)		
	hl. Martin I. (649–653)	650	Papst Martin I. (655)
	hl. Eugen I. (654–657)	660	Gertrud (655)
	hl. Vitalianus (657–672)	670	
	Adeodatus II. (672–676)		
	Donus (676–678)		
	hl. Agatho (678–681)	680	Kilian (689)
	Konstantinopel III. 680		
	hl. Leo II. (682–683)		
	hl. Benedikt II. (684–685)		
687 Syrien, Palästina, Ägypten in Araberhand	Johannes V. (685–686)		
	Konon (686–687)		
		690	
	hl. Sergius I. (687–702)	700	Lambert (705)
	Johannes VI. (701–705)		
	Johannes VII. (705–707)		
	Sisinnius (708)		
711 Araber in Spanien	Constantinus I. (708–715)	710	Rupert (718)
	hl. Gregor II. (715–731)	720	Hubert (727) Odilia (720)
714–741 Karl Martell	hl. Gregor III. (731–741)	730	Willibrord (739)

Politik/Kaiser o. ä.	*Päpste/ Konzilien*	*Jahr-zehnt*	*Heilige (Todesjahr)*
Araber vor			
Poitiers	hl. Zacharias	740	Beda Venera-
	(741–752)		bilis (735)
	Stephan II.	750	Johannes v.
751	(752 vier Tage)		Damaskus (750)
Sturz der Mero-	Stephan II. (III.)		Bonifatius (754)
winger, König	(752–757)		Pirmin (753)
Pipin durch	hl. Paul I.	760	
Steph. III.	(757–767)		
754 gesalbt	Stephan III. (IV.)		
	(768–772)		
768–814	Hadrian I.		
Karl d. Gr.	(772–795)	770	
	Nizäa II. 787		
	hl. Leo III.	780	Walburga (779)
799 Papst in	(795–816)		Lioba (782)
Paderborn	Stephan IV. (V.)		Virgil (784)
	(816–817)	790	Willibald (787)
800	hl. Paschalis I.	800	Liudger (809)
Krönung Karls	(817–824)	810	
d. Gr.	Eugen II.		
814–840	(824–827)	820	
Ludwig	Valentin (827)		
d. Fromme	Gregor IV.		
	(827–844)		
	Sergius II.	830	
840–855	(844–847)	840	
Lothar I.			
843			
Reichsteilung			
846			
Araber in Rom			
843–847	hl. Leo IV.	850	
Karl d. Kahle	(847–855)		
	Benedikt III.		
843–876	(855–858)		
Ludwig		860	Meinrad (861)
d. Deutsche	hl. Nikolaus I.		Ansgar (865)
	(858–867)		Rabanus
			Maurus (865)
			Cyrill (869)

Politik/Kaiser o. ä.	*Päpste/ Konzilien*	*Jahr-zehnt*	*Heilige (Todesjahr)*
	Hadrian II.	870	
876–887	(867–872)		
Karl d. Dicke	Konstantinopel IV.	880	Methodius
	Johannes VIII.		(885)
	(872–882)		
887–899	Marinus I.		
Arnulf	(882–884)		
	hl. Hadrian III.		
	(884–885)	890	
	Stephan V. (VI.)		
	(885–891)		
897	Formosus		
Gericht üb. den	(891–896)		
toten Pp.	Stephan VI. (VII.)		
Formosus	(896–897)		
	Romanus (897)		
Normannen- und	Theodor II. (897)		
Magyareneinfälle	Johannes IX.		
	(898–900)	900	
904–963	Benedikt IV.		
Papsttum in	(900–903)		
Hand des	Leo V. (903)		
röm. Adels	Christophorus		
	(903–904)		
910	Sergius III.		
Gründung	(904–911)	910	
v. Cluny	Anastasius III.		
	(911–913)		
911	Lando (913–914)		
Ende der			
Karolinger			
911–918			
Konrad I.			
919–936	Johannes X.	920	
Heinrich I.	(914–928)		
	Leo VI. (928)		Wenzel (929)
	Stephan VII. (VIII.)	930	
	(929–931)		
	Johannes XI.		
	(931–935)		
	Leo VII. (936–939)		
936–973	Stephan VIII. (IX.)	940	
Otto d. Gr.	(939–942)		

Politik/Kaiser o. ä.	*Päpste/ Konzilien*	*Jahr-zehnt*	*Heilige (Todesjahr)*
	Marinus II		
	(942–946)		
	Agapet II.	950	
955	(946–955)		
Schlacht a. d.	Johannes XII.	960	
Lechfeld	(955–963)		
962			
Krönung Ottos,	Leo VIII. (963–965)		
Rom			Mathilde (968)
	Johannes XIII.	970	Ulrich v. Augs-
973–983	(965–972)		burg (973)
Otto II.	Benedikt VI.		
	(973–974)		
	Bonifatius VII.		Konrad (975)
	(974)	980	
983–1002	Benedikt VII.		
Otto III.	(974–983)		
	Johannes XIV.		
	(983–984)		
	Bonifatius VII.		
	(984–985)	990	Wolfgang (994)
	Johannes XV.		Gebhard (995)
	(985–996)		
	Gregor V.		
997–1088	(996–999)		
Stephan			Adalbert (997)
v. Ungarn	Silvester II.	1000	
	(999–1003)		
1002–1024	Johannes XVII.		
hl. Heinrich II.	(1003)		
	Johannes XVIII.		
1009	(1003/04–1009)	1010	Bruno v. Quer-
Grabeskirche	Sergius IV.		furt (1009)
Jerus. zerstört	(1009–1012)	1020	Heinrich II.
	Benedikt VIII.		(1024)
1024–1039	(1012–1024)		Romuald (1027)
Konrad II.	Johannes XIX.	1030	Olaf v. Nor-
	(1024–1032)		wegen (1030)
	Benedikt IX.		Stephan (1038)
	(1032–1045)		Kunigunde
	Silvester III. (1045)		(1033)
1039–1056	Gregor VI.	1040	Godehard
Heinrich III.	(1045–1046)		(1038)

Politik/Kaiser o. ä.	*Päpste/ Konzilien*	*Jahr-zehnt*	*Heilige (Todesjahr)*
	Clemens II.		
	(1046–1047)		
	Damasus II. (1048)		Hemma v. Gurk
	hl. Leo IX.		(1045)
	(1049–1054)	1050	Papst Leo IX.
	Viktor II.		(1054)
1056–1106	(1055–1057)		
Heinrich IV.	Stephan IX. (X.)		
	(1057–1058)		
	Benedikt X.		
	(1058–1059)		
	Nikolaus II.		
1066	(1058–1061)	1060	
Hastings/Nor-	Alexander II.		
mannen	(1061–1073)	1070	Petrus Damiani
in England	Nur Kard. wählen		(1072)
	1061		Anno v. Köln
1076–1122	Papst		(1075)
Investiturstreit			Stanislaus von
			Krakau (1079)
1077	hl. Gregor VII.		
Heinrich IV.,	(1073–1085)	1080	Gregor VII.
Canossa	sel. Viktor III.		(1085)
	(1086–1087)	1090	Knud v. Däne-
1096–1099	sel. Urban II.		mark (1086)
1. Kreuzzug	(1088–1099)	1100	Margarete v.
			Schottland
1099			(1093)
Eroberung	Paschalis II.		Bruno (1101)
Jerusalems	(1099–1118)	1110	Benno v. Mei-
	Gelasius II.		ßen (1106)
1106–1125	(1118–1119)		Anselm (1109)
Heinrich V.	Calixtus II.		
	(1119–1124)	1120	
1122	1123		
Wormser	I. Laterankonzil		
Konkordat	Honorius II.	1130	Norbert (1134)
	(1124–1130)		Leopold v.
	Innozenz II.		Österreich
	(1130–1143)		(1136)
	1139	1140	Otto v. Bam-
	II. Lat.-Konzil		berg (1139)
	Cölestin II.		
	(1143–1144)		

Politik/Kaiser o. ä.	*Päpste/ Konzilien*	*Jahr-zehnt*	*Heilige (Todesjahr)*
1147–1149	Lucius II.		
2. Kreuzzug	(1144–1145)		
	sel. Eugen III.	1150	Bernhard v.
1152–1190	(1145–1153)		Clairvaux (1153)
Friedrich	Anastasius IV.		
Barbarossa	(1153–1154)		
	Hadrian IV.		
	(1154–1159)		
	Alexander III.	1160	Erich v. Schwe-
1162	(1159–1181)		den (1160)
Zerstörung	1179	1170	Thomas Becket
Mailands	III.Lat.-Konzil		(1170)
			Hildegard
	Lucius III.	1180	(1179)
	(1181–1185)		
	Urban III.		
	(1185–1187)		
1190	Clemens III.		
3. Kreuzzug	(1187–1191)	1190	
1190–1197	Coelestin III.		
Heinrich VI.	(1191–1198)	1200	
	Innozenz III.		
1202–1204	(1198–1216)	1210	
4. Kreuzzug	1215		
1197–1250	IV. Lat.-Konzil		Franz v. As-
Friedrich II.	Honorius III.	1220	sisi (1226)
	(1216–1227)		
1228–1229			Dominikus
5. Kreuzzug			(1221)
	Gregor IX.	1230	Antonius (1231)
	(1227–1241)		Elisabeth v.
			Thüringen
			(1231)
1248–1254	Coelestin IV. (1241)	1240	Hermann Josef
6. Kreuzzug			(1241)
Ludwig IX.	Innozenz IV.		Hedwig v. An-
	(1243–1254)		dechs (1243)
	1245		Petrus Martyr
1254–1273	I. Konz. v. Lyon	1250	(1252)
Interregnum			Klara v. Assisi
	Alexander IV.		(1253)
	(1254–1261)		
	Urban IV.	1260	
	(1261–1264)		

Politik/Kaiser o. ä.	*Päpste/ Konzilien*	*Jahrzehnt*	*Heilige (Todesjahr)*
	Clemens IV. (1265–1268)		
1270 7. Kreuzzug (Tunis)	sel. Gregor X. (1271–1276)	1270	Ludwig v. Frankreich (1270)
	1274 II. Konz. v. Lyon		Bonaventura (1274)
1273–1291 Rudolf v. Habsburg	sel. Innozenz V. (1276)		Thomas v. Aquin (1274)
	Hadrian V. (1276)		Raimund v. Peñafort (1275)
1291 Gründ. der Eidgenossenschaft	Johannes XXI (1276–1277)		
	Nikolaus III. (1277–1280)	1280	Albert d. Große (1280)
	Martin IV. (1281–1285)		
	Honorius IV. (1285–1287)		
1292–1298 Adolf v. Nassau	Nikolaus IV. (1288–1292)	1290	
1298–1308 Albrecht v. Österreich	hl. Coelestin V. (1294)		
	Bonifatius VIII. (1294–1303)	1300	Gertrud v. Helfta (1302)
1308–1313 Heinrich VII.	sel. Benedikt XI. (1303–1304)		
1309–1377 Avignon	Clemens V. (1305–1314)	1310	Sieben Stifter des Servitenordens vor 1310
	Konz. v. Vienne 1311–12		
	Johannes XXII. (1316–1334)	1320	
1314–1347 Ludw. v. Bay.		1330	Elisabeth v. Portugal (1336)
1314–1330 Friedr. v. Öst.	Benedikt XII. (1334–1342)	1340	
1347–1378 Karl IV.	Clemens VI. (1342–1352)	1350	
Die große Pest 1347/53			
1356 Goldene Bulle	Innozenz VI. (1352–1362)	1360	Heinrich Seuse (1366)

Politik/Kaiser o.ä.	*Päpste/ Konzilien*	*Jahrzehnt*	*Heilige (Todesjahr)*
	sel. Urban V. (1362–1370)	1370	Birgitta v. Schweden (1373)
1377 Rückkehr von Avignon	Gregor XI. (1370–1378)		
1378–1400 Wenzel I.	Urban VI. (1378–1389)	1380	Katharina v. Siena (1380)
1400–1410 Rupprecht v. d. Pfalz	Bonifatius IX. (1389–1404)	1390	Johannes Nepomuk (1393)
	Innozenz VII. (1404–1406)	1400	Vinzenz Ferrer (1419)
1410–1437 Sigismund	Gregor XII. (1406–1415)	1410	
1419–1436 Hussitenkiege	Martin V. (1417–1431)	1420	
	Konzil von Konstanz 1414–1418	1430	Jeanne d'Arc (1431)
	Konzil v. Basel-Florenz 1431–1439	1440	Franziska v. Rom (1440)
	Eugen IV. (1439–1447)		
1440/50 Erfindung d. Buchdrucks	Felix V., letzt. Gegenpapst (1449)	1450	Bernardin v. Siena (1444) Johannes v. Capestrano (1456)
1440–1493 Friedrich III.	Nikolaus V. (1447–1455)		
1453 Eroberung Konstantinopels	Calixtus III. (1455–1458)		
	Pius II. (1458–1464)	1460	
	Paul II. (1464–1471)	1470	Johannes v. Krakau (1473)
	Sixtus IV. (1471–1484)	1480	Kasimir (1484)
1492 Entdeckung Amerikas	Innozenz VIII. (1484–1492)	1490	Niklaus v. Flüe (1487)
	Alexander VI. (1492–1503)	1500	Franz v. Paola (1507)
1493–1519 Maximilian I.	Pius III. (1503)		
	Julius II. (1503–1513)	1510	
1519–1556 Karl V.	1512–17 V. Laterankonzil		

Politik/Kaiser o. ä.	*Päpste/ Konzilien*	*Jahr-zehnt*	*Heilige (Todesjahr)*
1517 Martin Luthers Thesen			
1521 Luther in Acht u. Bann 1525 Bauernkrieg	Leo X. (1513–1521) Hadrian VI. (1522–1523)	1520	
1527 Sacco di Roma 1529 Türken vor Wien			John Fisher (1535) Thomas Morus (1535)
1530 Augsburger Konfession	Clemens VII. (1523–1534)	1530	Hieronymus Aemiliani (1537) Antonio Maria Zaccaria (1539)
1531 Reformation in England	Paul III. (1534–1549) 1545–1563 Konz. v. Trient	1540	Angela (1540) Kajetan (1547)
	Julius III. (1550–1555) Marzellus II. (1555)	1550	Johannes v. Gott (1550) Ignatius (1556) Franz Xaver (1552)
1555 Augsburger Religionsfriede	Paul IV. (1555–1559)		
1556–1564 Ferdinand I.	Pius IV. (1559–1565)	1560	
1564–1576 Maximilian II.	hl. Pius V. (1566–1572)	1570	Pius V. (1572)
1571 Lepanto 1576–1612 Rudolf II.	Gregor XIII. (1572–1585)	1580	Theresia v. Ávila (1582) Karl Borromäus (1584)
	Sixtus V. (1585–1590) Urban VII. (1590)	1590	Johannes v. Kreuz (1591) Aloisius (1591)

Politik/Kaiser o. ä.	*Päpste/ Konzilien*	*Jahrzehnt*	*Heilige (Todesjahr)*
	Gregor XIV. (1590–1591)		Philipp Neri (1595) Petrus Kanisius (1597)
1598 Edikt v. Nantes	Innozenz IX. (1591)		Paul Miki u. d. japanischen Märtyrer (1597)
	Clemens VIII. (1592–1605)	1600	Turibio de Mongrovejo (1606) Maria Magdalena v. Pazzi (1607) Johannes Leonardi (1609)
1612–1618 Matthias	Leo XI. (1605)	1610	Kamillus v. Lellis (1614) Rosa v. Lima (1617) Laurentius v. Br. (1619)
1618–1648 Dreißigj. Krieg	Paul V. (1605–1621)	1620	Bellarmin (1621) Franz v. Sales (1622)
1626 Einweihung d. Peterskirche	Gregor XV. (1621–1623) Urban VIII. (1623–1644)		Fidelis v. Sigmaringen (1622) Josaphat (1623)
1643–1715 Ludwig XIV.		1630	Martin v. Porres (1639)
		1640	Johanna Franziska v. Chantal (1641) Josef v. Calasanza (1648)
1648 Westfäl. Friede	Innozenz X. (1644–1655)	1650	Johannes de Brébeuf, Isaak Jogues u. Gef. (1649)
1658–1705 Leopold I.	Alexander VII. (1655–1667) Clemens IX. (1667–1669)	1660	Vinzenz v. Paul (1660)

Politik/Kaiser o. ä.	*Päpste/ Konzilien*	*Jahr-zehnt*	*Heilige (Todesjahr)*
	Clemens X. (1670–1676)	1670	
1683 Türken vor Wien	sel. Innozenz XI. (1676–1689)	1680	Johannes Eudes (1680)
	Alexander VIII. (1689–1691)	1690	Margareta Maria Alacoque (1690)
1701–1713 Span. Erbfolgekrieg	Innozenz XII. (1691–1700)	1700	
1705–1711 Joseph I.	Clemens XI. (1700–1721)	1710	Johannes Baptist de la Salle (1719)
1711–1740 Karl VI.	Innozenz XIII. (1721–1724)	1720	
1715–1774 Ludwig XV.	Benedikt XIII. (1724–1730)	1730	
1740–1780 Maria Theresia	Clemens XII. (1730–1740)	1740	
1745–1765 Franz I.	Benedikt XIV. (1740–1758)	1750	
1756–1763 Siebenj. Krieg 1765–1790 Joseph II.	Clemens XIII. (1758–1769)	1760	
1773 Aufhebung des Jesuitenordens	Clemens XIV. (1769–1774)	1770	Paul v. Kreuz (1775)
1774–1793 Ludwig XVI.	Pius VI. (1775–1799)	1780	Alfons Maria v. Liguori (1787)
1789 Französische Revolution		1790	
	Pius VII. (1800–1823)	1800	
1802 Napoleon Konsul Kaiser 1804–1814		1810	
1814/15 Wiener Kongreß	Leo XII. (1823–1829)	1820	Klemens Maria Hofbauer (1820)
1815–1866 Deutscher Bund	Pius VIII. (1829–1830)	1830	

Politik/Kaiser o. ä.	*Päpste/ Konzilien*	*Jahrzehnt*	*Heilige (Todesjahr)*
1830–1916 Franz Joseph I. 1837–1840 Preußischer Kirchenstreit	Gregor XVI. (1831–1846)	1840	Peter Chanel (1841)
1854 Dogma v. d. Immaculata	Pius IX. (1846–1878) 1869/70 I. Vatikan. Konzil	1850	Johannes Maria Vianney (1859)
1858 Lourdes 1852–1870 Napoleon III. 1861–1888 Wilhelm I.		1860	Adolf Kolping (1865)
1870 Annektion des Kirchenstaates 1870/71 Deutsch-Franz. Krieg	Leo XIII. (1878–1903)	1870	Antonius Maria Claret (1870) Franziska Schervier (1876) Bernadette Soubirous (1879)
1873–1878 Kulturkampf 1888 Friedrich III. 1888–1918 Wilhelm II.		1880	Karl Lwanga u. Gef. (1886) Johannes Bosco (1888)
		1890	Konrad v. Parzham (1894) Theresia v. Kinde Jesus (1897) Kath. Kasper (1898)
	hl. Pius X. (1903–1914)	1900	Maria Goretti (1902)
1914–1918 1. Weltkrieg	Benedikt XV. (1914–1922)	1910	Josef Freinademetz (1908) Johannes Janssen (1909) Pius X. (1914)
1917 Codex Iuris Can.	Pius XI. (1922–1939)	1920	

Politik/Kaiser o. ä.	*Päpste/ Konzilien*	*Jahrzehnt*	*Heilige (Todesjahr)*
1929 Lateranverträge		1930	
1933 Revolution Hitlers			
1939–1945 2. Weltkrieg	Pius XII. (1939–1958)	1940	Maximilian Kolbe (1941)
	Johannes XXIII. (1958–1963)	1950	
	1962–65 II. Vatikan. Konzil		
	Paul VI. (1963–1978)	1960	
	Johannes Paul I. (1978)	1970	
	Johannes Paul II. (1978–)		

ALPHABETISCHES VERZEICHNIS

Vom gleichen Autor sind im Verlag Herder erschienen

Kirchenjahr und Brauchtum neu entdeckt

Anregung zur religiösen Gestaltung

„Dieses hervorragend gelungene Bändchen gehört in die Hand aller Religionslehrer und Eltern. Hier kann man nachgucken, was es mit dem Festtagsgebäck, Österlicher Bußzeit, Osterei, Osterhasen usw. auf sich hat" (Unsere Seelsorge, Münster).

7. Auflage, 48 Seiten, illustriert, ISBN 3-451-17480-4

Erzählte Messe

„Eine Fundgrube für Kinder und ihre Eltern."

„Dieses Buch ist eine Beglückung für Kinder. Wer es zur Hand nimmt, wird staunen, wie viele Gelegenheiten es gibt, dieses Buch zu erschließen" (Katholische Bildung, Paderborn).

9. Auflage, 144 Seiten, illustriert, ISBN 3-451-18201-7

Was die Messe bedeutet

„...eine engagierte, lebendige und spannend zu lesende Sprache ..."

10. Auflage, 224 Seiten, kart., ISBN 3-451-17689-0

Was das Stundengebet bedeutet

Hilfe zum geistlichen Neubeginn

„Dieses Buch kann als echte, geistliche Hilfe empfohlen werden." *(Amtsblatt München)*

2. Auflage, 224 Seiten, kart., ISBN 3-451-18964-X

Was die Sakramente bedeuten

Hilfen zu einer neuen Erfahrung

In dieser geistvoll lebendigen Darstellung der Sakramente verschmelzen profundes Wissen, meditative Tiefe und pastorales Engagement.

2. Auflage, 232 Seiten, kart., ISBN 3-451-19559-3